总主编 田高良

新时代互联网+创新型会计与财务管理专业系列教材

中级财务管理

（第二版）

徐焕章 李秉祥 宋 玉 等 编著

西安交通大学出版社
XI'AN JIAOTONG UNIVERSITY PRESS

国 家 一 级 出 版 社
全国百佳图书出版单位

内容简介

本书根据我国最新颁布的相关企业会计准则等规定,结合近年来财务研究的新成果,以现代财务管理的目标为基本指导原则,以企业资金运动为主线,以企业筹资、投资、营运资金管理、利润分配四项基本内容为核心,以财务预算、财务控制和财务分析三个工作环节为拓展,以财务失败和重整、企业并购与重组以及大数据对当代财务管理发展和内容的影响为补充,比较全面系统地介绍了现代财务管理的基本理论、方法、内容和策略。

本书在注重财务管理的基础理论与方法、为读者提供比较完整理论框架的同时,融进了近年来财务管理的最新理论研究成果。每章开首通过一个小的案例引发读者对本章核心知识的理解,结束部分有全章小结,同时均配有思考与练习题和即测即评题,兼顾实用性与可操作性。

本书既可作为会计学与财务管理专业的教学用书,又可作为其他财经类专业的教学用书,还可作为管理、证券、金融与保险等实务工作者系统学习财务管理知识的参考书以及继续教育人员在职教育的教材和参考书。

图书在版编目(CIP)数据

中级财务管理 / 徐焕章等编著. —2 版. —
西安:西安交通大学出版社,2020.8
ISBN 978 - 7 - 5605 - 7239 - 0

Ⅰ. ①中… Ⅱ. ①徐… Ⅲ. ①财务管理
Ⅳ. ①F275

中国版本图书馆 CIP 数据核字(2020)第 100021 号

书　　名	中级财务管理(第二版)	
编　　著	徐焕章　李秉祥　宋　玉　等	
责任编辑	史菲菲	
责任校对	雷萧屹	
出版发行	西安交通大学出版社	
	(西安市兴庆南路 1 号　邮政编码 710048)	
网　　址	http://www.xjtupress.com	
电　　话	(029)82668357　82667874(发行中心)	
	(029)82668315(总编办)	
传　　真	(029)82668280	
印　　刷	陕西日报社	
开　　本	787mm×1092mm　1/16　印张 22.25　字数 556 千字	
版次印次	2008 年 7 月第 1 版　2020 年 8 月第 2 版　2020 年 8 月第 1 次印刷	
书　　号	ISBN 978 - 7 - 5605 - 7239 - 0	
定　　价	59.80 元	

如发现印装质量问题,请与本社发行中心联系、调换。
订购热线:(029)82665248　(029)82665249
投稿热线:(029)82668133　(029)82665379
读者信箱:xj_rwjg@126.com

新时代互联网＋创新型会计与财务管理专业系列教材

编写委员会

总主编: 田高良

编委会委员(按姓氏笔画排序):

王建玲　宁宇欣　汤小莉　汪方军　张　禾

张　原　周　龙　徐焕章　高晓林

策　划: 魏照民

第二版前言

随着我国社会主义市场经济的发展，财务管理在整个管理中的核心地位日益明显，并发挥着越来越重要的作用。为了能更好地服务于我国企业财务管理实践的需要、适应高校财经类专业财务管理学课程的教学需求，我们编写了这本《中级财务管理》。本书根据我国最新颁布的相关企业会计准则等规定，结合近年来财务研究的新成果，以现代财务管理的目标为基本指导原则，以企业资金运动为主线，以企业筹资、投资、营运资金管理、利润分配四项基本内容为核心，以财务预算、财务控制和财务分析三个工作环节为拓展，以财务失败和重整、企业并购与重组以及大数据对当代财务管理发展和内容的影响为补充，比较全面系统地介绍了现代财务管理的基本理论、方法、内容和策略。本书力求结构合理，内容新颖，理论与实际相结合，实用性与前瞻性相结合，以有利于高级应用型管理人才的培养。本书的编写主要突出以下特点：

1. 科学性

本书在参阅了大量中外文献的基础上，以全新的视角，将现代财务管理模式与我国现实情况相结合，积极吸收西方财务管理学的研究成果，努力建立与社会主义市场经济相适应的财务管理体系。

2. 实用性

本书采用的各种理论和方法尽可能紧密联系实际，并最终能够用于实践和指导实践。财务管理学是一门应用非常广泛的学科，凡是有经济活动的地方，就有财务管理工作，就有财务管理学的用武之地。学习财务管理学的目的在于应用，在于指导和解决实际工作中遇到的新问题，以促进实际工作的发展。因此，本书在内容的安排方面，每章均通过案例的分析，让读者明白所学内容在实践工作中的应用,注重理论和实践的结合,适应和满足企业财务管理工作的实际需要。

3.前沿性

所谓前沿性,是指我们的理论和方法应当反映和总结实践中出现的新情况、新问题、新经验,并具有一定的超前性,能够揭示事物未来的发展方向和趋势。根据这一原则,本书对当前财务管理工作中的一些重要而又有争议的实际问题和理论问题,做了相应的介绍和分析。例如,在财务预算部分,本书详细介绍了财务预算的方法、程序、内容、实际运用中易出现的误区等一系列问题。又如,在财务控制内容中详细介绍了财务控制的方法和各类责任中心的考评指标。同时在最后一篇比较概括性地介绍了企业设立、变更与终止涉及的财务问题等,尽量为读者全面展现一种系统的理财思路与导向。

本书既可作为会计学与财务管理专业的教学用书,又可作为其他财经类专业的教学用书,还可作为管理、证券、金融与保险等实务工作者系统学习财务管理知识的参考书以及继续教育人员在职教育的教材和参考书。

本书由徐焕章、李秉祥、宋玉等编著。具体编写分工如下:第一、二章,徐焕章(西安工程大学);第三、四、五章,申玲(西安工程大学);第六、七章,李秉祥(西安理工大学);第八、九章,惠祥(西安理工大学);第十、十一、十二章,秦亚敏(陕西科技大学博士研究生);第十三章,许灿(菏泽家政职业学院);第十四、十五章,宋玉(西安工程大学)。本书是我们在总结多年教学经验的基础上编著而成的。我们在编写过程中参考和引用了国内许多作者的观点和资料,在此谨向各位作者深表谢意。

本书由徐焕章、李秉祥、宋玉拟订写作大纲并审订,申玲、许灿协助进行了统稿、校对工作。在本书的编写和修订过程中,西安工程大学、西安理工大学的徐天娇、朱孟清、王琳娜等多位研究生付出了大量的劳动,在此一并感谢。由于编著者水平有限,书中难免会有缺点和错误,恳请读者批评指正,以便再版时修改补充。

编著者

2020 年 3 月

目录

1

第二篇　财务运作篇

第四篇　专题篇

第一篇

基础篇

第一章

财务管理总论

学习目标

1. 理解财务管理的含义;
2. 掌握财务活动的内容;
3. 熟悉财务关系的具体体现;
4. 掌握各财务管理目标的含义;
5. 了解财务管理的原则。

教学大纲　　扩展阅读及案例解析

引导案例

修建标准铁路还是窄铁路

辛亥革命之后,山西政府决定修一条南北向的铁路,也就是从大同到蒲州的同蒲铁路。应该怎么修呢? 窄轨的还是宽轨的? 当时铁道部的想法是,要修就修一条标准轨道的,也就是 1.435 米宽的。理由很简单,要是还按山西原有铁路的窄轨方式修,不仅现在修成了运输力量小,而且将来经济发展了还是要改建成标准轨道,何必折腾呢? 不如一次到位。

山西政府思量之下,还是决定要修窄轨。给出的理由是这样的:我们之所以采用 1 米轨距,是参考日本和正太铁路仔细研究的结论,主要原因是受山西眼前财政和经济的限制,试想修筑一条标准轨距的铁路,只就钢轨及枕木两项,每公里就要 1 万元以上,其他土地、路基、桥梁、涵洞、隧道、车站、机车、车辆及电讯等费用更庞大,同蒲铁路全线就要花 6000 万元至 7000万元。可是用钱是要计算利息的,以最低年息 1 分计,就要年付息金 600 万元至 700 万元之巨。在铁路通车后,初期营运收入可能尚且不足维护和营运的开支,哪有盈余来支付息金。这样日积月累,恐怕修了同蒲铁路,将来就是卖掉山西,还不够偿还债务的。南京各机关也曾透露过修筑同蒲铁路应用标准轨距,所需经费可申请中央统筹办理。但是这张支票几时可以拿到,实在不得而知。我们现在是饿着肚子的穷人,人家要给我们大鱼大肉,甚至山珍海味来吃,哪有不欢迎、不接受的道理。不过,画饼不能充饥,我们还是要吃小米饭、荞麦面来维持生活的。

山西政府的账算得很清楚:如果修宽轨铁路,50 年内不但赚不了钱,累计还要亏损 37.43亿元。如果修窄轨呢? 20 年内除收回全部投资外,还可盈利 670 万元,50 年内可赚 30.63 亿元。算得有零有整。

资料来源:闵珍林.阎锡山为什么修窄轨铁路[EB/OL].(2019-05-11)[2019-10-20].https://www.zhihu.com/question/323941885.

启示:
1.如果你是当时的决策者,你会怎么选?
2.这个案例对你有什么启发?

第一节　财务管理概述

一、财务管理的含义

科学地理解财务管理(financial management)的含义,是理解财务管理目标和企业理财环境等问题的关键,也是确立财务管理原则和建立财务管理方法体系的前提。

市场经济是商品经济的高级形态。在市场经济条件下,社会产品是使用价值和价值的统一体。与此相应,企业再生产过程也具有生产和交换使用价值,以及形成和实现价值的二重性。具体表现为:劳动者将所消耗的生产资料的价值转移到产品或服务中去,同时创造出新的价值。然后,通过实物商品的出售或提供服务,使转移价值和新创造的价值得以实现。在这个过程中,实物商品或服务在不断变化,它们的价值形态也不断地发生变化。企业再生产过程中使用价值的生产和交换过程统称为实物商品运动过程,而价值的形成和实现则称为价值运动过程。由于价值是人类抽象劳动的凝结,在市场经济条件下,它是通过一定数量的货币来表现的,而再生产过程中实物商品价值的货币表现又称为资金。所以,实物商品的价值运动过程又称为资金运动过程,资金运动以价值形式综合地反映着企业的再生产过程。企业的资金运动具有自己的运动规律,它构成企业经济活动的一个独立方面,而资金运动过程的各个阶段总是与一定的财务活动相对应的,也就是说,资金运动形式是通过一定的财务活动内容来实现的。

从表面上看,企业的资金运动是钱和物的增减变动。其实,任何钱和物的增减变动都离不开人与人之间的经济利益关系。隐藏在企业资金运动中的企业与各方面的经济利益关系即财务关系,才是资金运动的原动力。因此,管理企业资金运动,必须正确处理企业与各方面的财务关系。

综上所述,企业财务就是企业在生产经营过程中客观存在的资金运动及其所体现的经济利益关系。

顾名思义,财务管理就是对企业财务的管理。由于中西文化、经济的差异,中西方财务理论界对财务管理的概念有不同的理解和表述。西方财务管理的概念突出强调资金管理的中心地位,例如西方有的学者认为财务管理是"确定资金和资源最佳利用,以使企业价值增值的过程";我国财务理论界多将财务管理表述为:"财务管理是企业组织财务活动、处理财务关系的一项综合性的管理工作。"

但从发展的观点来看,财务管理的内涵并不是一成不变的。在市场经济和知识经济条件下,现代意义上的财务,作为企业经营要素的重要组成部分,其最本质的职能就是对资金、自然资源等"硬财务资源"及市场资源、人力资源、知识产权、组织经营等"软财务资源"的获取、培育和有效配置。因此,可以从更广泛的角度将财务管理动态地理解为:通过合理的财务制度安排、财务战略设计、财务策略运作,有效地配置财务资源,以谋求股东财富最大化。这种观点反映了对不断变化的财务学科的新认识,也更符合现代企业理论以及当代财务的发展趋向。

由于自20世纪80年代起,资金运动论就代表了企业财务本质讨论的主流学派观点,且已被广为接受,故下文对财务管理内容的描述,都是按习惯基于这种观点展开的。

二、财务管理的发展及与其他学科的关系

(一)财务管理的产生与发展

早期财务管理学科是微观经济理论的一个应用学科。它随着股份经济组织的诞生而萌动,随着商品经济的深化而发展。

19 世纪末期,在现代化生产技术驱动下,新兴产业部门大量涌现,企业兼并、重组之风盛行,独资和合伙等传统企业组织形式,因依赖于少数投资者提供资本,已无法筹措足够的资金来满足企业扩充的需要,因此面向大众投资者的股份公司便应运而生了。其标志是 1897 年美国著名财务管理学者格林(Green)《企业理财》(Corporate Finance)一书的出版。20 世纪初正是资本主义的工业化时代,企业之间的各种兼并、收购活动频繁发生,而且金融市场发展还不完善,所以财务管理的重点主要是企业兼并、新企业成立、发行债券筹资的法律事务。20 世纪30 年代西方经济大萧条,企业的破产、清偿和合并以及证券市场的规范等成为财务管理研究的主要问题。直到 1958 年,马科维茨(Harry Markowitz)提出的组合理论以及莫迪利安尼(Franco Modigliani)和米勒(Merton Miller)对资本结构的研究,才使财务管理成为一门真正的科学,推动了财务管理理论分析运动的进程。20 世纪 80 年代以来,财务管理的理论日益丰富,财务管理的业务范围不断拓展,财务管理的环境不断更新。财务管理逐渐涉及了企业的并购、分立、接管、税务筹划等领域。

近几年来,伴随着信息技术的发展,计算机、互联网、大数据技术已渗入人们的日常生活之中,电子商务已逐渐成为主要的经贸活动方式。财务管理转而研究电子货币系统、数字签章、电子凭证等新技术,研究电子商务对财务理论与实务的影响及相应策略。随着人们对财务管理研究与探索的不断深化,财务管理已由描述性为主的研究,变为包含着许多分析和理论的学科;由仅考虑资金筹措的问题,变为包括资产管理、资本分配、企业评价等问题;由仅强调外界如何分析企业的问题,变为注意企业内部如何做决策的问题。

总之,财务管理学科经过一百多年的深化与充实,已经逐步完善。而且随着商业全球化和电子信息技术的广泛应用,财务管理的现代化水平不断提高,已经成为企业管理的重要组成部分。

(二)财务管理与其他学科的关系

作为一门较为年轻的学科,财务管理的产生与发展无不与它相伴随的社会、经济环境相适应;同时,财务管理学也更多地与其他相关学科交织和融合。

1.财务管理学与管理学

财务管理作为一门管理学科,与生产管理、质量管理和营销管理一样是管理学科的一个分支,都是研究企业资源和行为的管理。只是财务管理以货币作为衡量标准,研究货币在企业内部及企业和市场之间的流动及货币的增值。财务管理学是管理学原理及其方法论在财务管理理论方面的具体体现和运用,财务管理是企业管理中不可或缺的重要组成部分。

2.财务管理学与经济学

经济学是研究个人、企业、政府以及其他经济组织如何在社会内进行选择,以及这些选择如何决定社会稀缺资源使用的学科;财务管理学则主要就这些稀缺资源的最优化配置进行研究,进行成本与效益的比较选择,以求得管理和决策效益的最大化。从实质上看,财务管理学就是研究资金、成本、利润之间关系的学科。经济学的一些基本概念,如成本、利润、价格在财

务管理学中得到了具体体现,它的供给、需求等基本原理是财务管理的指导思想。由此可见,财务管理学既是从经济学中分离和衍生的,同时又是经济学研究范畴的更精细、更具体、更直接的内容。

3.财务管理学与会计学

会计为经济管理活动提供基础职能——传输、加工和提供信息,而财务管理是会计职能的延伸,是在掌握会计及其他信息的基础上进行的职能性管理活动。它是社会经济发展到一定阶段——商业信贷、银行信用、商品经济的产物,从最初的筹资职能,发展到现在财务管理具有了预测、决策、计划、调节和监控等职能,成为任何经济管理工作不可缺少的核心工作。这两门学科之间具有相当密切的联系和互补关系,大量的会计信息成为管理人员和投资者研究企业现金流量和财务状况的重要依据。要掌握好财务管理的技能,必须首先掌握会计知识,而对会计提供的信息必须与财务管理相结合,才能在管理中发挥作用。

4.财务管理学与金融学

众所周知,财务与金融在英语中通属一词"finance"。西方"finance"所研究的领域大致包括两个方面,一是资本市场,二是公司财务。而国内对金融和财务的研究有所不同、有所交叉:金融侧重于宏观层面的货币政策管理、货币供给和银行与非银行金融机构体系、短期资金拆借市场,财务研究的范畴宏观上则主要侧重于财务政策的制定,微观上侧重于企事业单位资金的融通和运用,两者在资本市场、风险管理、期权、期货等方面有越来越多的交叉和联系。

5.财务管理学与数学、统计学、计量经济学及计算机技术

财务管理学在研究方法上更多地与数学、统计学、计量经济学及计算机技术交织在一起,借助于这些学科严密的逻辑推理,进行自身独有的方法体系拓展。特别是在实证方法研究中,更多地借助这些学科的公式、推理,建立数学模型,进行统计检验,同时由于计算机的应用从而使这种研究深化和加速,财务管理学的科学性、严密性及精确性更为突出。

总之,财务管理和以上学科关系密切。它是建立在经济学的理论基础之上,利用会计学提供的微观信息资料和金融学提供的宏观及中观信息,借助金融工具和金融市场,运用数学及计算机技术等方法和手段,按照管理学的一般原则进行研究的科学。

三、财务管理的内容

财务管理是对资金的管理,主要包括投资和筹资两大领域。

投资可以分为长期投资和短期投资,筹资也可以分为长期筹资和短期筹资,这样,财务管理的内容可以分为四个部分:长期投资、短期投资、长期筹资、短期筹资。短期投资和短期筹资通常合在一起讨论,称为营运资金管理。

(一)长期投资

这里的长期投资,是指公司对经营性长期资产的直接投资。其具有以下特征:

1.投资的主体是公司

工商业公司的投资不同于个人或专业投资机构的投资。公司投资是直接投资,即现金直接投资于经营性(或称生产性)资产,用以开展经营活动。个人或专业投资机构是把现金投资于企业,由企业将这些现金再投资于经营性资产,属于间接投资。公司的直接投资在投资以后继续控制实物资产,因此可以直接控制投资回报;间接投资的投资人(公司的债权人和股东)在投资以后不直接控制经营性资产,因此只能通过契约或更换代理人间接控制投资回报。

2.投资的对象是经营性长期资产

经营性资产投资的对象,包括长期资产和短期资产两类。长期资产投资的现金流出至现金流入的时间超过1年,属于长期投资;短期资产投资的现金流出至现金流入的时间不超过1年,属于短期投资。公司的经营性长期资产包括厂房、机器设备、运输设备等。经营性资产投资有别于金融资产投资。金融资产投资以赚取利息、股利或差价为目的,投资对象主要是债券、股票、各种衍生金融工具等,通常称为证券投资。经营资产和金融资产投资的价值评估和决策分析方法不同,前者的核心是净现值原理,后者的核心是投资组合原理。

3.长期投资的直接目的是获取经营活动所需的实物资源

长期投资的直接目的是获取经营活动所需的固定资产等劳动手段,以便运用这些资源赚取营业利润。长期投资的直接目的不是获取固定资产的再出售收益,而是要使用这些固定资产。有的企业也会投资于其他公司,主要目的是控制其经营和资产以增加本企业的价值,而不是为了获取股利。

公司对子公司的长期股权投资是经营性投资,目的是控制其经营,而不是期待再出售收益。合并报表将这些股权投资抵消,可以显示其经营性投资的本质。对子公司投资的评价方法,与直接投资经营性资产相同。对非子公司(例如合营企业、联营企业)的长期股权投资也属于经营性投资,目的是控制其经营,其分析方法与直接投资经营性资产相同。有时公司也会购买一些风险较低的证券,将其作为现金的替代品,其目的是在保持流动性的前提下降低闲置资金的机会成本,或者对冲汇率、利率等金融风险,并非真正意义上的证券投资行为。

长期投资涉及现金流量的规模(期望回收多少现金)、时间(何时回收现金)和风险(回收现金的可能性如何)等因素的考量。长期投资现金流量的规划,被称为资本预算。

(二)长期筹资

长期筹资是指公司筹集生产经营所需的长期资本。其具有以下特点:

1.筹资的主体是公司

公司是在法律形式上独立于股东的法人,它可以在资本市场上筹集资本,同时承诺提供回报。公司可以在资本市场上向潜在的投资人直接筹资,如发行股票、债券等,也可通过金融机构间接融资,如银行借款等。

2.筹资的对象是长期资本

长期资本是指公司可长期使用的资本,包括权益资本和长期债务资本。权益资本不需要归还,公司可以长期使用,属于长期资本。长期借款和长期债券虽然需要归还,但是可以持续使用较长时间,也属于长期资本。通常把期限在1年以上的债务资本称为长期债务资本。

长期筹资还涉及股利分配。股利分配决策同时也是内部筹资决策。净利润属于股东,留存部分利润而不将其分给股东,实际上是向股东筹集权益资本,即利润转变为资本。

3.筹资的目的是满足公司的长期资本需要

长期资本筹集多少,应根据长期资本的需要量确定,两者应当匹配。按照投资时间结构去安排筹资时间结构,有利于降低利率风险和偿债风险。如果使用短期债务支持固定资产购置,短期债务到期时公司不仅要承担出售固定资产偿债的风险,而且要承担短期利率变化的风险。使用长期债务支持长期资产,则可以锁定债务时间和利息支出,避免上述风险。

长期筹资决策的核心是资本结构决策和股利分配决策。资本结构是指长期债务资本和权益资本的特定组合。资本结构决定了公司现金流中有多大比例流向债权人,有多大比例流向股东。资本结构决策是最重要的筹资决策。股利分配决策,主要是决定利润留存和分配给股东的比例,也是一项重要的筹资决策。

(三)营运资金管理

营运资金是流动资产(短期资产)和流动负债(短期负债)的差额。

营运资金管理分为营运资金投资和营运资金筹资两部分。营运资金投资管理主要是制定营运资金投资政策,决定分配多少资金用于应收账款和存货、决定保留多少现金以备支付,以及对这些资产进行日常管理。营运资金筹资管理主要是制定营运资金筹资政策,决定向谁借入多少短期资金、是否需要采用赊购融资等。

营运资金管理的目标有三个:①有效地运用流动资产,力求其边际收益大于边际成本;②选择最合理的流动负债,最大限度地降低营运资金的资本成本;③加速营运资金周转,以尽可能少的营运资金支持同样的经营规模并保持公司支付债务的能力。

营运资金管理与营业现金流有密切关系。由于营业现金流的时间和数量具有不确定性,以及现金流入和流出在时间上不匹配,公司经常会出现现金流的缺口。公司配置较多的营运资金(流动资产与流动负债的差额),有利于减少现金流的缺口,但会增加资本成本;如果公司配置较少的营运资金,有利于节约资本成本,但会增大不能及时偿债的风险。因此,公司需要根据具体情况权衡风险和报酬,制定适当的营运资金政策。

上述三部分内容中,长期投资主要涉及资产负债表的左方下半部分的项目(非流动资产),这些项目的类型和比例往往会因公司所处行业不同而有差异;长期筹资主要涉及资产负债表的右方下半部分的项目(非流动负债和股东权益),这些项目的类型和比例往往会因公司的组织类型不同而有差异;营运资金管理主要涉及资产负债表的上半部分的项目(流动资产和流动负债),这些项目的类型和比例既和行业有关,也和组织类型有关。这三部分内容是相互联系、相互制约的。长期筹资与长期投资有关,一方面,长期投资决定需要长期筹资的规模和时间,另一方面,公司已经筹集到的资本制约了公司投资的规模。长期投资和经营有关系,一方面,生产经营活动的内容决定了需要投资的长期资产类型,另一方面,已经取得的长期资产决定了公司日常经营活动的特点和方式。

四、财务管理的特点

市场经济条件下,企业生产经营活动的复杂性决定了企业管理必须包括生产管理、技术管理、质量管理、劳动人事管理、设备管理、销售管理、财务管理等诸多方面的管理。这些工作是相互联系而又互相支持,同时又有科学的分工,各具特点的。财务管理作为企业管理的重要组成部分,其特点主要表现在以下几个方面:

1. 价值管理

企业进行生产经营活动,必须拥有人力、物力、财力、信息等生产经营要素资本。相应地,企业管理在实行分工、分权的过程中形成了一系列专业管理。人的管理是对劳动者要素的管理;物的管理是对使用价值的管理;信息管理是对会计、统计、业务技术资料以及调查研究资料的管理;而财务管理则是对企业生产经营过程中价值的管理,它利用资本、成本、收入等价值指标,来组织企业中价值的形成、实现和分配,并处理这种价值运动中的财务关系。所以,财务管理的基本属性是价值管理,实施价值管理是财务管理区别于其他管理的重要特点。

2. 综合性强

财务管理的综合性强表现在两个方面:一是通过统一的货币计量活动进行价值管理所表现的综合性;二是财务管理对企业生产经营活动方方面面的渗透性。财务管理所运用的资金、成本、收入、利润等价值指标,是企业生产经营过程及其结果的综合反映。通过财务指标的综合反映,可以及时掌握企业再生产活动的进展情况和资金利用情况、经营管理中存在的问题,以及生产经营的经济效益。财务管理渗透在企业生产经营活动的各个方面、各个环节,它从价值的角度,把企业的一切物质条件、经营过程和经营结果都合理地加以规划和控制,从而统率着企业的整个生产经营活动。因此,财务管理是一项综合性很强的管理工作,加强财务管理,可以促进企业全面改善生产经营管理,提高经济效益。

3. 涉及面广

财务管理是对企业财务活动和财务关系进行的管理。因此,在企业中,一切涉及资金的收支活动,都与财务管理有关。财务管理的触角,常常伸向企业经营的各个角落。每一个部门都会通过资金的使用与财务部门发生联系。每一个部门也都要在合理使用资金、节约资金支出等方面接受财务部门的指导,受到财务制度的约束,以此来保证企业经济效益的提高。这就决定了财务管理工作必然会涉及企业内部的整个生产经营活动,企业内部各部门、各单位和广大职工都会与企业财务管理工作发生密切的联系。不仅如此,企业财务管理工作还与企业外部的有关方面如投资者、债权人、税务部门等有着密切的联系。由此可见,财务管理涉及企业内部、外部的范围相当广泛。对于这样一项十分复杂而又重要的管理工作,企业必须高度重视,精心组织,以保证企业生产经营活动的健康发展。

4. 灵敏度高

财务管理能够迅速反映企业生产经营状况,因为企业的一切生产经营活动,最终都要反映到财务成果上来。通过核算、分析、对比,可以检查企业生产经营活动的实际情况,发现存在的问题,找到解决问题的办法。在企业管理中,决策是否得当,经营是否合理,技术是否先进,产销是否顺畅,都可迅速通过企业财务指标得到反映。因此,企业的财务管理部门必须通过对财务指标的分析、比较,及时掌握企业的经营状况,从而迅速地向领导汇报企业的运转情况,使企业领导统筹全局进而改进管理工作。这也从侧面说明企业财务管理是与其他管理工作息息相关的,只有相互配合才能更好地完成企业的目标。

综上所述,财务管理是企业的一项重要的综合性管理工作,它与企业内外各方面广泛联系,能够及时迅速地反映企业的生产经营状况,并在组织、规划和控制企业资金运动的过程中协调其他管理工作,以便把各部门的工作纳入提高经济效益的轨道上,共同努力实现企业的经济目标。

五、财务管理的环节

财务管理环节是企业财务管理的工作步骤与一般工作程序。一般而言,企业财务管理包括以下几个环节。

(一)计划与预算

1. 财务预测

财务预测是根据企业财务活动的历史资料,考虑现实的要求和条件,对企业未来的财务活动做出较为具体的预计和测算的过程。财务预测可以测算各项生产经营方案的经济效益,为决策提供可靠的依据;可以预计财务收支的发展变化情况,以确定经营目标;可以测算各项定额和标准,为编制计划、分解计划指标服务。

财务预测的方法主要有定性预测和定量预测两类。定性预测法,主要是利用直观材料,依靠个人的主观判断和综合分析能力,对事物未来的状况和趋势做出预测的一种方法;定量预测法,主要是根据变量之间存在的数量关系建立数学模型来进行预测的方法。

2.财务计划

财务计划是根据企业整体战略目标和规划,结合财务预测的结果,对财务活动进行规划,并以指标形式落实到每一计划期间的过程。财务计划主要通过指标和表格,以货币形式反映在一定的计划期内企业生产经营活动所需要的资金及其来源、财务收入和支出、财务成果及其分配的情况。

确定财务计划指标的方法一般有平衡法、因素法、比例法和定额法等。

3.财务预算

财务预算是根据财务战略、财务计划和各种预测信息,确定预算期内各种预算指标的过程。它是财务战略的具体化,是财务计划的分解和落实。

财务预算的编制方法通常包括固定预算与弹性预算、增量预算与零基预算、定期预算与滚动预算等。

(二)决策与控制

1.财务决策

财务决策是指按照财务战略目标的总体要求,利用专门的方法对各种备选方案进行比较和分析,从中选出最佳方案的过程。财务决策是财务管理的核心,决策的成功与否直接关系到企业的兴衰成败。

财务决策的方法主要有两类:一类是经验判断法,即根据决策者的经验来判断选择,常用的方法有淘汰法、排队法、归类法等;另一类是定量分析法,常用的方法有优选对比法、数学微分法、线性规划法、概率决策法等。

2.财务控制

财务控制是指利用有关信息和特定手段,对企业的财务活动施加影响或调节,以便实现计划所规定的财务目标的过程。

财务控制的方法通常有前馈控制、过程控制、反馈控制等几种。财务控制措施一般包括预算控制、运营分析控制和绩效考评控制等。

(三)分析与考核

1.财务分析

财务分析是指根据企业财务报表等信息资料,采用专门方法,系统分析和评价企业财务状况、经营成果以及未来趋势的过程。

财务分析的方法通常有比较分析法、比率分析法和因素分析法等。

2.财务考核

财务考核是指将报告期实际完成数与规定的考核指标进行对比,确定有关责任单位和个人完成任务的过程。财务考核与奖惩紧密联系,是贯彻责任制原则的要求,也是构建激励与约束机制的关键环节。

财务考核的形式多种多样,可以用绝对指标、相对指标、完成百分比考核,也可采用多种财务指标进行综合评价考核。

上述几个财务管理环节紧密联系、相互配合,形成周而复始的财务管理循环过程,构成完整的财务管理工作体系。财务决策和财务控制是财务工作的核心,也是财务管理的基本职能。复杂多变的市场经济要求企业财务管理能够预测市场需求和企业环境的变化,针对种种不确定的因素及时做出科学有效的决策。在这个前提下,财务管理通过计划与预算、决策与控制、分析与考核等业务方法实现其组织、监督和调节的具体职能。

第二节 财务管理的目标

一、财务管理目标的含义及特征

财务管理目标(objectives of financial management)又称财务目标或理财目标,是企业进行财务活动所要达到的目的。财务管理目标是实现企业目标的保证,是企业财务管理工作的根本出发点和归宿,也是评价企业财务活动是否合理的标准。财务管理目标能够有效地指导财务管理实践,同时也为企业各个层次的领导者指明了前进的方向。具体、明确且可操作性强的企业财务目标还可以作为绩效考核的标准,能够激励员工努力完成企业的目标。可以说,企业财务目标体现着财务管理主体与客体、局部与总体、主观与客观、所有者与经营者及债权人等一系列矛盾的统一。科学地设置财务管理目标,对优化理财行为、实现财务管理的良性循环具有重要的意义。

企业财务管理目标的特征可以成为确定企业财务管理目标的基本标志,概括起来有如下几点。

1.相关性

财务管理目标要与系统内其他要素的范围及口径一致、协调、有机关联。具体地说,就是要与企业财务管理主体空间范围一致,与企业所处的财务管理环境相适应。从根本上说,企业财务目标必须服从企业整体发展战略和发展规划,财务目标取决于企业生存目的或企业目标,取决于特定的社会经济模式。经济环境不同,企业的财务管理目标也就不同。西方国家的企业财务管理目标就有"利润最大化""财富最大化"等多种。我国企业也曾在不同时期提出过不同的财务管理目标。如在计划经济体制下,企业财务管理是围绕国家下达的产值指标来进行的,所以那时的财务管理目标可以看作是产值最大化(output value maximization);改革开放初期,企业经营活动的中心从关注产值转变为关注利润,这时的财务管理目标主要是利润最大化(profit maximization);自我国1992年提出建立社会主义市场经济体制以来,企业财务管理的总体目标趋向于企业价值最大化(value maximization);近年来,伴随着对企业所有者权益的日益重视,股东财富最大化(shareholder wealth maximization)重新受到人们的关注。

2.相对稳定性

企业财务管理目标是与其社会经济环境密切相关的,它会根据财务管理环境的变化亦即根据制约因素的变动而进行调节、修正,以满足企业管理的客观需要。但是在一定历史时期或特定条件下,财务管理目标是与企业长期发展战略相匹配的,同时也受到国家经济体制的制约。因此,企业财务管理的总体目标是相对稳定的。企业财务管理的总体目标一旦提出并得到确认就绝对不会"朝令夕改",并且在一个相当长的历史时期内对企业财务活动的组织、财务关系的处理发挥指导作用。

3.层次性

财务目标的层次性是指财务目标按一定标准可划分为若干层次。财务管理内容的层次性和细分化使财务目标由总体目标、分部目标和具体目标三个层次构成。总体目标是指一般的、基本的财务目标,处于支配地位。它具有抽象性、概括性,对企业财务实践具有指导性,决定和把握着财务管理过程和发展方向。分部目标是指在总体目标的制约下,进行某一部分财务活动所要达到的目标。分部目标一般包括筹资管理目标、投资管理目标、资金营运管理目标和收益分配管理目标四个方面,它对总体目标的实现起保证作用。具体目标是在总体目标和分部目标的制约下,从事某项具体财务活动所要达到的目标,如现金管理要达到的目标、存货管理要达到的目标等。财务管理的具体目标是财务管理目标层次体系中的基层目标,是总体目标和分部目标的落脚点。只有在日常管理中保证每一具体目标的实现,才能为分部目标的实现提供保障,从而也有利于财务管理总体目标的顺利实现。

4.多元性

多元性是指财务管理目标不是单一的,而是适应多因素变化的综合目标群。企业财务涉及财务活动的各个方面和财务管理的各个环节,并都有其特定的目标,这些目标反映了不同的财务活动处于不同的财务关系之中,这就形成了目标的多样性。现代企业财务管理目标是一个多元的有机构成体系。在这个多元目标体系中有一个目标处于支配地位,被称为主导(总体)目标;其他处于被动地位、对主导目标的实现起配合作用的目标,被称为辅助目标。例如企业财务管理在努力实现股东财富最大化这一主导目标的同时,还必须达到履行社会责任、加速企业成长、提高企业信誉等一系列辅助目标。

5.系统性

财务管理目标既然是整个财务管理运行系统的导向,且其构成要素又是多元的和有层次的,因而对财务管理活动所期望达到的结果和要求,也是多元和有层次的。在财务管理目标中,既有经济性的,又有社会性的;既有总体性的,又有具体性的;既有长远的,又有中、短期的;既有宏观的,又有微观的。由此而形成了一个系统性的财务管理目标层次结构。财务管理的各种目标是一个不可分割的有机整体。企业财务目标必须服从企业整体发展战略和发展规划,财务各个方面的目标必须具有合力,才能更好地实现企业的理财目标。

明确企业财务管理目标的相关性、稳定性、层次性、多元性和系统性特征,对于确立企业财务管理目标、指导企业财务管理工作有着重要意义。财务管理的相关性和稳定性特征要求企业认清不同时期的外部环境,确定适合企业的总体目标并坚定不移地将其贯穿于企业长期的经营管理过程中;层次性、多元性和系统性要求企业了解目标之间的差别,协调各目标的关系,以总体目标为核心,有条不紊地开展各项具体财务管理工作。

通常人们谈到财务管理目标时都是指总体(基本)目标。下面只对财务管理的总体目标做阐述分析,至于分部目标和具体目标,将在本书第二篇财务运作篇进行详细论述。

二、财务管理的总体目标

财务管理总体目标是全部财务活动实现的最终目标,是企业开展财务活动的基础和归宿。在我国企业财务管理的理论和实践中,财务管理的总体目标主要有以下几种具有代表性的模式。

(一)产值最大化

产值最大化是中国在特定时期的财务管理目标。在传统的计划经济条件下,我国的企业依照国家指令进行生产、销售,完全没有经营自主权。当时以完成甚至超额完成计划产值指标作为企业经营的目标,企业往往为了完成任务而盲目地夸大产量,因此自然成为企业财务管理的目标。其特点是:①只讲产值,不讲效益;②只讲数量,不求质量;③只抓生产,不抓销售;④只重投入,不重挖潜。这使得企业经营如一潭死水,毫无生机。我国在社会主义建设初期,经济发展的严重滞后使人们逐渐认识到以总产值最大化为目标是错误的。

(二)利润最大化

利润最大化目标即假定在投资预期收益确定的情况下,财务管理行为朝着有利于企业利润最大化的方向发展。利润最大化是西方微观经济学的理论基础。经济学家以往都以利润最大化来分析和评价企业的行为和性质。这种观点依据亚当·斯密(Adam Smith)、大卫·李嘉图(David Ricardo)和阿尔弗雷德·马歇尔(Alfred Marshall)的古典经济理论,认为企业目标是获得最大的利润,而且利润越大越好。

以追逐利润最大化作为财务管理的目标,其主要原因有三:①人类进行生产经营活动的目的是为了创造更多的剩余产品。在商品经济条件下,剩余产品的多少可以用利润这个价值指标来衡量。②在自由竞争的资本市场中,资本的使用权最终属于获利最多的企业。③每个企业都最大限度地获取利润,整个社会的财富才可能实现最大化,从而带来社会的进步和发展。在社会主义市场经济条件下,企业作为自主经营的主体,利润是企业在一定期间收入和成本费用的差额,而且是按收入与费用配比原则加以计算的。它不仅可以直接反映企业创造剩余产品的多少,而且也从一定程度上反映企业经济效益的高低和对社会贡献的大小。同时,利润是企业补充资本、扩大经营规模的源泉。这样,以利润最大化作为理财目标似乎无可厚非。

但是,这一看似合理的目标在实践中也存在以下难以解决的问题:①这里的利润是指企业在一定时期实现的税后净利润,它没有考虑资金时间价值;②利润是一个绝对指标,没有反映创造的利润与投入的资本之间的关系,因而不利于不同资本规模的企业之间或期间之间的比较;③没有考虑风险因素,高额利润往往要承担过大的风险;④片面追求利润最大化,可能导致企业短期行为,如忽视科技开发、产品开发、人才开发、生产安全、技术装备水平、生活福利设施、履行社会责任等,从而与企业的发展战略目标相背离。

(三)资本利润率或每股收益最大化

资本利润率是净利润与资本额的比率,每股收益是指归属于普通股股东的净利润与发行在外的普通股股数的比值,它们的大小反映了投资者投入资本获得回报的能力。所有者作为企业的投资者,其投资目标是取得资本收益,具体表现为净利润与出资额或普通股股份数的对比关系。这个目标的优点是把企业实现的利润额同投入的资本或股本数进行对比,能够说明企业的盈利水平,可以在不同资本规模的企业或同一企业的不同期间之间进行比较,揭示其盈利水平的差异。但该指标仍然没有考虑资金时间价值和风险因素,也不能避免企业的短期行为。

(四)股东财富最大化

股东财富最大化目标认为企业合理经营为股东带来最多的财富是企业的根本目标。股东财富最大化在资本市场上又演绎为股票价格最大化。西方一些财务学者认为,随着股票市场的成熟和日益规范化,市场效率的不断提高,股票价格已经可以成为反映公司绩效的标志。在股份公司里,股东财富由其所拥有的股票数量和股票的市场价格来决定,即

$$股东财富=每股股票市场价格×股票数量$$

股东财富最大化目标,显然考虑了风险因素,因为风险的高低将会对股价产生重要影响,它在一定程度上能克服经营者片面追求利润最大化的短期行为,而股价的高低不仅与当前利润有关,也受投资者对未来利润预期的影响,且股价易于量化,便于在不同规模的企业之间进行比较,进而便于对经营者实施考核奖惩。

但是,该指标只适用于上市公司,而且主要强调股东的利益,缺乏对企业利益相关者的重

视,容易导致企业所有者与其他利益集团及社会的矛盾。同时,股价受多种因素影响,是各种因素综合作用的结果,而且经常变化,有时与企业的财务状况和财务成果无关。如当证券市场无效时,很容易将整个社会资源低效率或无效分配归因于财务决策不合理,这是不公平的。

(五)企业价值最大化

投资者建立企业的重要目的,在于创造尽可能多的财富。这种财富首先表现为企业的价值。企业价值就是企业的市场价值,是企业所能创造的预计未来现金流量的现值,反映了企业潜在的或预期的获利能力和成长能力。未来现金流量的预测过程考虑了不确定性和风险因素,而现金流量的折现是以资金的时间价值为基础进行的。可见,未来现金流量的现值考虑了资金的时间价值和风险问题。

将企业价值最大化作为企业财务管理目标的优点主要是:①考虑了资金的时间价值和投资的风险价值,有利于统筹安排长短期规划、合理选择投资方案、有效筹措资金、合理制定股利政策等。②反映了对企业资产保值增值的要求。从某种意义上说,股东财富越多,企业市场价值就越大,追求股东财富最大化的结果可促使企业资产保值或增值。③在保证企业即期利润的同时关注企业未来的获利能力,有利于克服管理上的片面性和短期行为。④有利于社会资源的合理配置。社会资源通常流向企业价值最大化的企业或行业,有利于实现社会效益最大化。

由于企业价值最大化是一个抽象的目标,在运用时也存在一些必须注意的问题:①对于股票上市公司,虽然通过股票价格的变动在一定程度上能够揭示企业价值,但是股价是受各种因素影响的结果,特别是在即期市场上的股价不一定能够直接揭示企业的获利能力,只有长期趋势才能做到这一点。②为了控股或稳定购销关系,现代企业不少采用环形持股的方式,相互持股。法人股东对股票市价的敏感程度远不及个人股东,对股票价值的增加没有足够的兴趣。③对于非股票上市企业,只有对企业进行专门的评估才能真正确定其价值。而在评估企业的资产时,由于受评估标准和评估方式的影响,这种估价不易做到客观和准确,这也导致企业价值确定的困难。

(六)相关者利益最大化

在现代企业是多边契约关系的总和的前提下,要确立科学的财务管理目标,需要考虑哪些利益关系会对企业发展产生影响。在市场经济中,企业的理财主体更加细化和多元化。股东作为企业所有者,在企业中拥有最高的权力,并承担着最大的义务和风险,但是债权人、员工、企业经营者、客户、供应商和政府也为企业承担着风险。因此,企业的利益相关者不仅包括股东,还包括债权人、企业经营者、客户、供应商、员工、政府等。在确定企业财务管理目标时,不能忽视这些相关利益群体的利益。

相关者利益最大化目标的具体内容包括如下几个方面:

(1)强调风险与报酬的均衡,将风险限制在企业可以承受的范围内。

(2)强调股东的首要地位,并强调企业与股东之间的协调关系。

(3)强调对代理人即企业经营者的监督和控制,建立有效的激励机制以便企业战略目标的顺利实施。

(4)关心本企业普通员工的利益,创造和谐的工作环境和提供合理恰当的福利待遇,使员工长期努力为企业工作。

(5)不断加强与债权人的关系,培养可靠的资金供应者。

(6)关心客户的长期利益,以便保持销售收入的长期稳定增长。

（7）加强与供应商的协作，共同面对市场竞争，并注重企业形象的宣传，遵守承诺，讲究信誉。

（8）保持与政府部门的良好关系。

以相关者利益最大化作为财务管理目标，具有以下优点：

（1）有利于企业长期稳定发展。这一目标注重考虑并满足各利益相关者的利益关系。在追求长期稳定发展的过程中，站在企业的角度上进行投资研究，可避免只站在股东的角度进行投资可能导致的一系列问题。

（2）体现了合作共赢的价值理念，有利于实现企业经济效益和社会效益的统一。由于兼顾了企业、股东、政府、客户等的利益，企业就不仅仅是一个单纯牟利的组织，还承担了一定的社会责任。企业在寻求其自身发展和利益最大化过程中，由于需要维护客户及其他利益相关者的利益，就会依法经营、依法管理，正确处理各种财务关系，自觉维护和确实保障国家、集体和社会公众的合法权益。

（3）这一目标本身是一个多元化、多层次的目标体系，较好地兼顾了各利益主体的利益。这一目标可使企业各利益主体相互作用、相互协调，并在使企业利益、股东利益达到最大化的同时，也使其他利益相关者利益达到最大化。也就是将企业财富这块"蛋糕"做到最大的同时，保证每个利益主体所得的"蛋糕"更多。

（4）体现了前瞻性和现实性的统一。比如：企业作为利益相关者之一，有其一套评价指标，如未来企业报酬贴现值；股东的评价指标可以使用股票市价；债权人可以寻求风险最小、利息最大；员工可以考虑工资福利；政府可以考虑社会效益等。不同的利益相关者有各自的指标，只要合理合法、互利互惠、相互协调，就可以实现所有相关者利益最大化。

（七）各种财务管理目标之间的关系

上述各种财务管理目标，都以股东财富最大化为基础。因为，企业是市场经济的主要参与者，企业的创立和发展都必须以股东的投入为基础，离开了股东的投入，企业就不复存在；并且，在企业的日常经营过程中，作为所有者的股东在企业中承担着最大的义务和风险，相应也需享有最高的报酬，即股东财富最大化，否则就难以为市场经济的持续发展提供动力。

当然，以股东财富最大化为核心和基础，还应该考虑利益相关者的利益。各国公司法都规定，股东权益是剩余权益，只有满足了其他方面的利益之后才会有股东的利益。企业必须缴税、给员工发工资、给顾客提供满意的产品和服务，然后才能获得税后收益。可见，其他利益相关者的要求先于股东被满足，因此这种满足必须是有限度的。如果对其他利益相关者的要求不加限制，股东就不会有"剩余"了。除非股东确信投资会带来满意的回报，否则股东不会出资。没有股东财富最大化的目标，利润最大化、企业价值最大化以及相关者利益最大化的目标也就无法实现。因此，在强调企业承担应尽的社会责任的前提下，应当允许企业以股东财富最大化为目标。

三、相关群体利益冲突的协调

企业财务管理目标是股东财富最大化，它的实现有赖于各利益主体的共同努力与协作，但同时也存在着各利益主体之间的矛盾。财务活动所涉及的不同利益主体的关系如何协调是财务管理目标必须解决的首要问题。化解相关利益群体的利益冲突要把握的原则是：力求企业利益相关者的利益分配均衡，即减少各相关利益群体之间的利益冲突所导致的企业总体收益和价值的下降，使利益分配在数量上和时间上达到动态的协调平衡。

(一)所有者与经营者之间的矛盾与协调

在现代企业中,所有权与经营权往往是分离的。经营者一般只是所有者的代理人,他们一般不拥有占支配权地位的股权。所有者期望经营者代表他们的利益工作,实现所有者财富最大化;而经营者则有其自身的利益考虑。经营者所得到的利益来自所有者。在西方,这种所有者支付给经营者的利益被称为享受成本。二者之间的主要矛盾集中体现在:经营者希望在提高企业价值和股东财富的同时,能更多地增加享受成本,并避免各种风险;而所有者和股东则希望以较小的享受成本提高企业价值和股东财富。为了解决这一矛盾,应使经营者所得与企业绩效挂钩,并辅之以一定的监控措施。

1.解聘

这是一种通过所有者约束经营者的办法。所有者对经营者进行监督,如果发现经营者未能使企业价值达到最大,就解聘经营者,经营者因担心解聘而被迫从企业所有者利益出发,实现财务管理目标。

2.接收

这是一种通过市场约束经营者的办法。如果经营者经营决策失误,经营不力,未能尽职尽责使企业价值提升,该企业就可能被其他企业强行接收或吞并,最终经营者也会同样遭到解聘。经营者为了避免这种接收,必须采取一切措施提高股东财富。

3.激励

激励就是把经营者的报酬同其绩效挂钩,以使经营者自觉采取能满足股东财富最大化的措施。激励有两种基本方式:①"股票期权"方式。它允许经营者以固定的价格购买一定数量的公司股票,当股票价格高于固定价格越多时,经营者得到的报酬就越多。经营者为了获取更大的股票涨价益处,就必然主动采取能提高股价的一切措施。②"绩效股"形式。它是公司根据每股收益、资产收益率等指标来评价经营者,按其业绩大小给予经营者数量不等的股票作为报酬。如果公司的经营业绩未能达到规定目标,经营者也将部分丧失原先持有的"绩效股"。这种方式鼓励经营者想方设法提高公司业绩。

(二)所有者与债权人之间的矛盾及协调

所有者与债权人之间的矛盾主要表现在债权人收益与风险的不对称上。一方面,所有者可能未经债权人同意,要求经营者投资于比债权人预计风险要高的项目,这样会加大偿债风险,债权人的债权价值也必然会降低。高风险投资项目一旦成功,额外风险收益会全部归所有者享有;如若失败,债权人则要与所有者共担风险。另一方面,所有者或股东可能在未征得原债权人同意的前提下,要求经营者发行新债券或举借新债,导致旧债券因偿债风险增大而价值降低。

为了协调、解决上述矛盾,债权方往往会增设限制性条款和及时停止或收回借款。增设限制性条款,是指通过限制借债用途、制订借债担保条款和借款信用条件等,防止所有者或股东随意侵蚀债权人的权益;及时停止或收回借款,是指债权人如果发现企业所有者或股东有侵蚀债权人权益的意图时,则拒绝进一步合作,不再提供新的借款或提前收回借款,从而保护自身的权益。

第三节　财务管理的原则与理念

一、财务管理的原则

原则是指导行为的准则。财务管理原则是对财务管理工作的基本要求,是人们为了保证财务管理目标的实现,而制订的用来指导和约束财务管理行为的准则和规范,是判别财务管理工作及其成效大小或正确和错误的标准,是达到财务管理目标的有效途径。企业财务管理应遵循哪些原则,主要取决于企业性质及其所面临的环境。在市场经济条件下,企业面临的理财环境发生了巨大变化,企业财务活动和财务关系变得非常复杂。只有制订科学合理的财务管理原则,才能使企业各项财务管理工作有序、有效地进行,实现企业的财务管理目标。

由于财务管理目标分为总体目标、分部目标和具体目标三个层次,为了保证各层次目标的实现,财务管理原则也应该相应地分为总体原则、分部原则和具体原则三个层次。其中,总体原则又可称为基本原则,它是财务管理原则体系的最高层次,是整个企业财务管理工作都应该遵守的基本规范。当人们谈到财务管理原则时,通常是指总体原则。

我国企业财务管理总体原则可以归纳为以下几个方面。

(一)成本效益原则

成本效益原则就是要对经济活动中的所费与所得进行分析比较,对经济行为的得失进行衡量,使成本与收益得到最优的结合,以求获得最多的盈利。这是市场经济条件下企业财务管理应遵循的首要原则。这里的效益是一个多方位的概念,包含经营收入所得、投资收益所得、企业社会效益等。成本是指各种税费支出和其他价值牺牲。企业发生的所有成本均是有目的的支出,是为了换取超出该支出部分的收益。企业进行生产经营的目标之一就是以尽可能少的投入获取最大限度的收益。提高经济效益是企业一切工作的中心,企业所有部门、所有人都应遵循这一原则,为企业取得最佳经济及社会效益而努力。

(二)风险与收益均衡原则

财务活动中的风险是指获得预期财务成果的不确定性。企业要想获得收益,就不能回避风险,可以说风险中包含收益,挑战中存在机遇。该原则是指在财务管理过程的各个方面、各个环节,既要追求高收益,又要避免太大的风险。在现代市场经济条件下,企业财务管理面临许多不确定因素,有宏观的,也有微观的。因此,在企业的任何一项财务管理活动中都客观地面临着一个风险与收益的权衡问题。一般来讲,高收益往往意味着高风险。经营者不应一味追求高收益不顾企业风险,也不能过于保守,片面强调财务安全,这也会使企业坐失良机,裹足不前。因此,企业在财务管理中应该按照风险和收益适当均衡的要求来决定采取何种行动,同时在实践中趋利避害,争取获得更多的收益。

(三)优化原则

财务管理过程实质上是一个不断地进行分析、比较和选择,以实现股东财富最大化的过程。企业财务活动的过程和结果大都表现为一定的财务指标,一般而言,各项指标都有一个较为合理的标准。通过对单个指标和指标体系的比较分析,可以发现管理中存在的问题,找出不合理因素,采取相应措施,使有关指标由不合理趋于合理。财务管理优化原则的主要内容包括:①多方案的最优选择问题。在财务管理中,经常会遇到从多个备选方案中选择一个或几个方案的情况,这时要根据优化原则,排除次优方案,选择最优方案。②最优总量的确定问题。这种情况主要是研究在有关因素既定的条件下,如何确定最优总量,例如,最佳现金持有量、经济进货批量、企业筹资总额等的确定,都要遵循优化原则。③最优比例关系的确定问题。在总量确定后,还要确定各因素之间的最优比例关系,如资本结构的确定、收益分配比例的确定等。

(四)弹性原则

企业财务管理应努力实现收支平衡,略有结余。这里的略有结余就是留有弹性。在企业财务管理中,必须在追求准确和节约的同时,留有合理的伸缩余地,这就是财务管理的弹性原则。企业财务管理环境的复杂多变性、财务管理人员素质和能力的有限性,以及财务计划、预测等的不准确性,要求在财务管理的各个方面和各个环节保持可调节的余地。

贯彻财务管理弹性原则的关键是防止弹性的过大或过小,弹性过大会造成浪费,而弹性过小则会带来较大的风险。在企业财务管理中,只有允许各子系统都保持一定的弹性,才能保证财务管理健康、有序地运行。在企业财务管理实践中,对现金和存货留有一定的保险储备,在编制财务计划时留有余地,都是弹性原则的具体应用。

(五)利益关系协调原则

根据现代企业理论,企业是包括出资人、债权人、员工、政府等在内的多边契约关系的总和,各利益主体通过契约而密切联系在一起。因而,企业财务管理的目标是在追求股东财富最大化的前提下,还应维护各有关方面的权益,追求各利益相关者利益的最大满足。如果相关各方利益处理及协调不当,企业最终目标也将难以实现。利益关系协调原则主要体现在分配企业的收入及财务成果上。和谐的利益相关者关系,为企业最终目标的实现创造了必要条件。兼顾、协调各利益主体的利益,是企业财务管理人员必须遵循的一项理财原则。企业在追求股东财富最大化目标的同时,决不能忽视其应尽的社会责任,如保护消费者利益,给员工支付合理的薪水、津贴及奖金,对员工进行就业培训,保护环境、控制污染,支持社会公益事业等。

(六)分层管理原则

分层管理是指企业采用公司制组织形式时,股东大会、经营者(董事会、总经理)、财务经理三者分别按自身的权责行使其自身的管理权力。财务具体分为出资者财务、经营者财务和财务经理财务。

1.出资者财务

所有者作为企业的出资者,主要行使一种监控权力,其主要职责就是约束经营者的财务行为,以保证资金安全和增值。其具体包括:①基于防止稀释出资者权益的需要,出资者要对企业筹资种类及资本结构等做出决策。②基于保护企业财产的需要,出资者必须对企业的会计资料和财产状况进行监督。③基于保护出资者权益不受损失的需要,出资者必须对企业的对外投资尤其是控制权性质的投资进行控制和监督。④基于保护出资者财产利益的需要,出资者对涉及资本变动的企业合并、分立、撤销、清算等的财务问题,必须做出决策。⑤基于追求资本增值的需要,出资者必须对企业的利益分配做出决策。

2.经营者财务

在公司制企业中,经营者包括董事会成员和总经理,是财务决策与财务管理活动的管理主体。经营者作为承担企业法人财产权的责任主体,其管理对象是全部法人财产,它要对企业全部财产负责,包括出资人资本保值增值责任和债务人还本付息责任。因此,经营者财务的主要着眼点是财务决策和财务协调。从财务决策上看,这种决策主要是企业宏观战略方面的。从协调上看,一是外部协调,即协调企业与股东、债权人、政府部门、业务关联企业、社会监督部门、中介机构等错综复杂的关系,目的在于树立良好的财务形象;二是内部协调,即协调企业内部各业务部门、人员的关系,目的在于减少内部摩擦,使各项工作有序和谐,提高运行效率。

3.财务经理财务

在公司制企业中,财务经理担负着重要的理财角色。财务经理财务是经营者财务的操作性财务,注重日常财务管理。其主要的管理对象是短期资产的效率和短期债务的清偿。财务经理的职责主要包括处理与银行的关系以及进行现金管理、筹资、信用管理、利润分配、财务预测、财务计划和财务分析等工作。

二、现代财务理念

财务理念(又称财务管理观念)是人们的一种管理意识,是人们比较成熟、稳定的思维方式或价值观在财务管理工作中的体现。财务理念是进行财务管理工作的重要思想基础。它对于财务管理工作的内容、方法及其工作质量有着重要的影响。企业财务理念的形成是企业内外部各种因素综合作用的结果。环境的不稳定性,也必然会导致企业财务理念的动态性。但在相同的政治、经济体制下,财务理念又表现出高度的一致性。在现代市场经济条件下,我国企业经营者必须普遍树立"财务管理目标理念""竞争理念""风险理念""资金时间价值理念"。其中,财务管理目标理念是企业财务管理的核心理念,所有从事财务管理工作的人员首先必须树立此观念;而资金时间价值理念是指在进行财务计量时要考虑资金时间价值因素,它意味着同一数量的资金在不同的时点其现值和终值是不同的。在制定具体财务政策和进行财务决策时,把握资金时间价值理念具有非常重要的意义。否则,财务长期投资及融资决策将无从谈起。

随着知识经济时代的到来,企业经营者还必须更新观念,树立以下新的财务理念:

(1)知识资本理念。在知识经济条件下,知识成为最重要的生产要素和经济增长源泉,知识资本(包括人力资本和无形资产)在企业中的重要性远远超过货币资本和实物资本,企业的经营者必须拓展财务资源的外延,牢固树立知识资本的财务理念。在筹资中注重知识资本的筹集,使之与货币、实物资本相匹配;还要对知识资本的使用过程进行监控,提高使用效率。在收益分配中,要注重对知识资本的补偿,允许人力资本参与企业收益的分配。

(2)网络化理念。知识经济时代的一个显著特点是信息化和网络化,企业也因此进入网络财务管理时代,企业经营者必须树立网络财务理念,进行高效、规范、科学化理财。

(3)全球化理念。知识经济时代为企业的国际化经营创造了许多便利条件,各国经济联系日益密切,企业经营呈现全球化特征。企业必须树立全球化理财观,放眼世界市场,谋求企业更长远的发展。

本章小结

作为全书的第一章,本章对财务管理的基本理论、基本知识和技能,从实践和理论上做了历史分析和现实研究;全面阐述了财务管理的含义、内容、目标、环节、特点、原则及理念等基本理论问题,以便读者对财务管理有一个总体的理解。

财务管理是对资金的管理,主要包括投资和筹资两大领域。随着财务管理环境的不断变化,我们应该从更广泛的角度动态地理解财务管理的含义。财务管理是企业管理中不可或缺的组成部分,它具有价值管理、综合性强、涉及面广和灵敏度高等特点。财务管理一般包含计划与预算、决策与控制、分析与考核三大步骤。

企业财务管理目标具有相关性、相对稳定性、层次性、多元性和系统性的特点;财务管理目标由总体目标、分部目标和具体目标三个层次构成。我国代表性的财务总体目标有产值最大化、利润最大化、每股收益最大化、股东财富最大化、企业价值最大化和相关者利益最大化等。

我们应将股东财富最大化确认为现代企业财务管理最优的总体目标。这一目标不但考虑了投资者利益,同时兼顾了其他利益相关者的利益,便于调动各方面的积极性。企业应采取措施协调所有者与经营者之间的矛盾及所有者与债权人之间的矛盾。

为了保证财务管理各层目标的实现,财务管理原则也相应地分为总体原则、分部原则和具体原则三个层次。财务管理总体原则有成本效益原则、风险与收益均衡原则、优化原则、弹性原则、利益关系协调原则和分层管理原则等。在公司制企业中,具体可从出资者财务、经营者财务和财务经理财务进行分层管理。现代市场经济条件下,我国企业经营者必须普遍树立财务管理目标理念、竞争理念、风险理念和资金时间价值理念,需要创新的理念有知识资本理念、网络化理念和全球化理念等。

思考与练习

1.什么是财务管理? 企业财务管理包括哪些内容?
2.简述财务管理的特点。
3.企业财务管理工作有哪些环节?
4.试述现代企业财务管理目标。
5.财务管理的原则有哪些?

即测即评

即 测 即 评

第二章
财务管理的环境

学习目标

1. 了解宏观经济政策对财务管理的影响；
2. 熟悉财务管理法律环境的主要内容；
3. 掌握财务管理金融环境的主要内容；
4. 熟悉资本市场的作用；
5. 掌握利率的构成要素；
6. 了解社会文化环境对财务管理的影响。

教学大纲　　　扩展阅读及案例解析

引导案例

美方挑起贸易战，中方不得不采取必要的反制措施。大家最关心的，莫过于中方的反制会给企业和老百姓带来多大影响？

从企业层面看，经贸摩擦对部分外向型企业有冲击，可能带来成本增加、订单下降等问题，企业面临减产歇业、调整重组的挑战。电子通信、电气机械、木材加工、化学产品等行业企业受影响相对较大。不过同时要看到，一方面美国对我国部分出口商品加征关税，将逐步向着产业链和价值链上下游传导，最终结果会由出口商、上游原材料和零部件供货商以及美国采购者分担。另一方面，我国商务部已明确表示，在反制措施中增加的税收收入将主要用于受损企业及员工、鼓励企业调整进口结构等，努力将损失降到最低程度。

从国内消费看，中美经贸摩擦带来的影响可控。中国国际经济交流中心总经济师陈文玲认为，中美经贸摩擦对中国老百姓的影响并不大。比如大豆，从美国进口的大豆占比已经不到三分之一，而且美国大豆在我国只能用来榨油，表现在豆油价格上可能会上升。我国现在进口一吨大豆加上关税的价格为 3 750 美元，比原来多了 750 美元，平摊到每千克豆油价格可能高几元钱，对老百姓生活的影响不大。不过，2017 年进口猪肉价格为每千克 10 元至 11 元，2018 年加征关税以后为每千克 17 元多，猪肉价格上涨会带来一定影响，但牛羊肉、鸡肉、鱼肉等都可以替代。

总的来看，目前经贸摩擦对我国经济发展的冲击，可以用"有影响，可控制，需应对"来概括。在应对中美经贸摩擦问题上，自夸自大也好，自怨自艾也罢，盲目自信也好，一味恐惧也罢，都不是解决问题的办法。只有坚定不移地推动改革开放，坚定不移地发展自己，做好自己的事情，才能最终克服这个前进路上遇到的困难。

资料来源：连俊.中美贸易战会给我们带来多大影响？[N].经济日报，2018-08-12(3).

启示：

中美贸易摩擦对我国进出口企业有哪些影响？在这种新经济条件下，企业财务管理应如何应对？

第一节　财务管理环境概述

一、财务管理环境的概念及研究意义

财务管理环境又称理财环境，是指对企业财务活动和财务管理产生影响作用的企业内外各种条件的统称。财务管理环境涉及的范围很广，如生产技术、供销、市场、价格、金融、税收、法律、人力资源等。财务管理环境是一个多层次、多方位的复杂系统。企业财务活动在相当大程度上受理财环境的约束。财务管理的发展变化，是各种环境因素综合影响的结果。财务管理只有适应环境的变化，合理地利用环境，才能实现其预期目标，企业才能生存和发展。特别是在市场经济条件下，财务管理环境具有构成复杂、变化快速的特点，财务管理人员更应该重视对环境因素的分析和研究，根据环境的发展变化，及时调整财务管理策略与措施，增强对环境的适应能力、应变能力和利用能力，实现多因素作用下各项财务活动的协调平衡。因此，研究并主动适应财务管理环境，不仅是财务管理理论研究和财务管理实践的基本出发点，也是当前财务管理面临的一大课题。

二、财务管理环境的分类

企业面对的财务管理环境是多种多样的。从范围的大小来看，财务管理环境可分为财务管理宏观环境和财务管理微观环境；相对企业而言，财务管理环境又可分为财务管理外部环境和财务管理内部环境。

（一）财务管理宏观环境和财务管理微观环境

财务管理宏观环境是指影响企业财务管理的宏观方面的各种因素和条件，其中与财务管理较为密切的主要有宏观政治环境、经济环境、法律环境、金融环境和社会文化环境。财务管理宏观环境通常存在于企业外部，它对所有企业的财务管理活动都有影响。财务管理微观环境是指对财务管理有重要影响的微观方面的各种因素，如生产经营状况、产品市场销售状况、企业资源供应情况、企业组织形式、管理体制、经营者素质等。微观环境的变化，对特定行业、特定企业的财务管理产生影响。

（二）财务管理外部环境和财务管理内部环境

在市场经济条件下，企业财务管理的范畴不再封锁在企业内部一个闭合空间。企业内部环境，包括企业组织形式、财务管理体制、经营条件（资本、技术）、行业特性、企业文化、管理水平等。其中，企业组织形式的确定和财务管理体制模式的选择为企业财务运行机制奠定了良好的基础和内部活力，构成了企业财务管理内部环境的主要方面。财务管理的外部环境，则是指存在于企业外部，并对企业财务行为产生导向作用的客观条件和因素，包括政治环境、宏观经济环境和微观经济环境、社会文化环境、法律环境和税收环境、金融环境等。在现代企业制度条件下，财务管理外部环境与企业财务管理的关系异常密切，直接和企业的融资、投资相互联动、耦合。

企业的财务管理行为必须与自身内部环境相协调，并主动地与外部环境相适应。企业财务管理的外部环境决定着财务管理内部环境,财务管理的内部环境始终应和企业的外部环境相适应。企业财务管理的职责在于根据企业所面临的环境选择适当的财务行为,使自己永远立于不败之地。

鉴于财务管理外部环境的重要性,本书着重讨论企业难以控制的几个重要环境,即经济环境、法律环境、金融环境和社会文化环境。

第二节　经济环境

经济环境是指特定时空内经济运动的总体状况及态势,包括经济体制、经济周期、经济发展水平、经济结构、宏观经济政策、通货膨胀和市场竞争等。经济环境不但对企业财务管理有重大影响,而且也影响着政治、法律、文化教育等。一般而言,在经济大环境比较好的情况下,大多数企业的财务管理都比较顺畅,成效明显;反之,在宏观经济环境不景气时,许多企业则经营艰难,陷入困境。

一、经济体制

经济体制是一国的基本经济制度,它说明一国的经济以什么为基础和主体来进行运作。纵观世界各国和我国的历史沿革,经济体制主要分为两种:计划经济体制和市场经济体制。在计划经济体制下,企业作为一个独立的核算单位而无独立的理财权利。这时,财务管理活动的内容比较单一,财务管理方法也比较简单。在市场经济体制下,企业成为"自主经营、自负盈亏"的经济实体,有独立的经营权,同时也有独立的理财权。企业筹资、投资的权利归企业所有,企业财务管理部门必须随时根据市场发出的信息做出灵敏的反应,抓住机遇,避免风险。因此,财务管理活动的内容比较丰富,方法复杂多样。

二、经济周期

在市场经济条件下,经济发展通常带有一定的波动性,大体上经历复苏、繁荣、衰退、萧条四个阶段,周而复始地循环,这种循环称为经济周期或商业周期。经济的周期性波动对财务管理有着非常重要的影响。在经济的不同发展时期,企业的生产规模、销售能力、获利能力以及由此而产生的资本需求都会出现重大差异。西方财务学者曾探讨了经济周期中的经营理财策略,其要点如表2-1所示。

表2-1　经济周期中的经营理财策略

复苏	繁荣	衰退	萧条
1.增加厂房设备	1.扩充厂房设备	1.停止扩张	1.建立投资标准
2.实行长期租赁	2.继续增加存货	2.出售多余设备	2.保持市场份额
3.增加存货	3.提高产品价格	3.停产不利产品	3.压缩管理费用
4.开发新产品	4.开展营销规划	4.停止长期采购	4.放弃次要部门
5.增加劳动力	5.增加劳动力	5.削减存货	5.削减存货
		6.停止扩招雇员	6.裁减雇员

资料来源:荆新,王化成,刘俊彦.财务管理学[M].8版.北京:中国人民大学出版社,2018:16.

我国的经济发展与运行也呈现出特有的周期性特征,带有一定的经济波动。过去曾经历过若干次从投资膨胀、生产高涨到控制投资、紧缩银根和正常发展的过程,从而促进了经济的持续发展。企业的筹资、投资和资产运营等理财活动都要受这种经济波动的影响。因此,企业财务人员必须认识到经济周期的影响,针对经济周期不同的阶段,未雨绸缪,预测经济变化的情况,适当调整财务政策。

三、经济发展水平

经济发展水平是一个相对概念。按照常用概念,把不同的国家可分别归于发达国家、发展中国家和不发达国家三大群体。

发达国家已经经历了较长时期的资本主义经济发展历程,形成了较为复杂的经济关系以及较为完善的生产方式。因此,企业财务管理内容丰富多彩,财务管理的方法和手段科学而严密。发展中国家目前经济发展水平还不够高,基础较为薄弱,但发展速度较快,经济政策变更较为频繁。因此,发展中国家的企业财务管理受政策影响显著而不甚稳定,财务管理的内容、方法和手段更新较快。不发达国家一般以农业为主要经济部门,工业不够发达,经济发展水平低,企业规模小,组织结构简单,财务管理水平低、发展慢,严重落后于发达国家和发展中国家。

改革开放以来,我国的国内生产总值(GDP)高速增长,经济建设如火如荼。"一带一路"倡议的实施、党的"十九大"的召开,进一步推动了我国经济建设的现代化和国际化进程。这给企业扩大规模、调整方向、打开市场以及拓宽财务活动的领域带来了机遇。

四、经济结构

经济结构是指国民经济各部门、社会再生产各个方面的组成和构造,主要指产业结构或地区经济结构。经济结构环境对财务管理的影响表现在两个基本方面:一是企业所处的产业或地区在一定程度上影响甚至决定了财务管理的性质。①不同产业所要求的资本规模不同。一般而言,可按第一、二、三产业的顺序决定所需资本规模的顺序。②不同产业所要求的资本结构不同。第一、二产业的资本结构要求企业以长期筹资为主,第三产业的资本结构要求企业以短期筹资为主。③针对不同产业,国家有不同的产业政策,这些政策最终都会引起企业现金流入量、流出量或现金净流量的变化,如税收增减、政府补贴等都会引起现金净流量的变动。二是产业结构的调整和地区经济结构的变动,将导致企业现金净流量的变动以及资本筹措的相应变化或调整。

五、宏观经济政策

经济政策是国家进行宏观经济调控的重要手段。随着国家产业政策、金融政策、财税政策、社会保障制度、会计准则体系等各项改革的进一步深化,宏观经济政策会深刻地影响我国的经济生活以及企业的发展和财务活动的运行,有的甚至是立竿见影的作用。如金融政策中的货币发行量、信贷规模会影响企业的资本结构和投资项目的选择等;价格政策会影响资本的投向、投资回收期及预期收益;会计准则的改革会影响会计要素的确认和计量,进而对企业财务活动的事前预测、决策以及事后的评价产生影响等。此外,国家对某些地区、某些行业、某些经济行为的优惠、鼓励和有利倾斜构成了经济政策的主要内容。相反,政府政策也对一些地区、行业和经济行为有所限制。可见,经济政策对企业财务管理的影响是非常广泛和深刻的。企业在财务决策时,必须把握经济政策,按照政策导向行事,才能趋利避害。

六、通货膨胀

一般认为,在产品和服务质量没有明显改善的情况下,价格的持续提高就是通货膨胀。持续的通货膨胀不仅降低了消费者的购买力,对企业财务活动的影响更为严重。这主要表现在:一是对企业资金的影响。大规模的通货膨胀会引起原材料价格上涨,资本占用迅速增加;通货膨胀时政府会紧缩银根,控制社会投资,从而引起利率上升,增加企业的筹资成本。二是对企业利润的影响。通货膨胀会引起利润的虚增,但扣除通货膨胀的影响后,企业实际利润只有小幅增长,甚至没有增长或亏损。三是引起有价证券价格下降。四是引起资金供应紧张,增加企业的筹资难度。

企业对通货膨胀本身无能为力,只有政府才能控制通货膨胀。因此,为了减轻通货膨胀对企业造成的不利影响,在通货膨胀初期,财务人员应当采取措施予以防范:如取得长期负债,保持资本成本的稳定;与客户签订长期购货合同,以减少物价上涨造成的损失。在通货膨胀持续期,企业可以采用比较严格的信用条件,减少企业债权;调整财务政策,防止和减少企业的资本流失等;使用套期保值等办法尽量减少损失。

七、市场竞争

竞争广泛存在于市场经济之中,任何企业都不能回避。企业之间、各产品之间、现有产品和新产品之间的竞争,涉及设备、技术、人才、推销、管理等各个方面。企业竞争对财务管理有多种表现。例如:投资项目盈利能力的大小在很大程度上要取决于将来市场份额的大小;由于银行和投资者的谨慎,竞争能力强的企业总是比其他企业能够较容易地融通到资本。竞争能促使企业用更好的方法来生产更好的产品,推动经济的发展。但对企业来说,竞争既是机会,又是威胁。为了改善竞争地位,企业往往需要大规模投资,成功之后企业盈利增加,但若失败则竞争地位更为不利。竞争是"商业战争",综合了公司的全部实力和智慧,经济增长、通货膨胀、利率波动等带来的财务问题以及企业的对策,都会在竞争中体现出来。

第三节 法律环境

一、财务管理法律环境及其分类

法是体现统治阶级意志,由国家制定或认可,并以国家强制力保证实施的行为规范的总和。广义的法包括各种法律、规定、条例和制度。财务管理是一种对社会经济活动的管理行为,必然要受到法律规范的约束。

法按照法律规范的层次性和强制程度,可以做如下分类:

1. 财务管理工作必须遵循的各项法律

这些法律包括公司法、企业法、会计法、注册会计师法、合同法、金融法、证券法、税法、票据法、仲裁法等。

2. 财务管理工作必须遵循的规定和条例

这些规定和条例包括《企业会计准则》《中国注册会计师审计准则》《企业财务通则》《国有企业财产监督管理条例》《中华人民共和国国库券条例》《股票发行与交易管理暂行条例》《中华人民共和国公司登记管理条例》《企业债券管理条例》《公开发行证券的公司信息披露内容与格

式准则》《企业财务报告条例》等。

3.财务管理工作必须执行的各种规章制度

这些规章制度包括不同行业的企业财务制度、不同时期各级政府发布的有关财务管理工作的通知以及对有关财务问题的处理意见等,如证监会发布的有关会计及审计规范的相关文件等。

二、财务管理法律环境的主要因素

市场经济的重要特征就在于它是以法律规范和市场规则为特征的经济制度。法律为企业经营活动规定了活动空间,也为企业在相应空间内自由经营提供了法律上的保护。企业的理财活动,无论是筹资、投资还是利润分配,都要和企业外部发生经济关系,在处理这些经济关系时,应当遵守有关的法律规范。近年来,随着我国各项法律法规的不断完善,企业财务管理的法律环境发生了巨大的变化。尤其是《中华人民共和国公司法》《中华人民共和国证券法》《中华人民共和国合伙企业法》《中华人民共和国个人所得税法》《中华人民共和国企业破产法》《中华人民共和国企业所得税法》《企业会计准则》《中国注册会计师审计准则》等的实施,都在相当大程度上对企业的各项财务行为产生了影响。影响财务管理的主要法律环境因素有企业组织形式、公司治理的有关规定、税收法规和财务法律规范。

(一)企业组织形式

企业是市场经济的主体,企业组织必须依法成立。组建不同的企业,要依照不同的法律规范。企业组织形式的不同类型决定着企业的财务结构、财务关系、财务风险和所采用的财务方式的差异。企业财务管理必须立足企业的组织形式。按其组织形式不同,可将企业分为个人独资企业(sole proprietorship)、合伙企业(partnership)和公司制企业(corporation)。

1.个人独资企业

个人独资企业是由一个自然人投资,全部资产为投资人个人所有,全部债务由投资者个人承担的经营实体。

个人独资企业具有创立容易、经营管理灵活自由、不需要缴纳企业所得税等优点。但对于个人独资企业业主而言:①需要业主对企业债务承担无限责任,当企业的损失超过业主最初对企业的投资时,需要用业主个人的其他财产偿债;②难以从外部获得大量资金用于经营;③个人独资企业所有权的转移比较困难;④企业的生命有限,将随着业主的死亡而自动消亡。

2.合伙企业

合伙企业通常是由两个或两个以上的自然人(有时也包括法人或其他组织)合伙经营的企业。它是由各合伙人遵循自愿、平等、公平、诚实信用原则订立合伙协议,共同出资、合伙经营、共享收益、共担风险的营利性组织。合伙企业,分为普通合伙企业和有限合伙企业。

普通合伙企业由普通合伙人组成,合伙人对合伙企业债务承担无限连带责任。依照《中华人民共和国合伙企业法》的规定,国有独资公司、国有企业、上市公司以及公益性的事业单位、社会团体不得成为普通合伙人。以专业知识和专门技能为客户提供有偿服务的专业服务机构,可以设立为特殊的普通合伙企业。一个合伙人或者数个合伙人在执业活动中因故意或者重大过失造成合伙企业债务的,应当承担无限责任或者无限连带责任,其他合伙人以其在合伙企业中的财产份额为限承担责任。合伙人在执业活动中非因故意或者重大过失造成的合伙企业债务以及合伙企业的其他债务,由全体合伙人承担无限连带责任。合伙人执业活动中因故意或者重大过失造成的合伙企业债务,以合伙企业财产对外承担责任后,该合伙人应当按照合伙协议的约定对给合伙企业造成的损失承担赔偿责任。

有限合伙企业由普通合伙人和有限合伙人组成,普通合伙人对合伙企业债务承担无限连带责任,有限合伙人以其认缴的出资额为限对合伙企业债务承担责任。有限合伙企业至少应当有一个普通合伙人,由普通合伙人执行合伙事务。有限合伙人不执行合伙事务,不得对外代表有限合伙企业。有限合伙人的下列行为,不视为执行合伙事务:①参与决定普通合伙人入伙、退伙;②对企业的经营管理提出建议;③参与选择承办有限合伙企业审计业务的会计师事务所;④获取经审计的有限合伙企业财务会计报告;⑤对涉及自身利益的情况,查阅有限合伙企业财务会计账簿等财务资料;⑥在有限合伙企业中的利益受到侵害时,向有责任的合伙人主张权利或者提起诉讼;⑦执行事务合伙人怠于行使权利时,督促其行使权利或者为了本企业的利益以自己的名义提起诉讼;⑧依法为本企业提供担保。有限合伙人转变为普通合伙人的,对其作为有限合伙人期间有限合伙企业发生的债务承担无限连带责任。普通合伙人转变为有限合伙人的,对其作为普通合伙人期间合伙企业发生的债务承担无限连带责任。

合伙企业的生产经营所得和其他所得,按照国家有关税收规定,由合伙人分别缴纳所得税。

除业主不止一人外,合伙企业的优点和缺点与个人独资企业类似。此外,法律规定普通合伙人对企业债务须承担无限连带责任。如果一个合伙人没有能力偿还其应分担的债务,其他合伙人须承担连带责任,即有责任替其偿还债务。法律还规定合伙人向合伙人以外的人转让其所有权时需要取得其他合伙人的同意,有时甚至还需要修改合伙协议。

由于合伙企业与个人独资企业存在着共同缺陷,所以一些企业尽管在刚成立时以独资或合伙的形式出现,但是在发展到某一阶段后都将转换成公司的形式。

3.公司制企业

公司(或称公司制企业)是指由投资人(自然人或法人)依法出资组建,有独立法人财产,自主经营、自负盈亏的法人企业。

公司是经政府注册的营利性法人组织,并且独立于所有者和经营者。根据公司法,其形式分为有限责任公司和股份有限公司两种。

有限责任公司简称有限公司,是指股东以其认缴的出资额为限对公司承担责任,公司以其全部财产为限对公司的债务承担责任的企业法人。根据《中华人民共和国公司法》的规定,必须在公司名称中标明"有限责任公司"或者"有限公司"字样。

其中,国有独资公司是有限责任公司的一种特殊形式,具体是指国家单独出资、由国务院或者地方人民政府授权本级人民政府国有资产监督管理机构履行出资人职责的有限责任公司。国有独资公司的公司章程由国有资产监督管理机构制定,或者由董事会制定报国有资产监督管理机构批准。我国国有独资公司不设股东会,由国有资产监督管理机构行使股东会职权。国有资产监督管理机构可以授权公司董事会行使股东会的部分职权,决定公司的重大事项,但公司的合并、分立、解散、增加或者减少注册资本和发行公司债券,必须由国有资产监督管理机构决定。

股份有限公司简称股份公司,是指其全部资本分为等额股份,股东以所持股份为限对公司承担责任,公司以其全部财产对公司的债务承担责任的企业法人。

有限责任公司和股份有限公司的区别如下:①公司设立时对股东人数要求不同。设立有限责任公司的股东人数可以为1人或50人以下;设立股份有限公司,应当有2人以上200人以下为发起人。②股东的股权表现形式不同。有限责任公司的权益总额不做等额划分,股东的股权是通过投资人所拥有的比例来表示的;股份有限公司的权益总额平均划分为相等的股份,股东的股权是用持有多少股份来表示的。③股份转让限制不同。有限责任公司不发行股票,对股东只发放一张出资证明书,股东转让出资需要由股东会或董事会讨论通过;股份有限公司可以发行股票,股票可以依法转让。

公司制企业具有以下优点:①容易转让所有权。公司的所有者权益被划分为若干股权份额,每个份额可以单独转让。②有限债务责任。公司债务是法人的债务,不是所有者的债务。所有者对公司承担的责任以其出资额为限。当公司资产不足以偿还其所欠债务时,股东无须承担连带清偿责任。③公司制企业可以无限存续,一个公司在最初的所有者和经营者退出后仍然可以继续存在。④公司制企业融资渠道较多,更容易筹集所需资金。

公司制企业具有以下缺点:①组建公司的成本高。法律对于设立公司的要求比设立独资或合伙企业复杂,并且需要提交一系列法律文件,花费的时间较长。公司成立后,政府对其监管比较严格,需要定期提交各种报告。②存在代理问题。所有者和经营者分开以后,所有者成为委托人,经营者成为代理人,代理人可能为了自身利益而伤害委托人利益。③双重课税。公司作为独立的法人,其利润需缴纳企业所得税,企业利润分配给股东后,股东还需缴纳个人所得税。

在以上三种形式的企业中,个人独资企业占企业总数的比重很大,但是绝大部分的商业资金是由公司制企业控制的。因此,财务管理通常把公司理财作为讨论的重点。除非特别指明,本教材讨论的财务管理均指公司财务管理。

(二)公司治理和财务监控

公司治理是有关公司控制权和剩余索取权分配的一套法律、制度以及文化的安排,涉及所有者、董事会和高级执行人员等之间权力分配和制衡关系,这些安排决定了公司的目标和行为,决定了公司在什么状态下由谁来实施控制、如何控制、风险和收益如何分配等一系列重大问题。公司治理是否有效取决于公司治理结构是否合理、治理机制是否健全、财务监控是否到位。

1.公司治理结构

公司治理结构是指明确界定股东大会、董事会、监事会和经理人员职责和功能的一种企业组织结构。我国公司法明确规定,上市公司治理结构涉及:公司最高权力机构的股东大会、对股东大会负责的决策机构(常设权力机构)即董事会、对董事会负责的执行机构即高级管理机构、监督机构即监事会和外部独立审计。董事由股东大会选举产生,董事可以由股东或非股东担任,董事长由董事会选举产生,一般为公司法定代表人;公司的总经理负责公司的日常经营管理活动,对公司的生产经营进行全面领导,对董事会负责;对总经理实行董事会聘任制,不实行上级任命制;监事会由股东和职工代表按一定比例组成,对股东大会负责。作为对《中华人民共和国公司法》关于公司治理结构的补充,中国证监会在其颁布的《关于在上市公司建立独立董事制度的指导意见》和《上市公司治理准则》中引入和强化了独立董事制度。这种组织制度既赋予经营者充分的自主权,又切实保障所有者的权益,同时能够调动生产者的积极性。合理的治理结构有助于提高企业的工作效率,保证决策的科学性,使企业各项工作在相互协调、相互制衡中高效地运行。

2.公司治理机制

公司治理机制是公司治理结构在经济运行中的具体表现,包括内部治理机制和外部治理机制。内部治理机制通过股东大会、董事会、执行部门和监事会等的设置和运作,形成调节所有者、法人代表、经营者和职工集体之间关系的制衡和约束机制,具体表现为公司章程、董事会议事规则、决策权力分配等一系列内部控制制度;外部治理机制是通过企业外部主体如政府、中介机构和市场监督约束发生作用的,这些外部的约束包括法律、法规、合同、协议等条款。外部治理机制常表现为事后保障机制,需要充分准确的公司信息披露。

3. 财务监控

公司治理结构和治理机制的有效实现是离不开财务监控的,公司治理结构中的每一个层次都有监控的职能。投资者的财务管理职责之一就是按照规定向全资或者控股企业委派或者推荐财务总监,以及对经营者实施财务监督和财务考核。从监控的实务来看,财务监控最终要归结为包括财务评价在内的财务监控。因此,有效的公司治理体系必须有完整的财务监控来支持。国务院国有资产监督管理委员会制定的自 2006 年 5 月起实施的《中央企业综合绩效评价管理暂行办法》对国有企业的业绩评价和财务监控进行了规范和要求。

4. 财务信息披露

大量事实证明,信息披露特别是财务信息披露是公司治理的决定因素之一,而公司治理的体系和治理效果又直接影响信息披露的要求、内容和质量。一般而言,公司信息披露具有内、外两种制度的约束和动力。外部制度就是国家和有关机构对公司信息披露的各种规定,如《中华人民共和国公司法》和《企业会计准则》对公司信息特别是财务信息的披露进行了规范,在内容和形式上做出了具体的规定。而内部制度是公司治理和内部控制对信息披露的各种要求,这些要求在信息披露的时间、内容、详细程度等各方面可能与外部信息披露的制度一致,也可能不一致。

信息披露制度是否完善直接关系到公司治理的成败。一个强有力的信息披露制度是股东行使表决权能力的关键,是影响公司行为和保护中小投资者利益的有力工具。有效的信息披露制度有利于吸收资金,维持公众对公司和资本市场的信心;而条理不清、缺失不全的信息会丧失公众的信任,导致企业资本成本的提高和筹资困难,影响企业的发展。

(三)财务会计法规

财务会计法规主要包括《企业财务通则》、《企业会计准则》、会计制度、证券法规、结算法规等。《企业财务通则》反映国家对各类企业进行财务活动的最一般要求。而行业财务制度是根据《企业财务通则》的规定和要求,结合行业的实际情况,充分体现行业的特点和管理要求而制定的财务制度,它是各行业企业进行财务工作遵循的具体规定。行业财务制度是《企业财务通则》的原则规定与各行业财务活动特点相结合的产物,它在整个财务法规制度体系中起桥梁作用。《企业会计准则》是针对所有企业制定的会计核算规则,我国现行准则体系由基本准备、具体准则、应用指南和解释组成。企业财务会计人员应当在遵守法律法规的前提下完成财务管理的职能,实现企业的理财目标。

第四节 金融环境

作为现代企业制度条件下一个开放式的市场组合体,企业需要不断地从金融市场融资、投放、再融资、再投放,从而使自身不断增值,实现生产经营和资本经营双收益。金融政策的变化必然影响企业的筹资、投资和资金运营活动。所以,单从企业财务管理的角度看,金融环境是企业面对的最为重要的外部环境。财务管理人员必须熟悉金融市场的各种类型和管理规则,有效地利用金融市场来组织资金的筹措和进行资本投资等活动。

一、金融工具

金融工具是能够证明债权债务关系或所有权关系并据以进行货币资金交易的合法凭证，它对于交易双方所应承担的义务与享有的权利均具有法律效力。金融工具，也称为证券或金融商品。金融工具一般具有期限性、流动性、收益性和风险性四个基本特征。

(1)期限性。期限性是指金融工具一般规定了偿还期，也就是规定债务人必须全部归还本金之前所经历的时间。

(2)流动性。流动性是指金融工具在必要时迅速转变为现金而不致遭受损失的能力。

(3)收益性。收益性是指金融工具能定期或不定期地给持有人带来收益。

(4)风险性。风险性是指购买金融工具的本金和预定收益遭受损失的可能性。风险性一般包括信用风险和市场风险两个方面。

上述流动性、收益性和风险性三种属性相互联系、互相制约。流动性和收益性成反比，收益性和风险性成正比。股票的收益性好，但风险大；国库券(国债)的收益不如股票，但其风险小。企业在投资时，期望流动性高、风险小而收益高，但事实上很难找到这种机会。

金融工具按期限不同可分为货币市场工具和资本市场工具，前者主要有商业票据、国库券、可转让大额定期存单、回购协议等，后者主要是股票和债券等。

金融工具还可分为基本金融工具和衍生金融工具两大类。常见的基本金融工具有企业持有的现金、从其他方收取现金或其他金融资产的合同权利、向其他方交付现金或其他金融资产的合同义务等；衍生金融工具又称派生金融工具，是在基本金融工具的基础上通过特定技术设计形成的新的金融工具，常见的衍生金融工具包括远期合同、期货合同和期权合同，种类非常复杂、繁多，具有高风险、高杠杆效应的特点。

二、金融市场

(一)金融市场及其要素

金融市场指资金供应者和资金需求者双方通过金融工具进行交易进而融通资金的场所。金融市场有两个基本特征：①在金融市场上，资金供应者直接或通过中介把资金让渡给资金需求者，从而取得一定的金融工具。②金融市场可以是有形的市场，如银行、证券交易所等；也可以是无形的市场，如利用电脑、电传、电话等设施通过经纪人进行资金融通活动。

金融市场的要素主要有：①市场主体，即参与金融市场交易活动而形成买卖双方的各经济单位，包括个人、经济实体、金融机构和政府等。②金融工具，即借以进行金融交易的工具，一般包括债权债务凭证和所有权凭证。金融工具是金融市场的客体，即金融市场交易的对象。③交易价格，反映的是在一定时期内转让货币资金使用权的报酬，即利率。各种金融市场均有自己市场的利率，如贴现市场利率、国库券市场利率、同业拆借市场利率等。④组织方式，即金融市场的交易采用的方式。

(二)金融市场的功能

金融市场作为现代市场体系的枢纽，其主要功能就是把社会各个单位和个人的剩余资金有条件地转让给社会各个缺乏资金的单位和个人，使财尽其用，促进社会发展。其基本功能有:①将储蓄转化为投资;②优化资源配置,改善社会经济福利;③提供多种金融工具并加速流动;④使中短期资金凝结为长期资金;⑤提高金融体系的竞争性与效率;⑥传递经济信号,引导资金流向。

从企业财务管理的角度看,金融市场的功能主要体现在以下几个方面:

(1)资金融通。金融市场可为资金的供需双方提供相互接触的机会,该功能主要通过短期的货币市场发挥作用。在货币市场上,资金的供给者通过在金融机构的存款或购买短期证券而运用自身闲置的货币资金;而资金的需求者为了解决季节性或临时性资金需求,向金融机构获取贷款或通过发行短期证券以取得资金,实现资金的融通。

(2)资金筹措和投放。该功能主要通过长期的资本市场发挥作用。金融市场上有许多种筹集资金的方式,并且比较灵活。企业需要资金时,既可以筹措内部资金,如将税后利润用于再投资;也可以筹措外部资金,即在资本市场上选择适合自己需要的方式如发行股票、债券等,向资金的供给者筹措资金。企业有了剩余的资金,也可以灵活选择投资方式,为其资金寻找出路。如通过购买有价证券进行中长期投资以获取投资收益。

(3)分散和转移风险。在金融市场的初级交易过程中,金融资产的购买者在获得金融资产出售者(生产性投资者)一部分收益的同时,也有条件分担生产性投资者的一部分风险。经济活动中的风险承担者数量的增加,减少了每个投资者所承担的风险量。在期货和期权市场,企业还可以通过期货、期权交易进行筹资、投资的风险防范。

(4)提供有意义的信息。这主要是通过金融市场确定金融资产价格的功能实现的。金融资产购销活动的存在,导致了其定价的必要性。通常新发行的金融资产的价格是参照金融市场上的同类金融资产(如到期期限、风险等级、股票的市盈率等)的转售价格制订的。此外,金融市场的利率变动,反映资金的供求状况;有价证券市场的行情反映投资人对企业经营状况和盈利水平的评价。在金融市场交易形成的各种参数,如市场利率、汇率、证券价格和证券指数等,是企业进行经营和投资决策的重要依据。还有,金融市场减少了企业搜寻信息的成本。

因此,财务管理人员必须熟悉金融市场的各种类型和管理规则,有效地利用金融市场来组织资金的筹措和进行资本投资等活动。

(三)金融市场的种类

金融市场按组织方式的不同可划分为两部分:一是有组织的、集中的场内交易市场,即证券交易所,它是证券市场的主体和核心;二是非组织化的、分散的场外交易市场,它是证券交易所的必要补充。本书主要对第一部分市场的分类做介绍。

(1)按期限划分,金融市场可分为短期金融市场和长期金融市场。短期金融市场是指以期限一年以内的金融工具为媒介,进行短期资金融通的市场。因为短期有价证券易于变成货币或作为货币使用,所以又称为货币市场(money market)。其主要特点有:①交易期限短;②交易的目的是满足短期资金周转的需要;③所交易的金融工具有较强的货币性。

货币市场的主要功能是调节短期资金融通。货币市场主要有拆借市场、票据市场、大额定期存单市场和短期债券市场等。拆借市场指银行(包括非银行金融机构)同业之间短期性资本的借贷活动。这种交易一般没有固定的场所,主要通过电信手段成交,期限按日计算,一般不超过一个月。票据市场包括票据承兑市场和票据贴现市场。票据承兑市场是票据流通转让的基础;票据贴现市场是未到期票据进行贴现,为客户提供短期资本融通,包括贴现、再贴现和转贴现。大额定期存单市场是一种买卖银行发行的可转让大额定期存单的市场。短期债券市场主要买卖一年期以内的短期企业债券和政府债券,尤其是国债。短期债券的转让可以通过贴现或买卖的方式进行。短期债券以其信誉好、期限短、利率优惠等特点,成为货币市场中的重要金融工具之一。

长期金融市场是指以期限一年以上的金融工具为媒介,进行长期性资金交易活动的市场。因其融通的资金主要作为扩大再生产的资本使用,如固定资产等资本货物的购置等,所以又称为资本市场(capital market),如股票市场、债券市场等。其主要特点有:①交易的主要目的是满足长期投资性资金的供求需要;②收益较高而流动性较差;③资金借贷量大;④价格变动幅度大。

(2)按证券交易的方式和次数划分,金融市场可分为发行市场和流通市场。发行市场,也称一级市场或初级市场,是指新发行证券的市场,这类市场使预先存在的资产交易成为可能。流通市场,也称二级市场或次级市场,是指现有金融资产的交易场所。初级市场可以理解为"新货市场",次级市场可以理解为"旧货市场"。

(3)按交割的时间划分,金融市场可分为现货市场和期货市场。现货市场是指买卖双方成交后,当场或几天之内买方付款、卖方交出证券的交易市场。期货市场是指买卖双方成交后,在双方约定的未来某一特定的时日才交割的交易市场。

(4)按金融工具的属性划分,金融市场可分为基础性金融市场和金融衍生品市场。基础性金融市场是指以基础性金融产品为交易对象的金融市场,如商业票据、企业债券、企业股票的交易市场;金融衍生品市场是指以金融衍生产品为交易对象的金融市场,如远期、期货、掉期(互换)、期权的交易市场,以及具有远期、期货、掉期(互换)、期权中一种或多种特征的结构化金融工具的交易市场。

(5)按地理范围划分,金融市场可分为地方性金融市场、全国性金融市场和国际性金融市场。

除上述分类外,金融市场按交易对象可分为票据市场、证券市场、衍生工具市场、外汇市场、黄金市场等。可以说,有一种金融工具交易,就有一个金融市场存在。

在西方国家金融市场实务中通常使用以长期金融工具大类为标准的综合分类方法,即把金融市场分为股票市场、证券市场、货币市场、外汇市场、商品期货市场、期权市场六种。股票、债券和货币市场的金融工具都具有筹措和投放资金的功能,因此,前三种可归为有价证券市场,它们构成了金融市场的核心部分。而外汇市场具有买卖外国通货、保值和投机的双重功能,期权和期货市场主要是用来防止市场价格和市场利率剧烈波动给筹资、投资造成巨大损失的保护性机制,因此,后三者又被称为保值市场。

(四)资本市场

按照使用的金融工具不同,资本市场可细分为多种市场。

1.政府长期债券市场

政府长期债券是一个国家财政部门为弥补财政赤字或兴办公共事业工程而向公司、其他政府部门、居民及外国人发行的中长期债款凭证,由财政部门委托中央银行负责发行和还本付息,并以政府财政收入作为担保。这种债券可以在市场上流通买卖。

2.企业债券市场

企业债券市场经营企业债券的发行和买卖,为企业筹集资金。企业债券一般都是长期的,通常一次还本、分次付息。这种债券的发行一般以企业的资产作为清偿保证。债券由企业自己发行,或者委托银行、证券公司包销,一般多采用委托包销的方式。

3.股票市场

股票市场经营公司股票的发行买卖。股票的发行方式有两种:一种是由筹款公司自己发行;一种是委托一家或几家证券公司承购包销,其经营主要在证券交易所进行。

4.银行中长期贷款市场

银行中长期贷款主要用于企业固定资产投资资金的需要。一般把1~5年期的贷款称为中长期贷款。长期贷款是指5年以上的贷款。

5.融资租赁市场

融资租赁市场是通过资产租赁实现长期资金融通的市场,它具有融资与融物相结合的特点,融资期限一般与资产租赁期限一致。

资本市场的变动,特别是股票市场的变动,是反映一个国家金融局势和经济形势的重要标志。随着市场经济的逐渐成熟和完善,资本市场中的证券市场(主要是股票市场和债券市场)越来越显示出银行信贷不可替代的作用。证券市场不仅起着筹措资金、融通资金的功能,更重要的作用在于:①证券市场决定资本的占有条件。在这个市场上,资金的供求,包括其规模和价格,都将通过竞争形成。由于通过证券所进行的资金融通活动在技术上可以将企业的不可分割财产进行细分,又可将附着在其上的各种权利分离出来单独进行交易,且投资成果的分配和享受也是明确的,因而证券市场便有了界定产权的功能。②证券市场具有很强的风险定价功能。证券市场又称公开市场,是指在比较广泛且已制度化的交易场所对标准化的金融产品进行买卖活动的市场。由于证券是标准化的,具有发达的二级市场以及信息的公开化和资产的可流动性等特征,可以较为准确地为资金形成统一的市场价格,这是其他任何融资活动所不能替代的。③能够有效地配置有限的经济资源。由于证券市场具有高度的流动性,因而可以按照效率原则较为灵活地在全社会合理配置有限的经济资源,使资本的进入和撤出、企业的兼并和重组在这个市场上都很容易地完成。另外,在资本市场上企业除了从证券市场直接融资外,也还有来自金融机构的间接融资,即中长期贷款。

可见,作为金融市场重要组成部分的资本市场,在现代市场经济中发挥着越来越重要的作用,因而是企业财务管理极为重要的外部金融环境。

三、利率

利率(profit rate)也称利息率,是固定期间(通常为1年)的利息占本金的百分比指标。从资金的借贷关系看,利率是一定时期内运用资金资源的交易价格。资金作为一种特殊商品,以利率为价格标准的融通,实质上是资金通过利率实行的再分配。因此,利率在资金分配及企业财务决策中起着重要作用。

(一)利率的类型

1.按利率之间的变动关系,利率可分为基准利率和套算利率

基准利率又称基本利率,是在多种利率并存的条件下起决定作用的利率。所谓起决定作用是说,这种利率变动,其他利率也相应变动。因此,了解基准利率水平的变化趋势,就可了解全部利率的变化趋势。基准利率在西方通常是中央银行的再贴现利率,世界上最著名的基准利率有伦敦银行同业拆放利率(LIBOR)和美国联邦基金利率;在我国是中国人民银行对商业银行贷款的利率。

近年来,中国人民银行加强了对利率工具的运用。利率调整逐年频繁,利率调控方式更为

灵活,调控机制日趋完善。近年来我国金融机构人民币贷款基准利率及其变化如表 2-2 所示。

表 2-2　近年来我国金融机构人民币贷款基准利率变动一览表　　单位:%

调整时间	六个月以内（含六个月）	六个月至一年（含一年）	一至三年（含三年）	三至五年（含五年）	五年以上
2008.09.16	6.21	7.20	7.29	7.56	7.74
2008.10.09	6.12	6.93	7.02	7.29	7.47
2008.10.30	6.03	6.66	6.75	7.02	7.20
2008.11.27	5.04	5.58	5.67	5.94	6.12
2008.12.23	4.86	5.31	5.40	5.76	5.94
2010.10.20	5.10	5.56	5.60	5.96	6.14
2010.12.26	5.35	5.81	5.85	6.22	6.40
2011.02.09	5.60	6.06	6.10	6.45	6.60
2011.04.06	5.85	6.31	6.40	6.65	6.80
2011.07.07	6.10	6.56	6.65	6.90	7.05
2012.06.08	5.85	6.31	6.40	6.65	6.80
2012.07.06	5.60	6.00	6.15	6.40	6.55
2014.11.22	5.60		6.00		6.15
2015.03.01	5.35		5.75		5.90
2015.05.11	5.10		5.50		5.65
2015.06.28	4.85		5.25		5.40
2015.08.26	4.60		5.00		5.15
2015.10.24	4.35		4.75		4.90

资料来源:根据中国人民银行官方网址 http://www.pbc.gov.cn 整理。

套算利率是指在基准利率确定后,各金融机构根据基准利率和借贷款项的特点而核算的利率。例如,某金融机构规定,贷款 AAA 级、AA 级、A 级企业的利率,应分别在基准利率基础上加 0.5%、1%、1.5%,加总计算所得的利率便是套算利率。

2. 按利率与市场供求情况的关系,利率可分为固定利率和浮动利率

固定利率是指在借贷期内固定不变的利率。受通货膨胀的影响,实行固定利率会使债权人利益受到损害。浮动利率是指在借贷期内可以调整的利率。在通货膨胀条件下采用浮动利率,可使债权人减少损失。

3. 按利率形成机制不同,利率可分为市场利率和法定利率

市场利率是根据资金市场上的供求关系,随着市场而自由变动的利率。法定利率是指由政府金融管理部门或者中央银行确定的利率。

(二)利率的一般计算公式

正如任何商品的价格均由供给和需求两方面决定一样,资金这种特殊商品的价格——利率,也主要由供给与需求来决定。但除这两个因素外,经济周期、通货膨胀、国家货币政策和财政政策、国际经济政治关系、国家利率管制程度等,对利率的变动均有不同程度的影响。因此,资金的利率通常由纯利率、通货膨胀补偿率(或称通货膨胀贴水)、风险收益率三部分组成。利率的一般计算公式可表示如下:

利率=纯利率+通货膨胀补偿率+风险收益率

1.纯利率

纯利率,又称真实利率,是指没有风险和通货膨胀情况下的社会平均资金利润率。国库券(国债)是中央政府以其征税权为担保而发行的债务,它在所有金融产品中信誉最高、风险最低,被誉为"金边债券"。在没有通货膨胀时国库券利率可视为纯利率。纯利率的高低,受社会平均资金利润率、资金供求关系和国家调节的影响。因而,纯利率不是一成不变的。

一般来说,利率随社会平均资金利润率的提高而提高。利率的最高限不能超过社会平均利润率,否则企业无利可图,不会借入资金;利率的最低限大于零,不能等于或小于零,否则提供资金的人不会拿出资金。二者分割的比例依据社会资本与信贷资本双方在供求上的均衡。当然,政府经济政策也在一定程度上调节纯利率水平,其经济手段主要有控制货币发行总量、提高或降低存款准备金率和再贴现率等。

2.通货膨胀补偿率

通货膨胀已成为世界上大多数国家经济发展过程中难以医治的病症。通货膨胀的存在,使货币购买力下降,从而影响投资者的真实报酬率。为弥补通货膨胀造成的购买力损失,资金供应者通常要求在纯利率的基础上再给予一定的补偿,从而形成通货膨胀补偿率。因此,每次发行国库券的利率随预期的通货膨胀率变化,它等于纯利率加预期通货膨胀率。

3.风险收益率

风险越大,要求的收益率也越高,风险和收益之间存在对应关系。风险收益率是投资者除要求的纯利率和通货膨胀补偿率之外的风险补偿。风险收益率包括违约风险收益率、流动性风险收益率和期限风险收益率。违约风险收益率是指为了弥补因债务人无法按时还本付息而带来的风险,由债权人要求提高的利率。违约风险的大小与借款人信用等级的高低成反比。借款人的信用等级越高,违约风险越小;反之亦然。由政府发行的国库券可视为无违约风险证券,因此,其利率较低。企业债券的违约风险一般根据其信用等级来确定。流动性风险收益率是指债券因存在不能短期内以合理价格变现而给予债权人的补偿。期限风险收益率是因到期时间长短不同而形成的利率差别。例如,在流动性风险和违约风险相同的情况下,五年期国库券利率比三年期国库券利率要高,差别在于到期时间不同。任何机构发行的债券,到期期间越长,由于利率上升而使购买长期债券的投资者遭受损失的风险就越大。期限风险收益率就是指为了弥补因偿债期长而带来的风险,由债权人要求提高的利率。

随着利率市场化改革的逐步推进,利率作为重要的经济杠杆,在国家宏观调控体系中将发挥更加重要的作用。为此,企业财务人员必须了解利率的概念和构成要素。只有准确地预测未来利率的走向,才能合理地搭配长短期融资结构,使企业在利率变幻莫测的环境中得以生存和发展。

第五节　社会文化环境

一、社会文化环境的内涵

社会文化环境包括教育、科学、文学、艺术、新闻出版、广播电视、卫生体育、世界观、理想、信念、道德、习俗,以及同社会制度相适应的权利义务观念、道德观念、组织纪律观念、价值观念、劳动态度等。企业的财务活动不可避免地受到社会文化的影响。但是,社会文化的各个方面对财务管理的影响程度不尽相同,有的具有直接的影响,有的只是间接的影响,有的影响比较明显,有的影响微乎其微。

例如,随着财务管理工作的内容越来越丰富,社会整体的教育水平越来越重要。事实表明,在教育落后的情况下,为提高财务管理水平所做的努力往往收效甚微。又如,科学的发展对财务管理理论的完善也起着至关重要的作用。经济学、数学、统计学、计算机科学等诸多学科的发展,在一定程度上促进了财务管理理论的发展。特别是近年来,随着"互联网+"、大数据的不断发展,其对当代财务管理已经产生了重大的影响。

二、"大数据"下的财务管理

在"互联网+"时代,如何有效运用互联网技术,创新财务管理工作,成为现代企业关注的重点内容。在"互联网+"时代,信息技术不断更新,大数据技术的出现为现代企业管理提供了新的技术支撑,要想创新企业财务管理工作,就需要利用大数据技术,构建财务信息管理平台,促进财务管理工作转变。因此,财务管理理论和实践,需要在充分考虑大数据时代背景的基础上,做出应有的思考、修正和完善。

(一)"大数据"对当代财务管理的影响

第一,以创造价值为宗旨的企业财务管理理论与实践应积极思考和应对大数据时代带来的挑战与变革。中国企业已基于大数据进行了相应的财务管理系统创新,如中国石油天然气集团公司的"大司库"项目。

第二,在大数据时代,公司价值的内涵已经不再局限于其现在或未来的利润、现金流等财务信息,更多的是基于其商业模式、核心竞争能力和持续创新能力。其中,大数据环境对企业商业模式的基本要求是创新和触网(互联网)。

第三,打破企业内部"信息孤岛",实现企业财务与业务一体化。打破传统财务信息边界是传统财务管理变革的必然方向。

第四,企业投资决策标准已从基于未来盈利能力、现金流水平等,向投资项目成功与有效性的驱动因素进行深度、全方位的挖掘。同时,大数据也从提高评估准确性和扩大评估项目范围两个方面解决传统投资评估方法存在的弊端。

第五,在互联网经营时代,公司治理制度选择的重要性甚至超过了商业模式与行业的选择。大数据背景下的公司治理应加强企业创新、产品竞争、公司文化形成的治理,重视信任与激励的作用,包括给予员工足够的利益保障、授权与尊重以及形成基于数据决策的学习型企业文化与制度等。

第六,企业财务风险理论需要在财务风险概念、风险防控对策以及评估风险系统方面进行重构,即在关注各类风险的组合和匹配的同时,深入探讨如何建立更加有效的评估企业经营风险状况的预警系统与预测模型。

第七,互联网的发展使得企业的融资与业务经营全面整合:在轻资产模式使企业的财务融资逐步实现去杠杆化生存、摆脱传统信贷审核方法的同时,以大数据为基础的互联网金融为企业提供了新的融资渠道。

(二)"大数据"对财务人员的影响

随着大数据时代的到来,会计人才面临着与以往不同的挑战。大数据背景下,财务管理系统以及大数据技术的应用都必须依靠广大的熟悉大数据分析处理以及智能化系统软件的财务人才。这些人才除了要具备深厚的财务与会计管理知识外,还要能够熟练运用数据统计、互联网以及大数据技术等,并具有一定的管理经验,能够适时掌握企业的运营状况及行业相关的市场发展态势,从而为企业的运营及战略发展提供准确的数据支撑。而要充分发挥大数据技术在企业财务管理的优势,就必须要培养具备综合型技术的人才队伍。对此,高校教育和企业内部应加大对财务人员的培训教育力度,从而不断提升财务管理人员的综合素质与技能水平。另外,企业招聘人才时应提高应聘门槛,积极招揽具备大数据技术的综合型技术人才,培养具备大数据分析与处理能力的财务队伍。

随着大数据、云计算、互联网等信息技术的兴起与发展,社交媒体、虚拟服务等在经济、生活、社会等各个方面的渗透不断加深。伴随而来的是,数据正在以前所未有的速度递增,全球快速迈入大数据时代。舍恩伯格在《大数据时代》一书中指出:"数据已经成为一种商业资本,一项重要的经济投入,可以创造新的经济利益。事实上,一旦思维转变过来,数据就能够被巧妙地用来激发新产品和新型服务。"所以,大数据时代是当今企业财务管理的基本环境。以创造价值为宗旨的企业财务管理理论与实践必须充分考虑并积极应对大数据、互联网经济带来的挑战与变革。

📝 本章小结

财务管理环境又称理财环境,是指对企业财务活动和财务管理产生影响作用的企业内外各种条件的统称。对企业财务管理影响比较大的外部环境有经济环境、法律环境、金融环境和社会文化环境。经济环境是指特定时空内经济运动的总体状况及态势。影响财务管理的经济环境因素主要有经济周期、经济发展水平和经济政策等。影响财务管理的主要法律环境因素有企业组织形式、公司治理的有关规定、税收法规和财务法律规范。公司是个人独资企业、合伙企业和公司三种组织形式中最理想的选择。公司治理是有关公司控制权和剩余索取权分配的一套法律、制度以及文化的安排,涉及所有者、董事会和高级执行人员等之间权力分配和制衡关系。公司治理是否有效取决于公司治理机构是否合理、治理机制是否健全、财务监控是否到位。财务会计法规主要包括《企业会计准则》《企业财务通则》和行业财务制度。

金融环境是最重要的财务管理外部环境,主要包括金融工具、金融市场和利率。金融工具是能够证明债权债务关系或所有权关系并据以进行货币资金交易的合法凭证。金融市场指资金供应者和资金需求者双方通过金融工具进行交易进而融通资金的场所。作为金融市场重要组成部分的资本市场,对企业财务管理的影响极为重要。利率也称利息率,是固定期间(通常为 1 年)的利息占本金的百分比指标。资金以利率为价格标准的融通,实质上是资金通过利率实行的再分配。基准利率在我国是中国人民银行对商业银行贷款的利率。利率的一般计算公式是:利率＝纯利率＋通货膨胀补偿率＋风险收益率。纯利率是指没有风险和通货膨胀情况下的社会平均资金利润率;风险收益率包括违约风险收益率、流动性风险收益率和期限风险收益率。流动性和收益性成反比,收益性和风险性成正比。利率作为重要的经济杠杆,在国家宏观调控体系中发挥着重要的作用。

大数据会给企业的经营和管理带来改变和产生影响,也必然导致当今企业经营理念、商业模式、管理方式、战略决策发生较大的变化和创新。以创造价值为宗旨的企业财务管理理论与实践应积极思考和应对大数据时代带来的挑战与变革。

思考与练习

甲公司目前有一个好的投资机会,急需资金1 000万元。该公司财务经理通过与几家银行进行洽谈,初步拟订了三个备选借款方案。三个方案的借款本金均为1 000万元,借款期限均为五年,具体还款方式如下。

方案一:采取定期支付利息、到期一次性偿还本金的还款方式,每半年末支付一次利息,每次支付利息45万元。

方案二:采取等额偿还本息的还款方式,每年年末偿还本息一次,每次还款额为250万元。

方案三:采取定期支付利息、到期一次性偿还本金的还款方式,每年年末支付一次利息,每次支付利息80万元。此外,银行要求甲公司按照借款本金的10%保持补偿性余额,对该部分补偿性余额,银行按照3%的银行存款利率每年年末支付企业存款利息。

要求:计算三种借款方案的每年复利一次的实际利率。如果仅从资本成本的角度分析,甲公司应当选择哪个借款方案?(保留两位小数)

即测即评

即测即评

第三章
财务管理价值观念

学习目标

1. 熟悉货币时间价值的含义；
2. 掌握复利、年金的计算及应用；
3. 理解有效年利率的运用；
4. 掌握单项资产的风险和报酬的计量和计算；
5. 掌握资产组合收益率和资产组合系统风险系数的计算；
6. 熟悉资本资产定价模型和证券市场线的含义和应用。

教学大纲　　　扩展阅读及案例解析

引导案例

资金时间价值——投资理财的观念

从前，有一个很有钱的富翁，他准备了一大袋黄金放在床头，这样他每天睡觉时就能看到黄金、摸到黄金。但是有一天，他开始担心这袋黄金随时会被歹徒偷走，于是就跑到森林里，在一块大石头底下挖了一个大洞，把这袋黄金埋在洞里面。这个富翁隔三差五地就回到森林里埋黄金的地方看一看、摸一摸他的这袋黄金。有一天，一位歹徒尾随这位富翁，发现了这块大石头底下的黄金，第二天就把这袋黄金给偷走了。富翁发觉自己埋藏已久的黄金被人偷走之后，非常伤心。正巧森林里有一位长者经过此地，他问了富翁伤心欲绝的原因之后，就对这位富翁说："我有办法帮你把黄金找回来！"话一说完，这位长者立刻拿起金色的油漆，把埋藏黄金的那块大石头涂成黄金色，然后在上面写下了"一千两黄金"的字样。写完之后，长者告诉这位富翁："从今天起，你又可以天天来这里看你的黄金了，而且再也不必担心这块大黄金被人偷走。"富翁看了眼前的场景，半天都说不出话来。别以为这个长者的脑袋有问题，因为在长者的眼里，如果金银财宝没有拿出来使用，那么藏在洞穴里的一千两黄金，与涂成黄金样的大石头就没什么两样。

资料来源：小雪.富翁的黄金[J].小读者，2012(7)：52.

启示：

1. 这个故事对你有什么启迪？
2. 为什么黄金（或金钱）不使用就不会生财？通过这个故事谈谈你对投资理财的认识。

第一节　货币时间价值

货币的时间价值是现代财务管理的基础观念之一,因其非常重要并且涉及所有理财活动,有人称之为理财的"第一原则"。

一、货币时间价值的含义

货币的时间价值,是指在没有风险和没有通货膨胀的情况下,货币经过一定时间的投资和再投资所增加的价值,也称为资金的时间价值。货币在投入生产经营后,实现资本周转的价值增值。因此,货币时间价值表示的是企业资金随时间推移增值的能力。

从量的规定性看,货币的时间价值可以用绝对数表示,也可以用相对数表示,现在一般用相对数表示,即用增加的价值占投入货币的百分数来表示。用相对数表示的货币的时间价值也称为纯粹利率(简称纯利率)。纯利率是指在没有通货膨胀、无风险情况下资金市场的平均利率。没有通货膨胀时,短期国债利率可以视为纯利率。在市场经济中,因竞争使各种投资的利润率趋于平均化。企业在投资某项目时,至少要取得社会平均的利润率,否则不如投资于其他的项目或其他的行业。因此,货币时间价值成为评价投资方案的基本标准。财务管理中对时间价值的研究,主要是对资金的筹集、投放、使用和回收等决策方案从量上进行分析,以便建立恰当的适用于分析方案的数学模型,改善财务决策的质量。

二、现值和终值的计算

终值又称将来值,是指现在一定量的资金折算到未来某一时点所对应的金额,通常记作 F。现值是指未来某一时点上的一定量资金折算到现在所对应的金额,通常记作 P。

现值和终值是一定量资金在前后两个不同时点上对应的价值,其差额即为货币时间价值。利率可视为货币时间价值的一种具体表现,利息的计算通常包括单利和复利两种形式。

为计算方便,本章假定有关字母的含义如下:I 为利息;F 为终值;P 为现值;i 为利率(折现率);n 为计算利息的期数。

(一)单利的现值和终值

1.单利现值

$$P=F/(1+n\times i)$$

式中,$1/(1+n\times i)$ 为单利现值系数。

【例3-1】某人为了 5 年后能从银行取出 500 元,在年利率 4% 的情况下,目前应存入银行的金额是多少?

$P=F/(1+n\times i)=500/(1+5\times4\%)=416.67(元)$

2.单利终值

$$F=P\times(1+n\times i)$$

式中,$(1+n\times i)$ 为单利终值系数。

【例3-2】将 100 元人民币存入银行,定期 2 年,年利率为 2%,则终值为多少?

$F=P\times(1+n\times i)=100\times(1+2\times2\%)=104(元)$

由此可见,单利的终值和单利的现值互为逆运算。

(二)复利的终值和现值

复利计算方法是指每经过一个计息期,要将该期所派生的利息加入本金再计算利息,逐期滚动计算,俗称"利滚利"。这里所说的计息期,是指相邻两次计息的间隔,如年、月、日等。一般情况下,计息期为一年。

1.复利终值

现代财务专家认为,现在的1元钱比1年后的1元钱的价值要大。如果某人将100元存入银行5年,年利率保持在10%不变,则5年以后的价值如表3-1所示。

表3-1　100元5年以后的价值　　　　　　　　单位:元

时间 n	本金(期初值)×(1+利率) $F_{n-1} \times (1+i)$	第 n 年的终值 F
1	$100 \times (1+10\%)$	110
2	$110 \times (1+10\%) = 100 \times (1+10\%)^2$	121
3	$121 \times (1+10\%) = 100 \times (1+10\%)^3$	133.1
4	$133.1 \times (1+10\%) = 100 \times (1+10\%)^4$	146.41
5	$146.41 \times (1+10\%) = 100 \times (1+10\%)^5$	161.05

注:F_{n-1} 表示第 $n-1$ 年的复利终值。

通过上例,我们可以得到终值的一般计算公式:

$$F = P \times (1+i)^n$$

式中,$(1+i)^n$ 为复利终值系数,记作 $(F/P, i, n)$,可直接查阅复利终值系数表;n 为计息期。

【例3-3】某人将10 000元进行投资,年预期报酬率为6%,则3年后的本利和为多少?

$$F_n = P \times (1+i)^n = 10\ 000 \times (1+6\%)^3 = 11\ 910(元)$$

2.复利现值

复利现值是指以后年份收入或支出资金的现在价值,它是复利终值的对称概念。可用倒求本金的方法计算,由终值求现值。现值的计算可由终值的计算导出:

$$P = F/(1+i)^n = F \times (1+i)^{-n}$$

式中,$(1+i)^{-n}$ 是把终值折算为现值的系数,称为复利现值系数,记作 $(P/F, i, n)$,可直接查阅复利现值系数表。

【例3-4】若某人计划在3年以后得到400元,年利率为8%,现在应存的金额为多少?

$$P = F/(1+i)^n = 400/(1+8\%)^3 = 317.53(元)$$

(三)年金终值和年金现值的计算

年金(annuity)是指一定时期内每期相等金额的收付款项。比如,企业购买了一台设备,有效使用期限为10年,每年定期等额提取的折旧费用就是年金。在现实经济生活中,分期付款赊购、分期偿还贷款、发放养老金、分期支付工程款、每年相等的销售收入,都属于年金收付形式。

年金按其收入或支出时点的不同,可分为多种形式。普通年金,又称后付年金,是指每期期末有等额收付款项的年金,在现实经济生活中这种年金最为常见;预付年金,又称即付年金,是指在一定时期内,各期期初等额的系列收付款项;递延年金,是指不在第一期发生的系列收付款项;永续年金,是指无限期支付的年金。年金的计算都是以复利终值和现值的计算作为基础的。

在年金中,系列等额收付的间隔期间只要满足相等的条件即可,间隔期间完全可以不是一年,例如每季末等额支付的债券利息也是年金。

1.普通年金终值的计算

普通年金的终值是指在一定时期内,在一定的利率下,每期期末等额的系列收付值的终值之和。其计算公式为

$$F = A \times (1+i)^0 + A \times (1+i)^1 + A \times (1+i)^2 + \cdots + A \times (1+i)^{n-2} + A \times (1+i)^{n-1}$$
$$= A \times [(1+i)^0 + (1+i)^1 + (1+i)^2 + \cdots + (1+i)^{n-2} + (1+i)^{n-1}]$$
$$= A \times \frac{(1+i)^n - 1}{i} = A \times (F/A, i, n)$$

式中,$\frac{(1+i)^n - 1}{i}$ 称为年金终值系数,记作 $(F/A, i, n)$,可直接查阅年金终值系数表。

【例3-5】在银行存款年利率为5%的情况下,某人连续10年每年年末存入银行10 000元,在第10年末,可一次取出的本利和为多少?

$$F = A \times \frac{(1+i)^n - 1}{i} = 10\ 000 \times [(1+5\%)^{10} - 1]/5\% = 125\ 779(元)$$

或 $F = A \times (F/A, i, n) = 10\ 000 \times (F/A, 5\%, 10) = 10\ 000 \times 12.577\ 9 = 125\ 779(元)$

【例3-6】某人拟购房,开发商提出两种方案:一种方案是5年后付120万元;另一种方案是从现在起每年末付20万元,连续5年。若目前的银行存款年利率是7%,应如何付款?

方案1的终值 $F = 120(万元)$

方案2的终值:$F = 20 \times (F/A, i, n) = 20 \times 5.750\ 7 = 115.014(万元)$

因为方案一的终值大于方案二的终值,从购房者的角度来看,应选择方案二。

2.偿债基金的计算

偿债基金是指为了在约定的未来某一时点清偿某笔债务或积聚一定数额的资金而必须分次等额形成的存款准备金。在普通年金终值公式中解出 A,这个 A 就是偿债基金。

$$A = F \times \frac{i}{(1+i)^n - 1}$$

式中,$\frac{i}{(1+i)^n - 1}$ 称为偿债基金系数,记作 $(A/F, i, n)$,可根据普通年金终值系数求倒数确定。

【例3-7】某人拟在5年后准备10 000元以购买液晶电视,从现在起每年末等额存入银行一笔款项。假设银行存款年利率为10%,则每年需存入多少元?

$$A = F \times \frac{i}{(1+i)^n - 1} = 10\ 000 \times (A/F, 10\%, 5) = 10\ 000 \times 0.163\ 8 = 1\ 638(元)$$

或 $A = F/(F/A, i, n) = 10\ 000/(F/A, 10\%, 5) = 1\ 638(元)$

有一种折旧方法,称为偿债基金法,其理论依据是"折旧的目的是保持简单再生产"。为在若干年后购置设备,并不需要每年提存设备原值与使用年限的算术平均数,由于利息不断增加,每年只需提存较少的数额即按偿债基金提取折旧,即可在使用期满时得到设备原值。偿债基金法的年折旧额,就是根据偿债基金系数乘以固定资产原值计算出来的。

3.普通年金现值的计算

普通年金现值,是指普通年金中各期等额收付金额在第一期期初(0时点)的复利现值之和。

其计算公式为

$$P = A \times (1+i)^{-1} + A \times (1+i)^{-2} + A \times (1+i)^{-3} + \cdots + A \times (1+i)^{-n}$$
$$= A \times [(1+i)^{-1} + (1+i)^{-2} + (1+i)^{-3} + \cdots + (1+i)^{-n}]$$
$$= A \times \frac{1-(1+i)^{-n}}{i} = A \times (P/A, i, n)$$

式中，$\dfrac{1-(1+i)^{-n}}{i}$ 称为年金现值系数，记作 $(P/A, i, n)$，可直接查阅年金现值系数表。

【例 3-8】在银行存款年利率为 5% 的情况下，某人打算连续 10 年每年末从银行取出 20 000 元，那么在第 1 年初应一次存入多少钱？

$$P = A \times \frac{1-(1+i)^{-n}}{i} = 20\ 000 \times [1-(1+5\%)^{-10}]/5\% = 154\ 435(元)$$

或 $P = A \times (P/A, i, n) = 20\ 000 \times (P/A, 5\%, 10) = 20\ 000 \times 7.721\ 7 = 154\ 434(元)$

【例 3-9】为实施某项计划，需要取得外商贷款 1 000 万美元，经双方协商，贷款利率为 8%，按复利计息，贷款分 5 年于每年年末等额偿还。外商告知，他们已经算好，每年年末应归还本金 200 万美元，支付利息 80 万美元。要求核算外商的计算是否正确。

借款现值 = 1 000(万美元)

还款现值 = 280 × (P/A, 8%, 5) = 280 × 3.992 7 = 1 118(万美元) > 1 000(万美元)

由于还款现值大于贷款现值，所以外商计算错误。

4. 年资本回收额的计算

年资本回收额是指在一定时期内，分若干期回收一笔利率固定的款项，每一期应回收的等量金额。这就是说，已知年金的现值，要求以后每年应回收的本金额。其计算公式为

$$A = P \times \frac{i}{1-(1+i)^{-n}}$$

式中，$\dfrac{i}{1-(1+i)^{-n}}$ 称为资本回收系数，记作 $(A/P, i, n)$，可根据普通年金现值系数求倒数确定。

【例 3-10】某人贷款 1 000 000 元买房，贷款利率为 10%，偿还期为 10 年，每年偿还额为多少？

$$A = P \times \frac{i}{1-(1+i)^{-n}} = P \times (A/P, i, n) = 1\ 000\ 000 \times 0.162\ 745 = 162\ 745(元)$$

或 $A = P/(P/A, i, n) = 1\ 000\ 000/6.144\ 6 = 162\ 745(元)$

5. 预付年金终值的计算

预付年金的终值是指把预付年金每个等额 A 都换算成第 n 期期末的数值，再来求和。

预付年金终值的计算公式为

$$F = A \times (1+i) + A \times (1+i)^2 + A \times (1+i)^3 + \cdots + A \times (1+i)^{n-1} + A \times (1+i)^n$$
$$= A \times [(1+i) + (1+i)^2 + (1+i)^3 + \cdots + (1+i)^{n-1} + (1+i)^n]$$
$$= A \times [(1+i)^n - 1]/i \times (1+i)$$
$$= A \times (F/A, i, n) \times (1+i)$$
$$= A \times [(F/A, i, n+1) - 1]$$

【例 3-11】某人连续 6 年每年初存入银行 100 元，在年利率为 8% 的情况下，第 6 年末可一次取出本利和多少？

$$F = A \times (F/A, i, n) \times (1+i) = 100 \times (F/A, 8\%, 6) \times (1+8\%) = 792(元)$$

或 $F = A \times [(F/A, i, n+1) - 1] = 100 \times [(F/A, 8\%, 7) - 1] = 792(元)$

6.预付年金现值的计算

预付年金的现值就是把预付年金每个等额 A 都换算成第 1 期期初的数值即第 0 期期末的数值,再求和。

预付年金现值的计算公式为

$$P = A + A \times (1+i)^{-1} + A \times (1+i)^{-2} + A \times (1+i)^{-3} + \cdots + A \times (1+i)^{-(n-1)}$$
$$= A \times [1 + (1+i)^{-1} + (1+i)^{-2} + (1+i)^{-3} + \cdots + (1+i)^{-(n-1)}]$$
$$= A \times [1 - (1+i)^{-n}]/i \times (1+i)$$
$$= A \times (P/A, i, n) \times (1+i)$$
$$= A \times [(P/A, i, n-1) + 1]$$

【例 3-12】某企业打算连续 5 年于每年初投资 100 万元建设一个项目,请计算当投资方式改为在第 1 年年初一次性投入全部资金时,企业需要投入多少资金才能在价值上等于分次投资额(假定折现率为 5%)。

$$P = A \times (P/A, i, n) \times (1+i) = 100 \times (P/A, 5\%, 5) \times (1+5\%) = 455 (万元)$$

或 $P = A \times [(P/A, i, n-1) + 1] = 100 \times [(P/A, 5\%, 5-1) + 1] = 455 (万元)$

【例 3-13】某人拟购房,开发商提出两种方案:一种方案是现在一次性付 80 万元,另一种方案是从现在起每年初付 20 万元,连续支付 5 年,若目前的银行贷款年利率是 7%,应如何付款?

方案 1 的现值:$P = 80 (万元)$

方案 2 的现值:$P = 20 \times (P/A, 7\%, 5) \times (1+7\%) = 87.744 (万元)$

或 $P = 20 + 20 \times (P/A, 7\%, 4) = 87.744 (万元)$

因为方案 1 的现值小于方案 2 的现值,因此应选择方案 1。

7.递延年金终值的计算

递延年金是指第一次支付发生在第二期或第二期以后的年金。递延年金的终值大小与递延期无关,故计算方法和普通年金终值相同。其计算公式为

$$F = A \times (F/A, i, n)$$

式中,n 表示的是支付的期数,与递延期数无关。

8.递延年金现值的计算

递延年金现值计算有两种方法。

方法一:把递延年金视为 n 期普通年金,求出递延期末的年金现值,然后再将此现值用复利调整到第一期期初。其计算公式如下:

$$P = A \times (P/A, i, n) \times (P/F, i, m)$$

式中,m 为递延期,n 为连续收支期数。但应注意的是,此处的递延期指的是相对于普通年金递延的期数。例如:某人从第 7 年年初支付房款,则递延期数 $m = 5$。

方法二:先求出 $(m+n)$ 期的年金现值,然后扣除实际并未发生收付的递延期 (m) 的年金现值,即可得出递延年金的现值。其计算公式如下:

$$P = A \times [(P/A, i, m+n) - (P/A, i, m)]$$

【例 3-14】有一项年金,前 3 年无流入,后 5 年每年年初流入 500 万元,假设年利率为 10%,计算其现值。

$$P = 500 \times (P/A, 10\%, 5) \times (P/F, 10\%, 2) = 500 \times 3.790\ 8 \times 0.826\ 4 = 1\ 566 (万元)$$

或 $P = 500 \times [(P/A, 10\%, 7) - (P/A, 10\%, 2)] = 500 \times (4.868\ 4 - 1.735\ 5) = 1\ 566 (万元)$

【例 3-15】某公司拟购置一处房产,付款条件是:从第 7 年开始,每年年初支付 10 万元,连续支付 10 次,共 100 万元。假设该公司的资本成本率为 10%,则相当于该公司现在一次付款的金额为多少万元?

要注意递延期数 $m=5$。

方法一:

$$P=A\times(P/A,10\%,10)\times(P/F,10\%,5)=10\times6.144\ 6\times0.620\ 9=38.152(万元)$$

方法二:

$$P=A\times[(P/A,10\%,15)-(P/A,10\%,5)]=10\times(7.606\ 1-3.790\ 8)=38.153(万元)$$

两种计算方法相差 10 元,是因小数点的尾数造成的。

【例 3-16】某公司拟购置一处房产,房主提出三种付款方案:

(1)从现在起,每年年初支付 20 万元,连续支付 10 次,共 200 万元;

(2)从第 5 年开始,每年末支付 25 万元,连续支付 10 次,共 250 万元;

(3)从第 5 年开始,每年初支付 24 万元,连续支付 10 次,共 240 万元。

假设该公司的资金成本率(即最低报酬率)为 10%,你认为该公司应选择哪个方案?

方案(1):$P=20+20\times(P/A,10\%,9)=20+20\times5.759\ 0=135.18(万元)$

方案(2):

方法1:$P=25\times(P/A,10\%,10)\times(P/F,10\%,4)=25\times6.144\ 6\times0.683\ 0=104.92(万元)$

方法2:$P=25\times[(P/A,10\%,14)-(P/A,10\%,4)]=25\times(7.366\ 7-3.169\ 9)=104.92(万元)$

方案(3):$P=24\times(P/A,10\%,13)-24\times(P/A,10\%,3)=24\times(7.103\ 4-2.486\ 9)=110.80(万元)$

该公司应该选择方案(2)。

9.永续年金现值的计算

永续年金是指无限期等额支付的年金。优先股因为有固定的股利,而无到期日,因此,优先股股利可视为永续年金。在实际经济生活中,可以将利率较高、持续期较长的年金视为永续年金。

永续年金无终止时间,所以不存在终值问题。永续年金的现值可通过普通年金现值计算推导出来。

$$P=A\times[1-(1+i)^{-n}]/i$$

当 $n\to\infty$ 时,$(1+i)^{-n}$ 的极限为零,故 $P=A/i$。

【例 3-17】某部门欲建立一永久性的希望工程助学金,每年计划提 100 000 元助学金,年利率为 10%,现在应存入多少钱?

$$P=100\ 000/10\%=1\ 000\ 000(元)$$

三、利率的计算

在前面的讨论中,假设利率已知,主要是涉及利用货币时间价值的各种系数计算有关指标。现在我们来探讨其他指标已知求解利率的内容。

(一)复利计息方式下的利率计算

(1)已知复利现值(或者终值)系数以及期数 n,可以查复利现值(或者终值)系数表,找到与系数对应的利率即可。如果在系数表中并未直接查到,此时找出与已知复利现值(或者终值)系数最接近的两个系数及其对应的利率,按内插法公式计算利率。

$$i = i_1 + \frac{B - B_1}{B_2 - B_1} \times (i_2 - i_1)$$

式中,所求利率为 i;i 对应的现值(或者终值)系数为 B;B_1,B_2 为现值(或者终值)系数表中 B 相邻的系数;i_1,i_2 为 B_1,B_2 对应的利率。

【例 3-18】某人有 1 200 元,欲在 19 年后使其达到原来的 3 倍,选择投资机会时最低可接受的报酬率是多少?

1 200 × $(F/P, i, 19)$ = 3 600

$(F/P, i, 19)$ = 3,即 $(1+i)^{19}$ = 3

可采用逐次测试法(也称为试误法)计算:

当 i = 5% 时,$(1+5\%)^{19}$ = 2.527 0

当 i = 6% 时,$(1+6\%)^{19}$ = 3.025 6

或者直接查复利终值系数表,$(F/P, 5\%, 19)$ = 2.527 0,$(F/P, 6\%, 19)$ = 3.025 6

因此,i 在 5% 和 6% 之间。

运用内插法有 $i = i_1 + \frac{B - B_1}{B_2 - B_1} \times (i_2 - i_1)$ = 5% + (3 - 2.527 0) × (6% - 5%)/(3.025 6 - 2.527 0) = 5.949%

(2)若已知年金现值(或者终值)系数以及期数 n,可以查年金现值(或者终值)系数表,找到与系数对应的利率即可。如果在系数表中并未直接查到,此时找出与已知年金现值(或者终值)系数最接近的两个系数及其对应的利率,按内插法公式计算利率。

【例 3-19】某人现在向银行存入 50 000 元,问年利率 i 是多少时,才能保证在以后 10 年中每年可得利息 7 500 元。

根据题意,已知 P = 50 000,A = 7 500,n = 10,则

$(P/A, i, 10)$ = 50 000/7 500 = 6.666 7

查表可得:当 i = 8% 时,$(P/A, 8\%, 10)$ = 6.710 1;当 i = 9% 时,$(P/A, 9\%, 10)$ = 6.417 7

i = 8% + (6.666 7 - 6.710 1) × (9% - 8%)/(6.417 7 - 6.710 1) = 8.148%

(3)永续年金的利率可以通过公式 $i = A/P$ 计算。

【例 3-20】归国华侨吴先生想支持家乡建设,特地在祖籍所在县设立奖学金。吴先生存入 1 000 000 元,奖励该县每年高考的文理科状元各 10 000 元,奖学金每年发放一次。问银行存款年利率为多少时才可以设定成永久性奖励基金?

由于每年都要拿出 20 000 元,因此奖学金的性质是一项永续年金,其现值应为 1 000 000 元,因此:i = 20 000/1 000 000 = 2%。

也就是说,利率不低于 2% 才能保证奖学金制度的正常运行。

(二)名义利率和有效年利率

1.名义利率、有效年利率及期间利率的含义

在现实生活中,可能会出现一年中复利次数超过一次的情形。这种情况下,就要考虑名义利率、有效年利率和期间利率的有关含义。

如果以年作为基本计息期,每年计算一次复利,这种情况下的年利率是名义利率,可用 r_N 表示。有效年利率(effective annual rate,EAR)指考虑一年中复利计算次数后的实际利率,一般用 r_E 表示。期间利率等于名义年利率除以一年中复利计息的次数。若用 m 表示一年中复利计息的次数,则期间利率等于 r_N/m。

2.有效年利率与名义年利率的换算公式

$$r_E = \left(1 + \frac{r_N}{m}\right)^m - 1$$

【例 3-21】年利率为 12%，按季复利计息，试求有效年利率。

$i = (1 + 12\%/4)^4 - 1 = 1.125\ 5 - 1 = 12.55\%$

【例 3-22】A 公司平价发行一种三年期、票面利率为 6%、每年付息一次、到期还本的债券；B 公司平价发行一种三年期、票面利率为 6%、每半年付息一次、到期还本的债券。求 A、B 公司各自的有效年利率。

A 公司有效年利率＝名义利率＝6%

B 公司有效年利率＝$(1 + 6\%/2)^2 - 1 = 6.09\%$

【例 3-23】某人退休时有现金 10 万元，拟选择一项回报比较稳定的投资，希望每个季度能收入 2 000 元补贴生活。那么，该项投资的有效年利率应为多少？

这是关于有效年利率与名义报酬率的换算问题。根据题意，希望每个季度能收入 2 000 元，1 年的复利次数为 4 次，季度报酬率＝2 000/100 000＝2%，故名义报酬率为 8%。有效年利率与名义报酬率的关系为：$1 + i = (1 + 8\%/4)^4$，则 $i = 8.24\%$。

（三）通货膨胀情况下的实际利率

在通货膨胀情况下，央行或其他提供资金借贷的机构所公布的利率是未调整通货膨胀因素的名义利率，即名义利率中包含通货膨胀率。实际利率是指剔除通货膨胀率后储户或投资者得到利息回报的真实利率。

假设本金为 100 元，实际利率为 5%，通货膨胀为 2%，则：

如果不考虑通货膨胀因素，一年后的本利和＝$100 \times (1 + 5\%) = 105$（元）。

如果考虑通货膨胀因素，由于通货膨胀导致货币贬值，所以，一年后的本利和＝$105 \times (1 + 2\%)$，年利息＝$105 \times (1 + 2\%) - 100 = 100 \times (1 + 5\%) \times (1 + 2\%) - 100 = 100 \times [(1 + 5\%) \times (1 + 2\%) - 1]$，即名义利率＝$(1 + 5\%) \times (1 + 2\%) - 1$，$1 + $名义利率＝$(1 + 5\%) \times (1 + 2\%)$。

用公式表示名义利率与实际利率之间的关系为

$$1 + 名义利率 = (1 + 实际利率) \times (1 + 通货膨胀率)$$

所以，实际利率的计算公式为

$$实际利率 = \frac{1 + 名义利率}{1 + 通货膨胀率} - 1$$

公式表明，如果通货膨胀率大于名义利率，则实际利率为负数。

第二节　风险与收益

一、风险的含义

风险（risk）是一个非常重要的财务概念。任何决策都有风险，这使得风险观念在理财中具有普遍意义。理财活动中的风险，与时间价值一样，也是一种客观存在，并对公司实现其理财目标有着重要的影响。

"风险"一词，在现代生活中使用越来越频繁。《现代汉语词典》对"风险"一词进行解释，认为风险是可能发生的危险。人们在日常生活中讲的风险，实际上是指危险，意味着损失或失败,是一种不好的事情。

　　一般来说,风险是预期结果的不确定性。风险不仅包括负面效应的不确定性,还包括正面效应的不确定性。"危险"专指负面效应,"机会"是风险的另一部分即正面效应。

　　风险和不确定的情况是有一定区别的。这两者事先都不能肯定,不过风险发生的各种概率是客观存在的,决策者事先可以了解到某种情况下发生的概率,如掷硬币,对全部结果是知道的,对正面出现的可能性是多大也是知道的,只是每次掷硬币后的结果不能肯定。而不确定性则是由于各种原因对全部结果并不了解,当然对结果也就无法确定。如公司将 300 万元资金投入寻找与公司生产有关的矿藏,能否找到矿藏无法确定,更不能对其进行计量,这种既不能确定又无法计量的对未来事件的结果,就是不确定性。

　　无论是风险还是不确定性,从公司理财的角度来看,都表现为无法达到预期报酬的可能性。因此在实务上对风险和不确定性往往不加区分。

　　与收益相关的风险才是财务管理中所说的风险。

二、资产的收益与收益率

(一)资产收益的含义与计算

　　资产的收益是指资产的价值在一定时间的增值。一般情况下,有两种方式表述资产收益:

　　第一种是以金额表示的,称为资产的收益额,通常以资产价值在一定期限内的增值量来表示。该增值量来源于两部分:一是期限内资产的现金净收入;二是期末资产的价值(或市场价格)相对于期初价值的升值。前者多为利息、红利或股息收益,后者称为资本利得。

　　第二种方式是以百分比表示的,称为资产的收益率或报酬率,是资产增值量与期初资产价值的比值。该收益率也包括两部分:一是利(股)息的收益率;二是资本利得的收益率。

(二)资产收益率的类型

　　在实际的财务工作中,由于工作角度和出发点不同,收益率可以有以下类型。

　　1. 实际收益率

　　实际收益率表示已经实现或确定可以实现的资产收益率,表述为已实现或确定可以实现的利息(股息)率与资本利得收益率之和。当然,当存在通货膨胀时,还应当扣除通货膨胀率的影响,剩余的才是真实的收益率。

　　2. 名义收益率

　　名义收益率即在资产合约上标明的收益率。

　　3. 预期收益率

　　预期收益率也称为期望收益率,是指在不确定条件下,预测的某种资产未来可能实现的收益率。对预期收益率的估算,可参考以下方法:

　　第一种方法是预测影响预期收益率各种情况发生的概率,以及在各种可能情况下收益率的大小,计算其加权平均数。计算公式为

$$E(R) = \sum_{i=1}^{n} (P_i \times R_i)$$

式中,$E(R)$ 为预期收益率;P_i 表示情况 i 可能出现的概率;R_i 表示情况 i 出现时的收益率。

　　【例 3-24】某人半年前以 10 000 元投资购买 A 公司股票,一直持有至今未卖出。持有期曾经获得股利 100 元,预计未来半年 A 公司不会发股利,预计未来半年市值为 12 000 元的可

能性为 50%，市值为 13 000 元的可能性为 30%，市值为 9 000 元的可能性为 20%，计算该投资人年预期收益率。

资本利得预期收益率＝[(12 000－10 000)×50%＋(13 000－10 000)×30%＋(9 000－10 000)×20%]/10 000＝17%

股利收益率＝100/10 000＝1%

资产的预期收益率＝17%＋1%＝18%

第二种计算收益率的方法是收集能够代表预测收益率分布的历史收益率的样本(通常反映为历史年度数据)，一般情况下，假定这些观察值出现的概率相等，预期收益率就是这些数据的简单算术平均值。计算公式为

$$E(R) = \frac{\sum_{i=1}^{n} R_i}{n}$$

式中，$E(R)$ 为预期收益率；R_i 表示各历史年度预期收益率的数值；n 为总年数。

4.无风险收益率

无风险收益率也称无风险利率，是指可以确定可知的无风险资产的收益率。它的大小由纯粹利率和通货膨胀补贴两部分组成。无风险资产一般满足两个条件：一是不存在违约风险；二是不存在再投资收益率的不确定性。实际上，这种无风险资产就是国债，无风险利率就是国债利率。

5.风险收益率

风险收益率是指因承担该资产的风险而要求的超过无风险利率的额外收益，它等于必要收益率与无风险收益率之差。风险收益率的影响因素主要有两点，即风险的大小和投资者对风险的偏好。

6.必要收益率

必要收益率也称最低必要报酬率或最低要求的收益率，表示投资者对某资产合理要求的最低收益率。必要收益率与认识到的风险有关，一般来说，高风险经常会带来高回报，低风险往往会伴随低收益。综上所述：

必要收益率＝无风险收益率＋风险收益率

＝纯粹利率(资金的时间价值)＋通货膨胀补偿率＋风险收益率

现实中，估计某股票的必要收益率时，通常使用资本资产定价模型。

三、单项资产的风险与收益

风险的衡量，需要使用概率和统计方法。

(一)利用概率分布图

从图 3-1 中可以看出，A、B 两个项目的收益率相同，但 B 项目的风险明显大于 A 项目。

(二)利用数理统计指标

衡量收益率风险的指标主要有收益率的方差、标准差与标准差率等。

1.收益率的方差

收益率的方差是用来表示某资产收益率的各种可能结果与其期望结果之间离散程度的一个指标，其计算公式为

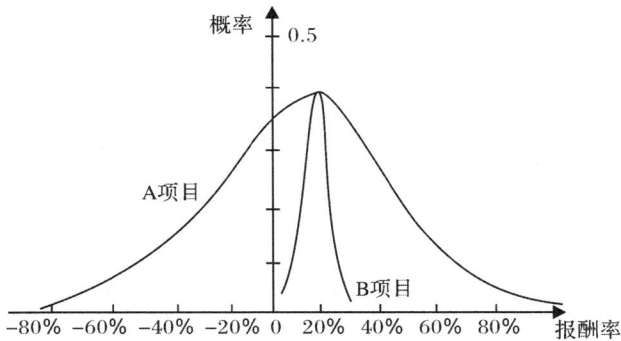

图 3-1 概率分布图

$$\sigma^2 = [R_i - E(R)]^2 \times P_i$$

式中，$E(R)$ 表示资产的预期收益率，可用公式 $E(R) = \sum_{i=1}^{n}(P_i \times R_i)$ 来计算。

2.收益率的标准差

收益率的标准差反映某资产收益率的各种可能结果与其期望结果之间的离散程度。它等于方差的开方。其计算公式为

$$\sigma = \sqrt{\sum_{i=1}^{n}[R_i - E(R)]^2 \times P_i}$$

标准差和方差都是以绝对数衡量某资产的全部风险，在预期收益率相同的情况下，标准差或方差越大，风险越大；反之亦然。由于标准差或方差指标衡量的是风险的绝对大小，因而不适用于比较具有不同预期收益率的资产的风险。

3.收益率的标准差率

收益率的标准差率是收益率的标准差与期望值之比，也可称为变异系数。其计算公式为

$$V = \sigma / E(R)$$

标准差率以相对数衡量资产全部风险的大小，它表示每单位预期收益所包含的风险，即每一元预期收益所承担风险的大小。一般情况下，标准差率越大，资产的相对风险越大。标准差率可以用来比较具有不同预期收益率的资产的风险。

【例 3-25】某企业拟进行股票投资，现有甲、乙两只股票可供选择，具体资料如表 3-2 所示。计算甲、乙股票收益的期望值、标准差和标准差率，并比较其风险大小。

表 3-2 甲、乙股票资料

经济情况	概率	甲股票预期收益率	乙股票预期收益率
繁荣	0.3	60%	50%
复苏	0.2	40%	30%
一般	0.3	20%	10%
衰退	0.2	−10%	−15%

甲股票收益率的期望值=0.3×60%+0.2×40%+0.3×20%+0.2×(−10%)=30%
乙股票收益率的期望值=0.3×50%+0.2×30%+0.3×10%+0.2×(−15%)=21%

甲股票收益率的标准差＝

$$\sqrt{(60\%-30\%)^2\times0.3+(40\%-30\%)^2\times0.2+(20\%-30\%)^2\times0.3+(-10\%-30\%)^2\times0.2}$$
$$=25.30\%$$

乙股票收益率的标准差＝

$$\sqrt{(50\%-21\%)^2\times0.3+(30\%-21\%)^2\times0.2+(10\%-21\%)^2\times0.3+(-15\%-21\%)^2\times0.2}$$
$$=23.75\%$$

甲股票收益率的标准差率＝25.30%/30%＝0.84

乙股票收益率的标准差率＝23.75%/21%＝1.13

因为乙股票的标准差率大于甲股票的标准差率,所以乙股票的风险大于甲股票的风险。

(三)风险控制对策

1.规避风险

当风险所造成的损失不能由该项目可能获得的收益予以抵消时,应当放弃该项目,以规避风险。例如:拒绝与不守信用的厂商的业务往来;放弃可能明显导致亏损的投资项目;新产品在试制阶段发现诸多问题而果断停止试制。

2.减少风险

减少风险主要有两方面意思:一是控制风险因素,减少风险的发生;二是控制风险发生的频率和降低风险损害程度。减少风险的常用方法有:进行准确的预测;对决策进行多方案优选和替代;及时与政府部门沟通获取政策信息;在开发新产品前,充分进行市场调研;采用多领域、多地域、多项目、多品种的投资以分散风险。

3.转移风险

对可能给企业带来灾难性损失的项目,企业应以一定代价,采取某种方式转移风险。如向专业性保险公司投保;采取合资、联营、增发新股、发行债券、联合开发等措施实现风险共担;通过技术转让、特许经营、战略联盟、租赁经营和业务外包等实现风险转移。

4.接受风险

接受风险包括风险自担和风险自保两种。风险自担,是指风险损失发生时,直接将损失摊入成本或费用,或冲减利润;风险自保,是指企业预留一笔风险金或随着生产经营的进行,有计划计提资产减值准备等。

四、风险偏好

根据效用函数的不同,可以按照人们对风险的偏好,将其分为风险回避者、风险追求者和风险中立者。

1.风险回避者

选择资产的态度是当预期收益率相同时偏好于具有低风险的资产,而对于具有同样风险的资产则钟情于具有高预期收益率的资产。

2.风险追求者

风险追求者通常主动追求风险,喜欢收益的动荡胜于喜欢收益的稳定。他们选择资产的原则是当预期收益相同时选择风险大的,因为这会给他们带来更大的效用。

3.风险中立者

风险中立者通常既不回避风险也不主动追求风险,他们选择资产的唯一标准是预期收益的大小,而不管风险状况如何。

第三节 资产组合的风险与收益分析

一、资产组合的风险与收益

(一)资产组合

两个或两个以上的资产所构成的集合,称为资产组合。如果资产组合中的资产均为有价证券,则该资产组合也称为证券组合。

(二)资产组合的预期收益率

资产组合的预期收益率就是组成资产组合的各种资产的预期收益率的加权平均数,其权数等于各种资产在组合中所占的比例。

(三)资产组合风险的度量

1. 两项资产组合的风险

两项资产组合的收益率的方差满足以下关系式:

$$\sigma_p^2 = w_1^2 \sigma_1^2 + w_2^2 \sigma_2^2 + 2w_1 w_2 \rho_{1,2} \sigma_1 \sigma_2$$

式中,σ_p表示资产组合的标准差,它衡量的是组合的风险;σ_1和σ_2分别表示组合中两项资产的标准差;w_1和w_2分别表示组合中两项资产所占的价值比例;$\rho_{1,2}$反映两项资产收益率的相关程度,称为相关系数。理论上,相关系数介于区间$[-1,1]$之间。$\rho_{1,2} \sigma_1 \sigma_2$称为二者之间的协方差,用来衡量资产收益率之间共同变动的程度。

协方差为正,表示两项资产的收益率呈同方向变化;协方差为负,表示两项资产的收益率呈反方向变化;协方差为0,表示两项资产收益率之间不相关。但是协方差为绝对数,不便于比较,因此常用相关系数进行比较。

相关系数的计算公式为

$$\rho_{1,2} = \frac{\sum_{i=1}^{n} \left[(x_i - \overline{x}) \times (y_i - \overline{y}) \right]}{\sqrt{\sum_{i=1}^{n} (x_i - \overline{x})^2} \times \sqrt{\sum_{i=1}^{n} (y_i - \overline{y})^2}}$$

式中,x_i,y_i表示两种资产第i种情况下的收益率;$\overline{x}$,$\overline{y}$表示两种资产的期望收益率。

当$\rho_{1,2} = 1$时,表明两项资产的收益率具有完全正相关关系,它们收益变化的幅度完全一致,这种情况表明两项资产的风险完全不能互相抵消,这样的组合不能降低任何风险;当$\rho_{1,2} = -1$时,表明两项资产的收益率具有完全负相关关系,它们收益变化的方向相反、幅度相同,二者之间的风险可以充分地互相抵销,由这样的资产组成的组合就可以最大程度地抵消风险。

现实生活中,两项资产的收益率完全正相关或完全负相关的情况几乎是不可能的。绝大多数资产两两之间都具有不完全的相关关系,即$-1<$相关系数<1,绝大多数情况下相关系数会大于零。因此,会有$0<\sigma_p<(w_1\sigma_1 + w_2\sigma_2)$,即资产组合的标准差小于组合中各资产标准差的加权平均。因此,资产组合可以分散风险,但不能完全消除风险。

2. 多项资产组合的风险

一般而言,随着组合投资中个别投资数目的增加,组合投资的风险会减少,究竟能减少到何种程度,就要看各种投资之间的相关系数,即相关系数越低,组合投资的风险就越小。个别投资的数目大大增加是否能完全消除组合投资风险呢? 一般而言,不能完全消除组合投资风险。除非能找到一组相关系数为负数并组成一个组合投资,才能将组合投资的风险完全消除。

【例 3-26】 构成投资组合的证券 A 和证券 B,其标准差分别为 12% 和 8%。在等比例投资的情况下,如果两种证券的相关系数为 1,该组合的标准差为 10%;如果两种证券的相关系数为 -1,计算该组合的标准差。

相关系数为 -1 时,组合标准差=(12%-8%)/2=2%。

【例 3-27】 已知某种证券收益率的标准差为 0.2,当前的市场组合收益率的标准差为 0.4,两者之间的相关系数为 0.5,计算两者之间的协方差。

个别资产与市场组合的协方差 $cov(R_i, R_m) = \rho_{i,m}\sigma_i\sigma_m$ = 相关系数×该资产的标准差×市场的标准差=0.5×0.2×0.4=0.04

二、非系统风险与风险分散

非系统风险(unsystematic risk)又被称为企业特有风险或可分散风险,是可以通过资产组合而分散掉的风险。它是指由某种特定原因对某特定资产收益率造成影响的可能性,是特定企业或特定行业所特有的风险。对于特定企业而言,企业特有风险可进一步分为经营风险和财务风险。经营风险是指因生产经营方面的原因给企业盈利带来的不确定性。比如:由原材料供应地的政治经济情况变动,运输路线改变,原材料价格变动,新材料、新设备的出现等因素带来的供应方面的风险;由产品生产方向不对路,产品更新时期掌握不好,生产质量不合格,新产品、新技术开发试验不成功,生产组织不合理等因素带来的生产方面的风险;由出现新的竞争对手,消费者爱好发生变化,销售决策失误,产品广告推销不力以及货款回收不及时等因素带来的销售方面的风险。财务风险又称筹资风险,是指由于举债而给企业财务成果带来的不确定性。企业举债过度会给企业带来财务风险,而不是带来经营风险。

在风险分散的过程中,不应当过分夸大资产多样性和资产个数的作用。在资产组合中资产数目较少时通过增加资产的数目分散风险的效应会比较明显。但当资产的数目增加到一定程度时,风险分散的效应就会逐渐减弱。经验数据表明,组合中不同行业的资产个数达到 20 个时,绝大多数非系统风险均已被消除掉。此时,如果继续增加资产数目,对分散风险已经没有多大的实际意义,只会增加管理成本。另外,不要指望通过资产多样化达到完全消除风险的目的,因为系统风险是不能够通过风险的分散来消除的。

三、系统风险及其衡量

系统风险(systematic risk)是指由那些影响所有公司的因素引起的风险,如战争、经济衰退等。影响它的因素主要有宏观经济形势的变动、国家经济政策的变化、税制改革、企业会计准则改革、世界能源状况、政治因素等。所以,不管投资多样化有多充分,也不可能消除系统风险,即使购买的是全部股票的市场组合。

由于系统风险是影响整个资本市场的风险,所以也称"市场风险"。由于系统风险没有有效的方法消除,所以也称"不可分散风险"。一般情况下,随着更多的证券加入投资组合中,包含系统风险和非系统风险在内的整体风险(以标准差反映)会随之降低,但降低的速度越来越慢,最终只剩下系统风险。

单项资产或资产组合受系统风险影响的程度,可以用系统风险系数(β系数)来衡量。通俗地说,某资产的β系数表达的含义是该资产的系统风险相当于市场组合系统风险的倍数。

(一)单项资产的系统风险系数

单项资产的β系数是指可以反映单项资产收益率与市场平均收益率之间变动关系的一个量化指标。

β系数的计算公式如下:

$$\beta = \frac{\text{cov}(R_i, R_m)}{\sigma_m^2} = \frac{\rho_{i,m}\sigma_i\sigma_m}{\sigma_m^2} = \rho_{i,m} \times \frac{\sigma_i}{\sigma_m}$$

式中,$\rho_{i,m}$表示第i项资产的收益率与市场组合收益率的相关系数;σ_i是该项资产收益率的标准差,表示该资产的风险大小;σ_m是市场组合收益率的标准差,表示市场组合的风险。采用这种方法计算某资产的β系数,需要首先计算该资产与市场组合的相关系数,然后计算该资产的标准差和市场组合的标准差,最后代入上式中计算出β系数。

(二)市场组合的概念

市场组合是指由市场上所有资产组成的组合。它的收益率就是市场平均收益率,市场组合的方差代表了市场整体的风险。由于包含了所有的资产,因此,市场组合中的非系统风险已经被消除,市场组合的风险就是系统风险。

根据β系数的定义可知,β系数等于1,说明它的系统风险与整个市场的平均风险相同,市场风险收益率上升1%,该股票风险收益率也上升1%。β系数大于1,如为2,说明它的系统风险是股票市场平均风险的2倍,市场风险收益率上升1%,该股票风险收益率上升2%。β系数小于1,如为0.5,说明它的系统风险只是市场平均风险的一半,市场风险收益率上升1%,该股票的风险收益率只上升0.5%。

在实际中,要想利用公式去计算β系数是非常困难的。β系数的计算常常利用收益率的历史数据,采用线性回归的方法取得。此外,一些证券咨询机构会定期公布大量交易过的证券的β系数。

【例3-28】如果整个市场投资组合收益率的标准差是0.1,某种资产和市场投资组合的相关系数为0.4,该资产的标准差为0.5,计算该资产的β系数。

该资产的β系数 $= \rho_{i,m} \times \frac{\sigma_i}{\sigma_m} = 0.4 \times \frac{0.5}{0.1} = 2$

(三)投资组合的系统风险系数

对于投资组合来说,其所含的系统风险的大小可用β_p系数来衡量。投资组合的β_p系数是所有单项资产β系数的加权平均数,权数为各种资产在投资组合中所占的价值比重。计算公式为

$$\beta_p = \sum_{i=1}^{n}(W_i \times \beta_i)$$

式中,β_p是资产组合的系统风险系数;W_i为第i项资产在组合中所占的价值比重;β_i表示第i项资产的β系数。

投资组合的β系数受到单项资产的β系数和各种资产在投资组合中所占价值比重两个因素的影响。

四、资本资产定价模型

(一)资本资产定价模型的原理

1. 资本资产定价模型的基本原理

资本资产定价模型（capital asset pricing model，CAPM）的提出是财务学理论的一大进步。该模型是由经济学家马科维茨和威廉·夏普（William Sharpe）于 1964 年提出的，后来他们由于在此方面做出的贡献而获得了 1990 年的诺贝尔经济学奖。

根据风险与收益的一般关系，某资产的必要收益率是由无风险收益率和该资产的风险收益率决定的，即必要收益率＝无风险收益率＋风险收益率。

资本资产定价模型的一个主要贡献是揭示了风险收益率的决定因素和度量方法，其计算公式为

$$R = R_f + \beta \times (R_m - R_f)$$

这是资本资产定价模型的核心关系式。式中，R 表示某资产的必要收益率；β 表示该资产的系统风险系数；R_f 表示无风险收益率，通常以短期国债的收益率近似替代；R_m 表示市场组合收益率。

公式中 $(R_m - R_f)$ 称为市场风险溢酬，也可以称为市场组合的风险收益率，反映的是市场作为整体对风险的平均"容忍"程度，也就是市场整体对风险的厌恶程度。某项资产的风险收益率是市场风险溢酬与该资产系统风险系数的乘积，即

$$风险收益率 = \beta \times (R_m - R_f)$$

根据资本资产定价模型，单项资产或特定投资组合的必要收益率受到无风险收益率、市场组合的平均收益率和 β 系数三个因素的影响。

【例 3-29】某投资组合的风险收益率为 10%，市场组合的平均收益率为 12%，无风险收益率为 8%，计算该投资组合的 β 系数。

依题意，$R_m = 12\%$，$R_f = 8\%$，风险收益率为 10%。

β 系数 = 风险收益率/$(R_m - R_f)$ = 10%/(12% - 8%) = 2.5

2. 证券市场线

把资本资产定价模型放入一个直角坐标系中，形成的直线就是证券市场线（security market line，SML）。横坐标是 β 值，纵坐标是必要收益率，无风险利率（R_f）和市场风险溢酬（$R_m - R_f$）作为已知系数，斜率即为风险溢价。

证券市场线对任何公司、任何资产都是适用的。证券市场上任意一项资产或资产组合的系统风险系数和必要收益率都可以在证券市场线上找到对应的一点。

(二)资本资产定价模型的意义与应用

1. 证券市场线的应用

将证券市场线描绘在坐标轴上，就得到如下一条直线，如图 3-2 所示。

从证券市场线可以看出，投资者要求的收益率不仅仅取决于市场风险，而且还取决于无风险利率（证券市场线的截距）和市场风险补偿程度（证券市场线的斜率）。由于这些因素始终处于变动中，所以证券市场线也不会一成不变。预期通货膨胀提高时，无风险利率会随之提高，进而导致证券市场线向上平移。

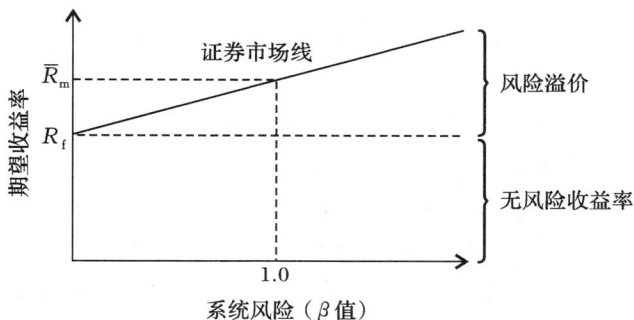

图 3-2 证券市场线

证券市场线斜率取决于全体投资者对待风险的态度,如果大家都愿意冒险,风险能得到很好的分散,风险程度就小,风险报酬率就低,证券市场线斜率就小,证券市场线就平缓;如果大家都不愿意冒险,风险就得不到很好的分散,风险程度就大,风险报酬率就高,证券市场线斜率就大,证券市场线就陡峭。

2.证券市场线与市场均衡

如果某股票 X 的预期收益率高于证券市场线,如图 3-3 所示,X 股票的预期收益率大于位于证券市场线上的必要收益率,说明该股票预计将来可以带来的收益高于所要求的收益,这将造成市场参与者对这一股票的青睐,从而使该股票的价格升高,价格升高的结果会使预期未来的收益率下降,一直降到证券市场线上来,使得其预期收益率等于必要收益率。Y 股票的情况正好相反,最终的结果会使预期收益率回到证券市场线上来。

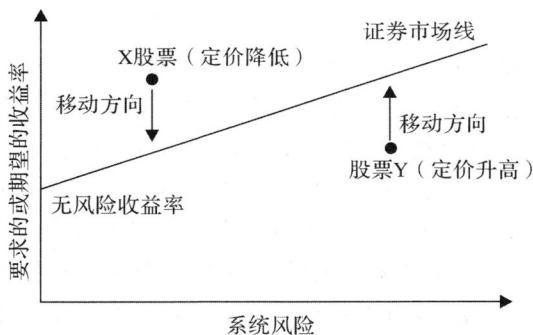

图 3-3 证券市场线与市场均衡

在资本资产定价模型的理论框架下,假设市场是均衡的,因此资本资产定价模型还可以描述为

$$预期收益率 = 必要收益率 = R_f + \beta \times (R_m - R_f)$$

【例 3-30】某公司拟进行股票投资,计划购买 A、B、C 三种股票,并分别设计了甲、乙两种投资组合。已知三种股票的 β 系数分别为 1.5、1.0 和 0.5,它们在甲种投资组合下的投资比重为 50%、30% 和 20%;乙种投资组合的风险收益率为 3.4%。同期市场上所有股票的平均收益率为 12%,无风险收益率为 8%。

要求：

(1)根据 A、B、C 股票的 β 系数,分别评价这三种股票相对于市场投资组合而言的投资风险大小。

(2)按照资本资产定价模型计算 A 股票的必要收益率。

(3)计算甲种投资组合的 β 系数和风险收益率。

(4)计算乙种投资组合的 β 系数和必要收益率。

(5)比较甲、乙两种投资组合的 β 系数,评价它们的投资风险大小。

(1)A 股票的 $\beta > 1$,说明该股票所承担的系统风险大于市场投资组合的风险(或 A 股票所承担的系统风险等于市场投资组合风险的 1.5 倍);

B 股票的 $\beta = 1$,说明该股票所承担的系统风险与市场投资组合的风险一致(或 B 股票所承担的系统风险等于市场投资组合的风险);

C 股票的 $\beta < 1$,说明该股票所承担的系统风险小于市场投资组合的风险(或 C 股票所承担的系统风险等于市场投资组合风险的 50%)。

(2)A 股票的必要收益率 $= 8\% + 1.5 \times (12\% - 8\%) = 14\%$

(3)甲种投资组合的 β 系数 $= 1.5 \times 50\% + 1.0 \times 30\% + 0.5 \times 20\% = 1.15$

甲种投资组合的风险收益率 $= 1.15 \times (12\% - 8\%) = 4.6\%$

(4)乙种投资组合的 β 系数 $= 3.4\% / (12\% - 8\%) = 0.85$

乙种投资组合的必要收益率 $= 8\% + 3.4\% = 11.4\%$

或者:乙种投资组合的必要收益率 $= 8\% + 0.85 \times (12\% - 8\%) = 11.4\%$

(5)甲种投资组合的 β 系数(1.15)大于乙种投资组合的 β 系数(0.85),说明甲种投资组合的系统风险大于乙种投资组合的系统风险。

3.资本资产定价模型的有效性和局限性

资本资产定价模型和证券市场线最大的贡献在于它提供了对风险与收益之间的一种实质性的表述。到目前为止,这二者是对现实中风险与收益关系的最为贴切的表述,因此长期以来,被财务人员、金融从业者以及经济学家作为处理风险问题的主要工具。

然而,由于二者都存在一些假设前提,如资本资产定价模型的基本假设是:投资者是厌恶风险的;资产是无限可分的;投资者可以无风险利率贷出或借入资金;税收和交易成本均忽略不计;所有投资者都有相同的投资期限和无风险利率;信息对所有投资者是免费的并且是立即可得的;投资者具有相同的预期,投资者用预期回报率和标准差评价投资组合。而在现实生活中,可能有些假设条件并不具备,因此关于它们有效性的争论还在继续。人们也一直在寻找更好的理论或方法,但尚未取得突破性进展。

由于资本资产定价模型的局限,它只能大体描述出证券市场运动的基本状况,而不能完全确切地揭示证券市场的一切。因此,在运用这一模型时,应该更注重它所揭示的规律,而不是给出的具体数字。

本章小结

　　财务管理中有两个非常重要的观念——货币时间价值和风险价值,这两个观念对于财务估价和决策有很重要的应用价值。

　　货币时间价值是指一定量资金在不同时点上的价值差额。货币时间价值的基本表现形式有终值与现值两种。货币时间价值的计算一般都按复利方式计算,包括复利现值和终值的计算、年金现值和终值的计算。其中年金又分为普通年金、预付年金、递延年金和永续年金四种形式,普通年金是最基本的形式,其他形式的年金都可以转换成普通年金加以计算。在现实生活中,可能会出现一年中复利次数超过一次的情形。此种情况下,出现有效年利率概念。有效年利率指考虑一年中复利计算次数后的实际利率,它与名义利率存在一定的换算关系。

　　资产的收益是指资产的价值在一定时间的增值。一般情况下,有两种方式表述资产收益,一是资产收益额,二是资产收益率。资产收益率有不同的类型。其中比较重要的是风险收益率,它等于必要收益率与无风险收益率之差,它的大小取决于两个因素:风险的大小,投资者对风险的偏好。预期收益率、收益率的标准差和标准差率、β系数等,这些指标均能反映单项资产的风险,但有的衡量的是绝对值,有的则为相对值。其中需要注意的是β系数,它表示单项资产收益率的变动受市场平均收益率变动的影响程度。资产组合收益率是资产组合中各项资产收益率的加权平均数。适当的资产组合能分散非系统风险,但不能分散系统风险。资本资产定价模型的主要内容是分析风险收益率的决定因素和度量方法。如将它表示在坐标轴上,就得到了证券市场线。它们对于证券市场投资组合的分析是非常有帮助的。

思考与练习

　　1.已知甲股票的期望收益率为12%,收益率的标准差为16%;乙股票的期望收益率为15%,收益率的标准差为18%。市场组合的收益率为10%,市场组合的标准差为8%,无风险收益率为4%。假设市场达到均衡。

　　要求:

　　(1)分别计算甲、乙股票的必要收益率;

　　(2)分别计算甲、乙股票的β值;

　　(3)分别计算甲、乙股票的收益率与市场组合收益率的相关系数;

　　(4)假设投资者将全部资金按照60%和40%的比例投资购买甲、乙股票构成投资组合,计算该组合的β系数、组合的风险收益率和组合的必要收益率。

　　2.甲公司有两个投资机会:A投资机会是一个高科技项目,该领域竞争激烈,如果经济发展迅速并且该项目做得好,取得较大市场占有率,利润会很大;否则,利润会很小甚至亏本。B项目是一个老产品并且是必需品,销售前景可以准确预测出来。假设未来的经济情况有繁荣、正常、衰退三种。有关的概率分布和预期报酬率见表3-3。

表 3-3　甲公司未来投资分析表

经济情况	发生概率	A 项目预期报酬率/%	B 项目预期报酬率/%
繁荣	0.3	90	20
正常	0.4	15	15
衰退	0.3	-60	10

　　要求:①计算两个项目的预期报酬率;②计算两个项目的标准差;③计算两个项目的变异系数。

即测即评

即 测 即 评

>> 第二篇

财务运作篇

第四章

项目投资

学习目标

1. 掌握项目投资现金流量的内容；
2. 掌握项目投资净现金流量的简化计算方法；
3. 掌握投资决策的贴现现金流量法；
4. 熟悉投资决策的投资回收期法；
5. 理解投资决策的会计报酬率法；
6. 掌握互斥方案的决策方法。

教学大纲　　扩展阅读及案例解析

引导案例

　　固特威轮胎公司近期研制了一种新轮胎超级胎面，这种轮胎除了能用于一般的快车道外，对经常行驶于湿滑路面和野地的汽车也非常适合。研发成本目前为止总额为 10 000 万美元。超级胎面将于今年面市，公司打算在市场上销售 4 年。市场调查显示：超级胎面轮胎的市场潜力巨大，并需要马上投资 12 000 万美元购买生产设备，预计有 7 年的使用寿命，第四年年末时可以 51 428 571 美元出售。固特威公司打算在两类市场上销售超级胎面：①初级设备制造商（OEM）市场，包括为新车购买轮胎的主要的大汽车公司，预计能以每个轮胎 36 美元出售，生产每个轮胎可变成本为 18 美元。②更换市场，包括所有汽车出厂后购买的轮胎，利润率较高，预计每个轮胎售价 59 美元，可变成本同前。

　　固特威公司打算以高于通货膨胀率 1％ 的速度提价，可变成本同样以高于通货膨胀率 1％ 的速度增加。此外，该项目的第一年将发生 2 500 万美元的销售和一般管理费（此数字在此后年份里预计将以通货膨胀率的速度增加）。公司期望超级胎面能占领 11％ 的 OEM 市场，能占领 8％ 的更换轮胎市场。当前初始营运资本需求为 1 100 万美元，此后净营运资本需求为销售额的 15％。假如运用双倍余额递减法计提折旧，所得税税率为 25％，年通货膨胀率预计保持在 3.25％ 不变，贴现率为 15.9％。

　　资料来源：案例十：固特威轮胎公司[EB/OL].[2020 - 01 - 05]. http://www.docin.com/p - 2650597.html.

　　启示：

　　假设你是固特威轮胎公司的财务分析师，你被告知所有过去对超级胎面的投资均为沉没成本，只需考虑未来的现金流量。除即将发生的初始投资外，所有的现金流量均是年末发生的。那么你将如何对"超级胎面"项目进行评估，并提供一份是否进行投资的建议书？

第一节 项目投资概述

一、投资的含义与分类

（一）投资的含义

投资，广义地讲，是指特定经济主体（包括政府、企业和个人）以本金收回并获利为基本目的，将货币、实物等资产作为资本投放于某一个具体对象，以在未来较长期间内获取预期经济利益的经济行为。

投资具有以下特点：

1. 目的性

投资是一种有目的的经济行为。现在支出一定的价值，是为了获取未来的报酬。

2. 时间性

投资具有时间性，即现在的支出到将来获得报酬，在时间上总要经过一定的间隔。这表明投资这一行为过程越长，未来报酬的获得越不稳定，风险越大。

3. 收益性

投资的目的在于获得报酬（即收益）。投资活动以牺牲现在价值为手段，以赚取未来价值为目标，未来价值超过现在价值，投资者就能得到正报酬。

4. 风险性

投资具有风险，即不稳定性。现在投入的价值是确定的，但未来能获得的价值是不确定的，这种未来价值的不确定性，即为投资的风险。

（二）投资的分类

根据不同的标志，投资可以分为不同的类别。

（1）按照投资行为的介入程度，投资可分为直接投资和间接投资。

直接投资是指由投资人直接介入投资行为，即将货币资金直接投入投资项目，形成实物资产或者购买现有企业资产的一种投资。这种投资的特点是，投资行为可以直接将投资者与投资对象联系在一起。通过直接投资，投资者便可以拥有全部或一定数量的企业资产及经营的所有权，直接进行或参与投资企业的经营管理，从而对投资企业具有全部或较大的控制力。

间接投资也被称为证券投资，是指投资者以其资本购买国债、公司债券、金融债券或公司股票等，以预期获取一定收益的投资。与直接投资相比，间接投资的投资者除股票投资外，一般只享有定期获得一定收益的权利，而无权干预被投资对象对这部分投资的具体运用。

直接投资与间接投资同属于投资者对预期能带来收益的资产的购买行为，但二者有着实质性的区别：直接投资的资金所有者和资金使用者是统一的，而间接投资的资金所有者和资金使用者是分离的。

（2）按照投资对象的存在形态和性质，投资可分为项目投资和证券投资。

企业可以通过投资，购买具有实质内涵的经营资产，包括有形资产和无形资产，形成具体的生产经营能力，开展实质性的生产经营活动，谋取经营利润。这类投资，称为项目投资。项目投资的目的在于改善生产条件、扩大生产能力，以获取更多的经营利润。项目投资属于直接投资。

　　企业可以通过投资,购买证券资产,通过证券资产上所赋予的权利,间接控制被投资企业的生产经营活动,获取投资收益。这类投资,称为证券投资。

　　证券,是一种金融资产,即以经济合同契约为基本内容、以凭证票据等书面文件为存在形式的权利性资产。如债券投资代表的是未来按契约规定收取债息和收回本金的权利,股票投资代表的是对发行股票企业的经营控制权、财务控制权、收益分配权、剩余财产追索权等股东权利。证券投资的目的,在于通过持有权益性证券,获取投资收益,或控制其他企业的财务或经营政策,并不直接从事具体生产经营过程。因此,证券投资属于间接投资。

　　直接投资与间接投资、项目投资与证券投资,两种投资分类方式的内涵和范围是一致的,只是分类角度不同。直接投资与间接投资强调的是投资的方式性,项目投资与证券投资强调的是投资的对象性。

　　(3)按照投入的领域不同,投资可分为生产性投资和非生产性投资。

　　生产性投资是指将资金投入生产、建设等物质生产领域中,并能够形成生产能力或可以产出生产资料的一种投资,又称为生产资料投资。生产性投资的最终成果是各种生产性资产,包括固定资产投资、无形资产投资、其他资产投资和流动资金投资。

　　非生产性投资是指将资金投入非物质生产领域中,不能形成生产能力,但能形成社会消费或服务能力,满足人民的物质文化生活需要的一种投资。非生产性投资的最终成果是形成各种非生产性资产。非生产性投资又可分为两部分:一部分是纯消费性投资,如对教育、国防、安全、社会福利设施等的投资。这类投资没有盈利,投资不能收回,其再投资依靠社会积累。另一部分是可转化为无形商品的投资,如对影剧院、电视台、信息中心和咨询公司等的投资。这类投资有盈利,可以收回投资,甚至可实现价值增值和积累。

　　(4)按照经营目标的不同,投资可分为盈利性投资和政策性投资。

　　盈利性投资又称经济性投资或商业投资,是指为了通过生产经营而获取盈利所进行的投资。绝大多数投入生产或流通领域中的投资都属于这种投资。这种投资能带来盈利,担负着促进生产发展和社会进步的重要职能,同时也承担着一定的风险。

　　政策性投资又称非盈利性投资,是指为了实现一定社会效益目标,保证社会发展和群众生活需要,不以追求经济效益为目的的投资。政策性投资通常不能带来经济效益,却能带来社会效益,具体可分为两种类型:一种是本身就不属于生产经营因而不存在盈利可言的项目所花费的投资,如公共设施投资。这类投资支出由国家安排。另一类本身是生产经营性投资支出,存在着潜在的盈利性,但由于各种因素而发生亏损,这类投资是国家允许的并有相应的政策规定,这一类型的投资会随着客观条件的变化而转变为盈利性投资。

　　(5)按照投资的方向不同,投资可分为对内投资和对外投资。

　　从一个企业的角度看,对内投资就是项目投资,是指企业将资金投放于为取得供本企业生产经营使用的固定资产、无形资产、其他资产和垫支流动资金而形成的一种投资。对外投资是指向本企业范围以外的其他单位的资金投放,例如企业购买国家及其他企业发行的有价证券或其他金融产品(包括期货与期权、信托、保险),或以货币资金、实物资产、无形资产向其他企业(如联营企业、子公司等)注入资金而发生的投资。对内投资都是直接投资,对外投资主要是间接投资,也可能是直接投资。

　　(6)按照投资项目之间的相互关联关系,投资可分为独立投资和互斥投资。

　　独立投资是相容性投资,各个投资项目之间互不关联、互不影响,可以同时并存。例如,建造一个服装厂和建造一个餐饮公司,它们之间并不冲突,可以同时进行。对于一个独立投资项目而言,其他投资项目是否被采纳,对本项目的决策并无显著影响。因此,独立投资项目决策考虑的是方案本身是否满足某种决策标准。例如,可以规定凡提交决策的投资方案,其预期投资收益率都要求达到15%才能被采纳。这里,预期投资收益率达到15%,就是一种预期的决策标准。

互斥投资是非相容性投资,各个投资项目之间相互关联、相互替代,不能同时并存。如对企业现有设备进行更新,购买新设备就必须处置旧设备,它们之间是互斥的。对于一个互斥投资项目而言,其他投资项目是否被采纳或放弃,直接影响本项目的决策,其他项目被采纳,本项目就不能被采纳。因此,互斥投资项目决策考虑的是各方案之间的排斥性,也许每个方案都是可行方案,但互斥决策需要从中选择最优方案。

(7)按照投资的内容不同,投资可分为固定资产投资、无形资产投资、开办费投资、营运资金投资、房地产投资、有价证券投资、期货与期权投资、信托投资、保险投资等多种形式。

二、项目投资的分类与特点

项目投资是一种以特定项目为对象,直接与新建项目或更新改造项目有关的长期投资行为。相对于证券投资,项目投资属于企业直接的、生产性的对内实物投资。

(一)项目投资的类型

依据项目投资对固定资产再生产的效果,项目投资可分为以下四类:

(1)与现有产品或现有市场有关的投资。这类投资主要是为了增加现有产品的产量或扩大现有的销售渠道而进行的投资。

(2)与新产品或新市场开发有关的投资。这类投资主要是为了生产新产品或开发新的市场范围而进行的投资。

以上两类投资能够使固定资产数量增加、再生产规模扩大,因而,也把这种以新增生产能力为目的的新建项目称为外延型扩大再生产。

(3)与维持企业现有经营规模有关的投资。这类投资主要是为更换已报废或已损坏的生产设备而进行的投资。

(4)与降低成本有关的投资。这类投资主要是为更换可用但已陈旧的生产设备所进行的投资。这类投资旨在凭借效率较高的新设备来降低相关生产费用的支出。

以上两类投资不能使固定资产的数量增加,只能维持固定资产的简单再生产。因而,也把这种以恢复和改善生产能力为目的的更新改造项目称为内涵型扩大再生产。

在这里需要说明一点的是,项目投资的内容不只包括固定资产的投资,因为随着企业生产规模的改变,与之相伴随的流动资金以及经营成本等内容也会随着增加,这就要求企业也要对此增加相应的投资额。

(二)项目投资的特点

与其他形式的投资相比,项目投资具有以下主要特点:

1.投资金额大

项目投资,特别是扩大生产能力的战略性投资一般都需要较多的资金,在企业总资产中占有相当大的比重。因此,项目投资对企业未来的现金流量和财务状况都将产生深远的影响。

2.影响时间长

项目投资期及项目运营的时间都较长(至少一年或一个营业周期以上),在其存续期内都将对企业的生产经营活动产生重大影响。

3.变现能力差

项目投资一般不准备在一年或一个营业周期内变现,而且即使在短期内变现,其变现能力也较差。因为,项目投资一旦完成,要想改变是相当困难的,不是无法实现,就是代价太大。

4.投资风险大

因为影响项目投资未来收益的因素特别多,加上投资额大、影响时间长和变现能力差,必然造成其投资风险比其他投资大,对企业未来的命运产生决定性影响。

5.项目投资的实物形态与价值形态可以分离

项目投资完成后,固定资产一经投入使用,随着固定资产的磨损,固定资产价值便有一部分脱离其实物形态,转化为货币准备金(即折旧),而其余部分仍存在于实物形态中。在固定资产的有效使用年限内,保留在固定资产实物形态上的价值逐年减少,而脱离实物形态转化为货币准备金的价值却逐年增加。直到固定资产报废清理其价值得到全部补偿,实物也可得到更新,这样固定资产的价值与其实物形态重新统一起来。

三、项目计算期的构成和项目投资的内容

(一)项目计算期的构成

项目计算期是指投资项目从投资建设开始到最终清理结束整个过程的全部时间,即该项目的有效持续期间。完整的项目计算期包括建设期和运营期。其中:建设期(记作 $s,s \geq 0$)的第 1 年初(记作第 0 年)称为建设起点,建设期的最后一年末(第 s 年)称为投产日;项目计算期的最后一年末(记作第 n 年)称为终结点;从投产日到终结点之间的时间间隔称为运营期(记作 p),运营期包括试产期和达产期(完全达到设计生产能力)。运营期一般是根据项目主要设备的经济使用寿命期确定的。项目计算期、建设期和运营期之间存在以下关系:

$$项目计算期 = 建设期 + 运营期$$

即
$$n = s + p$$

式中,n 为项目计算期;s 为建设期;p 为运营期。

【例 4-1】某企业计划购建一项固定资产,预计使用寿命为 9 年。要求就以下各种情况分别计算该项目的项目计算期:①在建设起点投资并投产。②固定资产的安装调试期为 1 年。

①项目计算期 = 0+9 = 9(年)

②项目计算期 = 1+9 = 10(年)

(二)项目投资的内容

原始投资又称为初始投资,是反映项目所需现实资金水平的价值指标。从项目投资的角度看,原始总投资是企业为使项目完全达到设计生产能力、开展正常经营而投入的全部现实资金,包括建设投资和垫支的营运资金两项内容。

建设投资是指在建设期内按一定生产经营规模和建设内容进行的投资,包括固定资产投资、无形资产投资和其他资产投资三项内容。固定资产投资是项目用于购置或安装固定资产而发生的投资,也是任何类型项目投资中不可缺少的投资内容。无形资产投资是指项目用于取得无形资产而发生的投资。其他资产投资是指组织项目投资的企业在其筹建期内发生的,不能计入固定资产和无形资产价值的那部分投资,包括生产准备和开办费投资等形成的递延资产投资。

营运资金垫支是指投资项目形成了生产能力,需要在流动资产上追加的投资。由于扩大了企业生产能力,原材料、在产品、产成品等流动资产规模也随之扩大,需要追加投入日常营运资金。同时,企业营业规模扩充后,应付账款等结算性流动负债也随之增加,自动补充了一部分日常营运资金的需要。因此,为该投资垫支的营运资金是追加的流动资产扩大量与结算性流动负债扩大量的净差额。其计算公式为

本年营运资金增加额(垫支数)＝本年流动资金需用数－截至上年的流动资金投放额

本年营运资金需用数＝本年流动资产需用数－本年流动负债需用数

(三)项目投资资金的投入方式

从时间特征上看,原始投资的投入方式包括一次投入和分次投入两种形式。一次投入方式是指投资行为集中一次发生在项目计算期的第一个年度的年初或年末;如果投资行为涉及两个或两个以上年度,或在一个年度的年初和年末发生,则属于分次投入方式。

【例4-2】某企业拟新建一条生产线,拟在建设起点一次购入固定资产100万元,预计使用寿命为10年,无形资产20万元。建设期为2年,运营期第一年预计需要流动资产40万元,流动负债18万元;运营期第二年预计流动资产需用额为50万元,流动负债需用额为20万元。

根据上述资料可计算该项目有关指标如下:

(1)项目计算期＝2＋10＝12(年)

(2)固定资产投资＝100(万元)

固定资产投资＝100(万元)

无形资产投资＝20(万元)

运营期第一年的流动资金需用额＝40－18＝22(万元)

首次营运资金垫支额＝22－0＝22(万元)

运营期第二年营运资金需用额＝50－20＝30(万元)

运营期第二年营运资金垫支额＝30－22＝8(万元)

营运资金垫支合计＝22＋8＝30(万元)

(3)建设投资额＝100＋20＝120(万元)

(4)原始总投资额＝120＋30＝150(万元)

第二节　项目投资现金流量的估算

一、现金流量的含义与分类

现金流量(cash flow)也称现金流动量,简称现金流。其中,现金收入称为现金流入量,现金支出称为现金流出量,现金流入量与现金流出量相抵后的余额,称为现金净流量(net cash flow,NCF)。现金流量是计算项目投资决策评价指标的主要根据和重要信息之一。这里的现金是广义的现金,它不仅包括各种货币资金,而且还包括项目需要投入企业拥有的非货币资源的变现价值或重置成本。

投资决策中的现金流量,从时间特征上看可分为以下三种:

(1)初始现金流量。初始现金流量是指开始投资时发生的现金流量,一般包括固定资产投资、无形资产投资、开办费投资、营运资金垫支和原有固定资产的变价收入等。

(2)营业现金流量。营业现金流量是指投资项目投入使用后,在其运营期内由于生产经营

所带来的现金流入和流出的数量。在投资决策实践中,营业现金流量一般需按年度进行计算。因而,习惯上称营业现金流入量为年现金流入量,营业现金流出量为年现金流出量,两者之差为年现金净流量。

(3)终结现金流量。终结现金流量是指投资项目终结时所发生的现金流量,主要包括固定资产变价净收入、固定资产变现净损益和垫支营运资金的收回。

二、确定现金流量的假设和应注意的问题

(一)确定现金流量的假设

为克服确定现金流量的困难,简化现金流量的计算过程,本章特做以下假设:

(1)投资项目的类型假设。假设投资项目只包括新建项目和更新改造项目两种类型。新建项目按其涉及内容还可进一步细分为单纯固定资产投资项目和完整工业投资项目。单纯固定资产投资项目简称固定资产投资,在投资中只包括为取得固定资产而发生的垫支资本投入而不涉及周转资本的投入;完整工业投资项目则不仅包括固定资产投资,而且还涉及流动资金投资,甚至包括其他长期资产项目(如无形资产等)的投入。

(2)财务可行性分析假设。假设投资决策是从企业投资者的立场出发,投资决策者确定现金流量就是为了进行项目财务可行性研究,该项目已经具备国民经济可行性和技术可行性。

(3)全投资假设。假设在确定项目的现金流量时,只考虑全部投资的运动情况,而不具体区分自有资金和借入资金等具体形式的现金流量。即使实际存在借入资金也将其作为自有资金对待。

(4)运营期与折旧年限一致假设。假设项目主要固定资产的折旧年限或使用年限与运营期相同。

(5)时点指标假设。为便于利用资金时间价值的形式,不论现金流量具体内容所涉及的价值指标是时点指标还是时期指标,均假设按照年初或年末的时点指标处理。其中,建设投资在建设期内有关年度的年初或年末发生,营运资金垫支则在经营期期初(年初)发生;经营期内各年的收入、成本、折旧、摊销、利润、税金等项目的确认均在年末发生;项目最终报废或清理均发生在终结点(但更新改造项目除外)。

(6)确定性因素假设。假设与项目现金流量有关的价格、产销量、成本水平、企业所得税税率等因素均为已知常数。

(二)确定现金流量时应注意的问题

在估算现金流量时,为防止多算或漏算有关内容,需要注意以下几个问题:

1.必须考虑增量现金流量

对于每一个投资方案都需要在税后基础上提供预期未来现金流量的信息,这些信息必须以增量的形式提供,不论是现金流入量还是现金流出量,只有增量现金流量才是与项目相关的现金流量。所谓增量现金流量,是指因为接受该项目而直接导致的企业未来现金流量的变动。

2.不能考虑沉没成本因素

沉没成本指已经付出的成本,或者已经发生、必须偿还的债务,不属于相关成本。因为对于正在评估的项目,无论采纳与否,沉没成本都已经发生过了,其数额不影响投资决策。

3.充分关注机会成本

机会成本指在决策过程中选择某个方案而放弃其他方案所丧失的潜在收益。资金或资产

往往都具有多种用途,用在一个项目上,就不能同时用在另一个项目上。因此,一个投资项目的收益往往建立在放弃另一个项目收益的基础之上。由此,尽管放弃的收益不构成公司真正的现金流出,也无须作为账面成本,但是必须作为选中项目的成本来加以考虑,否则就不能正确判断一个项目的优劣。

4.考虑项目对企业其他部门的影响

在公司采纳某个项目之后,很可能会对公司的其他部门产生有利或不利的影响,在进行投资决策时也必须将这些影响视为项目的成本或收入,否则也不能正确地评价项目对公司整体产生的影响。

三、现金流量的内容与估算

(一)现金流量的内容

不同类型的投资项目,其现金流量的具体内容存在差异。

1.新建项目的现金流量

新建项目是以新增工业生产能力为主的投资项目,其投资内容包括建设投资、营运资金垫支等。

(1)现金流入量包括增加的营业收入、回收固定资产余值、回收营运资金和其他现金流入量等内容。

(2)现金流出量包括新增的建设投资、营运资金垫支、经营成本、税金及附加和增加的各项税款等内容。

2.固定资产更新改造投资项目的现金流量

固定资产更新改造投资项目可分为以恢复固定资产生产效率为目的的更新项目和以改善企业经营条件为目的的改造项目两种类型。

(1)现金流入量包括因使用新固定资产而增加的营业收入、处置旧固定资产的变现净收入和新旧固定资产回收余值的差额等内容。

(2)现金流出量包括购置新固定资产的投资,因使用新固定资产而增加的经营成本、营运资金垫支和增加的各项税款等内容。其中,因提前报废旧固定资产所发生的清理净损失而发生的抵减当期所得税税额用负值表示。

(二)现金流量的估算

由于项目投资的投入、回收及收益的形成均以现金流量的形式表现,因此,在整个项目计算期的各个阶段上,都有可能发生现金流量。必须逐年估算每一时点上的现金流入量和现金流出量。

1.现金流入量的估算

(1)营业收入的估算。营业收入是运营期最主要的现金流入量,应按项目在运营期内有关产品的各年预计单价和预测新增销售量(假定经营期每期均可以自动实现产销平衡)进行估算。

(2)回收固定资产余值的估算。由于已经假设主要固定资产的折旧年限等于生产经营期,因此,对于建设项目来说,只要按主要固定资产的原值乘以其法定净残值率即可估算出在终结点发生的回收固定资产余值;在生产经营期内提前回收的固定资产余值可根据其预计净残值估算。对于更新改造项目,往往需要估算两次:第一次估算在建设起点发生的回收余值,即根据提前变卖的旧设备可变现净值来确认;第二次仿照新建项目的办法估算在终结点发生的回收余值(即新设备的净残值)。

（3）回收垫支营运资金的估算。假定在经营期不提前回收营运资金,则在终结点一次回收的营运资金应等于各年垫支的营运资金垫支额的合计数。

2.现金流出量的估算

（1）建设投资的估算。固定资产投资是所有类型的项目投资在建设期必然会发生的现金流出量,应按项目规模和投资计划所确定的各项建筑工程费用、设备购置费用、运输费、安装工程费用和其他费用来估算。无形资产投资和其他资产投资,应根据需要和可能,逐项按有关资产的评估方法和计价标准进行估算。

（2）营运资金垫支的估算。在项目投资决策中,营运资金是指在运营期内长期占用并周转使用的营运资金。由于扩大了企业生产能力,原材料、在产品、产成品等流动资产规模也随之扩大,需要追加投入日常营运资金。同时,企业营业规模扩大后,应付账款等结算性流动负债也随之增加,自动补充了一部分日常营运资金的需要。因此,为该投资垫支的营运资金是追加的流动资产扩大量与结算性流动负债扩大量的净差额。为简化计算,垫支的营运资金在营业期的流入流出过程可忽略不计,只考虑投资期投入与终结期收回对现金流量的影响。营运资金垫支额的计算公式一般为

$$增加的经营性营运资金＝增加的流动资产－增加的结算性流动负债$$

（3）经营成本的估算。经营成本又称付现的营运成本（或简称付现成本）,是指在运营期内为满足正常生产经营而动用现实货币资金支付的成本费用。经营成本是所有类型的项目投资在运营期都要发生的主要现金流出量,它与融资方案无关。其估算公式如下:

$$某年经营成本＝该年外购原材料和燃料动力费＋该年工资及福利费＋该年修理费＋该年其他费用$$
$$或＝该年总成本费用－该年折旧额－该年无形资产和开办费的摊销额$$

式中,其他费用是指从制造费用、管理费用和营业费用中扣除了折旧费、摊销费、材料费、修理费、工资及福利费以后的剩余部分。计算经营成本之所以要在总成本费用的基础上做有关扣除,主要是由于总成本费用中包含了一部分非现金流出的内容,这些项目大多与固定资产、无形资产和开办费等长期资产的价值转移有关,不需要动用现实货币资金。

项目每年总成本费用可在经营期内一个标准年份的正常产销量和预计消耗水平的基础上进行测算;年折旧额、年摊销额可根据项目的固定资产原值、无形资产和开办费投资,以及项目的折旧或摊销年限进行估算。

经营成本的节约相当于本期现金流入的增加,但为统一现金流量的计量口径,在实务中仍按其性质将节约的经营成本以负值计入现金流出量项目,而并非列入现金流入量项目。

（4）税金及附加的估算。在项目投资决策中,应按在运营期内应交纳的消费税、资源税、城市维护建设税、教育费附加、房产税、土地使用税、车船税和印花税等进行估算。

（5）调整所得税的估算。为了简化计算,本章所称调整所得税等于息税前利润与适用的企业所得税税率的乘积。

四、净现金流量的确定

净现金流量又称现金净流量,是指在项目计算期内由每年现金流入量与同年现金流出量之间的差额所形成的序列指标。它是计算项目投资决策评价指标的重要依据。

净现金流量具有以下两个特征:第一,无论是在经营期内还是在建设期内都存在净现金流量;第二,由于项目计算期不同阶段上的现金流入和现金流出发生的可能性不同,各阶段上的

净现金流量在数值上表现出不同的特点,如建设期内的净现金流量一般小于或等于零,在经营期内的净现金流量则多为正值。

$$某年净现金流量＝该年现金流入量－该年现金流出量$$

$$NCF_t＝CI_t－CO_t \quad (t＝0,1,2,\cdots)$$

式中,NCF_t为第t年净现金流量;CI_t为第t年现金流入量;CO_t为第t年现金流出量。

在实务中,确定项目的净现金流量通常是通过编制投资项目现金流量表来实现的。

项目投资决策中的现金流量表,是一种能够全面反映某投资项目在其项目计算期内每年的现金流入量和现金流出量的具体构成内容,以及净现金流量水平的经济报表。

现金流量表在结构上可分为表头和主体格式两个部分。以新建项目为例,全部投资的现金流量表的具体格式如表4-1所示。

表4-1　某新建项目现金流量表　　　　　　　　　　单位:万元

项目计算期(第 t 年)	建设期		经营期										合计
	0	1	2	3	4	5	6	7	8	9	...	n	
生产负荷/%	×	×	√	√	√	√	√	√	√	√	√	√	
1 现金流入量													
1.1 营业收入	×	×	√	√	√	√	√	√	√	√	√	√	Σ
1.2 回收固定资产余值	×	×	×	×	×	×	×	×	×	×	×	√	Σ
1.3 回收营运资金	×	×	×	×	×	×	×	×	×	×	×	√	Σ
1.4 其他现金流入量	×	×	?	?	?	?	?	?	?	?	?	?	Σ
1.5 现金流入量合计	0	0	Σ	Σ	Σ	Σ	Σ	Σ	Σ	Σ	Σ	Σ	Σ
2 现金流出量													Σ
2.1 建设投资	√	?	×	×	×	×	×	×	×	×	×	×	Σ
2.2 营运资金垫支	×	√	?	×	×	×	×	×	×	×	×	×	Σ
2.3 经营成本	×	×	√	√	√	√	√	√	√	√	√	√	Σ
2.4 税金及附加	×	×	√	√	√	√	√	√	√	√	√	√	Σ
2.5 所得税	×	×	√	√	√	√	√	√	√	√	√	√	Σ
2.6 其他现金流出量	×	×	?	?	?	?	?	?	?	?	?	?	Σ
2.7 现金流出量合计	Σ	Σ	Σ	Σ	Σ	Σ	Σ	Σ	Σ	Σ	Σ	Σ	Σ
3 净现金流量(1.5-2.7)	−	−	+	+	+	+	+	+	+	+	+	+	Σ
3.1 累计净现金流量	−	−	+	+	?	?	+	+	+	+	+	+	Σ
3.2 所得税前净现金流量(3+2.5)	−	−	+	+	+	+	+	+	+	+	+	+	Σ
3.3 所得税前累计净现金流量	−	−	+	+	?	?	?	+	+	+	+	+	Σ

评价指标:	所得税后		所得税前	
净现值	X_1万元(行业基准折现率$Y\%$)		X_2万元(行业基准折现率$Y\%$)	
内部收益率	$Z_1\%$		$Z_2\%$	
投资回收期	P_1年		P_2年	

注:假定本项目的建设期为1年。

"×"表示当年没有发生额;"$\sum$"表示求和;"√"表示当年有发生额;"−"表示数值为负值;"?"表示当年可能有发生额;"+"表示数值为正值。

项目投资决策中的现金流量表与财务会计的现金流量表相比,在形式上主要存在以下差别:

(1)反映对象不同。前者反映的是特定投资项目的现金流量;后者则反映某一企业的现金流量。

(2)期间特征不同。前者包括建设期和经营期,在时间上横跨整个项目计算期;后者则仅为一个会计年度。

(3)表格结构不同。前者包括表格部分和指标部分,其中表格部分只包括现金流入、现金流出和净现金流量三大项内容;后者则分为主表和辅表部分,其中主表包括经营活动的现金流量、筹资活动的现金流量和投资活动的现金流量三大类内容,每类又分为现金流入和现金流出。

(4)勾稽关系不同。前者的勾稽关系表现在各年现金流量具体项目与现金流量合计之间的关系上;后者则通过主、辅表分别按直接法和间接法确定的净现金流量进行勾稽。

(5)信息属性不同。前者的信息数据多为预计的未来数据;后者则必须是真实的历史数据。

五、项目投资净现金流量的计算方法

可以根据项目计算期不同阶段上的现金流入量和现金流出量的具体内容,直接计算各阶段净现金流量。

(一)建设期净现金流量的计算公式

$$建设期某年的净现金流量(NCF_t) = -该年发生的原始投资额$$
$$= -(建设投资 + 营运资金垫支)$$
$$= -I_t \quad (t = 0, 1, \cdots, s, s \geqslant 0)$$

式中,I_t 为第 t 年的原始投资额;s 为建设期年数。

(二)经营期净现金流量的计算公式

在正常营业阶段,由于营运各年的营业收入和付现营运成本比较稳定,如不考虑所得税因素,营业阶段各年现金流量一般为

$$营业现金净流量(NCF) = 营业收入 - 付现成本$$
$$= 营业利润 + 非付现成本$$

式中,非付现成本主要是固定资产年折旧费用、长期资产摊销费用、资产减值损失等。其中,长期资产摊销费用主要有跨年的大修理摊销费用、改良工程折旧摊销费用、筹建费摊销费用等。

所得税是投资项目的现金支出,即现金流出量。考虑所得税对投资项目现金流量的影响,投资项目正常营业阶段所获得的营业现金流量,可按下列公式进行测算:

$$营业现金净流量(NCF) = 营业收入 - 付现成本 - 所得税$$
或
$$= 税后营业利润 + 非付现成本$$
或
$$= 收入 \times (1 - 所得税税率) - 付现成本 \times (1 - 所得税税率) +$$
$$非付现成本 \times 所得税税率$$

(三)终结期净现金流量的计算公式

终结阶段的现金流量主要是现金流入量,包括固定资产变价净收入、固定资产变现净损益对现金净流量的影响和垫支营运资金的收回。

1. 固定资产变价净收入

在终结阶段,原有固定资产将退出生产经营,企业对固定资产进行清理处置。固定资产变价净收入,是指固定资产出售或报废时的出售价款或残值收入扣除清理费用后的净额。

2. 固定资产变现净损益对现金净流量的影响

固定资产变现净损益对现金净流量的影响用公式表示如下:

固定资产变现净损益对现金净流量的影响＝(账面价值－变价净收入)×所得税税率

如果(账面价值－变价净收入)＞0,则意味着发生了变现净损失,可以抵税,减少现金流出,增加现金净流量。如果(账面价值－变价净收入)＜0,则意味着实现了变现净收益,应该纳税,增加现金流出,减少现金净流量。

变现时固定资产账面价值指的是固定资产账面原值与变现时按照税法规定计提的累计折旧的差额。如果变现时,按照税法的规定,折旧已经全部计提,则变现时固定资产账面价值等于税法规定的净残值;如果变现时,按照税法的规定,折旧没有全部计提,则变现时固定资产账面价值等于税法规定的净残值与剩余的未计提折旧之和。

3. 垫支营运资金的收回

伴随着固定资产的出售或报废,投资项目的经济寿命结束,企业将与该项目相关的存货出售,将应收账款收回,应付账款也随之偿付。营运资金恢复到原有水平,项目开始垫支的营运资金在项目结束时得到回收。

【例4-3】某企业拟购建一项固定资产,需投资100万元,按直线法折旧,使用寿命10年,期末有10万元净残值。在建设起点一次投入资金100万元,建设期为一年。预计投产后每年新增税后营业利润12万元。要求计算该项目的净现金流量。

年折旧＝(固定资产原值－净残值)/规定资产使用年限＝(100－10)/10＝9(万元)

项目计算期＝建设期＋经营期＝1＋10＝11(年)

终结点年回收额＝回收固定资产余值＋回收流动资金＝10＋0＝10(万元)

建设期某年净现金流量＝－该年发生的原始投资额

$NCF_0＝-100$(万元)

$NCF_1＝0$

营业期某年现金净流量 $NCF_{2\sim10}$＝该年税后营业利润＋该年折旧＋该年摊销额

$$＝12＋9＋0＝21(万元)$$

终结期现金净流量 $NCF_{11}＝21＋10＝31$(万元)

【例4-4】某工业企业拟进行一大型的投资项目需要原始投资2 000万元,其中固定资产投资1 000万元,无形资产投资350万元,开办费投资50万元,垫支营运资金600万元。建设期为1年。固定资产、无形资产投资和开办费投资于建设起点一次投入,流动资金投资于完工时投入。该项目寿命期为10年,固定资产按直线法折旧,期满有100万元净残值;开办费于投产当年一次摊销完毕,无形资产的摊销期限为5年。流动资金于终结点一次收回。投产后预计每年可增加营业收入500万元,增加经营成本150万元。适用的企业所得税税率为25%。要求计算项目各年净现金流量。

(1)项目计算期 $n＝1＋10＝11$(年)

(2)固定资产年折旧＝(1 000－100)/10＝90(万元)

无形资产摊销额＝350/5＝70(万元)

运营期第 1 年增加的总成本费用＝经营成本＋该年折旧＋该年无形资产和开办费的摊销＝150＋90＋70＋50＝360(万元)

运营期第 2～5 年增加的总成本费用＝150＋90＋70＝310(万元)

运营期第 6～10 年增加的总成本费用＝150＋90＝240(万元)

运营期第 1 年增加净利润＝(500－360)×(1－25％)＝105(万元)

运营期第 2～5 年增加净利润＝(500－310)×(1－25％)＝142.5(万元)

运营期第 6～10 年增加净利润＝(500－240)×(1－25％)＝195(万元)

(3)建设期净现金流量

$NCF_0 = -(1\,000 + 350 + 50) = -1\,400$(万元)

$NCF_1 = -600$(万元)

(4)经营期净现金流量

$NCF_2 = 105 + 90 + 70 + 50 = 315$(万元)

$NCF_{3\sim6} = 142.5 + 90 + 70 = 302.5$(万元)

$NCF_{7\sim10} = 195 + 90 = 285$(万元)

$NCF_{11} = 195 + 90 + 100 = 385$(万元)

第三节　项目投资决策评价的基本方法

项目投资决策是指针对某一投资项目,借助特定的评价指标,并依据一定的评价标准,对所提出的多种投资方案的可行性及优劣进行分析评价,以选出最优方案的过程。一旦收集到了必要的信息,就能够评价所考虑的各投资方案是否可行,在本章中我们假定所考虑的所有投资方案的风险同公司现有投资项目的风险水平相当,并且接受任何一个投资方案都不会改变公司的相对经营风险。

一、投资决策评价指标及其类型

投资决策评价指标,是对从不同角度反映投资收益水平或投入与产出对比关系的量化指标的通称。借助这些指标,并依据财务方面的相应标准,便可对投资方案的可行性及优劣做出准确的评价,进而对投资方案做出科学的取舍。

评价指标根据不同的分类标准可以分为以下类别:

1. 按是否考虑资金时间价值分类

评价指标按其是否考虑资金时间价值,可分为静态评价指标和动态评价指标两大类。静态评价指标是指在计算过程中不考虑资金时间价值因素的指标,又称为非折现评价指标,包括静态投资回收期和会计收益率。与静态评价指标相反,动态评价指标的计算过程必须充分考虑和利用资金时间价值,因此动态评价指标又称为折现评价指标,包括贴现回收期、净现值、获利能力指数和内部收益率等。

2. 按指标性质的不同分类

评价指标按其性质不同,可分为在一定范围内越大越好的正指标和越小越好的反指标两大类。会计收益率、净现值、获利指数和内部收益率属于正指标;静态投资回收期和贴现回收期属于反指标。

3.按指标数量的不同特征分类

评价指标按其数量特征的不同,可分为绝对量指标和相对量指标。前者包括以时间为计量单位的静态投资回收期指标、贴现回收期指标和以价值量为计量单位的净现值指标;后者除获利指数用指数形式表现外,大多为百分比指标。

二、独立项目的评价方法

投资项目评价使用的基本方法是现金流量折现法,主要有净现值法和内含报酬率法。此外,还要一些辅助方法,主要是回收期法和会计报酬率法。

(一)净现值法

这种方法是使用净现值作为评价方案是否可取的标准。净现值(net present value,NPV)是某个投资项目的未来净现金流量的现值与原始投资额现值之间的差额,也就是按预定的折现率在项目计算期内计算的各年净现金流量现值的代数和。

净现值指标的基本公式是

$$净现值(NPV)=未来现金流量现值-原始投资额现值$$

$$净现值(NPV)=\sum_{t=0}^{n}(第t年的净现金流量\times 第t年的复利现值系数)$$

$$=\sum_{t=0}^{n}\frac{NCF_t}{(1+i_c)^t}=\sum_{t=0}^{n}\left[NCF_t\times(P/F,i_c,t)\right]$$

式中,i_c为该项目的预定贴现率,一般应为资金成本、企业要求的收益率或行业基准收益率;$(P/F,i_c,t)$为第t年折现率为i_c的复利现值系数。

如果一项投资的净现值是正值,就接受;是负值,就拒绝。如果净现值为0,此时接受或拒绝该项投资都没有差别。净现值的经济含义是投资方案报酬超过基本报酬后的剩余收益。其他条件相同时,净现值越大,方案越好。

1.净现值指标计算的一般方法

该法是指无论在什么情况下都可以采取的方法,又称最基本的计算方法。其具体又包括公式法和列表法两种形式。

(1)公式法。公式法是指根据净现值的定义,直接套用上述公式来完成该指标计算的方法。

(2)列表法。列表法是指通过现金流量表计算净现值指标的方法。在现金流量表上,根据已知的各年净现金流量,分别乘以各年的复利现值系数,从而计算出各年折现的净现金流量,最后求出项目计算期内折现的净现金流量的代数和,就是所求的净现值指标。

【例4-5】有关净现金流量数据见例4-4。该项目的基准折现率为10%。要求分别用公式法和列表法计算该项目的净现值。

依题意,按公式法的计算结果如下:

NPV=-1 400×1-600×0.909 1+315×0.826 4+302.5×0.751 3+302.5×0.683 0+302.5×0.620 9+302.5×0.564 5+285×0.513 2+285×0.466 5+285×0.424 1+285×0.385 5+385×0.350 5=-247.79(万元)

用列表法计算该项目净现值,所列部分现金流量表如表4-2所示。由表4-2的数据可见,该方案的净现值为-247.79万元,与公式法的计算结果相同。

表 4 - 2　某工业投资项目现金流量表　　　　　　　　单位：万元

项目计算期	建设期		经营期							合计
(第 t 年)	0	1	2	3	...	6	7	...	11	
...	...	...	...	...	...	...	...	...	...	
净现金流量	−1 400	−600	315	302.5	...	302.5	285	...	385	3 290
10%的复利现值系数	1	0.909 1	0.826 4	0.751 3	...	0.564 5	0.513 2	...	0.350 5	
折现的净现金流量	−1 400	−545.46	260.32	227.27	...	170.76	146.26	...	134.94	−247.79

该项目的净现值小于 0，所以该项目不可行。

2.净现值指标计算的特殊方法

该法是指在特殊条件下，当项目投产后净现金流量表现为普通年金或递延年金时，可以利用计算年金现值或递延年金现值的技巧直接计算出项目净现值的方法，又称简化方法。

特殊方法一：当全部投资在建设起点一次投入，建设期为零，投产后 1~n 年每年净现金流量相等时，投产后的净现金流量表现为普通年金形式，简化公式为

$$NPV = NCF_0 + NCF_{1 \sim n} \times (P/A, i_c, n)$$

式中，$(P/A, i_c, n)$ 为 n 年折现率为 i_c 的年金现值系数。

【例 4 - 6】 某企业计划购建一固定资产，预计需投资 100 万元，按直线法计提折旧，使用寿命 10 年，期末无残值。该项工程的项目建设期为 0，投产后每年可获利 10 万元。假定该项目的折现率为 10%。要求计算该项目的净现值。

$NCF_0 = -100$（万元），$NCF_{1 \sim 10} = 10 + 100/10 = 20$（万元）

$NPV = -100 + 20 \times (P/A, 10\%, 10) = -100 + 20 \times 6.144\ 6 = 22.892$（万元）

特殊方法二：当全部投资在建设起点一次投入，建设期为零，投产后每年经营净现金流量（不含回收额）相等，但终结点第 n 年有回收额（如残值）时，可按以下两种方法求净现值。

(1)将 1~$(n-1)$ 年每年相等的经营净现金流量视为普通年金，第 n 年净现金流量视为第 n 年终值。公式如下：

$$NPV = NCF_0 + NCF_{1 \sim (n-1)} \times (P/A, i_c, n-1) + NCF_n \times (P/F, i_c, n)$$

(2)将 1~n 年每年相等的净现金流量按普通年金处理，将第 n 年发生的回收额单独作为该年终值。公式如下：

$$NPV = NCF_0 + NCF_{1 \sim n} \times (P/A, i_c, n) + R_n \times (P/F, i_c, n)$$

【例 4 - 7】 假定有关资料与例 4 - 6 相同，假定固定资产报废时有 5 万元残值，其他条件不变。要求计算该项目的净现值。

$NCF_0 = -100$（万元），$NCF_{1 \sim 9} = 10 + (100 - 5)/10 = 19.5$（万元）

$NCF_{10} = 19.5 + 5 = 24.5$（万元）

$NPV = -100 + 19.5 \times (P/A, 10\%, 9) + 24.5 \times (P/F, 10\%, 10) = -100 + 19.5 \times 5.759\ 0 + 24.5 \times 0.385\ 5 = 21.75$（万元）

或　$NPV = -100 + 19.5 \times (P/A, 10\%, 10) + 5 \times (P/F, 10\%, 10) = -100 + 19.5 \times 6.144\ 6 + 5 \times 0.385\ 5 = 21.75$（万元）

特殊方法三:若建设期为 s,全部投资在建设期起点一次投入,投产后 $(s+1)\sim n$ 年每年净现金流量相等,则后者具有递延年金的形式,其现值之和可按递延年金现值求得。公式如下:

$$NPV=NCF_0+NCF_{(s+1)\sim n}\times\left[(P/A,i_c,n)-(P/A,i_c,s)\right]$$

或　　　　　　$$NPV=NCF_0+NCF_{(s+1)\sim n}\times(P/A,i_c,n-s)\times(P/F,i_c,s)$$

【例 4-8】假定有关资料与例 4-6 相同,假定建设期为一年,其他条件不变。要求计算该项目的净现值。

$NCF_0=-100(万元)$,$NCF_1=0$,$NCF_{2\sim11}=20(万元)$

$NPV=-100+20\times[(P/A,10\%,11)-(P/A,10\%,1)]=-100+20\times(6.4951-0.9091)$
$=11.72(万元)$

或　$NPV=-100+20\times(P/A,10\%,10)\times(P/F,10\%,1)=-100+20\times6.1446\times0.9091$
$=11.72(万元)$

特殊方法四:若建设期为 s,全部投资在建设期内分次投入,投产后 $(s+1)\sim n$ 年内每年净现金流量相等,则公式如下:

$$NPV=NCF_0+NCF_1\times(P/F,i_c,1)+\cdots+NCF_s\times(P/F,i_c,s)+NCF_{(s+1)\sim n}[(P/A,i_c,n)-(P/A,i_c,s)]$$

【例 4-9】假定有关资料与例 4-6 相同,项目建设期为一年,建设资金分别于年初、年末各投入 50 万元,其他条件不变。要求计算该项目的净现值。

$NCF_{0\sim1}=-50(万元)$,$NCF_{2\sim11}=20(万元)$

$NPV=-50-50\times(P/F,10\%,1)+20\times[(P/A,10\%,11)-(P/A,10\%,1)]=-50-50\times$
$0.9091+20\times(6.4951-0.9091)=16.265(万元)$

3.净现值法的优缺点

净现值法具有广泛的适用性,在理论上也比其他方法更完善,原则上是企业首选的方法。它的优点是:第一,它把未来各期的净现金流量进行了折现,充分考虑了资金时间价值;第二,能够利用项目计算期内的全部净现金流量信息;第三,它通常以项目所要求的最低回报率或资本成本作为折现率,考虑并强调了项目的机会成本;第四,它考虑了项目的风险因素,因为如果某项目存在较大的风险,那么可以找到一个存在类似风险、与该项目同类的股票,以该股票的预期收益率作为该项目的折现率;第五,它简明直观,易于理解,适用性强。

但其也有缺点,主要表现在:第一,无法直接反映投资项目的实际收益率水平,而且计算比较烦琐;第二,计算 NPV 时所采用的折现率没有明确的标准,具有一定的主观性;第三,在比较不同的投资方案时,如果各方案的初始投资额不同,或寿命期不同,有时就难以做出正确的决策。

(二)现值指数法

1.现值指数法的基本思想

现值指数(present value index,PVI)是投资项目的未来现金净流量现值与原始投资额现值之比。

现值指数指标的计算公式为

$$现值指数(PVI)=\frac{未来现金净流量现值}{原始投资的现值合计}=\frac{\sum_{t=s+1}^{n}[NCF_t\times(P/F,i_c,t)]}{\left|\sum_{t=0}^{n}[NCF_t\times(P/F,i_c,t)]\right|}$$

只有当该指标大于或等于 1 的投资项目才具有财务可行性。

【例 4-10】仍按例 4-5 中的净现金流量资料。要求计算该方案的获利能力指数,并判断该投资项目的可行性。

$$\sum_{t=s+1}^{n}[\text{NCF}_t \times (P/F, i_c, t)] = 260.32 + 227.27 + 206.61 + 187.82 + 170.76 + 146.26 +$$
$$132.95 + 120.87 + 109.87 + 134.94 = 1\,697.67(万元)$$

$$\left|\sum_{t=0}^{n}[\text{NCF}_t \times (P/F, i_c, t)]\right| = |\text{NCF}_0 \times (P/F, 10\%, 0) + \text{NCF}_1 \times (P/F, 10\%, 1)| =$$
$$|-1\,400 - 545.46| = 1\,945.46(万元)$$

$\text{PVI} = 1\,697.67/1\,945.46 = 0.87$

因为该项目的 PVI 小于 1,所以该项目不具有财务可行性。

2.现值指数法的优缺点

现值指数法的优点是:第一,可以进行独立投资机会获利能力的比较;第二,和 NPV 密切相关,经常导致完全一致的决策;第三,容易理解和交流;第四,当可以用于投资的资金有限时,它可能是一种有效的决策方法。其缺点除了无法直接反映投资项目的实际收益率外,计算过程也相对复杂;另外,在比较互斥决策时可能会导致不正确的决策。

(三)内含报酬率法

内含报酬率(internal rate of return,IRR)是使所有预期现金流出量总现值等于预期现金流入量现值的贴现率,即项目投资实际可望达到的收益率,又叫内部收益率。它只依赖于来自该项投资的现金流量而不受任何其他报酬率的影响。

根据内含报酬率的定义,IRR 满足下列等式:

$$\sum_{t=0}^{n}[\text{NCF}_t \times (P/F, \text{IRR}, t)] = 0$$

如果一项投资的 IRR 超过必要报酬率,就可以接受这项投资;否则,就应该拒绝。

1.内含报酬率指标计算的特殊方法

该法是指当项目投产后的净现金流量表现为普通年金的形式时,可以直接利用年金现值系数计算内含报酬率的方法,又称为简便算法。

该法所要求的充分必要条件是:项目的全部投资均于建设起点一次投入,建设期为零,建设起点第 0 期净现金流量等于原始投资的负值,即:$\text{NCF}_0 = -I$;投产后每年净现金流量相等,第 1 年至第 n 年每期净现金流量取得了普通年金的形式。

在此法下,IRR 可按下式确定:

$$(P/A, \text{IRR}, n) = \frac{1}{\text{NCF}}$$

式中,I 为在建设起点一次投入的原始投资;$(P/A, \text{IRR}, n)$ 是 n 期、设定折现率为 IRR 的年金现值系数;NCF 为投产后 $1\sim n$ 年每年相等的净现金流量($\text{NCF}_1 = \text{NCF}_2 = \cdots = \text{NCF}_n = \text{NCF}$,NCF 为一常数,$\text{NCF} \geq 0$)。

特殊方法的具体程序如下:

(1)计算$(P/A, \text{IRR}, n)$的值,假定该值为 C。

(2)根据计算出来的年金现值系数 C,查 n 年的年金现值系数表。

（3）若在 n 年系数表上恰好能找到等于上述数值 C 的年金现值系数 $(P/A, r_m, n)$，则该系数所对应的折现率 r_m 即为所求的 IRR。

（4）若在系数表上找不到事先计算出来的系数值 C，则需要找到系数表上同期略大于和略小于该数值的两个临界值 C_m 和 C_{m+1} 及相对应的两个折现率 r_m 和 r_{m+1}，然后应用内插法计算近似的 IRR。即，如果以下关系成立：

$$(P/A, r_m, n) = C_m > C$$
$$(P/A, r_{m+1}, n) = C_{m+1} < C$$

就可按下列具体公式计算 IRR：

$$IRR = r_m + \frac{C_m - C}{C_m - C_{m+1}} \times (r_{m+1} - r_m)$$

为了缩小误差，按照有关规定，r_m 和 r_{m+1} 之间的差不得大于 5%。

【例 4-11】仍按例 4-6 的净现金流量信息。要求计算投资项目的内部报酬率。

$NCF_0 = -100$（万元），$NCF_{1\sim10} = 20$（万元）

$(P/A, IRR, 10) = 100/20 = 5$

查 10 年的年金现值系数表：

$(P/A, 14\%, 10) = 5.216\ 1 > 5$

$(P/A, 16\%, 10) = 4.833\ 2 < 5$

$14\% < IRR < 16\%$

$IRR = 14\% + (5.216\ 1 - 5)/(5.216\ 1 - 4.833\ 2) \times (16\% - 14\%) = 15.13\%$

2. 内含报酬率指标计算的一般方法

该法是通过计算项目不同设定折现率的净现值，然后根据内含报酬率的定义所揭示的净现值与设定折现率的关系，采用一定技巧，最终设法找到能使净现值等于零的折现率——内含报酬率的方法，又称为逐次测试逼近法（简称逐次测试法）。若项目不符合直接应用简便算法的条件，必须按此法计算内部报酬率。

一般方法的具体应用步骤如下：

（1）先自行设定一个折现率 r_1，代入计算净现值的公式，求出按 r_1 为折现率的净现值 NPV_1，并进行下面的判断。

（2）若 $NPV_1 = 0$，则 $IRR = r_1$，计算结束；若 $NPV_1 > 0$，则 $IRR > r_1$，应重新设定 $r_2 > r_1$，再将 r_2 代入有关计算净现值的公式，求出 NPV_2，继续进行下一轮的判断；若 $NPV_1 < 0$，则 $IRR < r_1$，应重新设定 $r_2 < r_1$，再将 r_2 代入有关计算净现值的公式，求出 NPV_2，继续进行下一轮的判断。

（3）经过逐次测试判断，有可能找到 IRR。每一轮判断的原则相同。若 r_j 为第 j 次测试的折现率，NPV_j 为按 r_j 计算的净现值，则有：当 $NPV_j > 0$ 时，$IRR > r_j$，继续测试；当 $NPV_j < 0$ 时，$IRR < r_j$，继续测试；当 $NPV_j = 0$ 时，$IRR = r_j$，完成。

（4）若经过有限次测试，已无法继续利用有关货币时间价值系数表，仍未求得 IRR，则可利用最为接近零的两个净现值正负临界值 NPV_m 和 NPV_{m+1} 及对应的折现率 r_m 和 r_{m+1}，应用内插法计算近似的内含报酬率。即，如果以下关系成立：

$NPV_m > 0$

$NPV_{m+1} < 0$

$r_m < r_{m+1}$

$r_{m+1} - r_m = d\ (2\% \leqslant d < 5\%)$

就可按下式计算 IRR：

$$IRR = r_m + \frac{NPV_m - 0}{NPV_m - NPV_{m+1}} \times (r_{m+1} - r_m)$$

【例 4-12】已知某投资项目预计在其项目计算期内各年的净现金流量为：$NCF_0 = -1\,000$（万元），$NCF_1 = 0$，$NCF_{2\sim8} = 360$（万元），$NCF_{9\sim10} = 250$（万元），$NCF_{11} = 350$（万元）。要求计算该项目的内部报酬率（中间结果保留全部小数，最终结果保留两位小数）。

经判断，该项目只能用一般方法计算内部报酬率。

按照逐次测试逼近法的要求，自行设定折现率并计算净现值，据此判断调整折现率。经过 5 次测试，得到以下数据（计算过程略）：

测试次数 j	设定折现率 r_j	净现值 NPV_j（按 r_j 计算）
1	10%	+918.383 9
2	30%	-192.799 1
3	20%	+217.312 8
4	24%	+39.317 7
5	26%	-30.190 7

$NPV_m = +39.317\ 7 > NPV_{m+1} = -30.190\ 7$

$r_m = 24\% < r_{m+1} = 26\%$

$26\% - 24\% = 2\% < 5\%$

$24\% < IRR < 26\%$

应用内插法：

$$IRR = 24\% + \frac{39.317\ 7 - 0}{39.317\ 7 - (-30.190\ 7)} \times (26\% - 24\%) = 25.13\%$$

上面介绍的计算内含报酬率的两种方法中，都涉及内插法的应用技巧，尽管具体应用条件不同，公式也存在差别，但该法的基本原理是一致的，即假定自变量在较小变动区间内，它与因变量之间的关系可以用线性模型来表示，因而可以采取近似计算的方法进行处理。

3. 内含报酬率法的优缺点

内含报酬率法的优点是：第一，内含报酬率法是广泛地建立在折现的现金流量基础上的投资准则，和 NPV 密切相关，经常导致完全一致的决策；第二，容易理解和交流；第三，内含报酬率反映了投资项目可能达到的收益率（预期回报率）；第四，内含报酬率计算过程不受行业基准报酬率高低的影响，比较客观；第五，对于某些项目，当人们无法估计 NPV 时（由于不知道适当的折现率，即不知道项目所要求的回报率），可以对 IRR 进行估计，据此进行决策。

其缺点在于：第一，在手工计算的环境下，应用特殊方法所要求条件往往很难达到，而按一般方法逐次测试，导致该指标的计算过程十分麻烦。第二，当运营期内大量追加投资，导致项目计算期内的现金净流量出现非常规现金流量，即正负交替的变动趋势时，如"－－＋＋…－－＋＋…"，有可能计算出多个 IRR 结果，有些 IRR 的数值偏高或偏低，缺乏实际意义。第三，互斥项目的规模问题，即项目投资规模的大小问题。由于内含报酬率是一个用百分比表示的预期收益率，它会诱导投资决策者选择偏小的投资项目，因为通常投资规模小的项目，更可能产生较高的百分比收益率，但是对于初始投资额不等的互斥项目，应用内含报酬率法可能会产生与净现值法相矛盾的结果。

(四)回收期法

回收期(payback period,PP)是指投资项目的未来现金净流量与原始投资额相等时所经历的时间,即原始投资额通过未来现金流量回收所需要的时间。回收期法是用项目回收原始投资的速度来衡量投资方案的一种方法。按照对未来现金流量是否折现,回收期可分为静态回收期和动态回收期。

1.静态回收期

静态回收期(static payback period,SPP)是指用项目各年的未折现的现金流量收回原始投资所需要的时间。该指标以年为单位,包括以下两种形式:包括建设期的投资回收期(记作PP)和不包括建设期的投资回收期(记作PP')。显然,在建设期为s时,$PP'+s=PP$。只要求出其中一种形式,就可很方便推算出另一种形式。

在不考虑其他评价指标的前提下,如果一项投资所计算出来的回收期低于某个预先设定的年数,那么,这项投资就是可以接受的。

确定静态回收期指标有两种方法,一种是公式法,一种是列表法。

(1)公式法。如果一项长期投资决策方案满足以下特殊条件,即投资均集中发生在建设期内,投产后前若干年(设为m年)每年经营净现金流量相等,且有以下关系成立:

$$m \times 投产后前 m 年每年相等的净现金流量(NCF) \geqslant 原始投资总额$$

则可按以下简化公式直接求出不包括建设期的投资回收期PP':

$$不包括建设期的投资回报期(PP') = \frac{原始总投资}{投产后若干年每年相等的净现金流量} = \frac{I}{NCF_{(s+1) \sim (s+m)}}$$

式中,I为原始投资合计,$I = \left| \sum_{t=0}^{s} NCF_t \right|$；$m$满足以下关系：$m \times NCF_{(s+1) \sim (s+m)} \geqslant \left| \sum_{t=0}^{s} NCF_t \right|$。

在计算出不包括建设期的投资回收期PP'的基础上,将其与建设期s代入下式,即可求出包括建设期的回收期PP:

$$PP = PP' + s$$

【例4-13】某企业拟购置一项固定资产,预计需投资150万元,建设期为1年,固定资产建成后预计在运营期的1~5年,增加的净现金流量为40万元,以后每年为50万元。要求判断是否可利用公式法计算静态回收期。

依题意,建设期$s=1$(年),投产后1~5年净现金流量相等,$m=5$(年),经营期每年净现金流量$NCF_{2\sim5}=40$(万元),原始投资额$I=150$(万元)。

$m \times$经营期前m年每年相等的净现金流量$=5 \times 40 = 200$(万元)>原始投资额$=150$(万元)

可以使用简化公式计算静态回收期。

不包括建设期的投资回收期$PP'=150/40=3.75$(年)

包括建设期的投资回收期$PP=PP'+s=3.75+1=4.75$(年)

公式法所要求的应用条件比较特殊,包括:项目投产后开始的若干年内每年的净现金流量必须相等,这些年内的经营净现金流量之和应大于或等于原始总投资。如果不能满足上述条件,就无法采用这种方法,必须采用列表法。

(2)列表法。所谓列表法是指通过列表计算累计净现金流量的方式,来确定包括建设期的投资回收期,进而再推算出不包括建设期的投资回收期的方法。因为不论在什么情况下,都可以通过这种方法来确定静态回收期,因此此法又称为一般方法。

该法的原理是按照回收期的定义,包括建设期的回收期 PP 满足以下关系式,即

$$\sum_{t=0}^{PP} NCF_t = 0$$

这表明在财务现金流量表的"累计净现金流量"一栏中,包括建设期的回收期 PP 恰好是累计净现金流量为零的年限。

在利用列表法计算时无非有两种可能:

第一,在"累计净现金流量"栏上可以直接找到零,那么读出零所在列的 t 值即为所求的包括建设期的回收期 PP。否则必须按第二种情况处理。

第二,由于无法在"累计净现金流量"栏上找到零,必须按下式计算包括建设期的回收期 PP:

$$\begin{aligned}\text{包括建设期的投资回收期(PP)} &= \text{最后一项为负值的累计净现金流量对应的年数} + \frac{\text{最后一项为负值的累计净现金流量绝对值}}{\text{下年净现金流量}}\\ &= M' + \frac{\left|\sum_{t=0}^{M'} NCF_t\right|}{NCF_{M'+1}}\end{aligned}$$

式中,M' 为现金流量表的"累计净现金流量"栏中最后一项负值所对应当年数;$\left|\sum_{t=0}^{M'} NCF_t\right|$ 为第 M' 年末尚未回收的投资额;$NCF_{M'+1}$ 为第 $(M'+1)$ 年的净现金流量。

亦可按另一公式求得包括建设期的投资回收期 PP,即

$$\text{包括建设期的投资回收期(PP)} = \text{累计净现金流量第一次出现正值的年份} - 1 + \frac{\text{该年尚未收回的投资}}{\text{该年净现金流量}}$$

显然,它们的计算结果应当是一样的。

列表法通常可以直接利用项目的现金流量表来完成。

【例 4-14】有关资料见例 4-13。要求按列表法确定该项目的静态投资回收期。

依题意列表,如表 4-3 所示。

表 4-3　某固定资产投资项目现金流量表　　　　　　　　　　单位:万元

项目计算期（第 t 年）	建设期		经营期								合计
	0	1	2	3	4	5	6	7	8	…	
…	…	…	…	…	…	…	…	…	…	…	
净现金流量	−150	0	40	40	40	40	40	50	50	…	
累计净现金流量	−150	−150	−110	−70	−30	10	50	100	150	…	

第 4 年的累计净现金流量小于零,第 5 年的累计净现金流量大于零

$M' = 4$

$PP = 4 + |-30| / 40 = 4.75$(年)

$PP' = 4.75 - 1 = 3.75$(年)

静态回收期法的缺点是:第一,忽略货币的时间价值因素;第二,不能正确反映投资方式的

不同对项目的影响;第三,忽视取舍时限后的现金流量;第四,很难确定正确的取舍时限;第四,该方法倾向于拒绝长期项目,例如研究与开发以及新项目。

尽管有这些缺点,但回收期法仍然常常被大公司用来做出相对而言不太重要的决策。其中,最主要的理由是,许多决策根本不值得做太细致的分析。因为,分析所需要的成本将大于错误可能造成的损失。在实务上,如果一项投资可以很快收回成本,而且在取舍时限之后还有利润,那么,通常它的NPV是正值。除了简单以外,静态回收期法还有两个特点:第一,能够直观地反映原始投资的返本期限;第二,可以直接利用回收期之前的净现金流量信息;第三,该方法倾向于高流动性的投资项目;第四,由于根据投资回收期的长短来衡量项目的优劣,因此该方法实际上与项目的风险联系起来了。

2.动态回收期

动态回收期(discounted payback period,DPP)是指贴现现金流量的总和等于其原始投资所需要的时间。

如果一项投资的贴现回收期低于某个预先设定的年数,那么该投资就是可以接受的。

(1)动态回收期指标的计算。

①未来每年现金流量相等时。在这种年金形式下,假定动态回收期为n年,则

$$(P/A,i,n)=\frac{原始投资额现值}{每年现金净流量}$$

计算出年金现值系数后,通过查年金现值系数表,利用插值法,即可推算出动态回收期n。

②未来每年现金净流量不相等时。在这种情况下,应把每年的现金净流量逐一贴现并加总,根据累计现金流量现值来确定回收期。

$$\sum_{t=0}^{s}[\text{NCF}_t\times(P/F,i,t)]+\sum_{j=s+1}^{m}[\text{NCF}_t\times(P/F,i,j)]=0$$
$$贴现回收期(DPP)=s+m$$

【例4-15】某一项投资项目,计划投资额为300万元,项目的建设期为0,投产后每年可产生100万元的净现金流量,该项目要求的报酬率为10%。要求计算该投资项目的PP和DPP。

PP=300/100=3(年)

$-300+100\times(P/A,10\%,j)=0$

查10%的年金现值系数表:

$(P/A,10\%,3)=2.4869$

$(P/A,10\%,4)=3.1699$

$$j=4-\frac{3.1699-3}{3.1699-2.4869}\times(4-3)=3.75(年)$$

(2)动态回收期法的优缺点。动态回收期法的优点是:第一,考虑了货币的时间价值;第二,容易理解;第三,不会接受预期NPV为负值的投资;第四,偏向于高流动性;第五,由于考虑了时间因素,因此该方法实际上与项目的风险联系起来,投资回收期越短,风险也相对越小。其缺点有:第一,可能拒绝NPV为正值的投资;第二,很难确定正确的取舍时限;第三,忽略取舍时限后的现金流量;第四,偏向于拒绝长期项目。

(五)会计报酬率法

1. 会计报酬率法的基本思想

会计报酬率(average accounting return,AAR)是指平均每年税后利润与项目原始投资额之比。这种方法计算简便,应用范围很广。它在计算时使用会计报表上的数据,以及普通会计的收益和成本观念。

$$会计报酬率 = \frac{年平均净利润}{原始投资额} \times 100\%$$

如果一个项目的会计报酬率大于它的目标会计收益率或必要报酬率,那么就可以接受这个项目。

【例4-16】某企业拟进行一固定资产投资项目,该项目的原始投资额为1 000万元,项目建设期为0,固定资产的使用寿命为5年,5年后无残值,预计每年的净收益分别为100万元、160万元、280万元、310万元、300万元,则该项目的会计报酬率为多少?

$$会计报酬率 = \frac{(100+160+280+310+300)/5}{1\ 000} \times 100\% = 23\%$$

如果该项目的目标会计收益率小于23%,则可接受该项目。

有人主张,计算时公式的分母使用平均投资额,这样计算的结果可能会提高1倍,但不改变方案的优先次序。

2. 会计报酬率法的优缺点

会计报酬率法的优点是:第一,比较简单,容易计算;第二,使用已有的会计信息,所需要的资料通常可以取得;第三,考虑了整个项目寿命期的全部利润;第四,揭示了采纳一个项目后财务报表将如何变化,使经理人员知道业绩的预期,也便于项目的后评价。

会计报酬率法的缺点主要表现在:第一,它以会计收益而非现金流量为基础,并且没有考虑现金流入和流出发生的时间,忽略了货币的时间价值,即认为收益无论是在最后一年产生还是在第一年产生的效果相同;第二,目标收益率的确定具有主观任意性,如何才能确定一个合理的目标收益率,往往因人而异,没有一个公认的标准;第三,根据会计(账面)价值,而不是现金流量和市价,这往往使决策缺乏说服力。

三、互斥项目的选优问题

互斥项目,是指接受一个项目就必须放弃另一个项目的情况。通常,它们是为解决一个问题设计的两个备选方案。例如,为了生产一个新产品,可以选择进口设备,也可以选择国产设备,它们的使用寿命、购置价格和生产能力均不同。企业只需购买其中之一就可解决目前的问题,而不会同时购置。

面对互斥项目,仅仅评价哪一个项目方案可以接受是不够的,它们都有正的净现值。我们需要知道哪一个更好。如果一个项目方案的所有评价指标,包括净现值、内含报酬率、回收期和会计报酬率,均比另一个项目方案好一些,我们在选择时不会有什么困扰。问题是这些评价指标出现矛盾时,尤其是评价的基本指标净现值和内含报酬率出现矛盾时,我们该如何选择。

评价指标出现矛盾的原因主要有两种:一是投资额不同;二是项目寿命不同。如果是投资额不同引起的(项目的寿命相同),对于互斥项目应当净现值法优先,因为它可以给股东带来更多的财富。股东需要的是实实在在的报酬,而不是报酬的比率。如果净现值与内含报酬率的矛盾是项目有效期不同引起的,我们有两种解决方法,一个是共同年限法,另一个是等额年金法。

(一)共同年限法

如果两个投资项目不仅投资额不同,而且项目期限也不同,则其净现值没有可比性。例如,一个投资项目5年创造了较少的净现值,另一个投资项目8年创造了较多的净现值,后者的盈利性不一定比前者好。

共同年限法的原理是:假设投资项目可以在终止时进行重置,通过重置使两个项目达到相同的年限,然后比较其净现值。该方法也被称为重置价值链法。

【例4-17】假设公司资本成本是10%,有甲和乙两个互斥的投资项目。甲项目的年限为6年,净现值为12 441万元,内含报酬率为19.73%;乙项目的年限为3年,净现值为8 323万元,内含报酬率为32.67%。两个指标的评价结论有矛盾,甲项目净现值大,乙项目内含报酬率高。此时,如果认为净现值法更可靠,甲项目一定比乙项目好,其实是不对的。

我们用共同年限法进行分析:假设乙项目终止时可以进行重置一次,该项目的期限就延长到了6年,与甲项目相同。两个项目的现金净流量分布如表4-4所示。其中重置乙项目第3年年末的净现金流量-5 800万元是重置初始投资-17 800万元与第一期项目第三年末现金流入12 000万元的合计。经计算,重置乙项目的净现值为14 576万元。因此乙项目优于甲项目。

表4-4　项目的现金净流量分布

项目		甲		乙		重置乙	
时间	折现系数	现金净流量/万元	现值/万元	现金净流量/万元	现值/万元	现金净流量/万元	现值/万元
0	1	−40 000	−40 000	−17 800	−17 800	−17 800	−17 800
1	0.909 1	13 000	11 818	7 000	6 364	7 000	6 364
2	0.826 4	8 000	6 611	13 000	10 743	13 000	10 743
3	0.751 3	14 000	10 518	12 000	9 016	−5 800	−4 358
4	0.683 0	12 000	8 196			7 000	4 781
5	0.620 9	11 000	6 830			13 000	8 072
6	0.564 5	15 000	8 468			12 000	6 774
净现值		12 441		8 323		14 576	
内含报酬率		19.73%		32.64%			

共同年限法有一个缺点:共同比较期的时间可能很长,例如,一个项目7年,另一个项目9年,就需要以63年为共同比较期。用计算机,不担心长期限分析带来的巨大计算量,真正的问题来自预计60多年后的现金流量。对预计未来遥远的数据,其准确性必然大打折扣,尤其是重置时的原始投资,因技术进步和通货膨胀几乎总会发生变化,这就更加难以估计。

(二)等额年金法

投资项目的未来现金净流量与原始投资额的差额,构成该项目的现金净流量总额。项目期间内全部现金净流量总额的总现值或总终值折算为等额年金的平均现金净流量,称为等额年金。

等额年金的计算公式为

$$等额年金 = \frac{现金净流量总现值}{年金现值系数}$$

$$等额年金 = \frac{现金净流量总终值}{年金终值系数}$$

与净现值指标一样,年金净流量指标大于零,说明每年平均的现金流入能抵补现金流出,投资项目的净现值(或净终值)大于零,方案的报酬率大于所要求的报酬率,方案可行。在两个以上寿命期不同的投资方案比较时,年金净流量越大,方案越好。

等额年金法是用于年限不同项目比较的另一种方法。它比共同年限法要简单。其计算步骤如下:①计算两个项目的净现值;②计算净现值的等额年金额;③假设项目可以无限重置,并且每次都在该项目的终止期,等额年金的资本化就是项目的净现值。

依据例 4 - 17 数据:

甲项目的净现值 = 12 441(万元)

甲项目净现值的等额年金 = 12 441/4.355 3 = 2 857(万元)

甲项目的永续净现值 = 2 857/10% = 28 570(万元)

乙项目的净现值 = 8 323(万元)

乙项目净现值的等额年金 = 8 323/2.486 9 = 3 347(万元)

乙项目的永续净现值 = 3 347/10% = 33 470(万元)

比较永续净现值,乙项目优于甲项目,结论与共同年限法相同。

其实,等额年金法的最后一步即永续净现值的计算,并非总是必要的。在资本成本相同时,等额年金大的项目永续净现值肯定大,根据等额年金大小就可以直接判断项目的优劣。

以上两种分析方法的区别在于:共同年限法比较直观,易于理解,但是预计现金流的工作很困难;等额年金法应用简单,但不便于理解。

两种方法存在共同的缺点:①有的领域技术进步快,目前就可以预期升级换代不可避免,不可能原样复制;②如果通货膨胀比较严重,必须考虑重置成本的上升,这是一个非常具有挑战性的任务,对此两种方法都没有考虑;③从长期来看,竞争会使项目净利润下降,甚至被淘汰,对此分析时没有考虑。

通常在实务中,只有重置概率很高的项目才适宜采用上述分析方法。对于预计项目年限差别不大的项目,例如,8 年期限和 10 年期限的项目,直接比较净现值,不需要做重置现金流的分析,因为预计现金流量和资本成本的误差比年限差别还大。预计项目的有效年限本来就很困难,技术进步和竞争随时会缩短一个项目的经济年限,不断的维修和改进也会延长项目的有效年限。有经验的分析人员,历来不重视 10 年以后的数据,因为其现值已经很小,往往直接舍去 10 年以上的数据,只进行 10 年内的重置现金流量分析。

四、固定资产的更新决策

固定资产反映了企业的生产经营能力,固定资产更新决策是项目投资决策的重要组成部分。从决策性质上看,固定资产更新决策属于互斥投资方案的决策类型。因此,固定资产更新决策所采用的决策方法是净现值法和年金净流量法,一般不采用内含报酬率法。

(一)寿命期相同的设备重置决策

一般来说,用新设备来替换旧设备如果不改变企业的生产能力,就不会增加企业的营业收入,即使有少量的残值变价收入,也不是实质性的收入增加。因此,大部分以旧换新进行的设备重置都属于替换重置。在替换重置方案中,所发生的现金流量主要是现金流出量。如果购入的新设备性能提高,扩大了企业的生产能力,这种设备重置属于扩建重置。

【例4-18】甲公司现有一台旧设备是4年前购置的,目前计划用一新设备替代。该公司所得税税率为25%,资本成本率为10%,其余资料如表4-5所示。

表4-5 新旧设备资料

项目	旧设备	新设备
原价/元	90 000	100 000
税法残值/元	4 000	5 000
税法使用年限/年	8	5
已使用年限/年	4	0
尚可使用年限/年	5	5
垫支营运资金/元	10 000	2 000
大修理支出/元	15 000(第2年年末)	10 000(第3年年末)
每年折旧费(直线法)/元	10 750	19 000
每年营运成本/元	12 000	4 000
目前变现价值/元	40 000	100 000
最终报废残值/元	5 000	7 000

本例中,两台设备的尚可使用年限均为5年,可采用净现值法决策。将两个方案的有关现金流量资料整理后,列出分析表,见表4-6和表4-7。

表4-6 保留旧设备方案

项目	现金流量/元	年数	现值系数	现值/元
①目前变价收入	(40 000)	0	1	(40 000)
②变现净损失减税	(40 000-47 000)×25%=(1 750)	0	1	(1 750)
③垫支营运资金	(10 000)	0	1	(10 000)
④每年营运成本	12 000×(1-25%)=(9 000)	1~5	3.790 8	(34 117.2)
⑤每年折旧抵税	10 750×25%=2 687.5	1~4	3.169 9	8 519.1
⑥大修理费用	15 000×(1-25%)=(11 250)	2	0.826 4	(9 297)
⑦残值变价收入	5 000	5	0.620 9	3 104.5
⑧残值净收益纳税	(5 000-4 000)×25%=(250)	5	0.620 9	(155.2)
⑨营运资金回收	10 000	5	0.620 9	6 209
⑩净现值	—	—	—	(77 486.8)

表 4 - 7 购买新设备方案

项目	现金流量/元	年数	现值系数	现值/元
①设备投资	（100 000）	0	1	（100 000）
②垫支营运资金	（2 000）	0	1	（2 000）
③每年营运成本	4 000×（1－25%）=（3 000）	1～5	3.790 8	（11 372.4）
④每年折旧抵税	19 000×25%=4 750	1～5	3.790 8	18 006.3
⑤大修理费用	10 000×（1－25%）=（7 500）	3	0.751 3	（5 634.8）
⑥残值变价收入	7 000	5	0.620 9	4 346.3
⑦残值净收益纳税	（7 000－5 000）×25%=（500）	5	0.620 9	（310.5）
⑧营运资金回收	2 000	5	0.620 9	1 241.8
⑨净现值	—	—	—	（95 723.3）

表 4 - 6 和表 4 - 7 结果说明：在两个方案营业收入一致的情况下，购买新设备现金流出总现值为 95 723.3 元，继续使用旧设备现金流出总现值为 77 486.8 元。因此，继续使用旧设备比较经济。本例中有几个特殊问题应注意：

（1）两台设备尚可使用年限相等，均为 5 年。如果年限不等，就不能使用净现值法决策。另外，新设备购入后并未扩大企业营业收入。

（2）垫支营运资金时，尽管是现金流出，但不是本期成本费用，不存在纳税调整问题。营运资金收回时，按存货等资产账面价值出售，无出售净收益，也不存在纳税调整问题。如果营运资金收回时，存货等资产变价收入与账面价值不一致，需要进行纳税调整。

（二）寿命期不同的设备重置方案

寿命期不同的设备重置方案，用净现值指标可能无法得出正确决策结果，应当采用年金净流量法决策。寿命期不同的设备重置方案，在决策时有如下特点：

第一，扩建重置的设备更新后会引起营业现金流入与流出的变动，应考虑年金净流量最大的方案。替换重置的设备更新一般不改变生产能力，营业现金流入不会增加。只需比较各方案的年金流出量即可，年金流出量最小的方案最优。

第二，如果不考虑各方案的营业现金流入量变动，只比较各方案的现金流出量，我们把按年金净流量原理计算的等额年金流出量称为年金成本。替换重置方案的决策标准，是要求年金成本最低。扩建重置方案所增加或减少的营业现金流入也可以作为现金流出量的抵减，并据此比较各方案的年金成本。

第三，设备重置方案运用年金成本方式决策时，应考虑的现金流量主要有：①新旧设备目前的市场价值。对于新设备而言，目前市场价值就是新设备的购价，即原始投资额；对于旧设备而言，目前市场价值就是旧设备的重置成本或变现价值。②新旧设备残值变价收入。残值变价收入应作为现金流出的抵减。残值变价收入现值与原始投资额的差额，称为投资净额。③新旧设备的年营运成本，即年付现成本。如果考虑每年的营业现金流入，应作为每年营运成本的抵减。

【例 4-19】接例 4-18,假定其他条件不变,新设备的使用年限为 10 年,则新设备每年的折旧额为 9 500 元,则继续使用旧设备的年金成本=77 486.8/(P/A,10%,5)=20 440.8(元)。

表 4-8 为购买新设备方案。

表 4-8 购买新设备方案

项目	现金流量/元	年数	现值系数	现值/元
①设备投资	(100 000)	0	1	(100 000)
②垫支营运资金	(2 000)	0	1	(2 000)
③每年营运成本	4 000×(1-25%)=(3 000)	1～10	6.144 6	(18 433.8)
④每年折旧抵税	9 500×25%=2 375	1～10	6.144 6	14 593.4
⑤大修理费用	10 000×(1-25%)=(7 500)	3	0.751 3	(5 634.8)
⑥残值变价收入	7 000	10	0.385 5	2 698.5
⑦残值净收益纳税	(7 000-5 000)×25%=(500)	10	0.385 5	(192.8)
⑧营运资金回收	2 000	10	0.385 5	771
⑨净现值	—	—	—	(108 198.5)
⑩年金成本	—	10	6.144 6	(17 608.7)

计算结果说明:在两个方案营业收入一致的情况下,购买新设备的年金成本为 17 608.7 元,继续使用旧设备的年金成本为 20 440.8 元。因此,购买新设备比较经济。

本章小结

项目投资是企业所要面对的主要的投资类型,其对企业的生产经营有决定性的影响。本章主要阐述了项目投资现金流量的内容和净现金流量的计算,以及项目投资决策评价的方法。当企业需要对单个独立方案进行决策时可采取净现值法、投资回收期法和会计报酬率法等方法。但在实践操作过程中,企业可能还会面对多个互斥方案的比较决策以及固定资产更新改造的决策,这时就需要采用净现值法、共同年限法、等额年金法等方法进行决策。

思考与练习

1.某企业计划开发一个新项目,该项目的寿命期为 5 年,需投资固定资产 120 000 元,需垫支营运资金 100 000 元,5 年后可收回固定资产残值为 15 000 元,用直线法计提折旧。投产后,预计每年的销售收入可达 120 000 元,相关的直接材料和直接人工等变动成本为 64 000 元,每年的设备维修费为 5 000 元。该公司要求的最低投资收益率为 10%,适用的所得税税率为 25%。

要求:

(1)计算净现值,并利用净现值法对是否开发该项目做出决策。

(2)计算现值指数,并用现值指数法对是否开发该项目做出决策。

(3)计算内含报酬率,并利用内含报酬率法对是否开发该项目做出决策。

(4)根据上面的决策结果,说明对于单一项目,应该选择哪一种指标。

2. 某企业拟进行一项固定资产投资,资本成本率为 6%,该项目的现金流量表(部分)如表 4-9 所示。

表 4-9 现金流量表(部分)

单位:万元

项目	投资期		营业期					合计
	0	1	2	3	4	5	6	
现金净流量	−1 000	−1 000	100	1 000	(B)	1 000	1 000	2 900
累计现金流量	−1 000	−2 000	−1 900	(A)	900	1 900	2 900	—
现金净流量现值	−1 000	−943.4	(C)	839.6	1 425.8	747.3	705	1 863.3
现金净流量现值累计值	−1 000	−1 943.4	−1 854.4	−1 014.8	(D)	1 158.3	1 863.3	—

要求:

(1)计算表 4-9 中用英文字母表示的数值。

(2)计算或确定下列指标:①原始投资额现值;②净现值;③年金净流量;④现值指数;⑤静态回收期;⑥动态回收期。

(3)利用年金净流量指标评价该项目的财务可行性。

3. 某企业拟更新原设备,新旧设备的详细资料如表 4-10 所示。

表 4-10 新旧设备资料

项目	旧设备	新设备
原价/元	60 000	80 000
税法规定残值/元	6 000	8 000
规定使用年数/年	6	4
已使用年数/年	3	0
尚可使用年数/年	3	4
每年操作成本/元	7 000	5 000
最终报废残值/元	8 000	7 000
现行市价/元	20 000	80 000
每年折旧/元	9 000	18 000

已知所得税税率为 25%,企业最低报酬率为 10%。

要求:请分析一下该企业是否应更新设备。

4. 某公司决定新购置一台设备,现在市面上有甲、乙两种品牌可供选择,相比之下,乙设备比较便宜,但寿命较短。两种设备的现金净流量预测如表 4-11 所示。

表 4-11　甲、乙两种设备的现金净流量预测　　　　　　　　　　单位:元

t	0	1	2	3	4	5	6
甲	−40 000	8 000	14 000	13 000	12 000	11 000	10 000
乙	−20 000	7 000	13 000	12 000			

该公司要求的最低投资收益率为 12%。(现值系数取三位小数,如表 4-12 所示,计算结果保留两位小数)

表 4-12　现值系数

期数	1	2	3	4	5	6
$(P/F,12\%,n)$	0.893	0.797	0.712	0.636	0.567	0.507
$(P/A,12\%,n)$	—	—	2.402	—	—	4.111

要求:

(1)计算甲、乙设备的净现值。

(2)计算甲、乙设备的年金净流量。

(3)为该公司购买何种设备做出决策并说明理由。

即测即评

即测即评

第五章
证券投资管理

学习目标

1. 了解证券投资的目的、特点、种类与基本程序；
2. 理解债券、股票投资的特点；
3. 掌握债券、股票的估价及投资收益率的计算方法，以及各种投资的决策。

教学大纲　　扩展阅读及案例解析

引导案例

中国证券传奇人物——杨百万

杨百万，原名杨怀定，生于 1950 年，原上海铁合金厂职工，被誉为"中国第一股民""平民金融家"，中国证券市场的最早参与者、实践者和见证者。

1988 年，他投身证券交易市场，大量购买被市场忽略的国库券，赚取其人生第一桶金，正式成名。1989 年 7 月，他顺应国家的宏观调控，能人所不能，依然将全部身家投入股市，赶上了 1990 年股市狂涨的大潮，两年内资金翻倍。1992 年年初，杨百万预见股票市场即将由盛转衰，在股票升至 1 400 点时，抛售股票，转投证券。就在杨百万将手中股票刚刚抛售完，大盘急跌 900 多点，很多人血本无归，杨百万成功地避免了风险，声名鹊起。但杨百万在出名的同时，并没有得意忘形，他将闲暇的时间全部投入学习中，不仅买股市操作的书，买国库券交易方面的书，而且订了大大小小 118 份报纸。他说："我的事业，就是从报纸开始的，它使我掌握了股票操作的完备技巧和第一手的市场资料。"

1994 年，杨百万被某高校聘为金融学教授，每个月 160 元工资，他高兴又自信地接受了聘请（但这 160 元工资他又委托高校捐赠给了希望工程）。他觉得，有必要把自己的成功经验分享给有需要的人。一个初中文化的人，通过自己的努力获得了财富和声名的双丰收。

2000 年 10 月，杨怀定来到北京大学光华管理学院最大的教室——101 教室讲学，为研究生讲授证券市场的理念和实务。至此，杨百万在股市上不仅收获了财富和知识，而且收获了此前未曾预料到的荣誉，在很高的层次上实现了自己的人生价值。

启示：

一个只有初中文化的人，由下岗工人到百万富翁、大学金融教授。杨百万的成功源于什么？对你有何启示？

第一节　证券投资概述

在市场经济条件下,证券投资是企业投资的一个重要方面,它对于提高企业收益、降低企业风险有十分重要的意义。企业在生产经营过程中,有时会出现资金短缺,但有时也会出现资金闲置,这时企业就要认真寻找对外投资机会。显然,证券投资是最重要的对外投资机会。有效的证券投资能使企业收益增加,并增加其总价值。现代企业资产管理的一项重要原则是使资产分散化,降低风险,或把风险控制在一定限度内。所谓资产分散化是指企业不将全部资金投资于单一项目上,而同时经营几个项目。证券投资为企业实现经营多元化开辟了途径。保持资产的流动性是增强企业偿债能力的一条重要途径,也是现代企业经营的一项重要原则。资产流动性的强弱是衡量企业安全性的主要指标之一。在企业的资产中,除现金外,企业证券投资的流动性最强。所以,证券投资能提高企业资产的流动性,增强企业的偿债能力。

证券(securities)是指票面载有一定金额,代表财产所有权或债权,可以有偿转让的凭证。证券资产是企业进行金融投资所形成的资产。证券投资不同于项目投资。项目投资的对象是实体性经营资产,经营资产是直接为企业生产经营服务的资产,如固定资产、无形资产等,它们往往是一种服务能力递减的消耗性资产。证券投资的对象是金融资产,金融资产是一种以凭证、票据或者合同、合约形式存在的权利性资产,如股票、债券及其衍生证券等。

一、证券投资的目的

证券投资是企业通过购买证券的方式进行的对外投资。

(一)短期证券投资的目的

短期证券投资是指通过对外直接购买有价证券,进行短期证券投资,以获取一定的收益,待将来需要现金时,再将有价证券出售。通常企业进行短期证券投资主要出于以下目的:

1.作为现金的替代品

企业在生产经营过程中,应该拥有一定数量的现金,以满足日常经营的需要,但是现金这种资产不能给企业带来效益,现金余额过多是一种浪费。因此,企业可以利用闲置的资金进行短期证券投资,以获取一定的收益。当企业某一时期的现金流出量超过流入量时,可以随时出售证券,以取得经营所需的现金。这样短期证券投资实际上就成为现金的替代品,它既能满足企业对现金的需要,又能在一定程度上增加企业的收益。

2.出于投机的目的

有时企业进行短期证券投资完全是出于投机的目的,以期获取较高的收益。"投机"一词在中国似有贬义,而在西方的经济学中,是用以表述通过预期市场行情的变化而赚取收益的经济行为,是中性词。可以说投机与证券市场是不可分割的,有证券市场必然有证券投机。有的企业为了获取投机利润,也会进行证券投机。因此这种短期证券投资,从表面上看是一种投资活动,但其实质是一种投机行为。企业出于投机的目的进行证券投资时,一般风险较大,应当用企业较长时期闲置不用的资金进行投资,且必须要控制风险,不能因此而损伤企业整体的利益。

3.满足企业未来的财务需求

有时企业为了将来要进行的长期投资,或者将来要偿还债务,或者因为季节性经营等原因,会将目前闲置不用的现金用于购买有价证券,进行短期证券投资,以获取一定的收益,待将来需要现金时,再将有价证券出售。这种短期证券投资实际上是为了满足企业未来对现金的需求目的。

(二)长期证券投资的目的

长期证券投资是指通过购买不准备在一年之内变现的有价证券而进行的对外投资。长期证券投资一般占用的资金量较大,对企业具有深远的影响。通常企业进行长期证券投资主要出于以下目的:

1. 为了获取较高的投资收益

有的企业可能拥有大量闲置的现金,而本企业在较长的时期内没有大量的现金支出,也没有盈利较高的投资项目。因此,就可以利用这笔资金进行长期证券投资。这样,可以充分利用闲置的资金,获取较高的投资收益。

2. 为了对被投资企业取得控制权

有时企业从长远的利益考虑,要求控制某一企业,这时就应对其进行长期证券投资,取得对该企业的控制权。通常这种投资都是股权性投资,通过购买被投资企业的股票实现。例如,A公司欲取得其主要的材料供应商B公司长期稳定的材料供应,就可以购买B公司的股票,并取得对B公司的控制权。

二、证券投资的特点

无论是实物资产投资,还是证券投资,都是以营利为目的,即都以投资的盈利性与风险性相比较为基础进行决策。但由于其投资对象的不同,决定了两者具有完全不同的特点。证券投资与实物资产投资比较而言,具有以下特点。

(一)可分割性

实物资产投资具有整体性要求,亦如投资者不可能建造一半的厂房,购买三分之二台设备,或准备生产经营活动所需的二分之一的存货,否则,企业正常的生产经营活动就会受到影响。而证券投资则具有可分割性的特点,具体表现为:任何一个证券发行公司都将其总股本按等额的形式划分为若干股份,由此决定了任何一个投资者都可以根据自己的意愿购买其中某一百分比的股份,而不必一定要百分之百地持股。由此,在对证券投资的效益进行分析时,不必考虑规模经济问题。

(二)强流动性

证券资产具有很强的流动性,其流动性表现在:①变现能力强。证券资产往往都是上市证券,一般都有活跃的交易市场可供及时转让。②持有目的可以相互转换。当企业急需现金时,可以立即将为其他目的而持有的证券资产变现。证券资产本身的变现能力虽然较强,但其实际周转速度取决于企业对证券资产的持有目的。作为长期投资的形式,企业持有的证券资产周转一次一般都会经历一个会计年度以上。

(三)相容性

实物资产的不可分割性,决定了在一定量的资金条件下,各投资项目之间往往因资金量的约束而具有相互排斥的性质。投资者不可能同时投资于各投资项目,而必须借助于净现值、内含报酬率等经济评价指标对各投资项目进行优化选择。然而,证券资产的可分割性,决定了证券具有相容性,即投资者可以同时购买几种或多种金融证券,而不必依据个别证券的净现值和内部收益率进行择优决策。故证券投资可以忽略考虑投资额的大小问题。

（四）价值虚拟性

证券资产不能脱离实体资产而完全独立存在，但证券资产的价值不完全由实体资本的现实生产经营活动决定，而取决于契约性权利所能带来的未来现金流量，是一种未来现金流量折现的资本化价值。如债券投资代表的是未来按合同规定收取债息和收回本金的权利，股票投资代表的是对发行股票企业的经营控制权、财务控制权、收益分配权、剩余财产追索权等股东权利。证券资产的服务能力在于它能带来未来的现金流量，按未来现金流量折现即资本化价值是证券资产价值的统一表达。

（五）高风险性

证券资产是一种虚拟资产，决定了金融投资受公司风险和市场风险的双重影响，不仅发行证券资产的公司业绩影响着证券资产投资的报酬率，资本市场的平均报酬率变化也会给金融投资带来直接的市场风险。

由此可见，证券投资中现金流量的时间因素和数量因素并不重要，重要的是各证券之间的相关性，以及风险、报酬及其相互关系问题，企业可以依据风险与报酬的比较，实现证券投资的优化选择。

三、证券投资的种类

金融市场上的证券很多，证券投资按其投资的对象不同，可分为以下几种。

（一）债券投资（bond investment）

债券投资是指投资者购买债券以取得资金收益的一种投资活动。企业将资金投向各种债券，例如，企业购买国库券、公司债券和短期筹资券等都属于债券投资。与股票投资相比，债券投资能获得稳定收益，投资风险较低，收益相对较低。当然，投资于一些期限长、信用等级低的债券，也会承担较大风险。

（二）股票投资（stock investment）

股票投资是指投资者将资金投向于股票，通过股票的买卖获取收益的投资行为。根据股票的性质不同，股票投资可分为优先股股票投资和普通股股票投资。企业投资于股票，尤其是投资于普通股票，要承担较大风险，但在通常情况下，也会取得较高收益。

（三）基金投资（fund investment）

基金投资是指投资者通过购买投资基金股份或受益凭证来获取收益的投资方式。这种方式可使投资者享受专家服务，有利于分散风险，获得较大投资收益。

（四）期货投资（futures investment）

期货投资是指投资者通过买卖期货合约躲避价格风险或赚取利润的一种投资方式。所谓期货合约是指为在将来一定时期以指定价格买卖一定数量和质量的商品而由商品交易所制定的统一的标准合约，它是确定期货交易关系的一种契约，是期货市场的交易对象。期货投资可以分为商品期货投资和金融期货投资。

一般期货投资有两种方式：①套期交易，也称套期保值；②投机性交易。随着商品经济的发展，期货投资已成为一种重要的投资方式，并在许多国家和地区都得到了普遍、迅速的发展。

与其他投资方式相比,期货投资具有以下一些特点:①期货投资采取交纳保证金的形式,所需资金少、见效快、方便灵活;②期货投资的对象是标准期货合约,对于交易商品的质量和数量、交易地点、方式、环境等都有严格的限制;③期货投资在多数情况下根本无须进行商品的实际交割,而是经过"对冲",进行差额结算;④期货投资可以转移价格波动的风险,起到套期保值的作用,并有利于推动市场竞争,形成商品价格;⑤期货投资具有较大的投机性,且易发生欺诈行为,因此受到严格的法律和规则限制。

(五)期权投资(options investment)

期权投资是指为了实现盈利或避免风险而进行期权买卖的一种投资方式。根据期权买进卖出的性质划分,期权可分为看涨期权、看跌期权和双向期权;根据期权合同买卖的对象划分,期权又可分为商品期权、股票期权、债券期权、期货期权等。

期权投资与期货投资作为两种投资方式,在交易投资方法、特点与作用上都有着许多相似之处,如两者都有套期交易和投机性交易两种方式,都具有套期保值的作用等。然而期权投资同期货投资相比,还具有一些自身的特点,主要表现为:①期权投资买卖的是一种特殊权利,而不是一定要履行合同。投资者在支付期权费、购买期权合同之后,便获得了买或卖的选择权,即可自行决定是否行使该项权利。②期权投资的风险小于期货投资,期权投资者的损失仅限于期权费。③期权投资可在交易所内进行,也可在场外进行。④由于期权合同投资者可以放弃权利,因此其需要真正进行商品交割的比率很低。⑤期权投资可以双向操作,因此其规避风险的范围比期货投资更广泛。

(六)证券组合投资(portfolio investment)

证券组合投资是指企业将资金同时投资于多种证券,例如,既投资于企业债券,也投资于企业股票,还投资于基金。组合投资可以有效地分散证券投资风险,是企业等法人单位进行证券投资时常用的投资方式。

四、证券投资的程序

在一个拥有成熟、发达的证券市场的社会里,进行证券投资是非常简便易行的。通过证券市场,投资人可以获取投资的各种信息,在各个行业、各种类型的企业中选择投资对象,并能快捷、方便地进行投资,甚至不必与被投资企业进行协商。因此,证券投资是受众多企业欢迎的一种投资方式。但是,进行证券投资也必须要遵循特定的程序。

企业在进行证券投资时,一般应按下面的基本程序进行。

(一)选择合适的投资对象

企业进行证券投资首先要选择合适的投资对象,即选择投资于何种证券,投资于哪家企业的证券。投资对象的选择是证券投资最关键的一步,它关系到投资的成败。投资对象选择得好,可以更好地实现投资的目标;投资对象选择得不好,就有可能使投资蒙受损失。

企业在选择证券投资对象时,必须要结合自己的投资目的进行选择,一般来说,短期投资应特别重视投资的安全性和流动性,以便能够随时变现,安全地收回资金。因此,短期投资可以选择信用等级较高、流动性较强的债券进行投资。长期投资则更重视投资的安全性和收益性,以期在较长的时期内获取更大的投资回报,因此,长期投资大多进行股票投资,以求长期稳定地对某一企业进行控股。

（二）确定合适的证券买入价格

证券的价格受各种因素的影响，通常变化较大，尤其股票的价格更是变化无常，人们常把股市比作政治经济的"晴雨表"，一个国家乃至国际上的任何风吹草动都会反映在股票价格上。证券投资的买入价格是证券投资成本的主要组成部分，直接关系到投资的收益与风险。购买证券的价格如果过高，就会增加投资的风险，减少投资收益。有时即使选择的证券种类是正确的，但因买入价格太高，这种投资决策也是错误的。买入价格的确定是证券投资决策的一个重要方面，需要结合各种因素进行分析。实际上确定证券的买入价格，也是确定证券的买入时间。股市上有句话"选股不如选时"，这充分说明了买入时点的重要性。

（三）委托买卖并发出委托投资指示

投资者在选定投资于何种证券并确定了买入价格之后，就可以选择合适的证券经纪人，委托其买卖证券。在证券市场上，一般的投资者都通过证券经纪人来买卖证券，这主要是为了节省时间，降低成本费用。在选定证券经纪人之后，投资者要在证券经纪人那里实名开立账户，并确立委托证券买卖的关系。企业在证券经纪人开立的账户一般有现金账户和保证金账户两种。开立现金账户的投资者必须先在账户中存入足够的现金，购买证券时，从该账户中支付价款。开立保证金账户的投资者只需在账户中存入规定的保证金，购买证券时只支付一定比例的价款，其余部分由证券经纪人暂时垫付，投资者须支付利息。

（四）进行证券交割和清算

投资者在委托证券经纪人买卖各种证券之后，就要及时办理证券交割。所谓证券交割，是指买入证券方交付价款领取证券，卖出证券方交出证券收取价款的收交活动。证券交割时间的长短是由证券交易系统的技术先进程度所决定的，目前的证券交易多采用计算机联网系统，所以证券交割的时间都较短，一般在证券成交的第二个工作日即可办理证券交割。

投资者在证券交割过程中并不是逐笔进行的，一般均采用清算制度，即将投资者证券买卖的数量、金额相互抵销，然后就其抵销后的净额进行交割。这种抵销买卖金额，只支付其净额的办法就是清算制度。实行清算制度，可以减少实际交割的证券数量，以节省人力物力。

（五）办理证券过户

证券过户就是投资者从交易市场买进证券后，到证券的发行公司办理变更持有人姓名的手续。证券过户一般只限于记名股票，办理过户的目的是为了保障投资者的权益。只有及时办理过户手续，才能成为新股东，享有应有的权利。因此，投资者购进股票后，应及时办理证券过户手续。只有在过户以后，证券交易的整个过程才算是最终结束。

办理证券过户的具体手续是：投资者持购进股票成交单、身份证和本人印章到发行公司或证券交易所申请过户。如果投资者是公司的原始股东则过户只在原卡上进行即可；如果投资者不是公司的原始股东，则应登记股东印鉴卡，填写股东姓名、地址和身份证号码，并加盖印章，以便发行公司留底存档与其保持联系。

五、证券投资的风险

由于证券资产的市价波动频繁，证券投资的风险往往较大。获取投资收益是证券投资的主要目的，证券投资的风险是指投资者无法获得预期投资收益的可能性。按风险性质划分，证券投资的风险分为系统性风险和非系统性风险两大类别。

（一）系统性风险

证券投资的系统性风险，是指由于外部经济环境因素变化引起整个资本市场不确定性加强，从而对所有证券都产生影响的共同性风险。系统性风险影响到资本市场上的所有证券，无法通过投资多元化的组合而加以避免，也称为不可分散风险。

系统性风险波及所有证券资产，最终会反映在资本市场平均利率的提高上，所有的系统性风险几乎都可以归结为利率风险。利率风险是指由于市场利率变动引起证券资产价值变化的可能性。市场利率反映了社会平均报酬率，投资者对证券资产投资报酬率的预期总是在市场利率基础上进行的，只有当证券资产投资报酬率大于市场利率时，证券资产的价值才会高于其市场价格。一旦市场利率提高，就会引起证券资产价值的下降，投资者就不易得到超过社会平均报酬率的超额报酬。市场利率的变动会造成证券资产价格的普遍波动，两者呈反向变化：市场利率上升，证券资产价格下跌；市场利率下降，证券资产价格上升。

系统性风险主要包括以下几种。

1.价格风险

价格风险是指由于市场利率上升，而使证券资产价格普遍下跌的可能性。价格风险来自资本市场买卖双方资本供求关系的不平衡。资本需求量增加，市场利率上升；资本供应量增加，市场利率下降。

资本需求量增加，引起市场利率上升，也意味着证券资产发行量的增加，引起整个资本市场所有证券资产价格的普遍下降。需要说明的是，这里的证券资产价格波动并不是指证券资产发行者的经营业绩变化而引起的个别证券资产的价格波动，而是由于资本供求关系引起的全部证券资产的价格波动。

当证券资产持有期间的市场利率上升时，证券资产价格就会下跌，证券资产期限越长，投资者遭受的损失越大。到期风险附加率，就是对投资者承担利率变动风险的一种补偿，期限越长的证券资产，要求的到期风险附加率就越大。

2.再投资风险

再投资风险是由于市场利率下降而造成的无法通过再投资实现预期收益的可能性。根据流动性偏好理论，长期证券资产的报酬率应当高于短期证券资产，这是因为：①期限越长，不确定性就越强。证券资产投资者一般喜欢持有短期证券资产，因为它们较易变现而收回本金。因此，投资者愿意接受短期证券资产的低报酬率。②证券资产发行者一般喜欢发行长期证券资产，因为长期证券资产可以筹集到长期资金，而不必经常面临筹集不到资金的困境。因此，证券资产发行者愿意为长期证券资产支付较高的报酬。

为了避免市场利率上升的价格风险，投资者可能会投资于短期证券资产，但短期证券资产又会面临市场利率下降的再投资风险，即无法按预定报酬率进行再投资而实现所要求的预期收益。

3.购买力风险

购买力风险是指由于通货膨胀而使货币购买力下降的可能性。在持续而剧烈的物价波动环境下，货币性资产会产生购买力损益：当物价持续上涨时，货币性资产会遭受购买力损失；当物价持续下跌时，货币性资产会带来购买力收益。

证券资产是一种货币性资产，通货膨胀会使证券资产投资的本金和收益贬值，名义报酬率不变而实际报酬率降低。购买力风险对具有收款权利性质的资产影响很大，债券投资的购买力风险远大于股票投资。如果通货膨胀长期延续,投资人会把资本投向实体性资产以求保值,对证券资产的需求量减少,引起证券资产价格下跌。

(二)非系统性风险

证券资产的非系统性风险,是指由特定经营环境或特定事件变化引起的不确定性,从而对个别证券资产产生影响的特有风险。非系统性风险源于每个公司自身特有的经营活动和财务活动,与某个具体的证券资产相关联,同整个证券资产市场无关。非系统性风险可以通过持有证券资产的多元化来抵消,也称为可分散风险。

非系统性风险是公司特有风险,从公司内部管理的角度考察,公司特有风险的主要表现形式是公司经营风险和财务风险。从公司外部的证券资产市场投资者的角度考察,公司经营风险和财务风险的特征无法明确区分,公司特有风险是以违约风险、变现风险、破产风险等形式表现出来的。

1.违约风险

违约风险是指证券资产发行者无法按时兑付证券资产利息和偿还本金的可能性。有价证券资产本身就是一种契约性权利资产,经济合同的任何一方违约都会给另一方造成损失。违约风险是投资于收益固定型有价证券资产的投资者经常面临的风险,多发生于债券投资中。违约风险产生的原因可能是证券发行公司产品经销不善,也可能是公司现金周转不灵等。

2.变现风险

变现风险是指证券资产持有者无法在市场上以正常的价格平仓出货的可能性。持有证券资产的投资者,可能会在证券资产持有期限内出售现有证券资产而投资于另一项目,但在短期内找不到愿意出合理价格的买主,投资者就会丧失新的投资机会或面临降价出售的损失。在同一证券资产市场上,各种有价证券资产的变现能力是不同的,交易越频繁的证券资产,其变现能力越强。

3.破产风险

破产风险是指在证券资产发行者破产清算时投资者无法收回应得权益的可能性。当证券资产发行者由于经营管理不善而持续亏损、现金周转不畅而无力清偿债务或其他原因导致难以持续经营时,可能会申请破产保护。破产保护会导致债务清偿的豁免、有限责任的退资,使得投资者无法取得应得的投资收益,甚至无法收回投资的本金。

第二节　债券投资

债券投资是企业通过购入债券成为债券发行单位的债权人,并获取债券利息的投资行为。这种投资行为既可以在一级市场(发行市场)上进行,也可以在二级市场(交易市场)上进行;既可用于长期债券投资,又可用于短期债券投资。

一、债券的基本要素

债券是债权人依照法定程序发行,承诺按约定的利率和日期支付利息,并在特定日期偿还本金的书面债务凭证。一般而言,债券包括以下基本要素:

1.债券的面值

债券面值包括两个基本内容,即币种和票面金额。发行者可以根据资金市场情况和自身需要选择适合的币种。

2. 债券的期限

债券从发行日起至到期日之间的时间称为债券的期限,债券到期时必须还本付息。

3. 债券的票面利率

债券上标明的利率一般是年利率或固定利率,近年来也有浮动利率。债券面值和票面利率的乘积为年利息额。此外,也有的债券票面利率为零,债券持有期间不计利息,到期只要按面值偿还即可。

4. 债券的价格

从理论上看,债券的面值就是其价格,但由于资金供求关系、市场利率等因素的变化,债券的价格往往偏离其面值。正因为债券发行价格往往偏离面值,所以会出现溢价发行、折价发行等情况。

二、债券的估价

投资者在进行债券投资时,首先遇到的问题就是所选择的债券价值是多少,是否值得投资。债券估价就是对债券的价值进行的估算。债券价值实际表达了投资者为了获取投资收益当前愿意支付的价格,如果实际成交的价格低于或等于债券的价值,投资该债券就达到了投资者所要求的投资收益率。

债券价值的计算因计息方法的不同,可以有以下几种计算方法。

(一)债券估价的基本模型

典型的债券是固定利率、每年计算并支付利息、到期归还本金。按照这种模式估价的基本模型是

$$P = \frac{I_1}{(1+K)} + \frac{I_2}{(1+K)^2} + \cdots + \frac{I_n}{(1+K)^n} + \frac{M}{(1+K)^n}$$
$$= \sum_{t=1}^{n} \frac{I}{(1+K)^t} + \frac{M}{(1+K)^n}$$
$$= I \times (P/A, K, n) + M \times (P/F, K, n)$$

式中,P 为债券的内在价值;M 为债券面值;I 为债券每年的利息;K 为市场利率或投资者要求的必要收益率;n 为付息总期数。

【例5-1】某债券面值为1 000元,票面利率为8%,期限为5年。某企业拟对该债券进行投资,要求的必要收益率为10%,问该债券价值为多少?

$P = 1\,000 \times 8\% \times (P/A, 10\%, 5) + 1\,000 \times (P/F, 10\%, 5) = 80 \times 3.790\,8 + 1\,000 \times 0.620\,9 = 924.16$(元)

这种债券的价格必须低于或等于924.16元时,该企业才可以购买。

(二)到期一次还本付息且不计复利债券的估价模型

这种债券平时不支付利息,到期一次支付本金和利息且不计复利。我国很多债券都属于此种。其估价的计算公式为

$$P = \frac{M + M \times i \times n}{(1+K)^n} = (M + I \times n) \times (P/F, K, n)$$

【例5-2】某企业拟购买另一企业发行的债券,该债券面值为1 000元,期限为3年,票面利率为9%,到期一次还本付息。目前的市场利率为7%,该债券的投资价值应为多少?

$P=(1\ 000+1\ 000\times9\%\times3)\times(P/F,7\%,3)=1\ 270\times0.816\ 3=1\ 036.70(元)$

该债券的投资价值为 1 036.70 元。

(三)贴现债券的估价模型

有些债券以低于面值发行且没有票面利率,到期按面值偿还,被称为贴现债券。其估价模型为

$$P=\frac{M}{(1+K)^n}=M\times(P/F,K,n)$$

【例 5-3】某债券面值为 1 000 元,期限为 4 年,以贴现方式发行,期内不计利息,面值偿还,当前的市场利率为 10%,其发行价格为多少时,投资者才可以购买?

$P=1\ 000\times(P/F,10\%,4)=1\ 000\times0.683\ 0=683(元)$

该债券的发行价格只有低于或等于 683 元时,投资者才能购买。

以上计算表明,债券的价值就是其现值,而现值主要取决于当前的市场利率。在现金流量固定情况下,当市场利率等于票面利率时,债券的价值等于其面值;当市场利率高于票面利率时,债券价值将低于面值,并且随着市场利率的增加,债券价值将不断降低;当市场利率低于票面利率时,债券将增值,其价值将高于面值,并且随着市场利率的降低,债券价值将不断增加。

三、债券投资的收益率

投资债券的目的是到期收回本金的同时得到固定的利息。债券的收益水平通常用到期收益率来衡量。到期收益率是指以特定价格购买债券并持有至到期日所能获得的收益率,也叫内部收益率或内含报酬率。

债券的收益率包含两部分:①债券的年利息收入,这是债券发行时就确定了的。一般情况下,债券利息收入不会改变,投资者在购买债券前就可得知。②资本利得,即买入价与卖出价的差额,投资者很难在投资前做出准确预测。当然,资本利得有时候也表现为资本损失。具体而言,债券的收益率是使未来现金流入等于债券购入价格的折现率。

(一)每年计息、到期还本债券的投资收益率

计算到期收益率的方法是求解含有贴现率的方程,即

现金流出=现金流入的现值

购进价格=每年利息×年金现值系数+面值×复利现值系数

$$P=I\times(P/A,K,n)+M\times(P/F,K,n)$$

式中,P 为债券的购买价格;K 为债券到期收益率。

【例 5-4】某公司 2019 年 2 月 1 日平价购买了一张面值为 1 000 元的债券,其票面利率为 8%,每年 2 月 1 日计算并支付一次利息,并于 5 年后的 1 月 31 日到期。公司打算持有该债券至到期日,计算该债券的到期收益率。

$1\ 000=1\ 000\times8\%\times(P/A,K,5)+1\ 000\times(P/F,K,5)$

求解该方程要用逐步测试法。

用 $K=8\%$ 试算:

$80\times(P/A,8\%,5)+1\ 000\times(P/F,8\%,5)=80\times3.992\ 7+1\ 000\times0.680\ 6=1\ 000(元)$

可见,购买平价发行债券的到期收益率等于票面利率。

如果购买债券的价格为 1 105 元,则

$$1\,105 = 1\,000 \times 8\% \times (P/A, K, 5) + 1\,000 \times (P/F, K, 5)$$

通过前面试算已知,$K = 8\%$ 时等式右方为 1 000 元,小于 1 105 元,可判断收益率低于 8%,降低贴现率进一步试算。

用 $K = 6\%$ 试算:

$$1\,000 \times 8\% \times (P/A, 6\%, 5) + 1\,000 \times (P/F, 6\%, 5) = 80 \times 4.212\,4 + 1\,000 \times 0.747\,3$$
$$= 1\,084.29(\text{元})$$

由于计算结果仍然小于 1 105 元,还应进一步降低贴现率。

用 $K = 5\%$ 试算:

$$1\,000 \times 8\% \times (P/A, 5\%, 5) + 1\,000 \times (P/F, 5\%, 5) = 80 \times 4.329\,5 + 1\,000 \times 0.783\,5$$
$$= 1\,129.86(\text{元})$$

计算结果大于 1 105 元,可以判断,其收益率应该在 5%～6% 之间。用插值法计算债券的收益率:

$$K = 5\% + \frac{1\,105 - 1\,129.86}{1\,084.29 - 1\,129.86} \times (6\% - 5\%) = 5.55\%$$

以上使用逐步测试法计算收益率比较麻烦,也可以用下面的简便算法求得近似结果:

$$K = \frac{I + (M - P)/n}{(M + P)/2} \times 100\%$$

式中,P 为债券购买价格;M 为债券面值;I 为每年的利息;n 为付息期数。

公式中的分母是平均的资金占用,分子是每年平均收益。在例 5-4 中,如果购买债券的价格为 1 105 元,将有关数据代入公式:

$$P = \frac{80 + (1\,000 - 1\,105)/5}{(1\,000 + 1\,105)/2} \times 100\% = 5.61\%$$

以上计算表明,如果债券的买价和面值不相等,那么债券的到期收益率与票面利率就不同。

(二)贴现债券的投资收益率

贴现债券无票面利率,购买价格与票面面值的差价就是债券的利息。

$$购进价格 = 面值 \times 复利现值系数$$
$$P = M \times (P/F, K, n)$$

【例 5-5】某贴现债券面值为 1 000 元,2019 年 6 月 1 日发行,期限 3 年,发行价格为 816 元,要求计算该债券的到期收益率。

$$816 = 1\,000 \times (P/F, K, 3)$$
$$(P/F, K, 3) = 0.816$$

查表求得:$K = 7\%$

四、债券投资的选择

可以作为债券投资依据的有债券信用等级、债券投资价值和收益率、债券到期日、债券的流动性等。其中,最重要的是债券信用等级。

投资者在购买债券前一般要对债券发行方进行考评进而确定其信用等级。信用等级通常由专业的证券评估机构来进行评估,在评估时重点考虑的因素有违约的可能性、债券的性质和有关的附加条款、在破产清算时债权人的相对地位等,企业可以此作为债券投资选择的出发点。债券的信用等级能够直接反映出债券发行方的经济实力、财务支付能力、盈利能力、偿债能力以及诚信程度等,是一个综合、客观的评价指标。目前国际上通用的标准为三等九级,具体如下。

（1）AAA:信用极好,偿债能力最强,投资者安全程度最高。

（2）AA:信用优良,仅次于 AAA 级,大多数情况下投资者的安全程度与 AAA 级情况基本相同。

（3）A:信用较好,具有相当的投资吸引力,安全性比较好,但无法完全避免不利影响。

（4）BBB:信用一般,中等资信水平,正常情况下比较安全,在经济不景气时可能受到较大的影响。

（5）BB:信用欠佳,中下等资信水平,投资吸引力较弱,在严重不利因素下,可能产生偿付危机。

（6）B:信用较差,具有一定的投机性,潜在风险大,一遇到不利影响便可能无法偿付本息。

（7）CCC:信用很差,下等资信水平,是一种投机性债券,很可能发生偿付危机。

（8）CC:信用太差,是绝对投机性债券,可能以收益为主,而利息很少。

（9）C:没有信用,是专指不付利息的收益债券。

在上述九个等级中,只有前四个等级被允许上市发行,由于其债券质量比较高,大多数投资者都可以接受,因而被称为"投资等级";后五个等级质量较差,大多数投资者均不愿购买,被称为"投机等级"。

五、债券投资的优缺点

由于债券投资方与发行方之间形成的是债权债务关系,而非所有权性质上的投资和受资关系,所以投资方只能拥有定额的债权,享有按期收回本息的权利。故此,债券投资的优缺点集中表现如下。

（一）债券投资的优点

1. 本金安全性高

与股票投资相比,债券投资风险较小。政府债券有国家财政资金做后盾,其本金安全性非常高,通常被视为无风险证券(严格意义上讲,是没有违约风险的证券)。企业债券的持有者,作为企业的债权人拥有优先求偿权,即当企业破产清算时其清偿顺序位于优先股股东和普通股股东之前,相对于二者其本金损失的概率较小。

2. 收入稳定性强

债券发行方应按照债券面值和票面利率按时支付利息。因此,在正常情况下,投资者能按时获得较为稳定的收入。

3. 流动性好

政府及信用等级较高的企业发行的债券一般能够在金融市场上迅速出售,流动性很好。

（二）债券投资的缺点

1. 购买力风险较大

债券的面值和票面利率一般在发行时就已经确定,如果投资期间通货膨胀率较高,本金和利息的购买力将会受到不同程度的侵蚀。当通货膨胀率非常高时,甚至会导致投资者名义上收回本息取得投资收益。

2.没有经营管理权

债券的投资者仅有权按期获得本息的偿付,无权参与发行方的经营管理,不能对发行方施加影响和控制。

第三节 股票投资

股票投资是指投资者将资金投向于股票,通过股票的买卖获取收益的投资行为。股票作为股份公司的股份证明,表示其持有者在公司的地位与权利,股票持有者即为公司的股东。股票投资的目的主要有两种:①获利,即作为一般的证券投资,获取股利收入及股票买卖差价;②控股,即利用购买某一企业的大量股票达到控制该企业的目的。

一、股票的价值与价格

股票,是股份公司发行的,用以证明投资者的股东身份和权益,并据以获得股利的一种可转让的书面证明。

(一)股票的价值形式

股票的价值形式有票面价值、账面价值、清算价值和市场价值。

(二)股票价格

股票价格有广义和狭义之分。狭义的股票价格就是股票的交易价格;广义的股票价格则包括股票的发行价格和交易价格两种形式。股票交易价格具有事先的不确定性和市场性特点。

(三)股价指数

股价指数,是指金融机构通过对股票市场上一些有代表性的公司发行的股票价格进行平均计算和动态对比后得出的数值。它是用以表示多种股票平均价格水平及其变动,并权衡股市行情的指标。股价指数的计算方法有简单算术平均法、综合平均法、几何平均法和加权综合法等。

二、股票的估价

股票价格的确定实际是对股票投资价值进行的评估。股票价格受多种因素的影响,而其中公司的内在品质,如公司的财务状况、盈利能力、成长性等,对股票价格有举足轻重的作用。因此,实务中形成了以下几种常用的股票估价方法,但都是以期望股利为基础的股票价值。

(一)股票估价的基本模型

从理论上说,如果股东中途不转让股票,股票投资没有到期日,投资于股票所得到的未来现金流量是各期的股利。假定某股票未来各期股利为 D_t(t 为期数),K 为估价所采用的贴现率即所期望的最低收益率,股票的价值估价模型为

$$P = \frac{D_1}{(1+K)} + \frac{D_2}{(1+K)^2} + \cdots + \frac{D_n}{(1+K)^n} + \cdots = \sum_{t=1}^{\infty} \frac{D_t}{(1+K)^t}$$

式中,P 为股票的内在价值(理论价值);K 为投资者需求的必要报酬率;D_t 为第 t 期的预期股

利;t 为预计持有股票的期数。

上述公式是股票估价的一般模型,它在实际应用时,面临的主要问题是如何预计未来每年的股利。股利可随意变化,它可以升降,可以大幅度变动甚至等于零,但是该等式仍然有效。

(二)短期持有股票的估价模型

如果投资者持有股票的时间预计为一年以内,则投资价值比较容易评价。其估价公式如下:

$$P=\frac{D+F}{1+K}$$

式中,P 表示股票投资价值;K 表示投资者的期望报酬率;D 表示预期的股利;F 表示出售时的股票市价。

【例 5-6】 某企业以 60 元购入某种股票若干股,预计每股年股利为 4 元,年底售价 65 元,投资者的期望报酬率为 12%,计算该股票的投资价值。

$$P=\frac{4+65}{1+12\%}=61.61(元)$$

投资者以 61.61 元或小于此价格购入此种股票,便能确保 12% 的期望报酬率;如果价格高于 61.61 元,那便不能进行投资。当然上述公式中也可用现行股票价格来代替股票价值,然后求出预期报酬率 K,看其是否大于 12%,如大于或等于则可以投资,小于则不能投资。公式为 $K=\frac{D+F}{P}-1$。

【例 5-7】 现行股价为 60 元,其他条件不变,则预期报酬率计算如下:

$$K=(\frac{4+65}{60}-1)\times100\%=15\%$$

15% 的预期报酬率大于投资者的期望报酬率 12%,可以投资。

(三)长期持有、股利固定不变股票的估价模型

在每年股利固定不变(即 $g=0$),投资人持有时间很长的情况下,其股利的支付过程是一个永续年金,则股票价值的计算公式为

$$P=\frac{D}{K}$$

【例 5-8】 假定例 5-6 中的股票为长期持有且股利固定不变的股票,其投资价值应为多少?

$$P=4/12\%=33.33(元)$$

在股票的价格低于或等于 33.33 元时购买,才能达到投资者要求的必要报酬率。

(四)长期持有、股利固定成长股票的估价模型

企业的股利不应当是固定不变的,在很多情况下,股利以固定的比率增长。各公司的成长率不同,但就整个平均来说,应等于国民生产总值的增长率。如果一个公司的股利不断增长,投资人的投资期又非常长,则股票的估价就变得十分困难。为了简化计算,一般假定公司每年股息增长率为一确定值 g;D_0 为本期的股利,它已经支付;D_1 是第一次期望发放的股利,$D_1=D_0\times(1+g)^1$;以此类推,第 t 年的股利为 $D_t=D_0\times(1+g)^t$。则股利固定增长股票内在价值的计算公式为

$$P = \frac{D_0 \times (1+g)^1}{(1+K)} + \frac{D_0 \times (1+g)^2}{(1+K)^2} + \cdots + \frac{D_0 \times (1+g)^n}{(1+K)^n} + \cdots = \sum_{t=1}^{\infty} \frac{D_0 \times (1+g)^t}{(1+K)^t}$$

因为 g 是一个固定的常数,当 K 大于 g 时,上式可以简化为

$$P = \frac{D_1}{K-g}$$

这就是常数增长型的戈登模型(Gordon model)。

【例 5-9】某公司的股票为固定增长型股票,每年的股利增长率为 4%,刚发放的股利为每股 2 元,投资者的预期报酬率为 12%,则该股票的内在价值为多少?

$$P = \frac{D_1}{K-g} = \frac{2 \times (1+4\%)}{12\%-4\%} = 26(元)$$

该公司股票的市场价格只有低于 26 元时,投资者购买该股票才有利。

应该指出的是,在现实生活中,并不存在严格的常数增长型股票,因为这里讨论的预期股价和报酬率,往往和后来的实际发展有很大差别。而且计算过程中也未充分考虑未来的利率变化、整个股市兴衰等因素对股票价格的影响。但是并不能因此就否定预期和分析的必要性与有用性。许多市场分析人员相信,当从整体上考虑股票市场时,戈登模型是估计股票公平市价的一种有效方法。

(五)非固定成长股票的估价模型

其实,任何企业的股利都不可能是绝对固定的或固定增长的,而可能在一段时间内成长较快,而在另一段时间内成长较慢甚至固定不变。在这种情况下,要计算股票的投资价值,只能分段计算,才能确定此种股票的投资价值。所以非固定成长股票投资价值的计算,其实是固定成长股票投资价值计算的分段运用。

【例 5-10】某股票投资的期望报酬率为 16%,估计前 3 年股利是 30% 的高速成长,3 年以后是 10% 的缓速成长,$D_0 = 1.82$ 元。

(1)计算前三年的股利现值见表 5-1。

表 5-1　前三年的股利现值

年份	D_t/元	现值系数(16%)	现值/元
1	1.82×1.3	0.862 1	2.040
2	1.82×1.3^2	0.743 2	2.286
3	1.82×1.3^3	0.640 7	2.562
前三年快速成长股利之和			6.89

(2)计算第三年年底的股票价值:

$$P_3 = \frac{D_4}{K-g} = \frac{D_3 \times (1+g_{4\sim6})}{K-g} = \frac{1.82 \times 1.3^3 \times 1.1}{16\%-10\%} = 73.31(元)$$

(3)计算第三年年底的股票价值的现值:

$$P_0 = 73.31 \times \frac{1}{(1+16\%)^3} = 73.31 \times 0.640\ 7 = 46.97(元)$$

(4)将上述两阶段的现值加总,便能计算出目前该股票的内在价值:

$$P = 6.89 + 46.97 = 53.86(元)$$

计算结果表明,要保证该股票投资的期望报酬率达到16%,目前购入的股票价格必须在53.86元以下。

当然,上述研究的股票预期股价和报酬率,可能会与日后实际情况有所差异。这是因为我们所使用的数据都是预计的,不可能十分精确。同时,股市还受各种变动因素的影响。但要认识到,此种方法在股票投资决策中具有重要意义。因为它是根据股票投资价值的差别来进行决策的,预测的误差只会影响绝对值,并不会影响其股票投资的优先次序。不可预见的和被忽略的因素对所有股票都产生影响,而不针对个别股票。所以,此类方法对于股票投资的选择决策具有相当高的参考价值。

三、股票投资的收益率

前面主要讨论如何估计股票的价值,以判断某种股票是否被市场高估或低估。那么,如果投资者欲以某一价格购买某股票,收益率是多少?股票的收益水平通常用内部收益率来衡量。股票的内部收益率是使得股票未来现金流量贴现值等于目前的购买价格时的贴现率,也就是股票投资项目的内含报酬率。股票收益主要取决于股份公司的经营业绩和股票市场的价格变化,以及公司的股利政策,但与投资者的经验与技巧也有一定关系。

(一)长期持有、股利固定成长的股票收益率

$$K = \frac{D_1}{P_0} + g$$

这个公式说明股票的总收益率可以分为两个部分:第一部分是D_1/P_0,叫作股利收益率,是根据预期现金股利除以当前股价计算出来的;第二部分是增长率g,叫作股利增长率,股利的增长速度也就是股价的增长速度,因此g可以解释为股价增长率或资本利得收益率。g的数值可以根据公司的可持续增长率估计。P_0为当前实际的股票价格或投资者购买的价格。P是股票的内在价值或理论价值,是投资者对股票内在价值的估计值,P可能不等于P_0,但只有P大于或等于P_0时,投资者才会购买。

如例5-9中,股票的内在价值为26元,假如投资者以26元的价格买入该股票并期望一年后支付股利:$D_1 = 2 \times (1 + 4\%) = 2.08(元)$,则期望收益率为12%。

$$K = \frac{2.08}{26} + 4\% = 12\%$$

在这个等式中,K是期望收益率,它包括期望股利收益率2.08/26=8%,加上期望股利增长率或资本利得收益率$g=4\%$。

假如投资者以低于26元的价格即20元购买,那么期望收益率为14.4%。

$$K = \frac{2.08}{20} + 4\% = 14.4\%$$

(二)长期持有、股利固定不变的股票收益率

因为 $$P = \frac{D}{K}$$

所以 $$K = \frac{D}{P}$$

如例 5-8 中,股票为长期持有,且股利 4 元/股固定不变,其投资价值为 33.33 元。当然市场上的股价不一定就是 33.33 元,还要看投资者对风险的态度,可能高于或低于 33.33 元,如果当时的市价为 25 元,每年固定股利为 4 元,则期望的投资收益率为 16%。

$$K=4/25=16\%$$

四、市盈率分析法

上述股票价值的计算方法,理论上比较健全,计算的结果使用也方便,但未来股利的预计很复杂并且准确度要求较高,一般投资者往往很难办到。有一种粗略衡量股票价值的方法,就是市盈率分析。它易于掌握,被许多投资者使用。

(一)用市盈率估计股价高低

市盈率是股票市价与每股盈利之比,以股价相当于每股盈利的倍数来表示。市盈率可以粗略反映股价高低,表明投资人愿用相当于盈利多少倍的货币来购买这种股票,是市场对该股票的评价。

因为　　　　　　　　　　市盈率=每股市价/每股盈利

所以　　　　　　　股票价格=该股票市盈率×该股票每股盈利

　　　　　　　　　股票价值=行业平均市盈率×该股票每股盈利

根据证券机构提供的同类股票过去若干年的平均市盈率,乘以当前的每股盈利,可以得出股票的公平价值。用它和当前市价比较,可以看出所付价格是否合理。

【例 5-11】某公司的股票每股盈利是 3 元,市盈率是 10,行业类似股票的平均市盈率是 11,则股票价值=3×11=33(元),股票价格=3×10=30(元)。说明市场对该股票的评价略低,股价基本正常,有一定吸引力。

(二)用市盈率估计股票风险

一般认为,股票的市盈率比较高,表明投资者对公司的未来充满信任,愿意为每一元盈利多付买价,这种股票的风险比较小。但是,股市受到不正常因素干扰时,某些股票市价被哄抬到不应有的高位,市盈率会很高。通常认为,超过 20 的市盈率是不正常的,很可能是股价下跌的前兆,风险相当大。

股票的市盈率比较低,表明投资者对公司的未来缺乏信心,不愿意为每一元盈利多付买价,这种股票的风险比较大。通常认为,市盈率在 5 以下的股票,其前景比较悲观。

过高或过低的市盈率都不是好兆头,平均的市盈率在 10~11 之间,市盈率在 5~20 之间是比较正常的。应研究拟投资股票市盈率的长期变化,估计其正常值,作为分析的基础。各行业的正常值有区别,预期将发生通货膨胀或提高利率时市盈率会普遍下降,预期公司利润增长时市盈率会上升,债务所占比重过大的公司市盈率较低。

五、股票投资的优缺点

(一)股票投资的优点

股票投资由于其收益和风险一般高于债券投资,所以常被看成是一种高风险投资。股票投资的优点主要包括以下几方面。

1.投资收益高

普通股股票的市价虽然变动频繁,但从长期发展趋势上看优质股票的价格总是上升的概率大,只要投资者选择合适的股票进行投资都能获得丰厚的投资回报。

2.购买力风险相对较低

普通股股利通常是变动的,与债券固定的利息相比,在通货膨胀率较高的时期,由于物价普遍上涨,大部分股份公司会从中获利,随着公司盈利上升,支付给普通股股东的股利也会增加。在此意义上,普通股股票能够降低投资者的购买力风险。

3.拥有经营控制权

普通股股东属于股份公司的所有者,有权参与企业的生产经营管理,有权监督和控制企业的生产经营活动。因此,进行股票投资成为一些公司对其他公司实施影响和控制的有效手段,进而实现其扩张战略。

(二)股票投资的缺点

与债券投资相比,股票投资的缺点集中表现为投资风险大,具体是指以下几方面。

1.股票价格波动性大

股票的市场价格受多种因素的影响,波动性极大,个别公司的股票价格暴涨暴跌的例子屡见不鲜。正是这一特点使得股票市场成为极具投机性质的市场,投资者既可以在股市上获取高额利润,也可能发生惨重损失,甚至血本无归。为此,在投资者选择股票作为投资对象时应慎重,要视自身的风险承受能力来选择投资对象和投资数量。

2.投资收益不稳定

投资者进行股票投资时,其投资收益主要来源于公司发放的股利和进行股票转让时所获得的买卖价差。因公司发放的股利数额不固定,股票的价格不断变动,所以股票投资的收益也是不稳定的。股份公司发放的股利高低取决于公司的经营状况以及公司的股利发放政策。当公司盈利多、股利发放比率高时,股东就可能获得较高的股利;当公司盈利较低、股利发放比率较低时,股东所获得的股利就可能较少或没有股利。当股票市场行情看涨时,出售股票可能获得较高的价差收益;当股市行情看跌或股市低迷时,出售股票可能不仅得不到价差收益,反而会遭受损失。但从长远发展态势上看,大多数股票的投资收益高于债券投资收益。

3.投资安全性差

投资者认购股票后,不能要求股份公司偿还投资本金,为收回投资只能在证券市场上将股票转让出去。此时进行股票投资的收益将主要取决于股票市价的涨跌。而股票的市场价格取决于发行公司的经营状况和股票市场行情。若公司经营状况好、盈利能力强则股价会上升,投资者转让股票时所能收回的资金就多,投资收益就高;若公司的经营状况不佳、市场不景气则股价会下降,投资者收回投资时所能收到的资金就少,投资可能发生损失。如果公司解散,由于股东的求偿权位于债权人之后,因而股东的部分或全部投资本金可能无法收回,特别是当公司进入破产清算程序后,股东可能血本无归。

第四节　证券投资组合

一、证券投资组合的意义

在实务中,投资者对证券进行投资时,通常不会孤注一掷地将资金全部投资于某一种证券,而是同时持有多种证券。这是进行投资活动的一条黄金法则,即"不要把鸡蛋放到同一个篮子里"。这种将资金同时投资于多种证券的投资方式称为证券的投资组合,简称为证券组合或投资组合。投资者进行投资的目的是为了分散风险,即追求在一定的收益水平上伴随最小的风险,或者在一定的风险水平下获得最大的收益。

二、证券投资组合的策略

按照投资者对投资风险的偏好不同,可以将投资组合的策略分成以下三种。

(一)保守型策略

持这种策略的投资者对风险相对比较厌恶,不愿承担高风险。这种策略的投资者认为最佳的投资组合是尽可能模拟证券市场现状,将尽可能多的证券包括进来,进而达到分散全部非系统性风险的目的,并得到与市场所有证券平均收益相同的收益水平。这种投资组合具有以下三个优点:一是能分散掉全部可分散风险;二是投资者不需要具备高深的证券投资的专业知识;三是证券投资的管理费比较低。但是,这种投资组合策略的显著缺点在于投资组合所能获得的收益不会高于证券市场上所有证券的平均收益。因此,这种投资组合策略属于收益不高、风险不大的保守型投资策略。

(二)冒险型策略

这种策略的投资者认为只要选择适当的投资组合,就能击败市场或超越市场,从而取得远远高于市场平均收益水平的投资收益。在这种投资组合中,往往含有较多的成长型股票,而那些风险水平较低、收益水平不高的证券含量不多。此外,组合的随意性较强,变动频繁,投资者对组合中的投资对象不断地进行调整。采用这种策略的投资者都希望通过承担较高的风险来博取较高的投资收益。这种策略的投资风险较高,因而称为冒险型投资策略。

(三)适中型策略

这种策略的投资者认为有价证券的价格特别是股票的价格主要受特定公司的经营业绩影响。股票市场价格的一时涨跌并不重要,只要公司的经营业绩好,该公司股票的市场价格一定会上升到应有的价格水平。采用这种策略的投资者一般比较善于对证券进行基本面分析,并通过选择高质量的债券和股票进行投资,形成投资组合。适中型投资策略如果做得好,投资组合选择理想,便能获得较高的收益而又不承担较高的风险。但是,要采用这种投资策略的投资者必须具备丰富的投资经验,拥有进行证券投资的各种专业知识。这种投资策略风险不大,收益却相对较高,因而是一种最常见的投资组合策略。各种金融机构、投资基金和企事业单位在进行证券投资时一般都采用这种投资策略。

三、证券投资组合方法

证券投资是一个充满风险的投资领域,由于风险的复杂性和多样性,投资者进行投资时必须防范风险。没有风险的证券投资是不存在的,而防范风险的最有效方法就是进行证券投资组合,以分散全部可避免的风险。常用的证券投资组合方法主要有以下几种。

1.投资组合的三分法

比较流行的投资组合三分法是:三分之一的资金存入银行以备不时之需;三分之一的资金投资于债券、股票等有价证券;三分之一的资金投资于房地产等不动产。同样,投资于有价证券的资金也要进行三分,即三分之一投资于风险较大的有发展前景的成长性股票,三分之一投资于安全性较高的债券或优先股等有价证券,三分之一投资于中等风险的有价证券。

2.按风险等级和报酬高低进行投资组合

证券的风险大小可以分为不同的等级,收益也有高低之分。投资者可以测定出自己期望的投资收益率和所能承担的风险程度,然后在市场中选择相应风险和收益的证券作为投资组合。一般来说,在选择证券进行投资组合时,同等风险的证券,应尽可能选择报酬高的;同等报酬的证券,应尽可能选择风险低的,并且要选择一些风险呈负相关的证券进行投资组合。

3.选择不同的行业、区域和市场的证券进行投资组合

这种投资组合的做法如下:

(1)尽可能选择足够数量的证券进行投资组合,这样可以分散掉大部分可分散风险。根据投资专家们的估算,在美国纽约证券市场上随机地购买40种股票,就可以分散掉大部分可分散风险。

(2)选择证券的行业也应分散,不可集中投资于同一个行业的证券。这是为了避免某个行业不景气,而使投资遭受重大损失。

(3)选择证券的区域也尽可能分散,这是为了避免因某个地区市场衰退而使投资遭受重大损失。

(4)将资金分散投资于不同的证券市场,这样可以防范同一证券市场的可分散风险。因为不同证券市场具有较大的独立性,即便在同一个国家,有时也可能一个市场强,一个市场弱。如在我国,深圳证券市场和上海证券市场有时就表现为一强一弱,同时在这两个证券市场上进行证券投资可以降低投资风险。

4.选择不同期限的投资进行组合

这种投资组合要求投资者根据未来的现金流量来安排各种不同投资期限的证券,进行长、中、短期相结合的投资组合。同时,投资者可以根据可用资金的期限来安排投资。长期不用的资金可以进行长期投资,以获取较大的投资收益;近期就可能要使用的资金,最好投资于风险较小、易于变现的有价证券。

本章小结

证券投资是企业或个人用其积累起来的货币购买股票、债券等有价证券,借以获得收益的行为,人们将这种行为称为"间接投资"。

债券投资是企业通过购入债券成为债券发行单位的债权人并获取债券利息的投资行为。债券投资的特点包括:属于债权性投资,风险小、收益稳定、价格波动小、市场流动性好。债券估价主要确定债券的投资价值,计算到期收益率。

股票投资的目的是获利和控股。股票投资的特点包括：属于股权性投资,风险大、收益高、收益不稳定、价格波动性大。股票估价主要是为了确定股票的投资价值,计算期望收益率。

证券投资组合是化解证券投资风险的好方法,通过证券投资组合可以分散掉非系统性风险。常用的证券投资组合方法有:投资组合的三分法,按风险等级和报酬高低进行投资组合,选择不同的行业、区域和市场的证券进行投资组合,选择不同期限的投资进行组合。

思考与练习

1. 某投资者 2020 年年初准备投资购买股票,现有甲、乙、丙三家公司可供选择。甲、乙、丙三家公司的有关资料如下:

(1)2020 年年初甲公司发放的每股股利为 4 元,股票每股市价为 18 元;预期甲公司未来 2 年内股利固定增长率为 15%,在此以后转为零增长。

(2)2020 年年初乙公司发放的每股股利为 1 元,股票每股市价为 6.8 元;预期乙公司股利将持续增长,年固定增长率为 6%。

(3)2020 年年初丙公司发放的每股股利为 2 元,股票每股市价为 8.2 元;预期丙公司未来 2 年内股利固定增长率为 18%,在此以后转为固定增长,年固定增长率为 4%。

假定目前无风险收益率为 8%,市场上所有股票的平均收益率为 16%,甲、乙、丙三家公司股票的 β 系数分别为 2、1.5 和 2.5。

要求:

(1)分别计算甲、乙、丙三家公司股票的必要收益率;

(2)分别计算甲、乙、丙三家公司股票的市场价值;

(3)通过计算股票价值并与股票市价相比较,判断甲、乙、丙三家公司股票是否应当购买;

(4)假设按照 40%、30% 和 30% 的比例投资购买甲、乙、丙三家公司股票构成投资组合,计算该投资组合的综合 β 系数和组合的必要收益率。

2. A 公司欲投资购买甲、乙、丙三只股票构成投资组合,这三只股票目前的市价分别为 3 元、4 元和 2 元,β 系数分别为 1.5、1.8 和 2.4,在组合中所占的投资比例分别为 40%、30%、30%,目前的股利分别为 0.5 元/股、0.8 元/股和 0.4 元/股,甲、乙股票为固定股利股票,丙股票为固定成长股利股票,丙股票每年的股利固定增长率为 8%,若目前平均风险股票的市场必要收益率为 16%,无风险收益率为 5%。

要求:

(1)计算投资甲、乙、丙三种股票构成的投资组合的风险收益率;

(2)计算投资甲、乙、丙三种股票构成的投资组合的必要收益率;

(3)分别计算甲股票、乙股票、丙股票的必要收益率;

(4)分别计算甲股票、乙股票、丙股票的内在价值;

(5)若按照目前市价投资于甲股票,估计 1 年后其市价可以涨到 5.4 元,若持有 1 年后将其出售,计算甲股票的持有期收益率;

(6)若按照目前市价投资于丙股票,并长期持有,计算其预期收益率。

3. A 公司 2016 年 4 月 8 日发行公司债券,每张面值 1 000 元,票面利率为 10%,5 年期。(计算过程保留 4 位小数,结果保留 2 位小数。)

要求：

(1)假定每年 4 月 8 日付息一次,到期按面值偿还。B 公司 2020 年 4 月 8 日按每张 1 080 元的价格购入该债券并持有到期,则债券的持有期收益率为多少?

(2)假定到期一次还本付息,单利计息。B 公司 2020 年 4 月 8 日按每张 1 480 元的价格购入该债券并持有到期,则债券的持有期收益率为多少?

(3)假定每年 4 月 8 日付息一次,到期按面值偿还。B 公司 2019 年 4 月 8 日按每张 1 120 元的价格购入该债券并持有到期,则债券的持有期年均收益率为多少?

(4)假定到期一次还本付息,单利计息。B 公司 2019 年 4 月 8 日按每张 1 380 元的价格购入该债券并持有到期,则债券的持有期年均收益率为多少?

(5)假定每年 4 月 8 日付息一次,到期按面值偿还。B 公司 2018 年 4 月 8 日计划购入该债券并持有到期,要求的必要报酬率为 12%,则债券的价格低于多少时可以购入?

(6)假定到期一次还本付息,单利计息。B 公司 2018 年 4 月 8 日计划购入该债券并持有到期,要求的必要报酬率为 12%,则债券的价格低于多少时可以购入?

 **即测即评**

即测即评

第六章

筹资管理

教学大纲　　扩展阅读及案例解析

学习目标

1. 掌握企业筹资的渠道和方式；
2. 熟悉筹集资金的基本原则；
3. 了解筹资的分类与意义；
4. 掌握权益资金和负债资金筹措的方式、特点和要求；
5. 掌握资金需要量的预测方法。

引导案例

蒙牛初始筹资之路

1999 年 8 月 18 日，内蒙古蒙牛乳业股份有限公司（以下简称蒙牛乳业）成立，最初的股权结构为发起人占73.5%，其他股东占 26.5%。2002 年起，蒙牛乳业逐步改变股权结构，为日后的上市创造了灵活的股权基础。

2002 年起，蒙牛乳业先后在避税地注册了 4 家壳公司，分别为英属维京群岛的金牛公司、银牛公司，开曼群岛公司及毛里求斯公司。其中，金牛公司和银牛公司的股东主要是发起人、投资者、业务联络人和员工等。通过这种方式，蒙牛乳业管理层、员工、其他投资者、业务联络人的权益都被悉数转移到金牛和银牛两家公司中。通过这两家公司对蒙牛乳业的间接持股，蒙牛乳业管理层理所当然地成了公司的股东。开曼群岛公司和毛里求斯公司是两家典型的海外壳公司，作用主要在于构建二级产权平台，以方便股权的分割与转让。

2002 年 9 月 24 日，开曼群岛公司进行股权拆细，并将股票划分为 A 类股份和 B 类股份两部分。根据开曼群岛的公司法，A 类 1 股有 10 票投票权，B 类 1 股有 1 票投票权。金牛公司与银牛公司以每股 1 美元的价格分别认购了开曼群岛公司 1 134 股和 2 968 股的 A 类股票，而摩根士丹利（MS Dairy）、鼎晖投资（CDH）和英联投资（CIC）三家海外战略投资者则用约为每股 530.3 美元的价格分别认购了 32 685 股、10 372 股和 5 923 股的 B 类股票，总注资约为 25 973 712 美元。至此，蒙牛乳业完成了首轮增资，成功引入了三家海外战略投资者，而蒙牛乳业管理层与外资系在开曼群岛公司的投票权比是 51：49；股份数量比例是 9.4：90.6。紧接着，开曼群岛公司用三家战略投资者的投资认购了毛里求斯公司 98% 的股份，而后者又用该款项在一级市场和二级市场购买了蒙牛乳业 66.7% 的注册资本，蒙牛乳业第一轮引资与股权重组完成。

为了促使三家战略投资者的二次增资,2003 年 9 月 30 日,开曼群岛公司重新划分股票类别,以 900 亿股普通股和 100 亿股可转换证券代替已发行的 A 类、B 类股票。金牛公司、银牛公司、摩根士丹利、鼎晖投资和英联投资将原持有的股票对应各自面值转换成普通股。2003 年 10 月,三家战略投资者认购开曼群岛公司发行的可转换证券,再次注资 3 523 万美元。9 月 18 日,毛里求斯公司以每股 2.177 5 元的价格购得蒙牛乳业的 80 010 000 股股份。10 月 20 日,毛里求斯公司又以 3.038 元的价格购买了 96 000 000 蒙牛乳业股份,对于蒙牛乳业的持股比例上升至 81.1%。至此,蒙牛二次注资完成。

接着,蒙牛乳业又实行了员工持股与信托的权益计划。最初的金牛、银牛公司的股权由公司高管层和部分重要员工持有,可是随着开曼群岛公司的上市,这两家公司的法定股本已经全部用完。为了给新骨干留有期权奖励的余地,2004 年 3 月 22 日,两家公司扩大了法定股本,并随同推出"公司权益计划",以酬谢金牛、银牛公司的管理层人员、非高级管理人员、供应商和其他投资者。每份公司权益计划的股份数量不定,但价格均为 1 美元,待受益者将其转换成对应的金牛、银牛公司股权时,每股转换价格为金牛 238 美元、银牛 112 美元。

2004 年 3 月 23 日,牛根生买下绝大部分的权益计划,加上他原来的金牛公司股份共同设立了"牛式信托"。此份信托规定股份的投票权和财产控制权、权益计划受益人的选择权、转股后筹集的股金和投票全都信托给了牛根生本人。此时,蒙牛乳业已经在上市前将自己能够联系上的人都纳入了自身的"战略同盟"中,并以信托的方式将这些人锁定在了公司长期发展的利益中。

2004 年 6 月 10 日,蒙牛乳业在中国香港上市,发行价为每股 3.925 港元。全球首发 3.5 亿股。其中,2.5 亿股为新发股票,1 亿股为外资系——摩根士丹利＋英联投资＋鼎晖投资减持套现。蒙牛乳业的上市主体是中国蒙牛乳业有限公司。中国蒙牛乳业开盘价为 4.425 港元,报收于 4.875 港元。与发行价 3.925 港元相比,涨幅达 24%。在此价位上,蒙牛乳业共筹资 13.74 亿港元,扣除三家投资者收回现金 4.53 亿港元,此次蒙牛乳业净筹资 9.21 亿港元,完成了蒙牛乳业的初始资本积累。

资料来源:胡奕明.蒙牛上市资本运作[EB/OL].[2019 - 11 - 20]. http://www. doc88.com/p - 1384606628292. html.

启示:

1.蒙牛乳业的筹资过程表现出什么样的筹资动机?

2.蒙牛乳业采用的是什么样的财务筹资渠道与方式?

第一节　筹资管理概述

一、企业筹资的概念

企业筹资是指企业由于生产经营、对外投资和调整资金结构等活动对资金的需要,采取适当的方式,获取所需资金的一种行为。筹集资金是企业资金运动的起点,是决定资金运动规模和生产经营发展程度的重要环节。市场经济决定了企业必须自主筹集资金。

资金是企业生存和发展的必要条件。企业资金的来源有两个方面:一个方面是由投资人提供的,称为所有者权益,这部分资金称为权益资金;另一个方面是由债权人提供的,称为负债,这部分资金称为负债资金。

筹集资金既是保证企业正常生产经营的前提,又是谋求企业发展的基础。筹资工作做得好,不仅能降低资金成本,给经营或投资创造较大的可行或有利的空间,而且能降低财务风险,提升企业经济效益。筹集资金会影响乃至决定企业资金运动的规模及效果。企业的经营管理者必须把握企业何时需要资金、需要多少资金、以何种合理的方式取得资金。

二、企业筹资的动机

1. 新建筹资动机

新建筹资动机是在企业新建时为满足正常生产经营活动所需的铺底资金而产生的筹资动机。

2. 扩张筹资动机

扩张筹资动机是企业因扩大生产经营规模或追加对外投资而产生的筹资动机。具有良好发展前景、处于成长时期的企业,通常会产生扩张筹资动机。

3. 调整筹资动机

调整筹资动机是企业在不增减资金总额的条件下为了改变资金结构而形成的筹资动机。

4. 混合筹资动机

混合筹资动机是指企业既需要为扩大经营而增加长期资金又有为偿债而产生的筹资动机。

三、企业筹资的基本原则

采取一定的筹资方式,有效地组织资金供应,是一项重要而复杂的工作。为此,企业筹集资金应遵循以下基本原则。

(一)合理性原则

不论采取什么方式筹资,都必须预先合理确定资金的需要量,以需定筹。既要防止筹资不足,影响生产经营的正常进行;又要防止筹资过多,造成资金闲置。

(二)及时性原则

按照资金时间价值的原理,同等数量的资金在不同时点上具有不同的价值。企业筹集资金应根据资金投放使用时间来合理安排,使筹资和用资在时间上相衔接。既要避免过早筹资使资金过早到位形成资金投放前的闲置,又要避免资金到位滞后丧失资金投放的最佳时机。

(三)效益性原则

不同资金来源的资金成本各不相同,取得资金的难易程度也有差异。筹集资金应从资金需要的实际情况出发,周密研究投资方向,采用合适的方式操作,降低成本,大力提高投资效果,谋求最大的经济效益。

(四)优化资金结构原则

企业的自有资金和借入资金要有合适的比例,长期资金和短期资金也应有合适比例,合理安排资金结构,保持适当偿债能力,使企业减少财务风险,优化资金结构。

四、企业筹资的渠道与方式

(一)筹资渠道

筹资渠道(financing channel)是指筹集资金的来源和通道,体现着所筹集资金的源泉和性质。我国目前筹资渠道主要有以下几种:

1.政府财政资金与国资部门资金

国家对企业的直接投资是国有企业特别是国有独资企业获得资金的主要渠道。现有国有企业的资金来源中,大多是由国家财政以直接拨款方式形成的,除此以外,还有些是国家对企业"税前还贷"或减少各种税款而形成的。不管是以何种形式形成的,从产权关系上看,它们都属于国家投入资金,产权归国家所有。

2.银行信贷资金

银行对企业的各种贷款是我国目前各类企业最为重要的资金来源。我国银行分为商业性银行和政策性银行两种。商业性银行是以营利为目的、从事信贷资金投放的金融机构,它主要为企业提供各种商业贷款。政策性银行为特定企业提供政策性贷款。

3.非银行金融机构资金

非银行金融机构主要指信托投资公司、保险公司、租赁公司、证券公司、财务公司等。它们所提供的各种金融服务,既包括信贷资金投放,也包括物资的融通,还包括为企业承销证券等金融服务。

4.其他企业单位资金

企业在生产经营过程中,往往会形成部分暂时闲置的资金,并为一定的目的而进行相互投资。另外,企业间的购销业务可以通过商业信用方式完成,从而形成企业间的债权债务关系,形成债务人对债权人的短期信用资金占用。企业间的相互投资和商业信用的存在,使其他企业资金也成为企业资金的重要来源。

5.居民个人资金

企业职工和居民个人的结余货币,作为"游离"于银行及非银行金融机构等之外的个人资金,也可用于对企业进行投资,形成民间资金来源渠道,从而为企业所用。

6.企业自留资金

它是指企业内部形成的资金,也称企业内部留存,主要包括提取公积金和未分配利润等。这些资金的重要特征之一,是它们无须企业通过一定的方式去筹资,而直接由企业内部自动生成或转移。

各种企业应根据生产经营活动的项目及其在国民经济中的地位,选择适当的资金筹集渠道。

(二)筹资方式

筹资方式(financing way)是指企业筹集资金所采取的具体形式,体现着不同的经济关系(所有权关系或债权关系)。企业的筹资方式一般有以下七种:①吸收直接投资;②发行股票;③企业内部积累;④银行借款;⑤发行债券;⑥融资租赁;⑦商业信用。

一定的筹资方式可能只适用于某一特定的筹资渠道,但是同一渠道的资金往往可以采取不同的方式取得,而同一筹资方式又往往适用于不同的筹资渠道。企业进行筹资,必须实现两者的合理配合。

五、筹资的分类

企业筹集的资金可按不同的标准进行分类,主要分类如下。

1.按照资金的来源渠道划分

按照资金的来源渠道不同,筹资可分为权益筹资和负债筹资。

权益筹资形成的权益资金,是企业依法长期拥有的、能够自主调配运用的资本。权益资金在企业持续经营期间,投资者不得抽回,因而也称之为企业的自有资金、主权资金或股权资本。

企业的权益资金通过吸收直接投资、发行股票、内部积累等方式取得。权益由于一般不用还本,形成了企业的永久性资本,因而财务风险小,但付出的资金成本相对较高。

企业通过发行债券、向银行借款、融资租赁等方式筹集的资金属于企业的负债。由于负债筹资到期要归还本金和支付利息,与企业经营状况的好坏无关,因而具有较大的财务风险,但付出的资金成本相对较低。从经济意义上来说,负债筹资是债权人对企业的一种投资,债权人也要依法享有企业使用债务所取得的经济利益,因而也可以称之为债权人权益。

2.按照是否以金融机构为媒介划分

按照是否以金融机构为媒介,筹资可分为直接筹资和间接筹资。

直接筹资是企业直接与资金供应者协商融通资金的一种筹资活动。直接筹资方式主要有吸收直接投资、发行股票、发行债券等。根据法律规定,公司股票、公司债券等有价证券的发行需要通过证券公司等中介机构进行,但证券公司所起到的只是承销的作用,资金拥有者并未向证券公司让渡资金使用权,因此发行股票、债券属于直接向社会筹资。

间接筹资是企业借助银行等金融机构融通资金的筹资活动。在间接筹资方式下,银行等金融机构发挥了中介的作用,预先集聚资金,资金拥有者首先向银行等金融机构让渡资金的使用权,然后由银行等金融机构将资金提供给企业。间接筹资的基本方式是向银行借款,此外还有融资租赁等筹资方式。

3.按照所筹资金使用期限的长短划分

按照所筹资金使用期限的长短,筹资可分为短期筹资和长期筹资。

短期资金一般是指供一年以内或超过一年的一个营业周期以内使用的资金。短期资金主要投资于现金、应收账款、存货等。短期资金通常采取商业信用短期借款、保理业务等方式筹集。

长期资金一般是指供一年以上使用的资金。长期资金主要投资于新产品的开发和推广、生产规模的扩大、厂房和设备的更新。长期资金通常采用吸收投资、发行股票、发行公司债券、取得长期借款、进行融资租赁和内部积累等方式来筹集。

4.按照资金的取得方式划分

按照资金的取得方式不同,筹资可分为内源筹资和外源筹资。

内源筹资,是指企业利用自身的储蓄(折旧和留存收益)转化为投资的过程。内源筹资具有原始性、自主性、低成本性和抗风险性等特点,是企业生存与发展不可或缺的重要组成部分。其中,折旧主要用于重置固定资产,留存收益是再投资或债务清偿的主要资金来源。以留存收益作为融资工具,不会减少企业的现金流量,也不需要支付融资费用。

外源筹资,是指吸收其他经济主体的闲置资金,使之转化为自己投资的过程,包括股票发行、债券发行、商业信贷、银行借款等。外源筹资具有高效性、灵活性、大量性和集中性等特点。

处于初创期的企业,内源筹资的可能性是有限的;处于成长期的企业,内源筹资往往难以满足需要,这就需要企业广泛地开展外源筹资。外源筹资大多需要花费一定的筹资费用,从而提高了筹资成本。

第二节　权益性资金筹集管理

一、权益性资金与资本金制度

(一)权益性资金

企业的全部资产由投资人提供的所有者权益和债权人提供的负债两部分构成。所有者权益是企业资金的最主要来源,是企业筹集债务资金的前提与基础。所有者权益是投资人对企业净资产的所有权,包括投资者投入企业的资本金及企业在经营过程中形成的积累,如盈余公积、资本公积金和未分配利润等。资本金是企业在工商行政管理部门登记的注册资金,是企业设立时的启动资金。企业通过吸收直接投资、发行股票、内部积累等方式筹集的资金都称为权益资金,权益资金不用还本,因而也称之为自有资金。

(二)资本金制度

1.企业资本金的概念和构成

企业资本金是指企业在工商行政管理部门登记的注册资金。资本金按照投资主体,分为国家资本金、法人资本金、个人资本金和外商资本金。

(1)从性质上看,资本金是投资者(所有者)投入的资金,是主权资金,不同于债务资金;

(2)从目的上看,资本金要保本求利,有营利性,不同于非营利性的事业行政单位资金;

(3)从功能上看,企业资本金用以进行生产经营,承担民事责任,有限责任公司和股份有限公司则以其资本金为限对所负债务承担责任;

(4)从法律地位来看,资本金不同于过去国有企业的国家基金,筹集来的资本金要在工商行政管理部门办理注册登记,已注册的资本金如果追加或减少,必须办理变更登记。

2.企业资本金的管理

对资本金的管理,主要应贯彻以下五项原则:

(1)资金确定原则。要求在公司章程中必须明确规定公司的资金总额。

(2)资金充实原则。对企业登记注册的资本金,投资者应在财务制度规定的期限内缴足,以满足生产经营的需要;所投资金必须是实实在在、不折不扣的,公司不得折价发行股票。

(3)资金保全原则。公司除由股东大会做出增减资金决议并按法定程序办理外,不得任意增减资金总额。

(4)资金增值原则。资本金不仅要能保值,而且在生产经营过程中要能不断增值,以满足投资者的收益期望并保证企业生产经营的扩大。公司必须按规定的比例提取公积金,保证所有者权益的不断扩充。

(5)资金统筹使用原则。企业对资本金有权统筹安排使用,国家对企业的资金来源不再按用途加以划分。

3.企业资本金制度的作用

企业资本金制度是国家对有关资本金的筹集、管理以及企业所有者的责权利等所做的法律规范。

建立资本金制度具有以下重要作用:①有利于明晰产权关系,保障所有者权益;②有利于维护债权人的合法权益;③有利于保障企业生产经营活动的正常进行;④有利于正确计算企业盈亏,合理评价企业经营成果。

权益资金的出资人是企业的所有者,拥有对企业净资产的所有权。企业权益资金的筹集方式主要有吸收直接投资、发行股票和企业内部积累等。

二、吸收直接投资

吸收直接投资是指非股份制企业按照"共同投资、共同经营、共担风险、共享利润"的原则直接吸收国家、法人、个人、外商投入资金的一种筹资方式。吸收直接投资不以股票为媒介,无须公开发行证券。吸收直接投资中的出资者都是企业的所有者,他们对企业拥有经营管理权,并按出资比例分享利润、承担损失。

(一)吸收直接投资的渠道

企业通过吸收直接投资方式筹集资金有以下四种渠道:

1.吸收国家投资

吸收国家投资是指有权代表国家投资的政府部门或者机构以国有资产投入企业,由此形成国家资本金。

2.吸收法人投资

法人投资是指其他企业、事业单位以其可支配的资产投入企业,由此形成法人资本金。

3.吸收个人投资

个人投资是指城乡居民或本企业内部职工以其个人合法财产投入企业,形成个人资本金。

4.吸收外商投资

外商投资是指外国投资者的资金投入企业,形成的资本金。

(二)吸收直接投资的出资方式

吸收直接投资中的投资者可采用现金、实物、无形资产等多种形式出资。主要出资方式有以下几种:

1.现金投资

现金投资是吸收直接投资中最重要的出资形式。企业有了现金,就可获取所需物资,就可支付各种费用,具有最大的灵活性。因此,企业要争取投资者尽可能采用现金方式出资。

2.实物投资

实物投资是指以房屋、建筑物、设备等固定资产和原材料、商品等流动资产所进行的投资。实物投资应符合以下条件:①适合企业生产经营、科研开发等的需要;②技术性能良好;③作价公平合理;④实物不能涉及抵押、担保、诉讼冻结。投资实物的作价,除由出资各方协商确定外,也可聘请各方都同意的专业资产评估机构评估确定。

3.无形资产投资

无形资产投资是指以商标权、专利权、非专利技术、土地使用权等所进行的投资。企业在吸收无形资产投资时应持谨慎态度,避免吸收短期内会贬值的无形资产,避免吸收对本企业利益不大及不适宜的无形资产。

(三)吸收直接投资的程序

企业吸收直接投资,一般要遵循如下程序:

1.确定吸收直接投资所需的资金数量

企业新建或扩大经营规模时,应先确定资金的总需要量及理想的资金结构,然后据以确定吸收直接投资所需的资金数量。

2.寻求投资单位,商定投资数额和出资方式

吸收直接投资中的双方是双向选择的结果。受资单位要选择相宜的投资者,投资单位要选择收益理想或对自身发展有利的受资者。为此,要做好信息交流工作,企业既要广泛了解有关投资者的财力和意向,又要主动传递自身的经营状况和盈利能力,以利于在较多的投资者中寻求最好的合作者。投资单位确定后,双方便可进行具体的协商,确定投资数额和出资方式,

落实现金出资计划及实物、无形资产的评估作价。

3.签署投资协议

企业与投资者商定投资意向和具体条件后,便可签署投资协议,明确双方的权利和责任。

4.执行投资协议

企业与投资者按协议约定,做好投资交接及有关手续,并在以后确保投资者参与经营管理的权利及盈利分配权利。

(四)吸收直接投资的优缺点

1.吸收直接投资的优点

(1)筹资方式简便,筹资速度快。企业与投资者直接接触磋商,没有中间环节。只要双方协商一致,筹资即可成功。

(2)有利于增强企业信誉。吸收直接投资所筹集的资金属于自有资金,与借入资金比较,能提高企业的信誉和借款能力。

(3)有利于尽快形成生产能力。吸收直接投资可直接获得现金、先进设备和先进技术,与通过有价证券间接筹资比较,能尽快地形成生产能力,尽快开拓市场。

(4)有利于降低财务风险。吸收直接投资可以根据企业的经营状况向投资者支付报酬,没有固定的财务负担,比较灵活,所以财务风险较小。

2.吸收直接投资的缺点

(1)资金成本较高。企业向投资者支付的报酬是根据企业实现的净利润和投资者的出资额计算的,不能减免企业所得税,当企业盈利丰厚时,企业向投资者支付的报酬很大。

(2)企业控制权分散。新投资者享有企业经营管理权,这会造成原有投资者控制权的分散与减弱。

三、发行股票

股票是股份公司为筹集主权资金而发行的有价证券,是持股人拥有公司股份的凭证,它表示了持股人在股份公司中拥有的权利和应承担的义务。股票按股东权利和义务的不同,有普通股和优先股之分。

(一)普通股

1.普通股的概念及种类

(1)普通股的概念。普通股是指每一股份对公司财产都拥有平等权益,即对股东享有的平等权利不加以特别限制,并能随股份有限公司利润的大小而分取相应股息的股票。普通股股东在公司盈利和剩余财产的分配顺序上列在债权人和优先股股东之后,相应地风险也高。它构成公司资本的基础,是股票的一种基本形式,也是发行量最大、最为重要的股票。

(2)普通股的种类。

①按是否记名,股票分为记名股和不记名股。记名股是在股票票面上记载股东姓名或名称的股票,不记名股则是在股票票面上不记载股东姓名或名称的股票。《中华人民共和国公司法》规定,公司向发起人、法人发行的股票,应为记名股票;向社会公众发行的股票,可以是记名股票,也可以是不记名股票。

②按票面是否标明金额,股票分为面值股票和无面值股票。面值股票是在票面上标有一

定金额的股票;无面值股票则是在票面上没有标注金额的股票,但需载明所占公司股本总额的比例或股份数。

③按投资主体不同,股票分为国家股、法人股、个人股等。国家股是有权代表国家投资的部门或机构以国有资产向公司投资而形成的股份。法人股是指企业法人依法以其可支配的资产向公司投入而形成的股份。个人股是社会个人或公司职工以个人合法财产投入公司而形成的股份。

④按发行对象和上市地区不同,股票分为 A 股、B 股、H 股和 N 股。在我国内地有 A 股、B 股。A 股是供我国个人或法人买卖的、以人民币标明股票面值并以人民币认购和买卖的股票;B 股是以人民币标明票面金额,以外币认购和交易的股票。H 股是指那些在中国内地注册、在香港上市的股票。N 股是指那些在中国内地注册、在纽约上市的股票。

2.普通股股东的权利

持有普通股股份者为普通股股东。对大公司来说,普通股股东成千上万,不可能每个人都直接对公司进行管理。具体来说,普通股股东的权利主要表现为以下方面。

(1)公司管理权。公司管理权主要通过参加股东大会来行使。普通股股东有权出席股东大会,听取公司董事会的业务报告和财务报告,在股东大会上行使表决权和选举权,从而对公司的经营管理发表意见,选举出公司的董事会成员或监事会成员。公司管理权主要表现在:①投票权,对公司重大问题进行投票表决(比如修改公司章程、改变资本结构、批准出售公司重要资产、吸收或兼并其他公司等);②查账权,通常股东的查账权是受限制的,但是股东可以委托会计师事务所进行查账;③阻止越权经营的权利,阻止管理当局(经营者)的越权行为。

(2)公司盈余分配权。公司盈余分配权是普通股股东经济利益的直接体现,在股东大会审批了董事会的利润分配方案之后,有权从公司经营的净利润中分取股息和红利。

(3)剩余资产分配权。在股份有限公司破产或解散清算时,当公司资产满足了公司债权人的清偿权和优先股股东分配剩余资产的请求权后,普通股股东有权参与公司剩余资产的分配。

(4)转让股票权。普通股股东在认购股票后不能向股份有限公司提出退股要求,只能在二级市场通过股票买卖转让股票权。

(5)认股优先权。这是指股份有限公司在为增加公司资本而决定增加发行新的普通股股票时,现有的普通股股东有权优先认购,以保持其在公司中的股份权益比例。股东对该权利的处理方式为行使、转让和放弃。

(6)公司章程规定的其他权利。普通股股东基于资格,对公司负有义务。我国公司法中规定了股东具有遵守公司章程、缴纳股款、对公司负有有限责任、不得退股以及法律法规和公司章程规定应当承担的其他义务。

3.股票发行

(1)股票发行目的。公司发行普通股股票,总的目的是为了筹措资金,但是具体的情况有所不同。这些情况包括:

①为了建立新的股份公司而发行股票。

②已设立的股份公司为增加资金而发行股票。已设立的股份公司为了增加产品数量,扩大经营需求量,有时需要用发行普通股的方式来筹集资金。公司新发行的股票先由原有股东认购,其余在市场出售。

③其他目的的股票发行。这类发行通常与筹资无关,主要包括发放股票股利时的股票发

行,把可转换债券转化为普通股时的股票发行,股票分割时的股票发行。

(2)股票发行条件。公司公开发行新股,应当符合下列条件:①具备健全且运行良好的组织机构;②具有持续经营能力;③最近三年财务会计报告被出具无保留意见审计报告;④发行人及其控股股东、实际控制人最近三年不存在贪污、贿赂、侵占财产、挪用财产或者破坏社会主义市场经济秩序的刑事犯罪;⑤经国务院批准的国务院证券监督管理机构规定的其他条件。

(3)股票发行程序。股份有限公司设立时发行股票与增资时发行新股,在程序上不同。

①设立时发行股票的程序为:提出募集股份的申请书;公告招股说明书,制作认股书,签订承销协议和代收股款协议;招认股份,缴纳股款;召开创立大会,选举董事会、监事会;办理设立登记,交割股票。

②增资时发行新股的程序为:股东大会做出发行新股的决议;由董事会向国务院证券监督管理部门申请并经批准;公告新股招股说明书和财务会计报表及附属明细表,与证券经营机构签订承销合同,定向募集时向新股认购人发出认购公告或通知;招认股份,缴纳股款;改组董事会、监事会,办理变更登记并向社会公告。

(4)股票发行方式。所谓股票发行方式,就是发行公司采用什么方法,通过何种渠道或途径将自己的股票投入市场,并为广大投资者所接受。股票发行可分为有偿增资发行和无偿增资发行两种。

①有偿增资发行股票的方式。

a.股东配股的股票发行方式,即赋予股东以新股认股权利的发行方式。股东拥有这个权利,应认购的股数要按原持有的股数比例进行分配。

b.第三者配股的股票发行方式,即指公司在新股票发行时,给予和公司有特定关系的第三者以新股认购权。

c.公开招股发行方式,即公募发行,以不特定的多数投资者为发行对象。它可以是直接公募发行,也可以是间接公募发行。这种方式是股票上市公司的主要发行方式。

②无偿增资发行股票的方式。

a.无偿交付方式,即指公司以资本公积金转增股本,向股东发行新股票时,股东无须支付现款就可获得股票。

b.股票分红方式,即上市公司以股票形式给股东进行股利分配。

c.股份分割方式,即将原来大额股票实行细分化,使之成为小额股票。股份分割只是增加股份的份额,而公司的资金数额并不发生变化。

(5)股票发行价格。股票发行价格是指股份公司在募集公司股份资金或增资发行新股时,公开将股票出售给投资者所采用的价格。常见的几种发行价格如下:

①面值发行。面值发行即面额发行,也称等价发行或平价发行。它是指按股票面额出售其新发行的股票,即股票发行价格等于股票面额。

②时价发行。时价发行也称市价发行。它是指企业发行新股时,以已发行的在流通中的股票或同类股票现行价格为基准来确定股票发行价格的一种发行方式。

③中间价发行。中间价发行是指以介于股票面额和股票市价之间的价格发行股票的一种发行方式。中间价发行通常在股东配股发行股票时采用。

我国公司法规定,股票发行价格可以按面值发行(等价),也可以超过票面金额(溢价),但不得低于票面金额(折价)。

公司始发股的发行价格与票面金额通常是一致的。增发新股的发行价格则需根据公司盈利能力和资产增值水平加以确定,主要有以下三种:

①以未来股利计算。

$$每股价格＝预期股利/利息率＝票面价值×股利率/利息率$$

公式中的利息率最好使用金融市场平均利率,也可用投资者的期望报酬率。

②以市盈率计算。

$$每股价格＝每股税后利润×合适的市盈率$$

③以资产净值计算。

$$每股价格＝(资产总额－负债总额)/投入资金总额×每股面值$$

不论用以上三种方法中的哪一种,如果计算得到的结果低于股票面值,那么股票的发行价格就取股票面值。

(6)股票发行成本。股票的发行成本一般较高。发行股票的成本主要由三部分组成:①给承销机构的报酬;②发行股票所应负担的法律费、印刷费;③发行中的其他支出。在这三部分中,以承销机构的报酬为最大。承销机构的报酬由承销机构付给公司的股票价格与售给投资大众的价格之间的差额构成。

4.股票上市

(1)股票上市的目的。股票上市,是指股份有限公司公开发行的股票,经批准在证券交易所进行挂牌交易。经批准在交易所上市交易的股票称为上市股票。

股份公司申请股票上市,一般出于这样的一些目的:

①资金大众化,分散风险。

②提高股票的变现力。股票上市后便于投资者购买,自然提高了股票的流动性和变现力。

③便于筹措新资金。

④提高公司知名度,吸引更多顾客。股票上市公司为社会所知,并被认为经营优良,会带来良好声誉,吸引更多的顾客,从而增加产品销售量,扩大公司的规模和社会影响力。

⑤便于确定公司价值。股票上市后,公司股价有市价可循,便于确定公司的价值,有利于促进公司财富最大化。

股票上市对公司不利的方面主要是:上市公司将负担较高的信息披露成本;各种信息公开的要求可能会暴露公司的商业秘密;股价有时会歪曲公司的实际状况,丑化公司声誉;可能会分散公司的控制权,造成管理上的困难。

(2)股票上市的条件。《中华人民共和国证券法》规定:"申请证券上市交易,应当符合证券交易所上市规则规定的上市条件。证券交易所上市规则规定的上市条件,应当对发行人的经营年限、财务状况、最低公开发行比例和公司治理、诚信记录等提出要求。"

(3)股票上市的终止。《中华人民共和国证券法》规定:"上市交易的证券,有证券交易所规定的终止上市情形的,由证券交易所按照业务规则终止其上市交易。证券交易所决定终止证券上市交易的,应当及时公告,并报国务院证券监督管理机构备案。"

5.上市公司的股票发行

上市的股份有限公司在证券市场上发行股票,包括公开发行股票和非公开发行股票两种类型。公开发行股票又分为首次上市公开发行股票和上市公开发行股票;非公开发行即向特定投资者发行,也叫定向发行。

（1）首次上市公开发行股票。首次上市公开发行股票（initial public offering，IPO），是指股份有限公司对社会公开发行股票并上市流通和交易。实施 IPO 的公司，符合法律、行政法规规定的条件，并依法报经国务院证券监督管理机构或者国务院授权的部门注册。未经依法注册，任何单位和个人不得公开发行证券。

（2）上市公开发行股票。上市公开发行股票是指股份有限公司上市后，通过证券交易所在证券市场上对社会公开发行股票。上市公司公开发行股票，包括增发和配股两种方式。其中，增发是指增资发行，即上市公司向社会公众发售股票的再融资方式，而配股是指上市公司向原有股东配售发行股票的再融资方式。增发和配股也应符合中国证监会规定的条件，并经过中国证监会的核准。

（3）非公开发行股票。上市公司非公开发行股票，是指上市公司采用非公开方式，向特定对象发行股票的行为，也叫定向募集增发。其目的往往是为了引入该机构的特定能力，如管理、渠道等。定向增发的对象可以是老股东，也可以是新投资者。定向增发完成之后，公司的股权结构往往会发生较大变化，甚至发生控股权变更的情况。

6. 普通股融资的优缺点

（1）普通股融资的优点。与其他筹资方式相比，普通股筹措资金具有如下优点：①发行普通股筹措资金具有永久性，无到期日，不需归还，除非公司清算才需偿还。②发行普通股筹资没有固定的股利负担，股利的支付与否和支付多少，视公司有无盈利和经营需要而定。公司盈余较少，或虽有盈余但资金短缺或有更有利的投资机会，就可少支付或不支付股利。③发行普通股筹集的资金是公司最基本的资金来源，它反映了公司的实力，可作为其他方式筹资的基础，尤其可为债权人提供保障，增强公司的举债能力，增加公司的信誉。④由于普通股的预期收益较高并可一定程度地抵消通货膨胀的影响（通常在通货膨胀期间，不动产升值时普通股也随之升值），因此普通股筹资容易吸收资金。⑤发行普通股筹集资金限制条件较少。

（2）普通股融资的缺点。运用普通股筹措资金也有一些缺点：①普通股筹资的资金成本较高；②以普通股筹资会增加新股东，这就可能会分散公司的控制权。

（二）优先股

1. 优先股的概念及种类

（1）优先股的概念。所谓优先股，是与普通股相对应的一种股权形式。持有这种股份的股东在盈余分配和剩余财产分配的顺序上优先于普通的股东，但是优先股股东的表决权一般要受到限制或者被剥夺。优先股的内涵可以从两个角度来认识：一方面，优先股作为一种股权证书，和普通股一样代表着对公司的所有权，但优先股股东的有些权利是优先的，有些权利又受到限制；另一方面，优先股也具有债券的若干特点，它在发行时事先确定一种固定的股息率。优先股股权实际上是一种安全性相对较高，但有可能放弃了一部分风险或收益的股权形式。优先股的特点有股息率固定，分红派息优先，剩余资产分配优先，一般无表决权。

（2）优先股的种类。按不同标准，可对优先股做不同划分，在此介绍几种最主要的分类方式。

①按股利能否累积，优先股可分为累积优先股和非累积优先股。

累积优先股是指在任何营业年度内未支付的股利可累积起来，由以后营业年度的盈利一起支付的优先股股票。非累积优先股是仅按当年利润分派股利，而不予以累积补付的优先股股票。也就是说，如果本年度的盈利不足以支付全部优先股股利，对所积欠的部分，公司不予累积计算,优先股股东也不能要求公司在以后年度中予以补发。

②按是否可转换为普通股股票,优先股可分为可转换优先股和不可转换优先股。

可转换优先股是股东可在一定时期内按一定比例把优先股转换成普通股的股票。转换的比例是事先确定的,其数值大小取决于优先股与普通股的现行价格。不可转换优先股只能获得固定股利报酬,而不能获得转换收益。

③按能否参与剩余利润分配,优先股可分为参与优先股和非参与优先股。

参与优先股是指不仅能取得固定股利,还有权与普通股一同参与利润分配的股票。根据参与利润分配的方式不同,参与优先股又可分为全部参与分配的优先股和部分参与分配的优先股。前者表现为优先股股东有权与普通股股东共同等额分享本期剩余利润,后者则表现为优先股股东有权按规定额度与普通股股东共同参与利润分配,超过规定额度部分的利润,归普通股股东所有。非参与优先股是指不能参与剩余利润分配,只能取得固定股利的优先股。

④按是否有赎回优先股票的权利,优先股可分为可赎回优先股和不可赎回优先股。

可赎回优先股,是指股份公司可以按一定价格收回的优先股票。在发行这种股票时,一般都附有收回性条款,在收回条款中规定了赎回该股票的价格。此价格一般略高于股票的面值。不可赎回优先股是指不能收回的优先股股票。因为优先股都有固定股利,所以,不可赎回优先股一经发行,便会成为一项永久性的财务负担。因此,在实际工作中,大多数优先股均是可赎回优先股,而不可赎回优先股则很少发行。

从以上介绍可以看出,累积优先股、可转换优先股、参与优先股均对股东有利,而可赎回优先股则对股份公司有利。

(3)优先股股东的权利。优先股是相对于普通股而言的。这种"优先"主要是某些权利上的优先,主要有以下方面:

①优先分配股利的权利。优先分配股利的权利,是优先股的最主要特征。优先股的股利除数额固定外,还必须在支付普通股股利之前予以支付。对于累积优先股来说,这种优先权就更为突出。

②优先分配剩余资产权。在企业破产清算时,出售资产所得的收入,优先股位于债权人的求偿之后,但先于普通股。其金额只限于优先股的票面价值,加上累积未支付的股利。

③部分管理权。优先股股东的管理权限是有严格限制的。通常,在公司的股东大会上,优先股股东没有表决权,但是当公司研究与优先股有关的问题时有权参加表决。

2.优先股筹资的优缺点

优先股是一种复杂的证券,它虽属权益性资金,但却兼有债券性质。

(1)优先股筹资的优点。公司利用优先股筹资有许多有利条件,其优点主要有:

①优先股没有固定的到期日,不用偿还本金。

②股利的支付既固定,又有一定弹性。

③能保持普通股股东的控制权。当公司既想向外界筹集主权资金,又不想丧失现有股东控制权时,则利用优先股筹资尤为恰当。

(2)优先股筹资的缺点。优先股除具有以上优点外,当然也具有它自身的缺点:

①优先股成本很高。优先股所支付的股利要从税后盈余中支付,不同于债务利息可在税前扣除。因此,优先股成本很高。

②优先股筹资的限制较多。发行优先股,通常有许多限制条款,例如,对普通股股利支付

的限制,对公司借债的限制等。

③优先股股利可能会成为公司的财务负担。

四、内部权益资金融通

内部权益资金融通主要指留存收益。留存收益也是权益资金的一种,是指企业的盈余公积、未分配利润等。与其他权益资金相比,其取得更为主动简便,既不需开展筹资活动,又无筹资费用。因此这种筹资方式既节约了成本,又增强了企业的信誉。留存收益的实质是投资者对企业的再投资。但这种筹资方式受制于企业盈利的多寡及企业的分配政策。

(一)留存收益来源

留存收益是指企业从历年实现的利润中提取或留存于企业的内部积累,它来源于企业的生产经营活动所实现的净利润,包括企业的盈余公积和未分配利润两个部分。

利润分配是指企业根据国家有关规定和投资者的决议,对企业当年可供分配的利润所进行的分配。

按照《中华人民共和国公司法》等法律、法规的规定,公司分配当年实现的利润总额,应按照国家有关规定做相应调整后,依法交纳所得税,然后按下列顺序分配:

1.弥补以前年度亏损(超过5年补亏期)

公司的法定公积金不足以弥补以前年度公司亏损的,在依照规定提取法定公积金之前,应当先用当年利润弥补亏损。

2.提取法定公积金(一般按10%,达到注册资本的50%时,可不再提取)

公司分配当年税后利润时,应当提取利润的10%列入公司法定公积金。公司法定公积金累计额为公司注册资本的50%以上的,可以不再提取。

3.提取任意公积金

公司从税后利润中提取法定公积金后,经股东会决议或者股东大会决议,还可以从税后利润中提取任意公积金。

4.向投资者分配利润或股利

公司弥补亏损和提取公积金后所余税后利润,有限责任公司依照《中华人民共和国公司法》第三十四条的规定分配(股东按照实缴的出资比例分取红利,但是,全体股东约定不按照出资比例分取红利的除外);股份有限公司按照股东持有的股份比例分配,但股份有限公司章程规定不按持股比例分配的除外。

需要指出,股份有限公司当年无利润时,不得向股东分配股利,但在用盈余公积弥补亏损后,经股东大会特别决议,可以按照不超过股票面值6%的比例用盈余公积分配股利,在分配股利后,企业法定公积金不得低于注册资本金的25%。另外,企业发生的年度亏损,可以用下一年度实现的税前利润弥补;下一年度税前利润不足弥补的,可以在5年内延续弥补;5年内不足弥补的,应当用税后利润弥补。企业发生的年度亏损以及超过用利润抵补期限的也可以用以前年度提取的盈余公积弥补。

未分配利润是指企业实现的净利润经过弥补亏损、提取盈余公积和向投资者分配利润后留存在企业的、历年结存的利润。它是企业所有者权益的组成部分。

(二)留存收益的优缺点

留存收益筹资的优点主要有:①利用留存收益筹集资金不用支付筹资费用,其资金成本低于普通股筹资成本；②能保持普通股股东的控制权；③能增强公司的信誉；④采用内部留存收益筹集资金，不会发送任何可能对股价产生不利影响的信号。

留存收益筹资的缺点主要有：①筹资数额有限制；②资金使用受制约。

第三节　借入资金的筹集

负债是企业所承担的能以货币计量、需以资产或劳务偿付的债务。企业通过银行借款、发行债券、融资租赁、商业信用等方式筹集的资金属于企业的负债。由于负债要归还本金和利息，因而称为企业的借入资金或债务资金。

一、银行借款

银行借款是指企业根据借款合同向银行或非银行金融机构借入的需要还本付息的款项。

（一）银行借款的种类

1.按借款期限长短分

银行借款按借款期限长短可分为短期借款和长期借款。短期借款是指借款期限在一年以内的借款；长期借款是指借款期限在一年以上的借款。

2.按借款担保条件分

银行借款按借款担保条件可分为信用借款、担保借款和票据贴现。

（1）信用借款是指以借款人的信誉或保证人的信用为依据而获得的贷款，企业取得这种贷款，无须以财产做抵押。

（2）担保借款是以有关方面的保证责任、质押物或抵押物为担保的贷款，它包括保证贷款、质押贷款和抵押贷款。

（3）票据贴现也是一种抵押贷款，它是商业票据的持有人把未到期的商业票据转让给银行，贴付一定利息以取得银行资金的一种借贷行为。

3.按借款用途分

银行借款按借款用途可分为基本建设借款、专项借款和流动资金借款。

4.按提供贷款的机构分

银行借款按提供贷款的机构可分为政策性银行贷款和商业性银行贷款。

（二）银行借款的程序

1.企业提出借款申请

企业要向银行借入资金，必须向银行提出申请，填写包括借款金额、借款用途、偿还能力、还款方式等内容的借款申请书，并提供有关资料。

2.银行进行审查

银行对企业的借款申请要从企业的信用等级、基本财务情况、投资项目的经济效益、偿债能力等多方面做必要的审查，以决定是否提供贷款。

3.签订借款合同

借款合同是规定借款单位和银行双方的权利、义务和经济责任的法律文件。借款合同包括基本条款、保证条款、违约条款及其他附属条款等内容。

4.企业取得借款

双方签订借款合同后,银行应如期向企业发放贷款。

5.企业归还借款

企业应按借款合同规定按时足额归还借款本息。如因故不能按期归还,应在借款到期之前的 3~5 天内,提出展期申请,由贷款银行审定是否给予展期。

(三)银行借款的信用条件

向银行借款往往附带一些信用条件,主要有以下几种。

1.补偿性余额

补偿性余额(compensatory balance)是银行要求借款企业在银行中保留一定数额的存款余额,约为借款额的 10%~20%,其目的是降低银行贷款风险,但对借款企业来说,加重了利息负担。

$$补偿性余额贷款实际利率=[名义利率/(1-补偿性余额比率)]×100\%$$

【例 6-1】某企业按年利率 9% 向银行借款 100 万元,补偿性余额比例为 10%。要求计算企业实际借款利率。

补偿性余额贷款实际利率=[名义利率/(1-补偿性余额比率)]×100%=[9%/(1-10%)]×100%=10%

2.信贷额度

信贷额度(credit line)是借款企业与银行在协议中规定的借款最高限额。在信贷额度内,企业可以随时按需要支用借款。但如果协议是非正式的,则银行并无必须按最高借款限额保证贷款的法律义务。

3.周转信贷协议

周转信贷协议是银行具有法律义务地承诺提供不超过某一最高限额的贷款协议。企业享用周转信贷协议,要对贷款限额中的未使用部分付给银行一笔承诺费。

【例 6-2】某企业与银行商定的周转信贷额度为 2 000 万元,承诺费为 1%,该企业年度内实际借款额为 1 600 万元。要求计算该企业应向银行支付的承诺费。

应付承诺费=(2 000-1 600)×1%=4(万元)

除了上述信用条件外,银行往往还要规定一些限制条款,如企业定期向银行报送财务报告、保持适当的资产流动性、禁止应收账款的转让等。

银行借款筹资成本就是企业实际支付的利息,其相对数则应是实际利率。计算公式如下:

$$实际利率=借款人实际支付的利息/借款人所得的借款$$

在实行单利计息而且无其他信用条件下,实际利率与名义利率是一致的。当信用条件发生变化时,两者就出现差异。

(四)银行借款的优缺点

1.银行借款的优点

(1)筹资速度快。与发行证券相比,其无须印刷证券、报请批准等,一般所需时间短,可以较快满足资金的需要。

(2)筹资的成本低。与发行债券相比,借款利率较低,且无须支付发行费用。

(3)借款灵活性大。企业与银行可以直接接触,商谈借款金额、期限和利率等具体条款。

借款后如情况变化可再次协商。到期还款有困难,如能取得银行谅解,也可延期归还。

2.银行借款的缺点

(1)筹资数额往往不可能很多。银行一般不愿借出巨额的长期借款,因此利用银行筹资的金额都有一定的上限。

(2)银行会提出对企业不利的限制条款。企业与银行签订的借款合同中,一般会有一些限制性条款,如定期报送有关报表、不准改变借款用途等,可能会限制企业的经营活动。

(3)财务风险较大。企业长期借款,必须定期还本付息,在经营不利的情况下,可能会产生不能偿付的风险,甚至会导致破产。

二、发行债券

债券是债权人依照法定程序发行的、承诺按一定利率定期支付利息,并到期偿还本金的有价证券。

(一)债券的种类

1.按发行主体分类

债券按发行主体可分为政府债券、金融债券和公司债券。政府债券是由中央政府或地方政府发行的债券。政府债券风险小,流动性强。金融债券是银行或其他金融机构发行的债券。金融债券风险不大,流动性较强,利率较高。公司债券是由公司发行的债券。公司债券风险较大,利率较高,流动性差别较大。

2.按有无抵押担保分类

债券按有无抵押担保可分为信用债券、抵押债券和担保债券。信用债券又称无抵押担保债券,是以债券发行者自身的信誉发行的债券。政府债券属于信用债券,信誉良好的企业也可发行信用债券。企业发行信用债券往往有一些限制条件,如不准企业将其财产抵押给其他债权人,不能随意增发企业债券,未清偿债券之前股利不能分得过多等。抵押债券是指以一定抵押品作抵押而发行的债券。当企业不能偿还时,债权人可将抵押品拍卖以获取债券本息。担保债券是指由一定保证人作担保而发行的债券。当企业没有足够资金偿还时,债权人可以要求保证人偿还。

3.按偿还期限分类

债券按偿还期限可分为短期债券和长期债券。短期债券是指偿还期在一年以内的债券;长期债券是指偿还期在一年以上的债券。

4.按是否记名分类

债券按是否记名可分为记名债券和无记名债券。

5.按计息标准分类

债券按计息标准可分为固定利率债券和浮动利率债券。

6.按是否标明利息率分类

债券按是否标明利息率可分为有息债券和贴现债券。

7.按是否可转换成普通股分类

债券按是否可转换成普通股可分为可转换债券和不可转换债券。

(二)发行公司债券的条件

公司发行债券,必须具备规定的发行条件。

1. 发行公司债券的条件

《中华人民共和国证券法》规定,公开发行公司债券,应当符合以下条件:①具备健全且运行良好的组织结构;②最近三年平均可分配利润足以支付公司债券一年的利息;③国务院规定的其他条件。

另外,公开发行公司债券筹集的资金,必须按照公司债券募集办法所列资金用途使用;改变资金用途,必须经债券持有人会议作出决议。公开发行公司债券募集的资金,不得用于弥补亏损和非生产性支出。

2. 不得再次公开发行公司债券的情形

有下列情形之一的,不得再次公开发行公司债券:①对已公开发行的公司债券或者其他债务有违约或者延迟支付本息的事实,仍处于继续状态;②违反《中华人民共和国证券法》规定,改变公开发行公司债券所募资金的用途。

(三)债券的发行方式

债券的发行方式按不同的标准,可以划分为三类:根据发行对象的不同,分为公募发行与私募发行;根据是否有证券发行中介机构参与,分为直接发行与间接发行;根据发行条件及其投资者的决定方式,分为招标发行与非招标发行。

1. 公募发行与私募发行

(1)公募发行。公募发行是指以非特定的多数投资者作为募集对象所进行的债券发行。公募发行涉及众多投资者,其社会责任和影响都很大,为了保证投资者的利益,国家对公募发行的条件做了严格的规定。

公募发行的优点是:因为向众多投资者发行债券,所以能筹集较多的资金;可以提高发行者在证券市场上的知名度,扩大社会影响;与私募发行相比,债券的利息率较低;公募发行的债券一般都可公开上市交易,有比较好的流动性,很受投资人欢迎。但公募发行也有其缺点,主要是公募发行的发行费用较高,发行所需时间较长。

(2)私募发行。私募发行是指以特定的少数投资者为募集对象所进行的债券发行。特定的投资者一般可分为两类:一类是个人投资者,如企业职工;另一类是机构投资者,如大的金融机构。

私募发行的优点主要有:节约发行费用;发行时间短;发行的限制条件少。私募发行的缺点主要有:需要向投资者提供高于公募债券的利率;私募发行的债券一般不能公开上市交易,缺乏流动性;债券集中于少数债权人,发行者的经营管理容易受到干预。

2. 直接发行与间接发行

(1)直接发行。直接发行是指发行者不通过证券发行中介机构,完全由自己组织和完成债券发行工作,并直接向投资者销售债券的发行方式。直接发行可以降低发行成本,但直接发行由于所筹资金有限,涉及事务烦琐,如果发行债券数量很大,级别不是很高,加之缺乏必要的技术和经验,很容易导致发行失败。只有那些信誉特别高的大企业和网点分布很广的金融机构才会采用直接发行方式来发行债券。

(2)间接发行。间接发行是指发行者通过证券发行中介机构,由证券中介机构向投资者销售债券的发行方式。证券中介机构拥有较高的资金实力、广泛的机构网点和可靠的信息情报与专业人才,由其代理发行债券更迅速、更可靠。现今的债券大多数采用间接发行方式。

按承担的风险及手续费的高低,间接发行又可分为代销、余额包销和全额包销三种方式。

①代销发行。代销发行是指发行人委托承销商代其向社会销售债券,承销商不负责认购未售出部分,由发行者承担债券发行风险的发行方式。采用代销方式,如果发行期内实际发行的数量没有达到预定的数额,承销商将剩余部分退还给发行者。发行者按实际发行额向承销商支付一定比例的手续费。

②余额包销发行。余额包销发行是指由承销商按规定的发行额和发行条件,在约定期限内向社会推销债券,当实际发行额达不到预定数额时,剩余部分由承销商负责认购的发行方式。余额包销实际上是先代理发行,后承购包销,是代销与包销的结合。它的特点是既能保证债券发行总额的完成,又能减轻发行者的费用和中介机构的风险压力。

③全额包销发行。全额包销发行是指由承销商将公司拟发行的债券全部买进,然后按市场价格出售给投资者的发行方式。采用全额包销发行,承销商取得的不是发行者支付的手续费,而是转卖债券的差价。

全额包销方式按其承销商的不同,又可分为协议包销、俱乐部包销和银团包销三种。

A.协议包销。协议包销是指由一个承销商包销发行人待发行的全部债券,发行风险由该承销商独立承担,转卖债券的差价也全部归该承销商。

B.俱乐部包销。俱乐部包销是指由若干承销商合作包销债券,包销的份额、承担的风险、所获得的转卖债券的差价都平均分摊。

C.银团包销。银团包销是指由一个承销商牵头,若干承销商参与包销活动,以竞争的形式确定各自的包销额,并且按照其包销额来承担发行风险,分取转卖债券的差价。

3.招标发行与非招标发行

(1)招标发行。招标发行是指债券发行者通过招标的方式来决定债券的投资者和债券的发行条件的发行方式。由于招标发行是公开进行的,属于公募性质,因而也称为公募招标。公募招标有时通过证券发行中介机构,有时由发行者自行办理。

(2)非招标发行。非招标发行是指债券发行者与承销商直接协商发行条件的发行方式。采用非招标发行,便于适合发行者的需要和现行市场状况。

(四)发行公司债券的程序

公司在发行债券筹资过程中,必须遵循法律的有关规定和证券市场的有关规定,依次完成债券的发行工作。

1.做出发行债券的决议

公司在具备了发行债券的资格和条件后,如果要发行债券筹集资金,必须先做出发行债券的决定,具体包括债券发行总额、票面金额、发行价格、募集办法、债券利率、偿还日期及方式等内容。

股份有限公司、有限责任公司发行公司债券,由董事会制订方案,股东大会或股东会做出决议;国有独资公司发行公司债券,由国家授权投资的机构或者国家授权的部门做出决定。可见,发行公司债券的决议和决定,是由公司最高权力机构做出的。

2.办理债券等级评定手续

发行公司应向国务院证券管理机构认可的资信评级机构申请办理债券等级评定手续。一般只有在资信评估机构出具的债券等级证明为 A 级以上时,才允许公司正式提出发行申请注册。

3.提出发行债券申请注册

公开发行债券,必须符合法律、行政法规规定的条件,并依法报经国务院证券监督管理机构或者国务院授权的部门注册。未经依法注册,任何单位和个人不得公开发行债券。申请公开发行公司债券,应当向国务院授权的部门或者国务院证券监督管理机构报送下列文件:①公司营业执照;②公司章程;③公司债券募集办法;④国务院授权的部门或者国务院证券监督管理机构规定的其他文件。依照《中华人民共和国证券法》规定聘请保荐人的,还应当报送保荐人出具的发行保荐书。

国务院证券监督管理机构或者国务院授权的部门依照法定条件负责证券发行申请的注册。国务院证券监督管理机构或者国务院授权的部门应当自受理证券发行申请文件之日起三个月内,依照法定条件和法定程序作出予以注册或者不予注册的决定,发行人根据要求补充、修改发行申请文件的时间不计算在内。不予注册的,应当说明理由。

国务院证券监督管理机构或者国务院授权的部门对已作出的证券发行注册的决定,发现不符合法定条件或者法定程序,尚未发行证券的,应当予以撤销,停止发行。已经发行尚未上市的,撤销发行注册决定,发行人应当按照发行价并加算银行同期存款利息返还证券持有人;发行人的控股股东、实际控制人以及保荐人,应当与发行人承担连带责任,但是能够证明自己没有过错的除外。

4.公告债券募集办法

发行公司债券的申请经注册后,应当公告公司债券募集办法。公司债券募集办法中应当载明下列主要事项:①公司名称;②债券募集资金的用途;③债券总额和债券的票面金额;④债券利率的确定方式;⑤还本付息的期限和方式;⑥债券担保情况;⑦债券的发行价格、发行的起止日期;⑧公司净资产额;⑨已发行的尚未到期的公司债券总额;⑩公司债券的承销机构。

5.签订承销协议

发行人向不特定对象发行的证券,法律、行政法规规定应当由证券公司承销的,发行人应当同证券公司签订承销协议。代销或者包销协议,载明下列事项:①当事人的名称、住所及法定代表人姓名;②代销、包销证券的种类、数量、金额及发行价格;③代销、包销的期限及起止日期;④代销、包销的付款方式及日期;⑤代销、包销的费用和结算办法;⑥违约责任;⑦国务院证券监督管理机构规定的其他事项。

6.发售债券

承销机构按照协议规定,在发行期内向投资者发售债券。投资者直接向承销机构付款购买,承销机构代为收取债券款,交付债券。

发行公司债券的应在置备的公司债券存根簿中登记有关事项。对于发行的记名公司债券,应在存根簿上载明以下事项:①债券持有人的姓名或名称及住所;②债券持有人取得债券的日期及债券编号;③债券总额,债券的票面金额、利率、还本付息的期限和方式;④债券的发行日期等。发行无记名公司债券的,应在存根簿上载明债券总额、利率、偿还期限和方式、发行日期及债券的编号等。

7.收进债券款项

待债券发售期截止,发行公司向承销机构收缴债券款项,并由承销机构扣除其应得的手续费后,债券发行即告结束。

(五)公司债券的发行价格

债券的发行价格是指发行公司或其承销机构发行债券时所采用的价格,也就是债券原始投资者购入债券时应支付的市场价格。发行价格与债券的面值可能一致,也可能不一致。公司在发行债券之前,必须依据有关因素,运用一定的方法,确定债券的发行价格。

1. 债券发行价格的影响因素

公司债券发行价格的高低,取决于下列几个主要因素:

(1)债券票面金额。债券票面金额是决定债券发行价格的基本因素。一般来说,债券面额越大,发行价格越高。债券发行价格的高低,从根本上取决于债券面额的大小,但二者不一定相等。

(2)票面利率。即债券票面上事先确定的名义利率。

(3)市场利率。市场利率是指债券发行时资金市场上的实际利率。一般来说,债券票面利率越接近于市场利率,则债券的发行价格越接近于债券面额;债券的票面利率越大于市场利率,则债券的发行价格越大于债券面额;债券的票面利率越小于市场利率,则债券的发行价格亦越小于债券面额。

(4)债券期限。债券期限越长,债权人的风险越大,要求的利息报酬就越高,其发行价格就可能越低;反之,则可能越高。

2. 债券发行价格的确定方法

债券的发行价格通常有等价、溢价和折价三种。

等价又叫平价,是指以债券的票面金额作为发行价格。溢价是指以高于债券面额的价格发行债券。折价是指以低于债券面额的价格发行债券。溢价或折价发行债券,主要是由于债券的票面利率与市场利率不一致所造成的。如果债券票面利率大于市场利率,则由于未来利息多计,导致债券内在价值大而应采用溢价发行。如果债券票面利率小于市场利率,则由于未来利息少计,导致债券内在价值小而应采用折价发行。这是基于债券发行价格应该与它的价值贴近确定的。由于票面利率与市场利率的不一致,债券的票面利率在债券发行前即已参照市场利率确定下来,并标明于债券票面,无法改变,而市场利率经常发生变动。因此在债券发售时,就需要调整发行价格,以调节债券购销双方的利益。

(1)每年末支付利息、到期支付面值的债券发行价格的计算。债券发行价格一般是由债券的面值和所要支付的利息按发行当时的市场利率折算成现值来确定的。其基本计算公式为

$$债券发行价格 = \frac{债券面额}{(1+市场利率)^n} + \sum_{t=1}^{n}\frac{债券年利息}{(1+市场利率)^t}$$

式中,n 为债券期限;t 为付息期数;市场利率即债券发售时的市场利率;债券年利息即债券面额与票面利率的乘积。

或者　　　债券发行价格 = 债券面额×复利现值系数 + 债券面额×i_2×年金现值系数

$$= 债券面额 \times (P/F, i_1, n) + 各期利息 \times (P/A, i_1, n)$$

式中,n 为债券的期限;i_1 为市场利率;i_2 为票面利率。

【例6-3】某企业发行债券筹资,面值为500元,期限为5年,发行时市场利率为10%,每年末付息,到期还本。要求分别按票面利率8%、10%、12%计算债券的发行价格。

(1)票面利率为8%的发行价格。

发行价格 = 500×8%×$(P/A,10\%,5)$ + 500×$(P/F,10\%,5)$ = 40×3.790 8 + 500×0.620 9 = 462.08(元)

（2）票面利率为 10% 的发行价格。

发行价格 $=500\times10\%\times(P/A,10\%,5)+500\times(P/F,10\%,5)=50\times3.790\,8+500\times0.620\,9=499.99(元)\approx500(元)$

（3）票面利率为 12% 的发行价格。

发行价格 $=500\times12\%(P/A,10\%,5)+500\times(P/F,10\%,5)=60\times3.790\,8+500\times0.620\,9=537.90(元)$

从例 6-3 结果可见，上述三种情况分别以折价、等价、溢价发行。此类问题的市场利率是复利年利率，当债券以单利计息、到期一次还本付息时，即使票面利率与市场利率相等，也不应是面值发行。

（2）到期一次还本付息的债券发行价格的计算。

债券发行价格 = 按票面利率和期限计算债券到期的本利和 × 复利现值系数

$=债券面额\times(1+i_2\times n)\times(P/F,i_1,n)$

【例 6-4】依例 6-3 资料，改成单利计息，到期一次还本付息，其余不变。

（1）票面利率为 8% 的发行价格。

发行价格 $=500\times(1+5\times8\%)\times(P/F,10\%,5)=700\times0.620\,9=434.63(元)$

（2）票面利率为 10% 的发行价格。

发行价格 $=500\times(1+5\times10\%)\times(P/F,10\%,5)=750\times0.620\,9=465.68(元)$

（3）票面利率为 12% 的发行价格。

发行价格 $=500\times(1+5\times12\%)\times(P/F,10\%,5)=800\times0.620\,9=496.72(元)$

（六）公司债券的收回与偿还

债券的收回是指发行债券的公司根据事先在债券契约中的规定，在一定日期按特定价格回购债券的行为。债券的偿还是指债券到期由发行公司偿还债务。债券的收回与偿还有多种方法。

1. 收回条款

如果公司发行债券的契约中规定有收回条款，公司可按特定的价格在到期日之前收回债券。债券的收回价格一般比面值要高，并随到期日的接近而逐渐减少。有收回条款的债券可使公司融资有较大的弹性。当公司资金有结余时，可收回债券；当预测利率下降时，也可收回债券，而后以较低的利率来发行新的债券，但这会给投资者带来不利影响。

2. 偿债基金

偿债基金是一种帮助公司有条理地偿还所发行的债券的一种准备金。如果发行债券的契约中规定有偿债基金，则要求公司每年都提取偿债基金以便顺利偿还债券。提取的偿债基金有的每年金额固定，有的根据每年的销售额或盈利计算确定。

3. 债券的调换

发行新的债券，调换以前一次或多次发行的旧债券称为债券的调换。公司之所以要进行债券的调换，一般有以下几个原因：①原有债券的限制性条款较多，不利于企业的发展；②把多次发行、尚未彻底偿清的债券进行合并，以便简化管理，减少管理费用；③有的债券到期，但公司现金不足。

4. 转换成普通股

如果公司发行的是可转换公司债券，那么，可通过转换成普通股来收回债券。

5.偿还方式

债券的偿还方式很多,但主要有分批偿还和到期一次偿还两种。一个公司在发行同一种债券的当时就订有不同的到期日,这种债券为分批偿还债券。由于各批的到期日不同,因而发行价格和规定的利率也不尽相同,这种债券便于投资人挑选最合适的到期日,因而便于发行。到期一次偿还是指到期一次以现金方式偿还的债券,我国发行的债券目前多数采用此种方式。

(七)债券筹资的优缺点

1.债券筹资的优点

(1)债券利息作为财务费用在税前列支,而股票的股利须由税后利润发放,因此利用债券筹资的资金成本较低。

(2)债券持有人无权干涉企业的经营管理,因而不会减弱原有股东对企业的控制权。

(3)债券利率在发行时就确定,如遇通货膨胀,则实际减轻了企业负担;如企业盈利情况好,由财务杠杆作用导致原有投资者获取更大的收益。

2.债券筹资的缺点

(1)筹资风险高。债券筹资有固定到期日,要承担还本付息义务。当企业经营不善时,会减少原有投资者的股利收入,甚至会因不能偿还债务而导致企业破产。

(2)限制条件多。债券持有人为保障债权的安全,往往要在债券合同中签订保护条款,这对企业造成较多约束,影响企业财务灵活性。

(3)筹资数量有限。债券筹资的数量一般比银行借款更多,但它筹集的毕竟是债务资金,不可能太多,否则会影响企业信誉,也会因资金结构变差而导致总体资金成本的提高。

三、可转换公司债券

(一)可转换公司债券的概念

可转换公司债券,又称为可换股债券,是债券的一种,它可以转换为债券发行公司的股票,其转换比率一般会在发行时确定。可转换公司债券通常具有较低的票面利率,因为可以转换成股票的权利是对债券持有人的一种补偿。另外,将可转换公司债券转换为普通股时,所换得的股票价值一般远大于原债券价值。从本质上讲,可转换公司债券是在发行公司债券的基础上,附加了一份期权,并允许购买人在规定的时间范围内将其购买的债券转换成指定公司的股票。

(二)可转换公司债券的基本要素

1.票面利率

与普通债券一样,可转换公司债券也设有票面利率。在其他条件相同的情况下,较高的票面利率对投资者的吸引力较大,因而有利于发行,但较高的票面利率会对可转换公司债券的转股形成压力,发行公司也将为此支付更高的利息。可见,票面利率的大小对发行者和投资者的收益和风险都有重要的影响。可转换公司债券的票面利率通常要比普通债券低,有时甚至还低于同期银行存款利率。可转换公司债券的票面利率之所以这样低是因为可转换公司债券的价值除了利息之外还有股票买权这一部分,一般情况下,该部分的价值可以弥补股票红利的损失,这也正是它吸引投资者的主要原因。

2.面值

我国可转换公司债券面值是 100 元,最小交易单位是 1 000 元。境外可转换债券由于通常在柜台交易系统进行交易,最小交易单位通常较高。

3.发行规模

可转换公司债券的发行规模不仅影响公司的偿债能力,而且要影响未来公司的股本结构,因此发行规模是可转换公司债券很重要的因素,根据有关规定,可转换债券的发行额不少于 1 亿元,发行后资产负债率不高于 70%。

4.期限

可转换公司债券发行公司通常根据自己的偿债计划、偿债能力以及股权扩张的步伐来制订可转换公司债券的期限,国际市场上可转换公司债券期限通常较长,一般在 5~10 年左右,但我国发行的可转换债券的期限规定为 1~6 年,发行公司调整余地不大。转换期是指可转换公司债券转换为股份的起始日至截止日的期间。根据不同的情况,转换期通常有以下四种:①发行一段时间后的某日至到期日前的某日;②发行一段时间后的某日至到期日;③发行后日至到期日前的某日;④发行后日至到期日。

在前两种情况下,发行了可转换公司债券之后,发行公司锁定了一段特定的期限,在该期限内公司不受理转股事宜,它这样做的目的是不希望过早地将负债变为资本金而稀释原有的股东权益;在后两种情况下,发行公司在可转股之前对可转换公司债券没有锁定一段期限,这样做的目的主要是为了吸引更多的投资者。

《上市公司证券发行管理办法》规定,可转换公司债券自发行结束之日起 6 个月后方可转换为公司股票,转换期限由公司根据可转换公司债券的存续期限及公司财务状况确定。

5.转股价格

转股价格是指可转换公司债券转换为每股股票所支付的价格。与转股价格紧密相连的两个概念是转换比率与转换溢价率。转换比率是指一个单位的债券转换成股票的数量,即

$$转换比率＝单位可转换公司债券的面值/转股价格$$

转换溢价是指转股价格超过可转换公司债券的转换价值(可转换公司债券按标的股票时价转换的价值)的部分;转换溢价率则指转换溢价与转换价值的比率,即

$$转换溢价率＝(转股价格－股票价格)/股票价格$$

转股价格应不低于募集说明书公告日前二十个交易日该公司股票交易均价和前一交易日的均价。

需要特别指出的是,我们这里所说的转股价格和转换溢价率是就可转换公司债券发行时而言的,它不同于可转换公司债券交易时的市场转股价格和市场转换溢价率。

$$市场转股价格＝可转换公司债券的市价/转换比率$$

$$市场转换溢价率＝(市场转股价格－当前的股价)/当前的股价$$

6.转股价格调整条款

(1)除权调整。转股价的除权调整实际上是一种反稀释条款,旨在保障既有可转换公司债券投资人的权益。在发行的可转换公司债券的存续期间,所有导致发行人 A 股股价进行除权(如送红股、配股、派息等)或其他需要调整交易价的行为发生时,转股价格将按交易所电脑系统调整发行人 A 股价格的计算公式进行调整。常规的几种转股价格调整的计算公式如下:设

转股价格为 P_0,送股率为 N,配股率为 K,配股价为 A,每股派息为 D,则经调整后的转股价格 P_1 如下:

送股:$P_1 = P_0/(1+N)$

派息:$P_1 = P_0 - D$

配股:$P_1 = (P_0 + A \times K)/(1+K)$(如增发新股需除权,其调整公式与配股一致)

(2)特别向下调整。可转换公司债券的特别向下调整条款有时也称为向下修正条款。当股票价格表现不佳时,一般是股票价格连续低于转股价一定水平,该条款允许发行公司在约定的时间内将转股价格向下修正为原转股价格的 $70\%\sim80\%$,以保障投资人于持有期内因股票价格持续下滑乃至无法执行转换权利时,仍能按约定的时点进行转股价格的重新设定,促使调整后的转股价格较能接近目前的股票市价水平,否则原定的转股价格就会远远高出当前的股价,使得转股不能进行。

7.赎回条款

赎回是指在一定条件下公司按事先约定的价格买回未转股的可转换公司债券。发行公司设立赎回条款的主要目的是降低发行公司的发行成本,避免因市场利率下降而给自己造成利率损失,同时也出于加速转股过程、减轻财务压力的考虑。通常该条款可以起到保护发行公司和原有股东权益的作用。赎回实质上是买权,是赋予发行公司的一种权利,发行公司可以根据市场的变化而选择是否行使这种权利。

赎回条款一般包括以下几个要素:

(1)赎回保护期。这是指可转换公司债券从发行日至第一次赎回日的期间。赎回保护期越长,股票增长的可能性就越大,赋予投资者转换的机会就越多,对投资者也就越有利。

(2)赎回时间。赎回保护期过后,便是赎回期。按照赎回时间的不同,赎回方式可以分为定时赎回和不定时赎回。定时赎回是指公司按事先约定的时间和价格买回未转股的可转换公司债券;不定时赎回是指公司根据标的股票价格的走势按事先的约定以一定价格买回未转股的可转换公司债券。

(3)赎回条件。在标的股票的价格发生某种变化时,发行公司可以行使赎回权利。这是赎回条款中最重要的要素。按照赎回条件的不同,赎回可以分为无条件赎回(即硬赎回)和有条件赎回(即软赎回)。无条件赎回是指公司在赎回期内按事先约定的价格买回未转股的可转换公司债券,它通常和定时赎回有关;有条件赎回是指在标的股票价格上涨到一定幅度(如130%),并且维持了一段时间之后,公司按事先约定的价格买回未转股的可转换公司债券,它通常和不定时赎回有关。

(4)赎回价格。赎回价格是事先约定的,它一般为可转换公司债券面值的 $103\%\sim106\%$。对于定时赎回,其赎回价一般逐年递减;而对于不定时赎回,通常赎回价格除利息外是固定的。

一旦公司发出赎回通知,可转换公司债券持有者必须立即在转股或卖出可转换公司债券之间做出选择,正常情况下,可转换公司债券持有者会选择转股。可见,赎回条款最主要的功能是强制可转换公司债券持有者行使其转股权,从而加速转换,因此它又被称为加速条款。

8.回售条款

回售条款是为投资者提供的一项安全性保障,当可转换公司债券的转换价值远低于债券面值时,持有人必定不会执行转换权利,此时投资人依据一定的条件可以要求发行公司以面额加计利息补偿金的价格收回可转换公司债券。为了降低投资风险吸引更多的投资者,发行公司通常设置该条款。它在一定程度上保护了投资者的利益,是投资者向发行公司转移风险的一种方式。回售实质上是一种卖权,是赋予投资者的一种权利,投资者可以根据市场的变化而选择是否行使这种权利。

回售条款一般包括以下几个要素:

(1)回售条件。回售也分为无条件回售和有条件回售。无条件回售是指无特别原因而进行的回售。有条件回售是指公司股票价格在一段时期内连续低于转股价格并达到某一幅度时,可转换公司债券持有人按事先约定的价格将所持债券卖给发行人。因此如果股价下降幅度没有满足回售条件的话,投资者利益就很难得以保障。

通常的做法是当标的股票的价格在较长时间内没有良好的表现,转股无法实现,可转换公司债券持有者有权按照指定的收益率将所持债券卖给发行人,由于收益率一般远高于可转换公司债券的票面利率,因此投资者的利益就能得到很好的保护。

(2)回售时间。回售时间根据回售条件分为两种。一种是固定回售时间,通常针对无条件回售,它一般定在可转换公司债券偿还期的1/3或一半之后。对于10年期以上的可转换公司债券,回售时间大多定在5年以后。国内可转换公司债券也有在可转换公司债券快到期时回售,所起的作用与还本付息相似。另外一种是不固定回售时间,针对有条件回售,指股票价格满足回售条件的时刻。

(3)回售价格。回售价格是事先约定的,它一般比市场利率稍低,但远高于可转换公司债券的票面利率,因此使得可转换公司债券投资者的利益受到有效的保护,降低了投资风险,因此附有回售条款的可转换公司债券通常更受投资者的欢迎。

(三)可转换公司债券融资的优缺点

1.可转换公司债券融资的优点

(1)有利于降低资金成本。由于可转换公司债券附有一般债券所没有的选择权,因此,可转换公司债券的利率一般低于普通债券,转换前可转换公司债券的资金成本低于普通债券;转换为股票后,又可节约股票的发行成本,从而降低股票的资金成本。

(2)有利于筹集更多资金。可转换公司债券的转换价格通常高于发行时的股票价格,因此,可转换公司债券转换后,其融资额大于当时发行股票的融资额,也有利于稳定公司的股价。

(3)有利于调整资金结构。可转换公司债券是一种债务和权益双重性融资方式,转换前可转换公司债券属于公司的一种债务,若公司希望持有人转股,还可借助诱导,促进转股,从而调整资金结构。

(4)强制赎回条款的规定可以避免公司的融资损失。当公司股票价格在一段时期内连续高于转换价格达到某一幅度并持续一段时间时,公司可按事先约定的条件强制赎回债券。

2.可转换公司债券融资的缺点

(1)转股后可转换公司债券融资将失去利率较低的好处。

(2)若确需股票融资,但股价并未上升,可转换公司债券持有人不愿转股时,发行公司将承受债务压力。

(3)若可转换公司债券转股时股价高于转换价格,则发行公司遭受融资损失。

(4)回售条款的规定可能使发行公司遭受损失。当公司股票价格在一段时期内连续低于转股价格达到一定幅度时,可转换公司债券持有人可按事先约定的价格将所持债券回售,从而使发行公司受损。

四、租赁

租赁是承租人向出租人交付租金,出租人在契约或合同规定的期限内将资产的使用权让渡给承租人的一种经济行为。租赁活动由来已久。现代租赁已经成为企业筹集资金的一种方式,用于补充或部分代替其他筹资方式。在租赁业务发达的条件下,它为企业所普遍采用,成为企业的一种特殊筹资方式。

(一)租赁的种类

租赁的种类很多,按租赁的性质可分为经营租赁和融资租赁两大类。

1. 经营租赁

经营租赁(operating lease),又称服务性租赁。它是由承租人向出租人交付租金,由出租人向承租人提供资产使用及相关的服务,并在租赁期满时由承租人把资产归还给出租人的租赁。

经营租赁通常为短期租赁,其特点主要有:

(1)资产所有权属于出租人,承租人仅获取资产使用权,不是为了融资。

(2)经营租赁是一个可解约的租赁,承租企业在租期内可按规定提出解除租赁合同。

(3)租赁期短,一般只是租赁物使用寿命期的小部分。

(4)出租企业向承租企业提供资产维修、保养及人员培训等服务。

(5)租赁期满或合同中止时,租赁资产一般归还给出租企业。

2. 融资租赁

融资租赁(capital lease),又称财务租赁、资金租赁。它是承租人为融通资金而向出租人租用由出租人出资按承租人要求购买的租赁物的租赁。它是以融物为形式、融资为实质的经济行为,是出租人为承租人提供信贷的信用业务。融资租赁通常为长期租赁,其特点主要有:

(1)资产所有权形式上属于出租方,但承租方能实质性地控制该项资产,并有权在承租期内取得该项资产的所有权。承租方应把融资租入资产作自有资产对待,如要在资产账户上做记录,要计提折旧。

(2)融资租赁是一种不可解约的租赁,租赁合同比较稳定,在租赁期内,承租人必须连续交纳租金,非经双方同意,中途不得退租。这样既能保证承租人长期使用该项资产,又能保证出租人收回投资并有所得益。

(3)租赁期长,租赁期一般是租赁资产使用寿命期的绝大部分。

(4)出租方一般不提供维修、保养方面的服务。

(5)租赁期满,承租人可选择留购、续租或退还,通常由承租人留购。

下文主要介绍融资租赁。

(二)融资租赁的形式

融资租赁有以下三种形式:

1. 直接租赁

直接租赁是指承租人直接向出租人租入所需要的资产。直接租赁的出租人主要是制造厂商、租赁公司。直接租赁是融资租赁中最为普遍的一种,是融资租赁的典型形式。

2.售后回租

售后回租是指承租人先把其拥有主权的资产出售给出租人,然后再将该项资产租回的租赁。这种租赁方式既使承租人通过出售资产获得一笔资金,以改善其财务状况,满足企业对资金的需要,又使承租人通过回租而保留了企业对该项资产的使用权。

3.杠杆租赁

杠杆租赁是由资金出借人为出租人提供部分购买资产的资金,再由出租人购入资产租给承租人的方式。因此,杠杆租赁涉及出租人、承租人和资金出借人三方。从承租人的角度来看,它与其他融资租赁形式并无多大区别。从出租人的角度来看,它只支付购买资产的部分资金(20%～40%),其余部分(60%～80%)是向资金出借人借来的。在杠杆租赁方式下,出租人具有三重身份,即资产所有权人、出租人、债务人。出租人既向承租人收取租金,又向借款人偿还本息,其间的差额就是出租人的杠杆收益。从资金出借人的角度来看,它向出租人借出资金是由出租人以租赁物为抵押的,它的债权对出租人没有追索权,但对租赁物有第一留置权。即当承租人不履行支付租金义务时,资金出借人不能向出租人追索债务,但可向法院申请执行其担保物权。该项租赁物被清偿的所得,首先用以清偿资金出借人的债务,如有剩余再给出租人。

(三)融资租赁租金的计算

融资租赁租金是承租企业支付给租赁公司让渡租赁设备的使用权或价值的代价。租金的数额大小、支付方式对承租企业的财务状况有直接的影响,也是租赁决策的重要依据。

1.租金的构成

(1)租赁资产的价款,包括设备的买价、运杂费及途中保险费等。

(2)利息,即租赁公司所垫资金的应计利息。

(3)租赁手续费,包括租赁公司承办租赁业务的营业费用及应得到的利润。租赁手续费的高低由租赁公司与承租企业协商确定,一般以租赁资产价款的某一百分比收取。

2.租金的支付方式

(1)按支付时期长短,租金支付方式可分为年付、半年付、季付、月付。

(2)按每期支付租金的时间,租金支付方式可分为先付租金和后付租金。先付租金指在期初支付,后付租金指在期末支付。

(3)按每期支付金额,租金支付方式可分为等额支付和不等额支付。

3.租金的计算方法

融资租赁租金计算方法较多,常用的有平均分摊法和等额年金法。

(1)平均分摊法。平均分摊法是指先以商定的利息率和手续费率计算出租赁期间的利息和手续费,然后连同租赁设备购置成本的应该摊销总额按租金支付次数平均计算出每次应付租金的数额的方法。

平均分摊法下,每次应付租金数额的计算公式为

$$R=[(C-S)+I+F]/n$$

式中,R 为每次应付租金数额;C 为租赁设备的购置成本;S 为期满时由租入方留购,支付给出租方的转让价;I 为租赁期间的利息;F 为租赁期间的手续费;n 为租赁期间租金支付次数。

【例6-5】某企业向租赁公司租入一套设备,设备原价100万元,租期为5年,预计租赁期满租入企业支付的转让价为5万元。年利率为10%,手续费为设备原价的2%,租金每年末支付一次。要求计算该企业每年应付租金的数额。

$$R=\frac{(100-5)+[100\times(1+10\%)^5-100]+100\times2\%}{5}=31.61(万元)$$

（2）等额年金法。等额年金法是运用年金现值的计算原理计算每次应付租金的方法。在这种方法下，要将利息率和手续费率综合在一起确定一个租费率，作为贴现率。这种方法与平均分摊法比，计算较为复杂，但因为考虑了资金的时间价值，结论更具客观性。

等额年金法下，每次应付租金数额的计算公式为

$$R=[C-S\times(P/F,i,n)]/(P/A,i,n)$$

式中，R 为每次期末应付租金数额；C 为租赁设备的购置成本；S 为期满时由租入方留购，支付给出租方的转让价；i 为租费率；n 为租赁期间支付租金次数。

关于这一公式的正确使用应注意如下三点：

第一，这一公式假定每期租金是期末支付的，即租金是普通年金。假如每期租金是期初支付的，即租金是即付年金，那么计算公式应是

$$R=\frac{C-S\times(P/F,i,n)}{(P/A,i,n-1)+1}$$

第二，公式中的 i 是租费率，它是综合了资金利息率和租赁手续费率后由租赁双方认可的，它比纯粹的借款利率要大。当租赁手续费是租赁开始一次付清的，也即各期租金不含手续费时，租费率与租金利息率相同。

第三，公式中分子、分母的 i 是同一的，都是租费率，否则会造成租赁期结束时账面余额与预计残值不一致。

【例 6-6】仍用例 6-5 的资料。要求分别对以下三种情况用等额年金法计算该企业每年应付租金额：①租费率为 12%，租金在每年年末支付。②租费率为 12%，租金在每年年初支付。③租金在每年年末支付，但租赁手续费在租入设备时一次付清。

设三种情况的每年应付租金额分别为 R_1、R_2、R_3，则

$$R_1=\frac{100-5\times(P/F,12\%,5)}{(P/A,12\%,5)}=\frac{100-5\times0.567\ 4}{3.604\ 8}=26.95(万元)$$

$$R_2=\frac{100-5\times(P/F,12\%,5)}{(P/A,12\%,4)+1}=\frac{100-5\times0.567\ 4}{3.037\ 3+1}=24.07(万元)$$

$$R_3=\frac{100-5\times(P/F,10\%,5)}{(P/A,10\%,5)}=\frac{100-5\times0.620\ 9}{3.790\ 8}=25.56(万元)$$

（四）融资租赁的优缺点

1. 融资租赁的优点

（1）融资租赁的实质是融资，当企业资金不足、举债购买设备困难时，更显示其"借鸡生蛋，以蛋还鸡"办法的优势。

（2）融资租赁的资金使用期限与设备寿命周期接近，比一般借款期限要长，使承租企业偿债压力较小；在租赁期内租赁公司一般不得收回出租设备，使用有保障。

（3）融资与融物的结合，减少了承租企业直接购买设备的中间环节和费用，有助于迅速形成生产能力。

2. 融资租赁的缺点

（1）资金成本高。融资租赁的租金比举债利息高，因此总的财务负担重。

（2）不一定能享有设备残值。

五、商业信用

商业信用(business credit)是指商品交易中的延期付款、预收货款或延期交货而形成的借贷关系,是企业之间的直接信用行为。商业信用是商品交易中钱与货在时间上的分离,它的表现形式主要是先取货、后付款和先付款、后取货两种,是自然性融资。商业信用产生于银行信用之前,在银行信用出现以后,商业信用依然存在。企业之间商业信用的形式很多,主要有应付账款、应付票据、预收货款。

(一)应付账款

应付账款即赊购商品形成的欠款,是一种典型的商业信用形式。应付账款是卖方向买方提供信用,允许买方收到商品后不立即付款,可延续一定时间。这样做既解决了买方暂时性的资金短缺困难,又便于卖方推销商品。

卖方在销售中推出信用期限的同时,往往会推出现金折扣条款。如(2/10,n/30)表示信用期为 30 天,允许买方在 30 天内免费占用资金;如买方在 10 天内付款,可以享有 2% 的现金折扣。这时,买方就面临一项应付账款决策——要不要提前在现金折扣期内付款。例如,A 企业向 B 企业购入一批原材料,价款总数为 100 万元,付款约定为(2/10,n/30)。以下分析 A 企业该如何决策:A 企业可以到第 30 天时付款 100 万元,也可以在第 10 天时付款 98 万元,放弃现金折扣,把 98 万元占用 20 天,就需支付"利息"2 万元。放弃现金折扣的成本率为 $\dfrac{2\%}{1-2\%} \times \dfrac{360}{20} = 36.73\%$。

放弃现金折扣的成本是一种机会成本,它是买方该不该放弃现金折扣的决策依据。假定银行贷款利率为 10%,则 A 企业不应该放弃现金折扣,宁可向银行借钱在第 10 天付款 98 万元,享有现金折扣。因为借款 20 天的利息为 $98 \times 10\% \times 20/360 = 0.54$(万元),花 0.54 万元省下 2 万元是划算的。当放弃现金折扣成本率大于银行贷款利率时不应放弃现金折扣。不难得到计算公式:

$$放弃现金折扣成本率 = \frac{现金折扣率}{1-现金折扣率} \times \frac{360}{信用期-折扣期}$$

(二)应付票据

应付票据是企业在对外经济往来中,对应付债务所开出的票据。应付票据主要是商业汇票,商业汇票根据承兑人的不同可分为商业承兑汇票和银行承兑汇票。商业承兑汇票是由收款人开出,经付款人承兑,或由付款人开出并承兑的汇票。银行承兑汇票是由收款人或承兑申请人开出,由银行审查同意承兑的汇票。商业承兑汇票由付款人承兑,若到期时付款人银行存款账户余额不足支付票款,银行不承担付款责任,只负责将汇票退还收款人,由收款人与付款人自行协商处理。银行承兑汇票由承兑银行承兑,若到期时承兑申请人存款余额不足支付票款,承兑银行应向收款人或贴现银行无条件支付票款,同时对承兑申请人执行扣款,并对未扣回的承兑金额按每天万分之五计收罚息。商业汇票是一种期票,最长期限为 6 个月。对于买方(即付款人)来说,它是一种短期融资方式;对于卖方(即收款人)来说,也可能产生一种融资行为,就是票据贴现。票据贴现是指持票人把未到期的商业票据转让给银行,贴付一定的利息以取得银行资金的一种借贷行为。它是一种以票据为担保的贷款,是一种银行信用。票据贴现涉及贴现利息和银行实付贴现金额,有关计算公式为

贴现利息＝票据到期金额×贴现率×贴现期

银行实付贴现金额＝票据到期金额－贴现利息

式中,贴现期是指自贴现日至票据到期前一日的实际天数。

【例6-7】某企业2020年7月10日将一张出票日为4月10日、期限为6个月、票面价值为1 000万元、票面利率月息为5‰的商业汇票向银行贴现,贴现率为月息6‰。要求计算贴现利息及银行实付贴现金额。

该汇票到期日为10月10日,贴现期为91天。

汇票到期金额＝1 000×(1＋5‰×6)＝1 030(万元)

贴现利息＝1 030×6‰/30×91＝18.746(万元)

银行实付贴现金额＝1 030－18.746＝1 011.254(万元)

如果办理贴现的是商业承兑汇票,而该票据到期时债务人未能付款,那么贴现银行因收不到款项而向贴现企业行使追索权。贴现企业办理贴现后对于这种或有负债应当在资产负债表附注中予以披露。

(三)预收货款

预收货款是指卖方按照合同或协议的规定,在发出商品之前向买方预收的部分或全部货款的信用行为。它等于卖方向买方先借一笔款项,然后用商品偿还。这种情况中的商品往往是紧俏的,买方乐意预付货款而取得期货,卖方由此筹集到资金。但应防止卖方企业乘机乱收预收货款,不合理地占用其他企业资金。

综上可知,商业信用融资有简单方便、无实际成本、约束和限制少等优点,但它的融资期限短。

第四节 企业资金需要量预测

企业筹集资金应以需定筹。测算企业资金需要量是筹集资金的基础工作。企业资金需要量的预测有很多方法,本节将介绍常用的预测资金需要量的方法。

一、因素分析法

定性预测法是指利用直观的资料,依靠熟悉财务情况和生产经营情况的相关人员的经验以及分析、判断能力,预测未来资金需要量的方法。这种方法通常在企业缺乏完备准确的历史资料的情况下采用。

定性预测法尽管十分有用,但它不能揭示资金需要量与有关因素之间的数量关系。例如,预测资金需要量应和企业生产经营规模相联系。生产规模扩大、销售数量增加,会引起资金需求量增加;反之,则会使资金需求量减少。

二、销售百分比法

所谓销售百分比法是指以未来销售收入变动的百分比为主要参数,考虑随销售变动的资产负债项目及其他因素对资金需求的影响,从而预测未来需要追加的资金量的一种定量计算方法。

销售百分比法下企业需要追加资金量的基本计算公式是

$$\Delta F = K \times (A - L) - R + M$$

式中,ΔF表示企业在预测年度需从企业外部追加筹措资金的数额;K表示预测年度销售收入对于基期年度增长的百分比;A 表示随销售收入变动而成正比例变动的资产项目基期金额;L 表示随销售收入变动而成正比例变动的负债项目基期金额;R 表示预测年度增加的可以使用的留存收益,是企业内部形成的可用资金,可以作为向外界筹资的扣减数;M 表示新增零星开支。

资产项目与销售收入的关系一般可分为三种情况:第一种情况是随销售收入变动成正比例变动,如货币资金、应收账款、存货等流动资产项目,这些是公式中 A 的计量对象。第二种情况是与销售收入变动没有必然因果关系,如长期投资、无形资产等,这些项目不是 A 的计量对象。第三种情况是与销售收入的关系有多种可能的,如固定资产。假定基期固定资产的利用已经饱和,那么增加销售必须追加固定资产投资;假定基期固定资产的剩余生产能力足以满足销售增长的需要,则不必追加资金添置固定资产。

负债项目与销售收入的关系一般可分为两种情况:第一种情况是随销售收入变动成正比例变动,如应付账款、应交税金等流动负债项目,这些是公式中 L 的计量对象。第二种情况是与销售收入没有必然因果关系,如各种长期负债等,这些项目不是 L 的计量对象。

关于销售百分比法的使用应注意:资产、负债中各项目与销售收入的关联情况各企业不一定是相同的,上面的叙述存在着假定性,应当考察企业本身的历史资料与 L 的计量范围。所有者权益类项目中的实收资本不会随着销售收入的增加而自动增加。公司的利润如果不全部分配出去,留存收益也会有适当增加。本公式中涉及的是预计随销售增加而自动增加的项目。

【例 6-8】某公司 2019 年实现销售额 30 万元,销售净利率为 10%,并按净利润的 60% 发放股利,假定该公司的固定资产利用能力已经饱和,有关零星开支增加 10 000 元。2019 年底的资产负债表如表 6-1 所示。

表 6-1 资产负债表　　　　　　单位:元

资产		负债及所有者权益	
货币资金	80 000	负债:应付账款	130 000
应收账款	180 000	应交税金	20 000
存货	240 000	长期负债	50 000
固定资产(净值)	500 000	所有者权益:实收资金	750 000
无形资产	10 000	留存收益	60 000
合计	1 010 000	合计	1 010 000

若该公司计划在 2020 年把销售额提高到 36 万元,销售净利率、股利发放率仍保持 2019 年水平。要求用销售百分比法预测该公司 2020 年需向外界融资额。

$K=(36-30)/30=20\%$

$A=8+18+24=50(万元)$

$L=13+2=15(万元)$

$R=36\times10\%\times(1-60\%)=1.44(万元)$

$M=1(万元)$

$\Delta F=20\%\times(50-15)-1.44+1=6.56(万元)$

该公司 2020 年需向外界融资 6.56 万元。

三、资金习性预测法

资金习性预测法是指根据资金习性预测未来资金需要量的方法。按照资金习性,可以把资金区分为不变资金、变动资金和半变动资金。不变资金是指在一定的产销量范围内,不受产销量变动的影响而保持固定不变的资金。变动资金是指随产销量的变动而同比例变动的那部分资金。半变动资金是指虽然受产销量变化的影响,但不成同比例变动的资金,如一些辅助材料所占用的资金。半变动资金可采用一定的方法划分为不变资金和变动资金两部分。

资金习性预测法有以下两种形式。

1. 根据资金占用总额同产销量的关系预测资金需要量

这种方法是根据历史上企业资金占用总额与产销量之间的关系,把资金划分成不变和变动两部分,然后结合预计的销售量来预测资金需要量。

设产销量为自变量 x,资金占用为因变量 y,它们之间的关系可用下式表示:

$$y = a + bx$$

式中,a 表示不变资金;b 表示单位产销量所需变动资金。

可见,只要求出 a 和 b,并知道预测期的产销量,就可以用上述公式预测资金需求情况。a 和 b 可用高低点法或回归直线法求出。

(1)高低点法。资金预测的高低点法是指根据企业一定期间资金占用量的历史资料,按照资金习性原理和 $y = a + bx$ 直线方程式,选用最高收入期和最低收入期的资金占用量之差,同这两个收入期的销售额之差进行对比,先求 b 的值,然后再代入原直线方程,求出 a 的值,从而估计推测资金发展趋势。其计算公式为

$$b = \frac{最高收入期资金占用量 - 最低收入期资金占用量}{最高销售收入 - 最低销售收入}$$

$$a = 最高收入期资金占用量 - b \times 最高销售收入$$

$$a = 最低收入期资金占用量 - b \times 最低销售收入$$

(2)回归直线法。回归直线法是根据企业若干期业务量和资金占用的历史资料,运用最小平方法原理计算不变资金和单位销售额变动资金的一种资金习性分析方法。其计算公式为

$$a = \frac{\sum x_i^2 \sum y_i - \sum x_i \sum x_i y_i}{n \sum x_i^2 - (\sum x_i)^2}$$

$$b = \frac{n \sum x_i y_i - \sum x_i \sum y_i}{n \sum x_i^2 - (\sum x_i)^2}$$

或者

$$b = \frac{\sum y_i - na}{\sum x_i}$$

式中,y 表示第 i 期的资金占用量;x 表示第 i 期的产销量。

【例6-9】某企业产销量和资金变化情况如表6-2所示。2020年预计销售量为380万件。销售单价假定每年不变。该企业采用高低点法确定不变资金和变动资金。试计算2020年的资金需要量。

表 6-2　产销量和资金变化情况

年度	产销量(x)/万件	资金占用(y)/万元
2014	120	100
2015	110	95
2016	100	90
2017	120	100
2018	130	105
2019	140	110

$$b = \frac{110-90}{140-100} = 0.5(元/件)$$

$$a = 110 - 0.5 \times 140 = 40(万元)$$

或 $a = 90 - 0.5 \times 100 = 40(万元)$

2020 年资金需要量 $= 40 + 0.5 \times 380 = 230(万元)$

2. 采用先分项后汇总的方法预测资金需要量

这种方法是根据资金占用项目(如现金、存货、应收账款、固定资产)同产销量之间的关系,把各项目的资金都分成变动资金和不变资金两部分,然后汇总在一起,求出企业变动资金总额和不变资金总额,进而来预测资金需要量。

【例 6-10】某企业流动资产、流动负债和固定资产等项目根据历史数据,计算出的变动资金和不变资金资料如表 6-3 所示。假定 2020 年的预计销售收入为 4 000 000 元,试计算 2020年资金需要量。

表 6-3　资金需要量预测

项目	年度不变资金(a)/元	每一元销售收入所需变动资金(b)/元
流动资产		
现金	11 000	0.06
应收账款	62 000	0.15
存货	100 000	0.22
小计	173 000	0.43
减:流动负债		
应付账款及应付费用	82 000	0.12
净资金占用	91 000	0.31
固定资产		
厂房、设备	530 000	0
所需资金合计	621 000	0.31

2020 年资金需要量 $= 621\,000 + 0.31 \times 4\,000\,000 = 1\,861\,000(元)$

从上面的分析可以看出,资金习性预测法考虑到资金需要量与产销量之间的变动关系,是一种比较简单而又准确的预测方法。

本章小结

本章主要对财务管理中资金的筹集方式进行讲解,内容包括筹资的分类以及负债筹资方式、权益筹资方式各自的特点。通过本章学习,学生能掌握现实工作中企业主要的筹资渠道和方式,能进行负债融资、权益融资的选择。

思考与练习

1. ABC 公司 2019 年有关的财务数据如表 6 - 4 所示。

表 6 - 4 ABC 公司 2019 年有关的财务数据

项目	金额/万元	占销售收入的百分比
流动资产	4 000	100%
长期资产	2 600	N
资产合计	6 600	
短期借款	600	N
应付账款	400	10%
长期负债	1 000	N
实收资本	3 800	N
留存收益	800	N
负债及所有者权益合计	6 600	
销售额	4 000	100%
净利	200	5%
当年利润分配额	60	

注:在表中,N 为不变动,是指该项目不随销售的变化而变化。

要求:假设该公司实收资本一直保持不变,计算回答以下互不关联的两个问题。

(1)假设 2020 年计划销售收入为 5 000 万元,需要补充多少外部融资(保持日前的利润分配率、销售净利率不变)?

(2)若利润留存率为 100%,销售净利率提高到 6%,目标销售额为 4 500 万元,需要筹集补充多少外部融资(保持其他财务比率不变)?

2. 甲公司目前发行在外普通股 200 万股(每股 1 元),已发行利率为 8% 的债券 600 万元,目前的息税前利润为 150 万元。该公司打算为一个新的投资项目融资 500 万元,新项目投产后公司每年息税前利润会增加 150 万元。现有两个方案可供选择:按 10% 的利率发行债券(方案 1);按每股 20 元发行新股(方案 2)。公司适用所得税税率为 25%。

要求:

(1)计算两个方案的每股收益;

(2)计算两个方案的每股收益无差别点息税前利润;

(3)计算两个方案的财务杠杆系数;

(4)判断哪个方案更好。

3.某公司拟采购一批零件,供应商规定的付款条件为"2/10,1/20,n/30",每年按 360 天计算。

要求:

(1)假设银行短期贷款利率为 15%,计算放弃现金折扣的成本(比率),并确定对该公司最有利的付款日期和价格。

(2)假设目前一短期投资报酬率为 40%,确定对该公司最有利的付款日期。

4.某企业 2015 年至 2019 年的产销数量和资金占有数量的历史资料如表 6-5 所示,该企业 2020 年的预计产销量为 86 000 件。

要求:

(1)分别运用高低点法和回归分析法计算该企业 2020 年的资金需要量。

(2)说明两种方法预测的 2020 年资金占用量出现差异的原因。

表 6-5　某企业产销量与资金占用量表

年度	产量(x)/万件	资金占用量(y)/万元
2015	8.0	650
2016	7.5	640
2017	7.0	630
2018	8.5	680
2019	9.0	700

5.星海公司正与某银行协商一笔价值为 120 万元的 1 年期贷款,银行提供了下列各种贷款条件供公司选择:

(1)年利率为 12% 的贷款,没有补偿性余额的规定,利息费用在年底支付。

(2)年利率为 10% 的贷款,补偿性余额为贷款额的 15%,利息费用在年底支付。

(3)年利率为 7% 的贷款,利息费用在年底支付,但借款本金要在每月平均偿还。

(4)年利率为 9% 的贴现利率贷款,补偿性余额为贷款额的 10%。

请问:哪种贷款具有最低的实际利率?

 即测即评

即测即评

第七章
资本成本与资本结构

学习目标

1. 掌握资本成本的计算；
2. 明确经营杠杆与经营风险、财务杠杆与财务风险以及复合杠杆与企业风险的关系；
3. 掌握经营杠杆和财务杠杆、复合杠杆的计算；
4. 熟悉最佳资本结构的确定。

教学大纲　　　扩展阅读及案例解析

引导案例

多变市场下的资本结构权衡

A 汽车制造公司急需 1 亿元资金用于技术改造项目。生产副总经理提议发行 5 年期的债券筹集资金。财务副总经理则认为，公司目前资产负债率为 70％，已经比较高了，如果再利用债券筹资，财务风险将过高，应当发行普通股或优先股筹集资金。金融专家认为，发行普通股十分困难，根据利率水平和市场状况测算，如果发行优先股，年股利率不能低于 16.5％，如果发行债券，以 12％ 的年利率即可顺利发行。技术改造项目投产后预计税后投资报酬率将达到 18％。财务专家认为，以 16.5％ 的股利率发行优先股不可行，因为发行优先股的筹资费用较高，加上筹资费用后的资金成本将达到 19％，高于项目的税后投资报酬率；如果发行债券，由于利息可在税前支付，实际的资金成本大约在 9％。财务专家还提出，由于正处于通货膨胀时期，利率较高，不宜发行期限长、具有一定负担的债券或优先股，而应向银行筹措 1 亿元的 1 年期技术改造贷款，1 年后再以较低的股利率发行优先股来替换技术改造贷款。但是财务副总经理认为，银行贷款的容量有限，向银行筹措 1 亿元技术改造贷款不太现实，而且 1 年后通货膨胀也未必会消除。面对复杂多变的金融市场，如何恰当地测算资金成本、权衡资本结构、及时足额高效地筹集资金，是企业面临的一个非常重要的问题。

启示：

A 汽车制造公司面对复杂多变的金融市场，如何恰当地测算资金成本、权衡资本结构、及时足额高效地筹集资金？

第一节　资本结构的理论

资本结构是企业财务管理的基本范畴之一。本节主要阐述资本结构的概念、种类、价值基础、意义和理论观点。

一、资本结构的概念

在财务管理实务中,企业在一定时期采用各种筹资方式组合筹资的结果,就形成一定的资本结构。因此,资本结构是指企业各种资本的价值构成及其比例关系,是企业一定时期筹资组合的结果。

资本结构有广义和狭义之分,广义的资本结构是指企业全部资本的构成及其比例关系。企业一定时期的资本可分为债务资本和股权资本、短期资本和长期资本。一般而言,广义的资本结构包括债务资本与股权资本的结构、长期资本与短期资本的结构,以及债务资本的内部结构、长期资本的内部结构和股权资本的内部结构等。狭义的资本结构是指企业各种长期资本的构成及其比例关系,尤其是指长期债务资本与(长期)股权资本之间的构成及其比例关系。

二、资本结构的种类

一个企业的资本结构可以按不同标志区分为不同种类,主要区分标志有资本权属和资本期限,相应区分为资本的权属结构和资本的期限结构。

1.资本的权属结构

一个企业的全部资本就权属而言,通常分为两大类:一类是股权资本,另一类是债务资本。企业的全部资本按权属区分,则构成资本的权属结构。资本的权属结构是指企业不同权属资本的价值构成及其比例关系。这两类资本构成的资本结构就是企业的资本权属结构。例如,ABC 公司的资本总额为 10 000 万元,其中股东权益属于股权资本,金额为 5 000 万元,比例为 50%;银行借款和应付债券等属于债务资本,金额合计为 5 000 万元,比例为 50%。债务资本和权益资本各为 5 000 万元或各占 50%,或者债务资本与股权资本之比为 1∶1,这是对 ABC 公司资本权属结构的不同表述。企业同时拥有债务资本和股权资本而构成的资本权属结构,有时又称"搭配资本结构"或"杠杆资本结构",其搭配比例或杠杆比例通常可用债务资本的比例来表示。资本的权属结构涉及企业及其所有者和债权人的利益和风险。

2.资本的期限结构

一个企业的全部资本就期限而言,一般可以分为两大类:一类是长期资本,另一类是短期资本。这两类资本构成企业资本的期限结构。资本的期限结构是指不同期限资本的价值构成及其比例关系。在上例中,ABC 公司的银行借款 2 000 万元中有 1 000 万元是短期借款,1 000万元是长期借款,应付债券和股权资本都是长期资本。由此,该公司短期资本为 1 000 万元,长期资本为 9 000 万元;或长期资本占 90%,短期资本占 10%;或长期资本与短期资本之比为 9∶1。这是对 ABC 公司资本期限结构的不同表述。资本的期限结构涉及企业一定时期的利益和风险,并可能影响企业所有者和债权人的利益和风险。

三、资本结构的价值基础

对于企业的资本结构,需要明确资本的价值基础。一般而言,资本价值的计量基础有会计账面价值、现时市场价值和未来目标价值。与此相联系,企业的资本如果分别按这三种价值基础来计量和表达,就形成三种不同价值计量基础反映的资本结构,即资本的账面价值结构、资本的市场价值结构和资本的目标价值结构。

1.资本的账面价值结构

资本的账面价值结构是指企业资本按会计账面价值基础计量反映的资本结构。企业资产负债表的右方"负债及所有者权益"或"负债及股东权益"所反映的资本结构就是按账面价值计量的,由此形成的资本结构是资本的账面价值结构。一般认为,它不太适合企业资本结构决策的要求。

2.资本的市场价值结构

资本的市场价值结构是指企业资本按现时市场价值基础计量反映的资本结构。当企业的资本具有现时市场价格时,可以按其市场价格计量反映资本结构。通常上市公司发行的股票和债券具有现时的市场价格,因此上市公司可以市场价格计量反映其资本的现时市场价值结构。一般认为,它比较适于上市公司资本结构决策的要求。

3.资本的目标价值结构

资本的目标价值结构是指企业资本按未来目标价值计量反映的资本结构。当一个企业能够比较准确地预计其资本的未来目标价值时,可以按其目标价值计量反映资本结构。一般认为,它更适合企业未来资本结构决策管理的要求,但资本的未来目标价值不易客观准确地估计。

四、资本结构的意义

企业的资本结构问题,主要是资本的权属结构的决策问题,即债务资本的比例安排问题。在企业的资本结构决策中,合理地利用债务筹资,科学地安排债务资本的比例,是企业筹资管理的一个核心问题。它对企业具有重要的意义。

(1)合理安排资本比例可以降低企业的综合资本成本率。由于债务利息率通常低于股票股利率,而且债务利息在所得税前利润中扣除,企业可享有所得税上利益,从而债务资本成本率明显低于股权资本成本率。因此,在一定的限度内合理地提高债务资本的比例,可以降低企业的综合资本成本率。

(2)合理安排债务资本比例可以获得财务杠杆利益。由于债务利息通常是固定不变的,当息税前利润增大时,每1元利润所负担的固定利息会相应降低,从而可分配给股权所有者的税后利润会相应增加。因此,在一定的限度内合理地利用债务资本,可以发挥财务杠杆的作用,给企业所有者带来财务杠杆利益。

(3)合理安排债务资本比例可以增加公司的价值。一般而言,一个公司的现实价值等于其债务资本的市场价值与权益资本的市场价值之和,用公式表示为

$$V = B + S$$

式中,V表示公司总价值,即公司总资本的市场价值;B表示公司债务资本的市场价值;S表示公司股权资本的市场价值。

上述公式清楚地表达了按资本的市场价值计量反映的资本权属结构与公司总价值的内在关系。公司的价值与公司的资本结构是紧密联系的,资本结构对公司的债务资本市场价值和股权资本市场价值,进而对公司总资本的市场价值即公司总价值都具有重要的影响。因此,合理安排资本结构有利于增加公司的市场价值。

五、资本结构的理论观点

资本结构理论是关于公司资本结构、公司综合资本成本率与公司价值三者之间关系的理论。它是公司财务理论的核心内容之一,也是资本结构决策的重要理论基础。从资本结构理论的发展来看,主要有早期资本结构理论、MM资本结构理论和新的资本结构理论。在现实中,资本结构是否影响企业价值这一问题一直存有争议,故称为"资本结构之谜"。

（一）早期资本结构理论

早期资本结构理论主要有三种观点。

1.净收益观点

这种观点认为,在公司的资本结构中,债务资本的比例越大,公司的净收益或税后利润就越多,从而公司的价值就越高。按照这种观点,公司获取资本的来源和数量不受限制,并且债务资本成本率和权益资本成本率都是固定的,不受财务杠杆的影响。由于债务的投资报酬率固定,债务人有优先求偿权,所以债务投资风险低于股权投资风险,债务资本成本率一般低于股权资本成本率。因此,公司的债务资本越多,债务资本比例越高,综合资本成本率就越低,从而公司的价值就越大。净收益观点下的资本结构与资本成本率和公司价值的关系如图7-1所示。

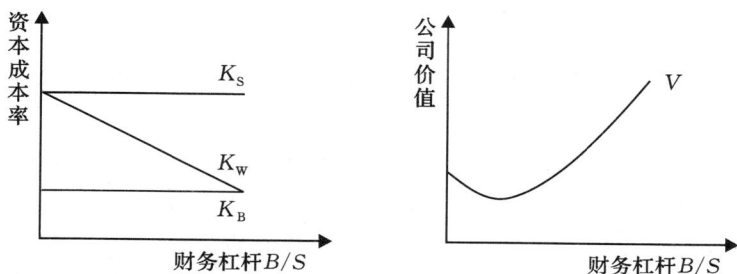

图7-1　净收益观点下的资本结构与资本成本率和公司价值的关系示意图

这是一种极端的资本结构理论观点。这种观点虽然考虑到财务杠杆利益但忽视了财务风险。很明显,如果公司的债务资本过多,债务资本比例过高,财务风险就会很高,公司的综合资本成本率就会上升,公司的价值反而下降。

2.净营业收益观点

这种观点认为,在公司的资本结构中,债务资本的多寡、比例的高低,与公司的价值没有关系。按照这种观点,公司的债务资本成本率是固定的,但股权资本成本率是变动的,公司的债务资本越多,公司的财务风险就越大,股权资本成本率就越高;反之,公司的债务资本越少,公司的财务风险就越小,股权资本成本率就越低。经加权平均计算后,公司的综合资本成本率不变,是一个常数。因此,资本结构与公司价值无关。从而,决定公司价值的真正因素应该是公司的净营业收益。净营业收益观点下的资本结构与资本成本率和公司价值的关系如图7-2所示。

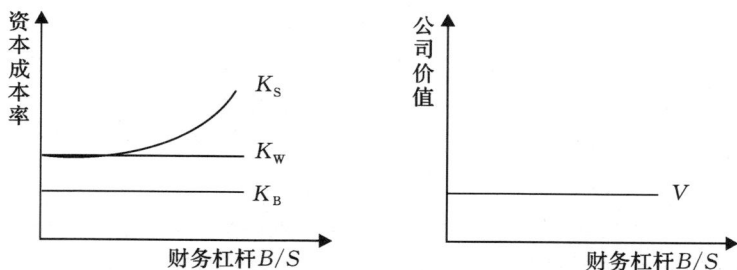

图7-2　净营业收益观点下的资本结构与资本成本率和公司价值的关系示意图

这是另一种极端的资本结构理论观点。这种观点虽然认识到债务资本比例的变动会产生公司的财务风险，也可能影响公司的股权资本成本率，但实际上，公司的综合资本成本率不可能是一个常数。公司净营业收益的确会影响公司价值，但公司价值不仅仅取决于公司净营业收益的多少。

3. 传统折中观点

关于早期资本结构理论观点，除上述两种极端观点外，还有一种介于这两种极端观点之间的折中观点，其被称为传统折中观点。按照这种观点，增加债务资本对提高公司价值是有利的，但债务资本规模必须适度。如果公司负债过度，综合资本成本率只会升高，并使公司价值下降。

上述早期的资本结构理论是对资本结构理论的一些初级认识，有其片面性和缺陷，还没有形成系统的资本结构理论。

（二）MM资本结构理论观点

1. MM资本结构理论的基本观点

MM资本结构理论是莫迪利安尼（Modigliani）和米勒（Miller）两位财务学者所开创的资本结构理论的简称。1958年，莫迪利亚尼和米勒两位教授合作发表《资本成本、公司价值与投资理论》一文。该文深入探讨了公司资本结构与公司价值的关系，创立了MM资本结构理论，并开创了现代资本结构理论的研究。自MM资本结构理论创立以来，迄今为止，几乎所有的资本结构理论研究都是围绕它来进行的。

MM资本结构理论的基本结论可以简要地归纳为：在符合该理论的假设之下，公司的价值与其资本结构无关，公司的价值取决于其实际资产，而非各类债务和股权的市场价值。

MM资本结构理论的假设主要有如下九项：①在无税收的环境中经营；②公司营业风险的高低由息税前利润标准差来衡量，公司营业风险决定其风险等级；③投资者对所有公司未来盈利及风险的预期相同；④投资者不支付证券交易成本，所有债务利率相同；⑤公司为零增长公司，即年盈利额不变；⑥个人和公司均可发行无风险债券，并有无风险利率；⑦公司无破产成本；⑧公司的股利政策与公司价值无关，公司发行新债时不会影响已有债务的市场价值；⑨存在高度完善和均衡的资本市场。这意味着资本可以自由流通，充分竞争，预期报酬率相同的证券价格相同，有充分信息，利率一致。

MM资本结构理论在上述假定之下得出两个重要命题：

命题1：无论公司有无债务资本，其价值（普通股资本与长期债务资本的市场价值之和）等于公司所有资产的预期收益额按适合该公司风险等级的必要报酬率予以折现。其中，公司资产的预期收益额相当于公司扣除利息、税收之前的预期盈利，即息税前利润；与公司风险等级相适应的必要报酬率相当于公司的综合资本成本率。因此，命题1的基本含义是：第一，公司的价值不会受资本结构的影响；第二，有债务公司的综合资本成本率等同于与它风险等级相同但无债务公司的股权资本成本率；第三，公司的股权资本成本率或综合资本成本率视公司的营业风险而定。

命题2：利用财务杠杆的公司，其股权资本成本率随筹资额的增加而提高。因此，公司的市场价值不会随债务资本比例的上升而增加，因为便宜的债务给公司带来的财务杠杆利益会被股权资本成本率的上升而抵消，最后使有债务公司的综合资本成本率等于无债务公司的综合资本成本率，所以公司的价值与其资本结构无关。

上述 MM 资本结构的基本理论是在一系列假设的前提下得出的。在公司的筹资实务中，几乎没有一家公司不关注资本结构。因此，MM 资本结构的基本理论还需要发展。

2. MM 资本结构理论的修正观点

莫迪利安尼和米勒于 1963 年合作发表了另一篇论文《公司所得税与资本成本：一项修正》。该文取消了公司无所得税的假设，认为若考虑公司所得税的因素，公司的价值会随财务杠杆系数的提高而增加，从而得出公司资本结构与公司价值相关的结论。修正的 MM 资本结构理论同样提出两个命题。

命题 1：MM 资本结构理论的公司所得税理论观点，即有债务公司的价值等于有相同风险但无债务公司的价值加上债务的节税利益。根据该命题，当公司举债后，债务利息可以计入财务费用，形成节税利益，由此可以增加公司的净收益，从而提高公司的价值。随着公司债务比例的提高公司的价值也会提高。

有债务公司的股权资本成本率等于无债务公司的股权资本成本率加上风险报酬率。风险报酬率的高低则视公司债务的比例和所得税税率而定。随着公司债务比例的提高，公司的综合资本成本率会降低，公司的价值也会越高。

按照修正的 MM 资本结构理论，公司的资本结构与公司的价值不是无关，而是大大相关，并且公司债务比例与公司价值呈正相关关系。这个结论与早期资本结构理论的净收益观点是一致的。

命题 2：MM 资本结构理论的权衡理论观点。MM 资本结构理论的权衡理论观点认为，随着公司债务比例的提高，公司的风险甚至破产的可能性也越大，由此会增加公司的额外成本，降低公司的价值。因此，公司最佳的资本结构应当是节税利益和债务资本比例上升而带来的财务危机成本与破产成本之间的平衡点。

财务危机是指公司对债务人的承诺不能兑现，或兑现有困难。财务危机在某些情况下会导致公司破产，因此公司的价值应当扣除财务危机成本的现值。财务危机成本取决于公司危机发生的概率和危机的严重程度。根据公司破产发生的可能性，财务危机成本可分为有破产成本的财务危机成本和无破产成本的财务危机成本。

当公司债务的面值总额大于其市场价值时，公司面临破产。这时，公司的财务危机成本是有破产成本的财务危机成本。公司的破产成本又有直接破产成本和间接破产成本两种。直接破产成本包括支付律师、注册会计师和资产评估师等的费用。这些费用实际上是由债务人所承担的，即从债务人的利息收入中扣除。因此，债务人必然要求与公司破产风险相应的较高报酬率，公司的债务价值和公司的总价值也因而降低。公司的间接破产成本包括公司破产清算损失以及公司破产后重组而增加的管理成本。公司的破产成本增加了公司的额外成本，从而会降低公司的价值。

当公司发生财务危机但还不至于破产时，也同样存在着财务危机成本并影响公司的价值。这时的财务危机成本是无破产成本的财务危机成本。这种财务危机成本对公司价值的影响是通过股东为保护其利益，在投资决策时以股票价值最大化代替公司价值最大化的目标而形成的。而当公司的经营者按此做出决策并予以执行时，会使公司的节税利益下降并降低公司价值。因此，由于债务带来的公司财务危机成本抑制了公司通过无限举债而增加公司价值的冲动，使公司的债务比例保持在适度的区间内。

(三)新的资本结构理论观点

20世纪七八十年代后又出现一些新的资本结构理论,主要有代理成本理论、信号传递理论和优选顺序理论等。

1.代理成本理论

代理成本理论是通过研究代理成本与资本结构的关系而形成的。这种理论观点指出,公司债务的违约风险是财务杠杆系数的增函数;随着公司债务资本的增加,债务人的监督成本随之提升,债务人会要求更高的利率。这种代理成本最终要由股东承担,公司资本结构中债务比率过高会导致股东价值的降低。根据代理成本理论,债务资本适度的资本结构会增加股东的价值。

上述资本结构的代理成本理论仅限于债务的代理成本。除此之外,还有一些代理成本涉及公司的雇员、消费者和社会等,在资本结构的决策中也应予以考虑。

2.信号传递理论

信号传递理论认为,公司可以通过调整资本结构来传递有关获利能力和风险方面的信息,以及公司如何看待股票市价的信息。

按照资本结构的信号传递理论,公司价值被低估时会增加债务资本;反之,公司价值被高估时会增加股权资本。当然,公司的筹资选择并非完全如此。例如,公司有时可能并不希望通过筹资行为告知公众公司的价值被高估的信息,而是模仿被低估价值的公司去增加债务资本。

3.优选顺序理论

资本结构的优选顺序理论认为,公司倾向于首先采用内部筹资,比如保留盈余,因之不会传导任何可能对股价不利的信息;如果需要外部筹资,公司将先选择债务筹资,再选择其他外部股权筹资,这种筹资顺序的选择也不会传递对公司股价产生不利影响的信息。

按照优选顺序理论,不存在明显的目标资本结构,因为虽然保留盈余和增发新股均属股权筹资,但前者最先选用,后者最后选用;获利能力较强的公司之所以安排较低的债务比率,并不是由于已确立较低的目标债务比率,而是由于不需要外部筹资;获利能力较差的公司选用债务筹资是由于没有足够地保留盈余,而且在外部筹资选择中债务筹资为首选。

第二节 资本成本

一、资本成本概述

(一)资本成本的概念和性质

1.资本成本的概念

资本成本(cost of capital)是一个极为重要的财务管理学概念,也是一个在理财活动中应用极为广泛的指标。在市场经济条件下,企业筹集资金和使用资金都要付出代价。企业这种为筹集和使用资金而付出的代价即为资本成本。广义地讲,企业筹集和使用任何资金,不论短期的还是长期的,都要付出代价;狭义地讲,资本成本仅指筹集和使用长期资金的成本。

对资本成本理解可以分以下三点:

(1)资本成本的实质乃是机会成本。资本成本的实质是机会成本,这是对资本成本最本质的理解,也是财务决策中极为关键的思想。例如,某公司有 A、B 两个项目,A 项目的投资报酬率是 10%,B 项目的投资报酬率是 12%。该公司为如期进行项目投资,与银行达成了贷款协议,金额 200 万元,利率为 8%。在这种情况下,如果公司选择了 B 项目进行投资,那么,对 B 项目进行投资收益评价时的适用资本成本是多少呢? 应当是被放弃的 A 项目的投资报酬率,即 10%,这是选择 B 项目进行投资的机会成本。具体言之,如果被选择的投资项目不能提供 10% 的报酬率,即净现值为负值,就必须放弃这一项目。在 B 项目投资收益的评价中,贷款利率 8% 是不相关因素,尽管它决定了企业利息费用的多少。再例如,如果一家公司有 A、B、C、D 四个被选项目,投资报酬率分别为 8%、10%、12% 与 16%。在选择 D 项目进行投资的时候,计算其净现值的资本成本应当是被放弃项目中投资报酬率水平最高项目的投资报酬率,在这里是 12%,而不是 10% 或者 8%。从财务理论的角度而言,机会成本绝非虚拟的成本,它是实实在在地影响净现值准确实现的一个重要因素。

(2)资本成本是在商品经济条件下,资金所有权与资金使用权分离的产物。资本成本是资金使用者对资金所有者转让资金使用权利的价值补偿。我们有时也以如下思维方式考虑问题:投资者的期望报酬就是受资者的资本成本。

(3)资本成本是企业选择筹资来源和方式、拟订筹资方案的依据,也是评价投资项目可行性的衡量标准。资本成本的高低取决于投资者对企业要求报酬率的高低,而这又取决于企业投资项目风险水平的高低。从企业理财的角度,资本成本是衡量企业经营成果的尺度,即经营利润率应高于资本成本率,否则表明经营不利、业绩欠佳;从投资者的角度,资本成本是评价投资项目、做出投资决策的重要标准,投资项目只有在其投资回报率高于资本成本时才是可接受的,否则无利可图。由此,可以很明显地看出关于资本成本实质的极为关键的一点:企业投资项目的风险程度决定投资者的要求报酬率,而投资者的要求报酬率即是该项目投资的资本成本。总之,资本成本归根结底是由投资风险决定的。

2.资本成本的性质

资本成本在没有特殊说明的情况下,通常是指狭义的资本成本,即指由债权人和股东提供的长期债务资金和股权资金要求的成本。当然,这并不是说短期资金没有成本,其缘由是:计算资本成本的主要目的是将资本成本与投资收益率进行对比,以确定投资项目的可行性。根据稳健理财的原则,企业长期投资所需资金不宜使用短期借款解决,而且短期投资收益率难以确定,因而计算分析短期资金的意义不大。

(二)资本成本的构成要素

资本成本从绝对量的构成看,包括资金筹集费和资金占用费两部分。

资金筹集费指在资金筹集过程中支付的各项费用,如发行股票和债券支付的印刷费、发行手续费、律师费、资信评估费、公证费、担保费、广告费等。资金筹集费通常是在筹集资金时一次性发生的,在获得资金后的占用过程中不再发生,因此,在计算资本成本时可将其视作固定性的资本成本,作为筹资金额的一项直接扣除。

资金占用费指占用资金支付的费用,如股票的股息、银行借款和债券利息等。相比之下,资金占用费是筹资企业经常发生的,并随着使用资金数量的多少和时间的长短而变动,因而属于变动性资本成本。

资本成本可以用绝对数表示,也可以用相对数来表示。资本成本用绝对数表示即资本总成本,它是筹资费用和用资费用之和。由于它不能反映用资多少,所以较少使用。资本成本用相对数表示即资本成本率,它是资金占用费与筹资净额的比率,在一般情况下,如果不做特别说明,资本成本即使用相对数资本成本率表示。

其计算公式为

$$资本成本率 = \frac{资金占用费}{筹资总额 - 资金筹集费} \times 100\%$$

由于资金筹集费一般以筹资总额的某一百分比计算,因此,上述计算公式也可表示为

$$资本成本率 = \frac{筹资总额 \times 年资金使用费率}{筹资总额 \times (1 - 筹资费率)} \times 100\% = \frac{年资金使用费率}{1 - 筹资费率} \times 100\%$$

(三)影响资本成本的因素

影响资本成本的因素很多,其中主要有以下几个。

1.资金时间价值

资金时间价值是资本成本的重要组成部分。资金的使用者提供给投资者的投资报酬必须包含资金的时间价值,使投资者获得的投资报酬至少要补偿资金的时间价值。在实际工作中,投资者最终是按照所获得的投资报酬的现值的大小来确定投资去向的,这就决定了市场利率越高,资金时间价值越大,资金的成本也就越大;同时,使用时期不同的资金,其资本成本也不相同,使用时间长的资金的成本大于使用时间短的资金的成本。除此以外,资金时间价值的高低还主要受市场上货币供求关系和国家有关经济政策等因素影响,因此这些因素也将影响资本成本的高低。

2.风险价值

风险价值是资本成本的另一重要组成部分。由于资本成本的高低最终取决于企业投资项目风险水平的高低,因而投资项目的风险价值成为影响资本成本高低的另一重要因素。

3.市场商品供需平衡状况和物价变动状况

市场商品供需关系和物价上涨水平不仅通过影响市场利率而影响资金时间价值,而且会直接影响资金使用者和投资者对投资报酬预期大小的选择,从而直接影响资本成本的大小。

4.信息的不对称性

信息的不对称性不仅影响着资本成本的数量大小,而且影响着资本成本的内在结构。企业筹集资金时,总是希望筹资数额大、期限长、成本低,资金供应者发放贷款时,则讲求资金的收益性、流动性和安全性。如果资金供应者对借款企业的生产经营、收入情况、还款能力和资金用途等了如指掌,同时对自己的供应能力、资金流动性、收益及承受风险程度等十分清楚,那么这种筹资的财务风险比较低;而如果筹资企业急需补充资金,对资金供应者的真正利率要求、资金供应业务、最佳还本付息方式均不清楚,特别是我国目前处在市场经济初期,社会经济不够发达和管理体制不完善,以及金融市场发育不成熟,这便出现了信息不对称性。这种情况使得资本成本中的筹集成本迅速增长,并远远高于使用成本,使筹资企业面临极大的财务风险。

(四)资本成本的种类

按照企业资本结构的构成划分,资本成本有负债资本成本(cost of debt capital)和权益资本成本(cost of equity capital)。负债资本成本主要有长期借款资本成本和债券资本成本,权益资本成本有优先股资本成本、普通股资本成本和留存收益资本成本。这些不同性质的个别资本成本是比较各种筹资方式优劣的一个尺度,但不是选择筹资方式的唯一标准。

按资本成本反映的对象和时期不同,资本成本又可分为综合资本成本和边际资本成本。

前者指企业在一定时期内筹集多种长期资金的加权平均成本,它是企业平均筹集一个单位资金所需要的成本。因此,综合资本成本是企业进行资本结构决策的基本依据。后者是指企业在一定时期内筹措所需资金时,每一次所筹措的资金中最后一元的成本。为了扩大生产经营规模,增加经营所需资产或增加对外投资,企业往往需要追加筹集资金,此时,边际资本成本就成为比较选择各个追加筹资方案的重要依据。

(五)资本成本的作用

资本成本可以在多方面加以应用,而主要是用于筹资决策和投资决策。

1.资本成本与企业筹资决策

资本成本是企业选择资金渠道、拟订筹资方案的依据。不同来源和途径的资金,其成本是不相同的。为了以最少的资金耗费、最方便地取得企业所需资金,就必须分析各种资金渠道资本成本的高低,并合理加以配置。资本成本对企业筹资决策的影响主要有以下几个方面:

(1)资本成本是影响企业筹资总额的一个重要因素。企业筹资数量并不是无限量的,它受资本成本的限制,当企业筹资数量达到某一额度或超过某一界限时,边际资本成本便连续地增长。所以,企业资本成本随着筹资数量的增加而不断增大。

(2)资本成本是选择企业资金渠道的依据。企业资金来源和途径可以多种多样,就长期借款而言,可向商业银行借款,也可向信托投资公司、保险公司等非银行金融机构借款,企业究竟选择哪种资金渠道,主要考虑哪种资金渠道的成本低。只有选择成本低、使用期限长的资金,企业才可能获得收益。财务管理工作的任务之一便是千方百计降低资本成本,提高财务收益。

(3)资本成本是选择筹资方式的准则。通常,即使是同一筹资渠道的资金,也可以采用不同的筹资方式去筹集。例如,对其他企业的资金,企业可采取吸收投资、发售股票和债券,以及使用各种商业信用等不同方式进行筹集。企业在选择筹资方式时,需考虑资本成本这一经济准则,用尽量低的资本成本,筹集到企业生产经营所必需的资金数额。

(4)资本成本是确定最优资本结构所必须考虑的因素。不同的资本结构会给企业带来不同的风险和成本,从而引起公司股票的价格变动。企业在规划资金的最优结构时,主要考虑资本成本和财务风险两种因素,虽然企业资金渠道、筹资方式、偿还方式、使用期限、成本高低、风险大小等因素都与资本结构发生密切联系,但最重要、最直接的影响因素是资本成本和财务风险。

2.资本成本与企业投资决策

资本成本是企业评价投资项目的一个重要标准。任何投资项目,如果它的预期投资收益率超过资本成本,则将有利可图,这项方案在经济上就是可行的;如果它的预期投资收益率不能达到资本成本,则企业盈利用以支付资本成本以后将发生亏空,这项方案就应舍弃不用。因此,资本成本是企业用以确定投资项目可否采用的取舍标准。

在实际预测分析中,企业在决定其资金预算时所采用的折现率往往采用资本成本,企业将各年的现金流量以资本成本为折现率折算而成的现值如果大于投资现值,则投资方案具有财务可行性。净现值越大的投资项目,其财务经济可行性也越大。

3.资本成本与企业经营成果的评价

资本成本作为一种投资报酬是企业最低限度的投资收益率,企业任何一项投资不论所需资金是怎样筹集的,必须实现这一最低投资收益率,以补偿企业使用资金需要的资本成本。因此,在实际的生产经营活动中,资本成本的高低就成为衡量企业投资收益的最低标准。凡是实际投资收益低于这个水平的,则应认为经营不利,这就向企业经营者发出信号,必须立即改善经营管理,提高经济效益。

二、个别资本成本

个别资本成本是指各种筹资方式所筹资金的成本,主要包括银行借款资本成本、债券资本成本、优先股资本成本、普通股资本成本和留存收益资本成本。

按照国际惯例和各国所得税的规定,负债资金的利息一般允许在企业所得税前支付,因此,负债资本成本的最大特点是利息可以起到抵税的作用,即企业实际负担的利息要小于名义利息。企业实际负担的利息为

$$企业实际负担的利息 = 名义利息 \times (1 - 所得税税率)$$

(一)银行借款资本成本

银行借款资本成本的计算公式为

$$银行借款成本 = \frac{借款本金 \times 年利率 \times (1 - 所得税税率)}{借款本金 \times (1 - 筹资费率)}$$

即

$$K_1 = \frac{L \times i_1 \times (1 - T)}{L \times (1 - f_1)}$$

式中,K_1为银行借款资本成本;L为银行借款筹资总额;T为所得税税率;f_1为银行借款筹资费率;i_1为银行借款年利息率。

上述公式还可以写成如下形式:

$$K_1 = \frac{i_1 \times (1 - T)}{1 - f_1}$$

在长期银行借款附加补偿性余额的情况下,长期借款筹资额应扣除补偿性余额,长期借款资本成本将会提高。

【例7-1】某企业取得长期借款150万元,年利率为10%,期限为3年,每年付息一次,到期一次还本。筹措这批借款的费用率为0.2%。企业所得税税率为25%。这笔长期借款的资本成本计算如下:

$$K_1 = \frac{150 \times 10\% \times (1 - 25\%)}{150 \times (1 - 0.2\%)} = 7.52\%$$

长期借款的筹资费用主要是借款的手续费,一般数额很小,可以略去不计。这时,长期借款资本成本可按下列公式计算:

$$K_1 = i_1 \times (1 - T)$$

仍用例7-1中的资料,长期借款资本成本为

$$K_1 = 10\% \times (1 - 25\%) = 7.5\%$$

(二)债券资本成本

债券资本成本的计算公式为

$$债券成本 = \frac{债券面值 \times 票面利率 \times (1 - 所得税税率)}{发行价格 \times (1 - 筹资费率)}$$

即

$$K_b = \frac{P_b \times i_b \times (1 - T)}{B \times (1 - f_b)}$$

式中,K_b为债券资本成本;i_b为债券年利息率;P_b为债券面值;B为债券筹资总额;T为所得税税率;f_b为债券筹资费率。

【例7-2】某企业平价发行总面额1 000万元的5年期债券,筹资费率为2%,债券利息率为10%,所得税税率为25%。要求计算该债券的资本成本率。

$$债券资本成本率\ K_b=\frac{P_b\times i_b\times(1-T)}{B\times(1-f_b)}=\frac{1\ 000\times10\%\times(1-25\%)}{1\ 000\times(1-2\%)}=7.65\%$$

【例7-3】某企业以1 050万元发行总面额1 000万元的5年期债券,票面利率为10%,所得税税率为25%,发行筹资费率为1%。要求计算该债券的资本成本率。

$$债券资本成本率\ K_b=\frac{P_b\times i_b\times(1-T)}{B\times(1-f_b)}=\frac{1\ 000\times10\%\times(1-25\%)}{1\ 050\times(1-1\%)}=7.22\%$$

权益资本成本主要有吸收直接投资的资本成本、优先股资本成本、普通股资本成本、留存收益资本成本等。由于各种权益资金的红利是以所得税后净利润支付的,不会减少企业应缴的所得税,因此,权益资本成本的计算方法不同于负债资本成本。

(三)优先股资本成本

公司发行优先股筹资需支付发行费用,优先股股利通常是固定的,优先股筹资额应按优先股的发行价格确定。优先股资本成本可按下列公式计算:

$$优先股成本=\frac{优先股年股息}{股金总额\times(1-筹资费率)}$$

即

$$K_p=\frac{D_p}{P_p\times(1-f_p)}$$

式中,K_p为优先股资本成本;D_p为优先股年股息;P_p为优先股股金总额;f_p为优先股筹资费率。

【例7-4】某公司发行优先股,每股10元,年支付股利1元,发行费率为3%。要求计算该优先股的资本成本率。

$$优先股资本成本率\ K_p=\frac{1}{10\times(1-3\%)}=10.31\%$$

(四)普通股资本成本

普通股资本成本的计算方法,与优先股资本成本基本相同,从理论上看,股东投资期望报酬率即为公司普通股资本成本。在西方财务中,普通股成本的确定方法一般有股利增长模型法、资本资产定价模型法、债券收益加风险溢价法等,其中常见的是股利增长模型法、资本资产定价模型法。这里主要介绍这两种方法。

1.股利增长模型法

与优先股资本成本不相同的是普通股的股利一般不是固定的,是逐年增长的。如果每年以固定比率G增长,第一年股利为D_1,则第二年为$D_1(1+G)$,第三年为$D_1(1+G)^2$,……,第n年为$D_1(1+G)^{n-1}$。因此,普通股资本成本的计算公式经推导可简化如下:

$$普通股成本=\frac{第一年股利}{发行价格\times(1-筹资费率)}+年增长率$$

即

$$K_c=\frac{D_1}{P_c\times(1-f_c)}+G$$

式中,K_c为普通股资本成本;D_1为预期第1年普通股股利;P_c为普通股筹资总额;f_c为普通股筹资费率;G为普通股年股利增长率。

【例7-5】某公司发行普通股,每股面值10元,溢价12元发行,筹资费率为4%,第一年末预计股利率为10%,以后每年增长2%。要求计算该普通股的资本成本率。

普通股资本成本率 $K_c = \dfrac{10 \times 10\%}{12 \times (1-4\%)} + 2\% = 10.68\%$

【例7-6】某公司发行普通股，总价为600万元，筹资费用率为5%，第一年股利率为10%，以后每年增长5%。要求计算该普通股的资本成本率。

普通股资本成本率 $K_c = \dfrac{600 \times 10\%}{600 \times (1-5\%)} + 5\% = 15.53\%$

2.资本资产定价模型法

普通股资本成本也可以不通过估计企业的未来股利现金流进行计算，而是直接通过估计公司普通股的预期报酬率来计算，即利用资本资产定价模型法来估计普通股资本成本。其计算公式为

$$K_c = R_f + \beta \times (R_m - R_f)$$

式中，R_f 为无风险报酬率；β 为股票的贝塔系数；R_m 为平均风险股票的必要报酬率。

【例7-7】某公司拟发行普通股股票前要对其成本进行估计。假定国库券收益率为8.5%，市场平均的投资报酬率为13%，该公司股票的贝塔系数为1.2。要求计算该股票的资本成本率。

$$K_c = 8.5\% + 1.2 \times (13\% - 8.5\%) = 13.9\%$$

（五）留存收益资本成本

一般企业都不会把盈利以股利形式全部分给股东，且在宏观政策上也不允许这样做，因此，企业只要有盈利，总会有留存收益。公司的留存收益是由公司税后净利润形成的，它属于普通股股东所有。从表面上看，公司使用留存收益似乎不花费什么成本，实际上，股东将其留用于公司而不作为股利取出投资于别处，总是要求得到与普通股等价的报酬。留存收益成本的确定方法与普通股成本基本相同，只是不考虑筹资费用。其实质是普通股股东对企业的追加投资。留存收益资本成本可以参照市场利率，也可以参照机会成本，更多的是参照普通股股东的期望收益，即普通股资本成本，但它不会发生筹资费用。其计算公式为

$$K_r = \dfrac{D_1}{P_c} + G$$

式中，K_r 为留存收益资本成本；其余符号同普通股。

【例7-8】某公司留用利润50万元，其余条件与例7-5相同，即每股面值10元，溢价12元发行，筹资费率为4%，第一年末预计股利率为10%，以后每年增长2%。要求计算该留存收益的资本成本率。

留存收益资本成本率 $K_r = \dfrac{10 \times 10\%}{12} + 2\% = 10.33\%$

在公司全部资本中，普通股以及留存收益的风险最大，要求的报酬相应最高，因此，其资本成本也最高。

三、综合资本成本

在实际工作中，由于受多种因素的制约，企业不可能只使用某种单一的筹资方式，往往需要通过多种方式筹集所需资金。为进行筹资决策，就要计算确定企业全部长期资金的总成本即综合资本成本。综合资本成本就是指一个企业各种不同筹资方式总的平均资本成本，它是以各种资本所占的比重为权数，对各种资本成本进行加权平均计算出来的，所以又称加权平均

资本成本。其计算公式为

$$综合资本成本 = \sum(个别资本成本 \times 个别资本占全部资本的比重)$$

即

$$K_w = \sum(K_j \times W_j)$$

式中，K_w 为综合资本成本（加权平均资本成本）；K_j 为第 j 种资金的资本成本；W_j 为第 j 种资金占全部资金的比重。

【例 7-9】某企业共有资金 1 000 万元，其中银行借款 50 万元，长期债券 250 万元，普通股 500 万元，优先股 150 万元，留存收益 50 万元；各种来源资金的资本成本率分别为 7%、8%、11%、9%、10%。要求计算综合资本成本率。

综合资本成本率 =（50×7%＋250×8%＋500×11%＋150×9%＋50×10%）/1 000 = 9.7%

上述综合资本成本率的计算中所用权数是按账面价值确定的。使用账面价值权数容易从资产负债表上取得数据，但当债券和股票的市价与账面价值相差过多的话，计算得到的综合资本成本显得不客观。

从上述计算可以看出，综合资本成本的合理确定除取决于个别资本成本以外，还取决于一个重要因素，即不同融资方式比如股票融资、债务融资等在全部融资规模中所占的比重。依照一般规律，股票融资的资本成本较高，债务融资的资本成本较低，因而在全部融资中，股票融资的比重上升，综合资本成本就会提高；相反，债务融资的比重上升，综合资本成本就会下降。但在比重或权数的计算过程中，有账面价值权数、市场价值权数与目标价值权数三种选择，不同的权数所侧重的内容并不完全相同。

（一）账面价值权数

账面价值权数是指债券、股票以账面价值确定权数，从而计算综合资本成本。账面价值数据来源于企业的资产负债表。它基于历史成本原则，计算简单、数据来源清晰、客观性较强等是按照账面价值计算权数的最大优点。但如果以账面价值为依据计算资本成本权数，其不合理性主要表现在：综合资本成本的计算一般以资本预算的编制为主要用途，着眼于未来时期企业投资风险的大小以及融资活动的特征，在一般情形下，未来投融资的这些特征与资产负债表中历史成本制度下的资本结构没有直接的关联。例如，按照账面价值数据计算得出的资本成本权数为：负债资金：股权资金＝20%：80%，这些数据仅仅是表示企业以往的融资活动结果，即负债融资占 20%，股权融资占 80%。深入来讲，这一历史成本的资本成本权数反映了企业以往融资时各种融资的市场价格水平，只要证券市场的价格发生了变动，这一权数对未来投融资特征的反映就毫无意义。就我国目前的情况而言，由于企业融资的主体仍然是负债融资，而负债融资的价值变动的时间差异并不大，换言之，也就是负债融资的历史价值与当前价值的差异不大，在这种情况下，以账面价值权数作为未来价值权数的一种替代，便具有一定的合理性，但由于股票市场价格波动较为剧烈，因而股权融资的账面价值与当前价值的差距就会很大，从而贻误筹资决策。为了克服这一缺陷，个别资金占全部资金比重的确定还可以按市场价值或目标价值确定。

（二）市场价值权数

市场价值权数是指债券、股票以市场价格确定权数，从而计算综合资本成本。通常情况下，在资本预算编制中，需要按照市场价值权数计算综合资本成本，这符合综合资本成本的性质。因为，企业投融资的资金是按照当前的市场价格发行的有关证券，比如股票、公司债券等，这样计算的综合资本成本能反映公司目前的实际资本成本，有利于筹资决策。但市场价值权数也有其不足之处,即按照市场价值计算的权数,事实上反映了企业当前融资行为的实际结构,尽管可以选用平均价格,但仍无法弥补证券市场价格频繁变动带来的不便,而实际资本结构通常应当反映企业的目标资本结构,只有这样,才能有助于实现企业价值最大化目标。

(三)目标价值权数

目标价值权数是指债券、股票以未来预计的目标市场价值确定权数,从而计算综合资本成本。这种权数能体现期望的资本结构,而不是像账面价值权数和市场价值权数那样只反映过去和现在的资本结构,所以按目标价值权数计算的综合资本成本更适用于企业筹措新资金,然而企业很难客观合理地确定证券的目标价值,又使得这种计算方法不易推广。

总之,在已确定个别资本成本的情况下,公司的综合资本成本的高低是由资本结构决定的。以上三种权数分别有利于了解过去、反映现在、预知未来。在计算综合资本成本时,如无特殊说明,则要求采用账面价值权数。

四、边际资本成本

一个经营较好的企业,总是在不断地筹集资金、不断地追加投资,从而扩大生产规模。而新增资金的成本通常不等于原有资金的平均成本,一个企业无法以某一固定的资本成本来筹集无限的资金。因此,企业在未来追加筹资时,不能仅仅考虑目前所使用的资金的成本,还要考虑新增资金的成本,即边际资本成本。边际资本成本是指资金每增加一个单位而增加的成本。它与综合资本成本的主要区别在于综合资本成本反映企业过去或目前筹集和使用资金的平均成本或预期平均资本成本,而边际资本成本则重点着眼于企业目前或未来增加一元资金的筹集和使用所需承担的资金耗费。

实际上,边际资本成本就是新增资金的加权平均成本。影响新增资金的综合资本成本的因素有两个:一个是各种资金来源的资本成本;二是资本结构。在计算边际资本成本时,如果新增资金的结构与原资金的结构相一致,而且各类资金的资本成本也不变,边际资本成本就等于综合资本成本;如果新增资金的资本成本不变,为筹集新资金而改变了原来的资本结构,那么新增资金的边际资本成本也将发生变化;同时,如果资本结构不变,资本成本发生变化,新增资金的边际资本成本也会发生变化。事实上,在资本市场中,资金的需要量越来越大,资金供应者要求的收益率就越来越高,公司筹集新资金的成本就会越高,也就是说,边际资本成本将会随着筹资规模的扩大而上升。

边际资本成本是追加筹资时所使用的加权平均成本。企业在追加筹资和追加投资时,必然要考虑边际资本成本的高低。确定的步骤如下:

(1)确定目标资本结构。

(2)确定各种资本成本。

(3)计算筹资突破点。筹资突破点是指在某种资本成本条件下可以筹集到的资金总限度。当筹资总额在筹资突破点以内时,其原有的资本成本不变,一旦筹资总额超过筹资突破点,其资本成本随之增加。其公式为

$$BO_P = \frac{TF_j}{W_j}$$

式中,BO_P 为筹资总额的分界点;TF_j 为第 j 种个别资本成本的分界点;W_j 为目标资本结构中第 j 种资金的比重。

(4)计算边际资本成本。根据筹资突破点,可得出新的筹资总额范围,计算不同筹资范围的加权平均资本成本,即可得到各种筹资范围的边际资本成本。下面举例说明边际资本成本的计算和应用。

【例7-10】华东公司现有资金1 000万元,其中长期借款100万元,长期债券200万元,普通股700万元。公司考虑扩大经营规模,拟筹集新的资金。经分析,认为目前的资本结构是最优的,希望筹集新资金后能保持目前的资本结构。经测算,随筹资额的增加,各种资本成本的变动情况如表7-1所示。

表7-1 华东公司筹资资料

资金种类	目标资本结构	新筹资的数量范围/元	资本成本
长期借款	10%	0~50 000	6%
		大于50 000	7%
长期债券	20%	0~140 000	8%
		大于140 000	9%
普通股	70%	0~210 000	10%
		210 000~630 000	11%
		大于630 000	12%

(1)计算筹资总额的分界点(突破点)。根据目标资本结构和各种个别资本成本变化的分界点(突破点),计算筹资总额的分界点(突破点)。华东公司的筹资总额分界点如表7-2所示。

表7-2 筹资总额分界点计算表

资金种类	资本结构	资本成本	新筹资的数量范围/元	新筹资总额分界点/元
长期借款	10%	6%	0~50 000	0~500 000
		7%	大于50 000	大于500 000
长期债券	20%	8%	0~140 000	0~700 000
		9%	大于140 000	大于700 000
普通股	70%	10%	0~210 000	0~300 000
		11%	210 000~630 000	300 000~900 000
		12%	大于630 000	大于900 000

在表7-2中,新筹资总额分界点是指引起某资金种类资本成本变化的分界点。如长期借款,筹资总额不超过50万元,资本成本为6%;超过50万元,资本成本就要增加到7%。那么筹资总额在50万元左右时,尽量不要超过50万元。然而要维持原有资本结构,必然要多种资金按比例同时筹集,单考虑个别资本成本是不成立的,必须考虑综合的边际资本成本。

(2)计算各筹资总额范围的边际资本成本。根据表7-2的计算结果,可知有4个分界点,应有 5 个筹资范围。计算 5 个筹资范围的边际资本成本,结果如表 7-3 所示。

表 7-3 边际资本成本计算表

序号	筹资总额范围/元	资金种类	资本结构	资本成本	边际资本成本
1	0～300 000	长期借款	10%	6%	0.6%
		长期债券	20%	8%	1.6%
		普通股	70%	10%	7%
		边际资本成本=9.2%			
2	300 000～500 000	长期借款	10%	6%	0.6%
		长期债券	20%	8%	1.6%
		普通股	70%	11%	7.7%
		边际资本成本=9.9%			
3	500 000～700 000	长期借款	10%	7%	0.7%
		长期债券	20%	8%	1.6%
		普通股	70%	11%	7.7%
		边际资本成本=10%			
4	700 000～900 000	长期借款	10%	7%	0.7%
		长期债券	20%	9%	1.8%
		普通股	70%	11%	7.7%
		边际资本成本=10.2%			
5	900 000 以上	长期借款	10%	7%	0.7%
		长期债券	20%	9%	1.8%
		普通股	70%	12%	8.4%
		边际资本成本=10.9%			

华东公司可以按照表 7-3 的结果规划追加筹资,尽量不要由一段范围突破到另一段范围。

第三节 杠杆利益与风险

一、杠杆效应

自然界中的杠杆效应,是指人们通过利用杠杆,可以用较小的力量移动较重物体的现象。财务管理中也存在着类似的杠杆效应,表现为:由于特定费用(如固定成本或固定财务费用)的存在而导致的,当某一财务变量以较小的幅度变动时,另一相关财务变量以较大幅度变动。

杠杆泛指因素变动(自变量)对目标(因变量)的放大影响作用。杠杆的作用程度我们可以借助于杠杆系数来加以描述。杠杆系数越大说明因素变动以后目标值变动的幅度越大,杠杆作用强度相应越高。杠杆利益是影响资本结构建立的一个重要因素。财务管理中的杠杆有经营杠杆(operating leverage)、财务杠杆(financial leverage)、复合杠杆(total leverage)。

二、成本按习性的分类与盈亏平衡点的计算

所谓成本习性,是指成本总额与业务量之间在数量上的依存关系。按成本习性可把全部成本划分为固定成本、变动成本和混合成本。

1.固定成本

固定成本是指在一定的产销量范围内成本总额固定不变的成本。所以单位产品负担的固定成本是与产销量呈反方向变动的。

(1)约束性固定成本,是企业的"经营能力"成本,是企业为维持一定的业务量所必须负担的最低成本,如固定资产的折旧费、长期租赁费等。管理者无法通过自己的经营决策来改变约束性固定成本,一旦强行改变,最终必将影响企业长远的生存和发展。要想降低约束性固定成本,只能从合理利用经营能力入手。

(2)酌量性固定成本,是企业的"经营方针"成本,即管理者根据企业的经营方针可以人为调控的那部分固定成本,如广告费、研究与开发费、职工培训费等。

2.变动成本

变动成本是指在一定的业务量范围内其总额随着业务量呈正比例变动的那部分成本。产品单位变动成本是不随业务量的变动而变动的,是固定不变的,与单位产品所负担的固定成本正好相反。

与固定成本相同,变动成本也要研究"相关范围"问题,也就是说,只有在一定的范围之内,产量和成本才能完全呈正比例变化,即完全的线性关系,超过了一定范围,这种关系就不存在了。所以一定要指明相关范围内或在一定的业务量范围内。

3.混合成本

(1)半变动成本:成本总额中包括两部分,一部分是变动的,一部分是固定的,从长期来看有点像变动成本,但从短期来看又不属于变动成本,所以又叫延期变动成本。在一定的业务量范围内是固定的,当业务量达到某一点时,从这一点开始成本随业务量的变化而变化。

(2)半固定成本:在一定的业务量范围内成本总额是不变的,当达到某一业务量水平时,成本总额会上升到一个新的起点,在新的业务量范围内固定不变,呈阶梯式。如质检员、化验员的工资。

4.盈亏平衡点的计算

在计算盈亏平衡点(break-even point)时,必须先理解边际贡献、息税前利润等相关概念。边际贡献是指销售收入减去变动成本以后的差额。其计算公式为

$$M = S - VC = (P - V) \times Q$$

式中,M 为边际贡献总额;S 为销售收入总额;VC 为变动成本总额;P 为产品单位销售价格;V 为产品单位变动成本;Q 为产销量。

息税前利润是指支付利息和交纳所得税之前的利润。成本按其习性分类后,息税前利润可用以下公式计算:

$$\text{EBIT} = S - VC - F = (P - V) \times Q - F$$

式中,EBIT 为息税前利润;F 为总的生产经营性固定成本。

盈亏平衡点又称盈亏临界点,是息税前利润等于零时所要求的销售量或销售额。在盈亏平衡点上(销售量 Q_{BE}),EBIT 为零,则

$$0 = (P - V) \times Q_{BE} - F$$

$$Q_{BE} = \frac{F}{P - V}$$

盈亏平衡点上的销售额则为 $P \times Q_{BE}$。

三、经营杠杆

(一)经营杠杆效应

企业在生产经营中会有这么一种现象:在单价和成本水平不变的条件下,销售量的增长会引起息税前利润以更大的幅度增长,这就是经营杠杆效应。经营杠杆效应产生的原因是不变的固定成本,当销售量增加时,变动成本将同比增加,销售收入也同比增加,但固定成本总额不变,单位固定成本以反比例降低,这就导致单位产品成本降低,每单位产品利润增加,于是利润比销量增加得更快。考察 A 集团连续三年的销量、利润资料,如表 7-4 所示。

表 7-4　A 集团盈利情况资料　　　　　　　　　　单位:元

项目	第一年	第二年	第三年
单价	150	150	150
单位变动成本	100	100	100
单位边际贡献	50	50	50
销售量	10 000	20 000	30 000
边际贡献	500 000	1 000 000	1 500 000
固定成本	200 000	200 000	200 000
息税前利润(EBIT)	300 000	800 000	1 300 000

由表 7-4 可见,从第一年到第二年,销售量增加了 100%,息税前利润增加了 166.67%;从第二年到第三年,销售量增加了 50%,息税前利润增加了 62.5%。利用经营杠杆效应,企业在可能的情况下适当增加产销量会取得更多的盈利,这就是经营杠杆利益。但我们也必须认识到,当企业遇上不利而销售量下降时,息税前利润会以更大的幅度下降,即经营杠杆效应也会带来经营风险。

(二)经营杠杆利益与风险

1. 经营杠杆利益

经营杠杆利益(benefit on operating leverage)是指在扩大销售额(营业额)的条件下,由于经营成本中固定成本相对降低,所带来增长程度更快的经营利润。在一定产销规模内,由于固定成本并不随销售量(营业量)的增加而增加,反之,随着销售量(营业量)的增加,单位销量所负担的固定成本会相对减少,从而给企业带来额外的收益。

2.营业风险

营业风险(business risk)也称经营风险,是指与企业经营相关的风险,尤其是指利用经营杠杆而导致息税前利润变动的风险。

影响营业风险的因素主要有产品需求的变动、产品售价的变动、单位产品变动成本的变动、经营杠杆变动等。经营杠杆对营业风险的影响最为综合,企业欲取得经营杠杆利益,就需承担由此引起的营业风险,需要在经营杠杆利益与风险之间做出权衡。

(三)经营杠杆系数及其计算

经营杠杆系数(degree of operating leverage,DOL),也称经营杠杆率,是指息税前利润的变动率相对于销售量变动率的倍数。其定义公式为

$$经营杠杆系数(DOL) = 息税前利润变动率/销售量变动率 = \frac{\Delta EBIT/EBIT_0}{\Delta x/x_0}$$

式中,DOL 为经营杠杆系数;$\Delta EBIT$ 为息税前利润变动额;$EBIT_0$ 为基期息税前利润;Δx 为销售量变动额;x_0 为基期销售量。

按表 7-4 资料,可以算得第二年经营杠杆系数为 1.667,第三年经营杠杆系数为 1.25。利用上述 DOL 的定义公式计算经营杠杆系数必须掌握利润变动率与销售量变动率,这是事后反映,不便于利用 DOL 进行预测。为此,我们推导出一个只需用基期数据计算经营杠杆系数的公式:

$$经营杠杆系数(DOL) = \frac{基期边际贡献}{基期息税前利润}$$

用 DOL 计算公式不仅可以算出第二年、第三年的经营杠杆系数,而且第四年的经营杠杆系数也可算出,根据表 7-4 资料,第四年的经营杠杆系数 DOL=1 500 000/1 300 000=1.154。

四、财务杠杆

(一)财务杠杆效应

企业在核算普通股每股利润时会有这么一种现象:在资金构成不变的情况下,息税前利润的增长会引起普通股每股利润以更大的幅度增长,这就是财务杠杆效应。财务杠杆效应产生的原因是当息税前利润增长时,债务利息不变,优先股股利不变,这就导致普通股每股利润比息税前利润增加得更快。

假设 A 集团年债务利息为 100 000 元,所得税税率为 25%,普通股为 100 000 股,连续三年普通股每股利润资料如表 7-5 所示。

表 7-5　A 集团普通股每股利润资料　　　　　　　　　　单位:元

项目	第一年	第二年	第三年
息税前利润(EBIT)	300 000	800 000	1 300 000
债务利息	100 000	100 000	100 000
税前利润	200 000	700 000	1 200 000
所得税	50 000	175 000	300 000
税后利润	150 000	525 000	900 000
普通股每股利润(EPS)	1.5	5.25	9

由表 7-5 可见,从第一年到第二年,EBIT 增加了 166.67%,EPS 增加了 250%;从第二年到第三年,EBIT 增加了 62.5%,EPS 增加了 71.43%。利用财务杠杆效应,企业适度负债经营,在盈利条件下可能给普通股股东带来更多的得益,这就是财务杠杆利益。但我们也必须认识到,当企业遇上不利而盈利下降时,普通股股东的得益会以更大幅度减少,即财务杠杆效应也会带来财务风险。

(二)财务杠杆利益与风险

1.财务杠杆利益

财务杠杆利益(benefit on financial leverage),是指利用债务筹资(具有节税功能)给企业所有者带来的额外收益。在资本结构一定、债务利息保持不变的条件下,随着息税前利润的增长,税后利润会以更快的速度增加。经营杠杆影响息税前利润,而财务杠杆影响税后利润。

2.财务风险

财务风险(financial risk),也称融资风险或筹资风险,是指与企业筹资相关的风险。由于财务杠杆的作用,当息税前利润下降时,税后利润下降得更快,从而给企业带来收益变动甚至导致企业破产的风险。影响财务风险的主要因素有资本供求关系的变化、利润率水平的变动、获利能力的变化、资本结构的变化,以及财务杠杆利用的程度等。财务杠杆对财务风险的影响最为综合。

(三)财务杠杆系数及其计算

财务杠杆系数(degree of financial leverage,DFL),也称财务杠杆率,是指普通股每股利润的变动率相对于息税前利润变动率的倍数。其定义公式为

$$财务杠杆系数(DFL)=普通股每股利润变动率/息税前利润变动率=\frac{\Delta EPS/EPS_0}{\Delta EBIT/EBIT_0}$$

式中,DFL 为财务杠杆系数;$\Delta EBIT$ 为息税前利润变动额;$EBIT_0$ 为基期息税前利润;ΔEPS 为普通股每股收益变动额;EPS_0 为变动前的普通股每股收益。

按表 7-5 资料,可以算得第二年财务杠杆系数为 1.5,第三年财务杠杆系数为 1.143。利用上述 DFL 的定义公式计算财务杠杆系数必须掌握普通股每股利润变动率与息税前利润变动率,这是事后反映,不便于利用 DFL 进行预测。为此,我们推导出一个只需用基期数据计算财务杠杆系数的公式:

$$DFL=\frac{基期息税前利润}{基期息税前利润-债务利息-\dfrac{优先股股利}{1-所得税税率}}$$

对于无优先股的股份制企业或非股份制企业,上述财务杠杆系数的计算公式可简化为

$$DFL=\frac{EBIT_0}{EBIT_0-I}=\frac{基期息税前利润}{基期税前利润}$$

用 DFL 计算公式不仅可以算出 A 集团第二、第三年的财务杠杆系数,而且第四年的财务杠杆系数也可算出。根据表 7-5 资料,第四年的财务杠杆系数 DFL=1 300 000/(1 300 000-100 000)=1.083。

五、复合杠杆

(一)复合杠杆的利益与风险

由于存在固定的生产经营成本,会产生经营杠杆效应,即销售量的增长会引起息税前利润以更大的幅度增长。由于存在固定的财务成本(债务利息和优先股股利),会产生财务杠杆效

应,即息税前利润的增长会引起普通股每股利润以更大的幅度增长。一个企业会同时存在固定的生产经营成本和固定的财务成本,那么两种杠杆效应会共同发生,会有连锁作用,形成销售量的变动使普通股每股利润以更大幅度变动。复合杠杆效应就是经营杠杆和财务杠杆的综合效应。

(二)复合杠杆系数及其计算

复合杠杆系数(degree of total leverage,DTL),又称总杠杆系数,是指普通股每股利润的变动率相对于销售量变动率的倍数。其定义公式为

$$复合杠杆系数(DTL)=普通股每股利润变动率/销售量变动率=\frac{\Delta EPS/EPS_0}{\Delta x/x_0}$$

对于复合杠杆系数,可以推导出它的计算公式为

$$DTL=\frac{\Delta EPS/EPS_0}{\Delta x/x_0}=DOL\times DFL=\frac{\Delta EBIT/EBIT_0}{\Delta x/x_0}\times\frac{\Delta EPS/EPS_0}{\Delta EBIT/EBIT_0}=\frac{TCM_0}{EBIT_0-I-\frac{E}{1-T}}$$

式中,TCM_0为基期边际贡献;I为债务利息;E为优先股股利;T为所得税税率。

可见,复合杠杆系数可以由经营杠杆系数与财务杠杆系数相乘得到,也可以由基期数据直接计算得到。考察 A 集团表 7-4、表 7-5 资料,计算各年 DTL 如下:

第二年 DTL=1.667×1.5=2.5

或 DTL=$\frac{500\ 000}{300\ 000-100\ 000}$=2.5

第三年 DTL=1.25×1.143=1.429

或 DTL=$\frac{1\ 000\ 000}{800\ 000-100\ 000}$=1.429

第四年 DTL=1.154×1.083=1.25

或 DTL=$\frac{1\ 500\ 000}{1\ 300\ 000-100\ 000}$=1.25

第四节　资本结构决策

一、资本结构决策因素的定性分析

(1)资本成本因素。因为资本结构优化决策的根本目的之一就是使企业综合资本最低,而不同筹资方式的资本成本又是不相同的,资本结构优化决策必须充分考虑资本成本因素。

(2)财务风险因素。企业在追求财务杠杆利益时,必然会加大负债资本筹集力度,使企业财务风险增大。如何把财务风险控制在企业可承受的范围内,是资本结构优化决策必须充分考虑的重要问题。

(3)企业经营的长期稳定性。企业经营的长期稳定性是企业发展的重要保证。企业对财务杠杆的运用,必须限制在不危及其自身长期稳定经营的范围以内。

(4)贷款人和信用评级机构的态度。贷款人和信用评级机构的态度主要体现在对企业信用等级的认识上,而企业信用等级的高低,在很大程度上影响着企业筹资活动乃至经营活动。

(5)经营风险因素。如果管理部门决定在整个风险不超过某一限度的前提下,降低经营风险,企业就必须承担较高的财务风险;反之亦然。因此,销售额的稳定性和经营杠杆这些影响

企业经营风险的因素,也会影响到企业的资本结构。

(6)储备借贷能力。为了储备借贷能力,企业更倾向于在正常情况下使用较少的借款,从而表现出完美的财务形象。就短期而言,这样做可能有利,但就长期而言,却并非较好的选择。

(7)企业控制权。通常情况下,企业控制权因素并不对企业资本筹集产生绝对的影响,但当企业管理控制状况没有保障时,资本结构优化决策对企业控制权因素也应当予以考虑。

(8)企业的成长性。在其他因素相同的情况下,发展速度较慢的企业可能会通过内部积累补充资本,而发展速度较快的企业必须依赖于外部资本,特别是负债资本。

(9)企业获利能力。具有较高获利能力的企业使用的负债资本相对较少,因为它可以通过较多的内部积累来解决筹资问题。

(10)税收因素。由于负债资本利息属于免税费用,因此企业所得税税率越高,负债资本抵税利益就越大,税收因素对增加负债资本的客观刺激作用也就越明显。

(11)企业资产结构。不同资产结构的企业利用财务杠杆的能力不同,房地产公司的抵押贷款较多,而以技术开发为主的公司则较少。

(12)行业因素。由于不同行业以及同一行业的不同企业,在运用财务杠杆时所采取的策略和政策大不相同,从而使各行业的资本结构也产生较大的差别。

二、资本结构的决策方法

公司资本结构决策就是要确定最佳资本结构。所谓最佳资本结构是指公司在适度财务风险的条件下,使其预期的综合资本成本率最低,同时公司价值最大的资本结构。最佳资本结构的判断标准有三个:第一,有利于最大限度地增加所有者的财富,使企业价值最大化的资本结构。第二,能使加权平均资本成本最低的资本结构。第三,能使资产保持适宜的流动,并使资本结构具有弹性的资本结构。其中,加权平均资本成本最低则是最主要的判断标准。

最佳资本结构应作为公司的目标资本结构。根据前述资本结构原理,确定公司的最佳资本结构,可以采用资本成本比较法、每股收益分析法和公司价值比较法。

(一)资本成本比较法

资本成本比较法是指在适度财务风险的条件下,测算可供选择的不同资本结构或筹资组合方案的综合资本成本率,并以此为标准相互比较确定最佳资本结构的方法。其程序包括:①拟订几个筹资方案;②确定各方案的资本结构;③计算各方案的加权资本成本;④通过比较,选择加权平均资本成本最低的结构为最优资本结构。

公司筹资可分为创立初期的初始筹资和发展过程中的追加筹资两种情况。与此相应,公司的资本结构决策可分为初始筹资的资本结构决策和追加筹资的资本结构决策。下面分别说明资本成本比较法在这两种情况下的运用。

1.初始筹资的资本结构决策

在公司筹资实务中,公司对拟订的筹资总额,可以采用多种筹资方式来筹资,每种筹资方式的筹资额亦可有不同安排,由此会形成若干预选资本结构或筹资组合方案。在资本成本比较法下,可以通过综合资本成本率的测算及比较来做出选择。

【例7-11】XYZ公司在初创时需资本总额5 000万元,有如下三个筹资组合方案可供选择,有关资料经测算汇入表7-6。

表 7-6　XYZ公司初始筹资组合方案资料测算表

筹资方式	筹资方式Ⅰ		筹资方式Ⅱ		筹资方式Ⅲ	
	初始筹资额/万元	资本成本率	初始筹资额/万元	资本成本率	初始筹资额/万元	资本成本率
长期借款	400	6%	500	6.5%	800	7%
长期债券	1 000	7%	1 500	8%	1 200	7.5%
优先股	600	12%	1 000	12%	500	12%
普通股	3 000	15%	2 000	15%	2 500	15%
合计	5 000	—	5 000	—	5 000	—

假定 XYZ 公司的第Ⅰ、Ⅱ、Ⅲ三个筹资组合方案的财务风险相当,都是可以承受的。下面分两步分别测算这三个筹资组合方案的综合资本成本率并比较其高低,从而确定最佳筹资组合方案即最佳资本结构。

第一步,测算各方案各种筹资方式的筹资额占筹资总额的比例及综合资本成本率。

方案Ⅰ各种筹资方式的筹资额比例:

长期借款:400/5 000=0.08

长期债券:1 000/5 000=0.2

优先股:600/5 000=0.12

普通股:3 000/5 000=0.6

综合资本成本率=6%×0.08+7%×0.2+12%×0.12+15%×0.6=12.32%

方案Ⅱ各种筹资方式的筹资额比例:

长期借款:500/5 000=0.1

长期债券:1 500/5 000=0.3

优先股:1 000/5 000=0.2

普通股:2 000/5 000=0.4

综合资本成本率=6.5%×0.1+8%×0.3+12%×0.2+15%×0.4=11.45%

方案Ⅲ各种筹资方式的筹资额比例:

长期借款:800/5 000=0.16

长期债券:1 200/5 000=0.24

优先股:500/5 000=0.1

普通股:2 500/5 000=0.5

综合资本成本率=7%×0.16+7.5%×0.24+12%×0.1+15%×0.5=11.62%

第二步,比较各个筹资组合方案的综合资本成本率并做出选择。

筹资组合方案Ⅰ、Ⅱ、Ⅲ的综合资本成本率分别为 12.32%、11.45%和 11.62%。经比较,方案Ⅱ的综合资本成本率最低,在适度财务风险的条件下,应选择筹资组合方案Ⅱ作为最佳筹资组合方案,由此形成的资本结构可确定为最佳资本结构。

2.追加筹资的资本结构决策

公司在持续的生产经营活动过程中,由于经营业务或对外投资的需要,有时会追加筹措新资,即追加筹资。因追加筹资以及筹资环境的变化,公司原定的最佳资本结构未必仍是最优的,需要进行调整。因此,公司应在有关情况的不断变化中寻求最佳资本结构,实现资本结构的最优化。

公司追加筹资可有多个筹资组合方案供选择。按照最佳资本结构的要求，在适度财务风险的前提下，公司选择追加筹资组合方案可用两种方法：一种方法是直接测算各备选追加筹资方案的边际资本成本率，从中比较选择最佳筹资组合方案；另一种方法是分别将各备选追加筹资方案与原有最佳资本结构汇总，测算比较各个追加筹资方案下汇总资本结构的综合资本成本率，从中比较选择最佳筹资方案。

【例7-12】XYZ公司拟追加用资1 000万元，现有两个追加筹资方案可供选择，有关资料经测算整理后列入表7-7。

表7-7　XYZ公司追加筹资方案资料测算表

筹资方式	筹资方式Ⅰ		筹资方式Ⅱ	
	追加筹资额/万元	资本成本率	追加筹资额/万元	资本成本率
长期借款	500	7%	600	7.5%
优先股	200	13%	200	13%
普通股	300	16%	200	16%
合计	1 000	—	1 000	—

下面分别按上述两种方法测算比较追加筹资方案。

方法一，追加筹资方案的边际资本成本率比较法。

首先，测算追加筹资方案Ⅰ的边际资本成本率。

$7\% \times (500/1\,000) + 13\% \times (200/1\,000) + 16\% \times (300/1\,000) = 10.9\%$

其次，测算追加筹资方案Ⅱ的边际资本成本率。

$7.5\% \times (600/1\,000) + 13\% \times (200/1\,000) + 16\% \times (200/1\,000) = 10.3\%$

最后，比较两个追加筹资方案，方案Ⅱ的边际资本成本率为10.3%，低于方案Ⅰ。因此，在适度财务风险的情况下，方案Ⅱ优于方案Ⅰ，应选追加筹资方案Ⅱ。从而，追加筹资方案Ⅱ为最佳筹资方案，由此形成XYZ公司新的资本结构为最佳资本结构。若XYZ公司原有资本总额为5 000万元，资本结构是长期借款500万元、长期债券1 500万元、优先股1 000万元、普通股2 000万元。则追加筹资后的资本总额为6 000万元，资本结构是长期借款1 100万元、长期债券1 500万元、优先股1 200万元、普通股2 200万元。

方法二，备选追加筹资方案与原资本结构综合资本成本率比较法。

首先，汇总追加筹资方案和原资本结构，形成备选追加筹资后资本结构，如表7-8所示。

表7-8　追加筹资方案和原资本结构资料汇总表

筹资方式	原资本结构		筹资方案Ⅰ		筹资方案Ⅱ	
	资本额/万元	资本成本率	追加筹资额/万元	资本成本率	追加筹资额/万元	资本成本率
长期借款	500	6.5%	500	7%	600	7.5%
长期债券	1 500	8%	0	0	0	0
优先股	1 000	13%	200	13%	200	13%
普通股	2 000	16%	300	16%	200	16%
合计	5 000	—	1 000	—	1 000	—

其次，测算汇总资本结构下的综合资本成本率。

追加筹资方案Ⅰ与原资本结构汇总后的综合资本成本率：

$(6.5\% \times 500/6\ 000 + 7\% \times 500/6\ 000) + (8\% \times 1\ 500/6\ 000) + [13\% \times (1\ 000 + 200)/6\ 000] + [16\% \times (2\ 000 + 300)/6\ 000] = 11.86\%$

追加筹资方案Ⅱ与原资本结构汇总后的综合资本成本率：

$(6.5\% \times 500/6\ 000 + 7.5\% \times 600/6\ 000) + (8\% \times 1\ 500/6\ 000) + [13\% \times (1\ 000 + 200)/6\ 000] + [16\% \times (2\ 000 + 200)/6\ 000] = 11.76\%$

在上列计算中，根据股票的同股同利原则，原有股票应按新发行股票的资本成本率计算，即全部股票按新发行股票的资本成本率计算其总的资本成本率。

最后，比较两个追加筹资方案与原资本结构汇总后的综合资本成本率，方案Ⅱ与原资本结构汇总后的综合资本成本率为11.76%，低于方案Ⅰ与原资本结构汇总后的综合资本成本率。因此，在适度财务风险的前提下，追加筹资方案Ⅱ优于方案Ⅰ，由此形成XYZ公司新的资本结构为最佳资本结构。

由此可见，XYZ公司追加筹资后，虽然改变了资本结构，但经过分析测算，做出正确的筹资决策，公司仍可保持资本结构的最优化。

资本成本比较法的测算原理容易理解，测算过程简单，但仅以资本成本率最低为决策标准，没有具体测算财务风险因素，其决策目标实质上是利润最大化而不是公司价值最大化，一般适用于资本规模较小、资本结构较为简单的非股份制公司。

（二）每股收益分析法

每股收益分析法（EBIT-EPS分析法）是利用每股收益无差别点来进行资本结构决策的方法。每股收益分析法是利用税后每股收益无差别点分析来选择和确定负债与权益间的比例或数量关系的方法。所谓每股收益无差别点是指两种或两种以上筹资方案下普通股每股收益相等时的息税前利润点，亦称息税前利润平衡点，有时亦称筹资无差别点。这一点是两种资本结构优劣的分界点。运用这种方法，根据每股收益无差别点，可以分析判断在什么样的销售水平（或利润水平）下应采用何种资本结构。

每股收益EPS的计算公式为

$$EPS = \frac{(S - VC - F - I) \times (1 - T)}{N} = \frac{(EBIT - I) \times (1 - T)}{N}$$

式中，T 为所得税税率；EBIT为息税前利润；S 为销售收入总额；VC为变动成本总额；F 为固定成本总额；N 为流通在外的普通股股数；I 为负债资金的利息。

若以 EPS_1 代表负债筹资，EPS_2 代表股票筹资，在每股收益无差别点上这两个筹资方案的每股收益相等，则有

$$EPS_1 = EPS_2$$

$$\frac{(S_1 - VC_1 - F_1 - I_1) \times (1 - T)}{N_1} = \frac{(S_2 - VC_2 - F_2 - I_2) \times (1 - T)}{N_2}$$

在每股收益无差别点上 $S_1 = S_2 = S$，则

$$\frac{(S - VC_1 - F_1 - I_1) \times (1 - T)}{N_1} = \frac{(S - VC_2 - F_2 - I_2) \times (1 - T)}{N_2}$$

能使得上述条件公式成立的销售额（S）为每股收益无差别点销售额。

上述计算还可表示为

$$EPS_1 = EPS_2$$

$$\frac{(EBIT_1 - I_1) \times (1 - T)}{N_1} = \frac{(EBIT_2 - I_2) \times (1 - T)}{N_2}$$

在每股收益无差别点上 $EBIT_1 = EBIT_2 = EBIT$,则

$$\frac{(EBIT - I_1) \times (1 - T)}{N_1} = \frac{(EBIT - I_2) \times (1 - T)}{N_2}$$

能使得上述条件公式成立的息税前利润(EBIT)为每股收益无差别点。

【例 7-13】某企业现有资本结构全部为普通股 100 万元,每股 10 元,折合 10 万股。现拟增资 20 万元,有甲、乙两种筹资方案可供选择。甲方案:发行普通股 2 万股,每股 10 元。乙方案:发行普通股 1 万股,每股 10 元;另发行债券 10 万元,债券年利率为 10%。该企业所得税税率为 25%。要求做 EBIT-EPS 分析。

$$EPS_甲 = \frac{EBIT \times (1 - 25\%)}{10 + 2}$$

$$EPS_乙 = \frac{(EBIT - 10 \times 10\%) \times (1 - 25\%)}{10 + 1}$$

令 $EPS_甲 = EPS_乙$,得

$$\frac{EBIT \times (1 - 25\%)}{10 + 2} = \frac{(EBIT - 10 \times 10\%) \times (1 - 25\%)}{10 + 1}$$

$EBIT = 12$(万元)

此时 $EPS_甲 = EPS_乙 = 0.75$(元)

则当企业息税前利润小于 12 万元时选择甲方案增资,大于 12 万元时选择乙方案增资。EBIT-EPS 分析除用上述代数法外,也可用图解法,如图 7-3 所示。

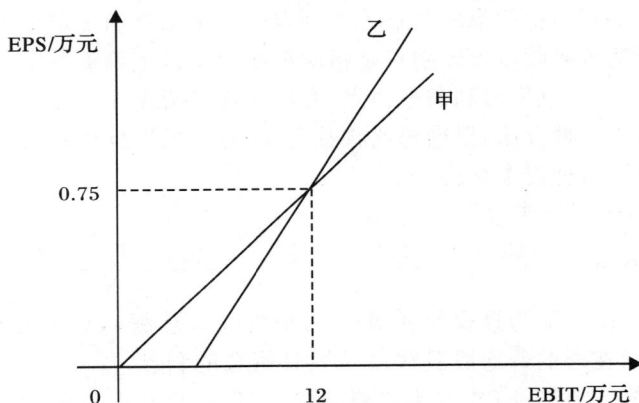

图 7-3　EBIT-EPS 分析图

上述两种优化资本结构的方法都有一定的局限性。首先,它们都仅对有限个方案选出最优方案,因此只能是"较优",不可能是"最优"。其次,它们与财务管理的总目标——股东财富最大化不可能完全一致,在第一种方法下,综合资本成本低,并不能保证股东财富最大;在第二种方法下,假定普通股每股收益越大,则普通股股价越高,从而股东财富越大,但事实上普通股股价并不仅取决于每股收益,而受很多因素的影响。

上述两种优化资本结构的方法适用于不同的情况。资本成本比较法适用于各个资本成本已知或可计算的情况;每股收益分析法适用于息税前利润不能明确预见,但可估测大致范围的情况。

(三)公司价值比较法

公司价值比较法是在充分反映公司财务风险的前提下,以公司价值的大小为标准,经过测算确定公司最佳资本结构的方法。与资本成本比较法和每股收益分析法相比,公司价值比较

法充分考虑了公司的财务风险和资本成本等因素的影响,进行资本结构的决策以公司价值最大为标准,更符合公司价值最大化的财务管理目标;但其测算原理及测算过程较为复杂,通常用于资本规模较大的上市公司。

1.公司价值的测算

一个公司的价值是指该公司目前值多少。关于公司价值的内容和测算基础与方法,目前主要有三种认识:

(1)公司价值等于其未来净收益(或现金流量,下同)按照一定折现率折现的价值,即公司未来净收益的折现值。

用公式简要表示如下:

$$V = \frac{\text{EAT}}{K}$$

式中,V 为公司的价值,即公司未来净收益的折现值;EAT 为公司未来的年净收益,即公司未来的年税后收益;K 为公司未来净收益的折现率。

这种测算方法的原理有其合理性,但不易确定的因素很多,主要有二:一是公司未来的净收益不易确定,在上述公式中还有一个假定即公司未来每年的净收益为年金,事实上也未必都是如此;二是公司未来净收益的折现率不易确定。因此,这种测算方法尚难以在实践中加以应用。

(2)公司价值是其股票的现行市场价值。

根据这种认识,公司股票的现行市场价值可按其现行市场价格来计算,有其客观合理性,但还存在两个问题:一是公司股票受各种因素的影响,其市场价格处于经常的波动之中,每个交易日都有不同的价格,在这种现实条件下,公司的股票究竟按哪个交易日的市场价格来计算,这个问题尚未得到解决;二是公司价值的内容是否只包括股票的价值,是否还应包括长期债务的价值,而这两者之间又是相互影响的。如果公司的价值只包括股票的价值,那么就无须进行资本结构的决策,这种测算方法也就不能用于资本结构决策。

(3)公司价值等于其长期债务和股票的折现价值之和。

与上述两种测算方法相比,这种测算方法比较合理,也比较现实。它至少有两个优点:一是从公司价值的内容来看,它不仅包括了公司股票的价值,而且还包括公司长期债务的价值;二是从公司净收益的归属来看,它属于公司的所有者即股东。因此,在测算公司价值时,这种测算方法用公式表示为

$$V = B + S$$

式中,V 为公司的总价值,即公司总的折现价值;B 为公司长期债务的折现价值;S 为公司股票的折现价值。

其中,为简化测算起见,设长期债务(含长期借款和长期债券)的现值等于其面值(或本金);股票的现值按公司未来净收益的折现现值测算,测算公式是:

$$S = \frac{(\text{EBIT} - I) \times (1 - T)}{K_s}$$

式中,S 为公司股票的折现价值;EBIT 为公司未来的年息税前利润;I 为公司长期债务年利息;T 为公司所得税税率;K_s 为公司股票资本成本率。

上述测算公式假定公司的长期资本系由长期债务和普通股组成。如果公司的股票有普通股和优先股之分,则上述公式可写成以下形式:

$$S = \frac{(\text{EBIT} - I) \times (1 - T) - D_p}{K_s}$$

式中,D_p 为公司优先股年股利;K_s 为公司普通股资本成本率。

2.公司资本成本率的测算

在公司价值测算的基础上,如果公司的全部长期资本由长期债务和普通股组成,则公司的全部资本成本率,即综合资本成本率可按下列公式测算:

$$K_w = K_b \times \frac{B}{V} \times (1-T) + K_s \times \frac{S}{V}$$

式中,K_w 为公司资本成本率;K_b 为公司长期债务税前资本成本率,可按公司长期债务年利率计算;K_s 为公司普通股资本成本率。

3.公司最佳资本结构的确定

运用上述原理测算公司的总价值和综合资本成本率,并以公司价值最大化为标准比较确定公司的最佳资本结构。下面举例说明公司价值比较法的应用。

【例7-14】ABC 公司现有全部长期资本均为普通股资本,无长期债务和优先股,账面价值为 20 000 万元。公司认为这种资本结构不合理,没有发挥财务杠杆的作用,准备举借长期债务购回部分普通股予以调整。公司预计息税前利润为 5 000 万元,公司所得税税率为 25%。长期债务年利率和普通股资本成本率如表7-9所示。

表7-9　公司在不同长期债务规模下的债务年利率和普通股资本成本率测算表

B/万元	K_b/%	β	R_f/%	R_m/%	K_s/%
0	—	1.20	10	14	14.8
2 000	10	1.25	10	14	15
4 000	10	1.30	10	14	15.2
6 000	12	1.40	10	14	15.6
8 000	14	1.55	10	14	16.2
10 000	16	2.10	10	14	18.4

在表7-9中,当 $B=2\,000$(万元),$\beta=1.25$,$R_f=10\%$,$R_m=14\%$ 时,$K_s=10\%+1.25\times(14\%-10\%)=15\%$;其余同理计算。

根据表7-9的资料,运用前述公司价值和公司资本成本率的测算方法,可以测算在不同长期债务规模下的公司价值和公司资本成本率,列入表7-10,据以可比较确定公司最佳资本结构。

表7-10　公司在不同长期债务规模下的公司价值和公司资本成本率测算表

B/万元	S/万元	V/万元	K_b/%	K_s/%	K_w/%
0	25 340	25 340	—	14.8	14.8
2 000	24 000	26 000	10	15	14.42
4 000	22 697	26 697	10	15.2	14.05
6 000	20 577	26 577	12	15.6	14.11
8 000	17 963	25 963	14	16.2	14.44
10 000	13 859	23 859	16	18.4	15.72

在表 7 - 10 中，当 $B = 2\,000$（万元），$K_b = 10\%$，$K_s = 15\%$ 以及 EBIT $= 5\,000$ 万元时，

$$S = \frac{(5\,000 - 2\,000 \times 10\%) \times (1 - 25\%)}{15\%} = 24\,000（万元）$$

$$V = 2\,000 + 24\,000 = 26\,000（万元）$$

$$K_w = 10\% \times \frac{2\,000}{26\,000} \times (1 - 25\%) + 15\% \times \frac{24\,000}{26\,000} = 14.42\%$$

其余同理计算。

从表 7 - 10 可以看到，在没有长期债务资本的情况下，ABC 公司的价值就是其原有普通股资本的价值，此时 $V = S = 25\,340$（万元）。当 ABC 公司开始利用长期债务资本部分地替换普通股资本时，公司的价值开始上升，同时公司资本成本率开始下降；直到长期债务资本达到 4 000 万元时，公司的价值最大（26 697 万元），同时公司的资本成本率最低（14.05%）；而当公司的长期债务资本超过 4 000 万元后，公司的价值又开始下降，公司的资本成本率同时上升。

因此，可以确定，ABC 公司的长期债务资本为 4 000 万元时的资本结构为最佳资本结构。此时，ABC 公司的长期资本价值总额为 26 697 万元，其中普通股资本价值 22 697 万元，占公司总资本价值的比例为 85%（= 22 697/26 697）；长期债务资本价值 4 000 万元，占公司总资本价值的比例为 15%（= 4 000/26 697）。

本章小结

本章主要介绍了资本结构的理论、资本成本的计算以及最佳资本结构决策等内容。通过本章学习，学生应熟悉资本成本的含义，掌握个别资本成本、加权平均资本成本和边际资本成本的含义、计算及运用，掌握经营杠杆、财务杠杆和复合杠杆的计算，能够确定最佳资本结构。

思考与练习

1. 某企业拟筹资 2 500 万元。其中发行债券 1 000 万元，筹资费率为 2%，债券年利率为 10%，所得税税率为 25%；优先股 500 万元，年股息率为 7%，筹资费率为 3%；普通股 1 000 万元，筹资费率为 4%，第一年预期股利率为 10%，以后各年增长 4%。试计算该筹资方案的加权平均资本成本。

2. 某公司现有普通股 100 万股，股本总额为 1 000 万元，公司债券为 600 万元。公司拟扩大筹资规模，有两个备选方案：一是增发普通股 50 万股，每股发行价格为 15 元；二是平价发行公司债券 750 万元。若公司债券年利率为 12%，所得税税率为 25%。要求：①计算两种筹资方式的每股收益无差别点；②如果该公司预期息税前利润为 400 万元，对两种筹资方案做出择优决策。

3. 某企业生产 A 产品，单价 50 元，单位变动成本 30 元，固定成本 150 000 元，2018 年销量为 10 000 件，2019 年销量为 15 000 件。2020 年目标利润为 180 000 元。要求：①计算 A 产品的经营杠杆系数；②计算 2020 年实现目标利润的销售变动比率。

4. 某企业只生产一种产品，产量为 2 000 件，单价为 10 元，单位变动成本为 6 元，固定成本总额为 40 000 元。要求计算单位边际贡献、边际贡献。

5. 某企业计划年初的资本结构如下：

资金来源	金额
普通股 6 万股（筹资费率 2%）	600 万元
长期债券年利率 10%（筹资费率 2%）	400 万元
长期借款年利率 9%（无筹资费用）	200 万元
合计	1 200 万元

普通股每股面额 100 元，今年期望股息为 10 元，预计以后每年股利率将增加 3%。该企业所得税税率为 25%。

该企业现拟增资 300 万元，有以下两个方案可供选择。

甲方案：发行长期债券 300 万元，年利率为 11%，筹资费率为 2%。由于发行债券增加了财务风险，使普通股每股股息增加到 12 元，以后每年需增加 4%。

乙方案：发行长期债券 150 万元，年利率为 11%，筹资费率为 2%，另以每股 150 元发行股票 150 万元，筹资费率为 2%，普通股每股股息增加到 12 元，以后每年仍增加 3%。

要求：①计算年初综合资本成本；②试做出增资决策。

6. 甲公司是一家上市公司，主营保健品生产和销售。2020 年 7 月 1 日，为对公司业绩进行评价，需估算其资本成本，相关资料如下：

(1)甲公司目前长期资本中有长期债券 1 万份，普通股 600 万股，没有其他长期债务和优先股。长期债券发行于 2019 年 7 月 1 日，期限 5 年，票面价值为 1 000 元，票面利率为 8%，每年 6 月 30 日和 12 月 31 日付息。公司目前长期债券每份市价 935.33 元，普通股每股市价 10 元。

(2)目前无风险利率为 6%，股票市场平均收益率为 11%，甲公司普通股贝塔系数为 1.4。

(3)企业的所得税税率为 25%。

要求：

(1)计算甲公司长期债券税前资本成本。

(2)用资本资产定价模型计算甲公司普通股资本成本。

(3)以公司目前的实际市场价值为权重，计算甲公司加权平均资本成本。

(4)在计算公司加权平均资本成本时，有哪几种权重计算方法？简要说明各种权重计算方法并比较优缺点。

7. 乙公司是一家上市公司，目前的长期资金来源包括：长期借款 6 000 万元，年利率为 5%，每年付息一次，5 年后还本；优先股 15 万股，每股面值 100 元，票面股息率为 10%；普通股 600 万股，每股面值为 1 元。为扩大生产规模，公司现需筹资 5 000 万元，有两种筹资方案可供选择：

方案一：平价发行长期债券，债券面值 1 000 元，期限 5 年，票面利率 8%，每年付息一次。

方案二：按当前每股市价 10 元增发普通股，假设不考虑发行费用。

目前公司年营业收入为 8 000 万元，变动成本率为 60%，除财务费用外的固定成本为 1 000 万元。预计扩大规模后每年新增营业收入 2 000 万元，变动成本率不变，除财务费用外的固定成本新增 500 万元。公司所得税税率为 25%。

要求：

(1)计算追加筹资前的经营杠杆系数、财务杠杆系数、复合杠杆系数。

(2)计算方案一和方案二的每股收益无差别点的营业收入，并据此对方案一和方案二做出选择。

(3)基于要求(2)的结果，计算追加筹资后的经营杠杆系数、财务杠杆系数、复合杠杆系数。

(4)基于要求(2)的结果，按市场价值计算追加筹资后的加权平均资本成本(假设目前无风险利率为 4%，股票市场平均收益率为 12%，乙公司普通股贝塔系数为 1.3，普通股每股市价保持不变，其余长期筹资方式的市价和账面价值均保持一致)。

 **即测即评**

即测即评

第八章

营运资金

学习目标

1. 掌握营运资金的含义与特点及营运资金周转等；

2. 掌握现金的管理，包括现金持有动机、最佳现金持有量的确定、现金收回及支出的管理等；

3. 掌握应收账款的功能和成本、信用政策和应收账款的管理措施等；

4. 熟悉存贷的分类、存货的功能与成本、存货的控制方法等。

教学大纲　　　扩展阅读及案例解析

引导案例

西门子金融服务集团的成立究竟为了什么？

为了满足不断扩张的业务需要，加强企业集团的资金管理，1997年底，西门子公司把整个集团的金融业务从原来的集团中央财经部分离出来成立了西门子金融服务集团（Siemens Financial Services，SFS）。在SFS内部专门设置了一个部门叫资金管理与司库（TFS），主要管理西门子集团对外支付交易。SFS对该部门的定位是：西门子集团所有公司财务金融与支付交易的"内部银行"；西门子所有子公司进行利率与外汇交易的唯一业务伙伴；西门子集团资金管理与司库顾问。

西门子公司通过成立金融服务集团及在该集团内部设资金管理与司库，以进行现金管理，掌管公司全球资金的清算、支付和银行关系。西门子公司在现金管理过程中意识到，作为集团企业，提高现金管理的效率和效益，必须具备三方面条件：一是需要有效利用外部银行，并且银行的服务体系非常发达；二是需要成员单位在SFS开立内部账户；三是内部联网，对业务程序、风险控制的要求非常高。现金管理具体操作如下：

首先，每发生一笔结算业务，成员单位通过内部清算系统传达给SFS，指定划汇账户，由SFS处理交易，并且每日将流入和流出集中轧差。其中集团内部交易对冲，外部收支通过银行进行。

其次，进行每种货币的现金集合管理（即现金总库）。集团成员在银行的资金账户由SFS对其实行零余额管理（当然首先要与银行签订相关协议），即由银行通过其清算系统，每日将某一现金总库所辖的各成员企业的银行账户余额清零，同一币种的不同现金总库的总余额集中到地区资金中心。

最后,每一种货币都会产生一个全球净流量,如为正值,由 SFS 将资金拆出或投放到资本市场,如为负值,则由 SFS 到资本市场融资补足。另外,为避免时差带来的损失,SFS 分别在香港、纽约、慕尼黑设立三个地区的总资金管理中心。当香港的资金中心每天临近下班时(约为当地时间 15 点),就通过清算系统将全球资金移交给慕尼黑的资金中心(正值当地 9 点,开始上班),由其进行管理;当慕尼黑的资金中心(管理总部)下班前(当地时间 15 点左右),正逢纽约资金中心上班(当地时间 9 点左右),资金又转移给纽约资金中心。而纽约资金中心运作至 21 点(正是香港 9 点),再将资金移交给香港的资金中心。这样,通过三个中心的循环运转,从而实现了 24 小时的资金调配与运作。

资料来源:杜胜利,王宏淼.财务公司企业金融功能与内部金融服务体系之构建[M].北京:北京大学出版社,2001.

启示:
1.如何看待西门子金融服务集团的作用?
2.西门子金融服务集团对跨国公司资金管理有何启示?

第一节　营运资金的含义与特点

一、营运资金的含义

营运资金(working capital),又称循环资金,是指一个企业维持日常经营所需的资金。营运资金有广义和狭义之分。广义的营运资金指一个企业流动资产的总额,又称毛营运资金(gross working capital);狭义的营运资金指流动资产减流动负债后的余额,又称净营运资金(net working capital)。一般情况下,营运资金指毛营运资金。因此,本章主要介绍流动资产的管理。

营运资金是流动资产的一个有机组成部分,因其具有较强的流动性而成为企业日常生产经营活动的润滑剂和衡量企业短期偿债能力的重要指标。企业在客观上存在现金流入量与流出量不同步和不确定的现实情况,因此保持一定量的营运资金非常重要。

二、营运资金的特点

有效地管理企业营运资金,必须研究营运资金的特点,以便有针对性地进行管理。营运资金的特点主要体现在流动资产的特点上。

流动资产,是指可以在一年或一个营业周期内变现或运用的资产。与固定资产相比,流动资产具有如下特点:

(1)投资回收期短。投资于流动资产上的资金通常会在一年或一个营业周期内收回,对企业影响的时间比较短。

(2)流动性强。相对于固定资产等长期资产来说,流动资产比较容易变现,如果企业遇到意外情况出现资金周转不灵、现金短缺时,便可迅速变卖,以获取资金,这对于财务上满足临时性资金需求具有重要意义。

(3)具有并存性。流动资产在循环周转过程中,各种不同形态的流动资产在空间上并存,在时间上依次继起。因此应合理配置各项流动资产的比例,以保证流动资产得以顺利周转。

（4）具有波动性。流动资产易受到企业内外环境的影响，其数量波动性较大，季节性产品与非季节性产品都是如此。因此，企业财务人员应合理地预测和有效地控制这种波动，以防止因波动影响企业正常的生产经营活动。

三、营运资金周转

营运资金周转（working capital turnover），是指企业的营运资金从现金投入生产经营开始，到最终转化为现金为止的过程。

营运资金周转通常与现金周转密切相关，现金的周转过程主要涉及存货周转期、应收账款周转期、应付账款周转期。存货周转期，即将原材料转化成产成品并出售所需要的时间；应收账款周转期，是指将应收账款转换成现金所需要的时间；应付账款周转期，是指从收到尚未付款的材料开始到支付现金为止所用的时间。

现金循环周期的变化会直接影响所需的营运资金数额。一般，存货周转期和应收账款周转期越长，应付账款周转期越短，营运资金数额就越大；反之，营运资金数额就越小。此外，营运资金周转的数额还受到偿债风险、收益要求和成本约束等因素的制约。因此，为提高营运资金周转效率，企业的营运资金应维持在既没有过度资本化又没有过量交易的水平上。也即一个企业的营运资金不能远远超过其经营规模的实际需要水平，也不要过多地依靠流动负债来支持其存货和应收账款，而出现投放在营运资金上的长期性、稳定性资金不足的情况。

由于企业营运资金在全部的资金中占有相当大的比重，而且周转期短、形态易变、管理较复杂，财务经理要花费大量的时间在营运资金的管理上。因此，企业在进行营运资金管理时，应遵循以下原则：

1. 合理确定营运资金的需要量

营运资金的需要量与企业生产经营活动直接相关，在生产旺季，流动资产与流动负债就会增加，反之则会下降。因此，财务人员应认真分析企业生产经营情况，采取恰当的方法预测营运资金的需要量，以便合理使用营运资金。

2. 节约使用资金

在营运资金管理中，必须正确处理保证生产经营需要和节约使用资金的关系。要在保证生产经营需要的前提下，挖掘资金潜力，厉行节约，合理使用资金。

3. 加速营运资金周转，提高资金的利用效率

在其他条件不变的情况下，加速营运资金周转，就能缩短占用的时间，也就相应地提高了资金的利用效果。因此企业应采取措施加速存货、应收账款等流动资产的周转，以便使有限的资金取得最大的经济效益。

4. 合理安排流动资产与流动负债的比例关系，保证企业有足够的短期偿债能力

企业流动资产、流动负债及其二者的关系能较好地反映企业短期偿债能力。一个企业流动资产与流动负债比例不能过大或过小。过大，可能是流动资产闲置或流动负债利用不足所致；过小，则说明企业短期偿债能力较弱。一般流动资产为流动负债的一倍左右，比例结构适当。

第二节　现金管理

现金是指企业占用在各种货币形态上的资产，包括库存现金、银行存款及其他货币资金（如银行本票和银行汇票等）。现金是变现能力最强而盈利性最弱的资产，现金管理的过程就

是在现金的流动性与收益性之间进行权衡选择的过程。现金管理的目标在于在保证正常业务经营需要的同时,尽可能降低现金的占用量,并从暂时闲置的现金中获得最大的投资收益。

一、现金管理的意义

企业持有一定量的现金往往是出于以下考虑:

(一)交易动机

交易动机,即企业为维护正常的生产经营秩序应保持的现金支付能力。由于企业销售产品得到的收入往往不能马上收到现金,而采购原材料、支付工资等则需要现金支持。因此,在企业的日常经营中,为了正常的生产销售周转必须保持一定的现金余额。而满足交易动机要求的现金持有额多少,则主要取决于企业的销售水平。企业销售扩大,所需的现金余额也会增加。

(二)预防动机

预防动机,即企业为应付紧急情况而需要保持的现金支付能力。现金的流入和流出经常是不确定的,这种不确定性取决于企业所处的外部环境和自身经营条件的好坏。为了应付一些突发事件和偶然情况,企业必须持有一定现金余额来保证生产经营的安全顺利进行。因此,在正常业务活动现金需要量的基础上,追加一定数量的现金余额以应付未来的突发情况,是企业在确定必要现金持有量时应当考虑的因素。

(三)补偿动机

补偿动机,即企业为满足银行要求而保留在企业银行账户中的存款。银行为企业提供服务时,往往需要企业在银行中保留存款余额来补偿服务费用。同时,银行贷款给企业也需要企业在银行中有存款以保证银行的资金安全。

(四)投机动机

投机动机,即企业为抓住各种瞬息即失的市场机会,获得较大利益而准备的现金余额。企业在保证生产经营正常进行的基础上,还希望有一些可用现金能够抓住回报率较高的投资机会。由于保持一定的投机性现金余额风险较大,除了投资性企业如金融机构和投资公司外,一般企业很少为投机而保持现金。因此,一般来说,投机动机只是企业在确定现金余额时所需考虑的次要因素。其持有量的大小受企业在金融市场的投资机会和企业对待风险的态度的影响。

大多数企业持有一定量的现金都是出于以上四方面的考虑。但是,由于各种条件的变化,每一种动机需要的现金数量是很难确定的,而且往往一笔现金余额可以服务于多个动机,比如出于预防或投机动机持有的现金就可以在交易需要时用于企业采购。所以企业必须综合考虑多方面因素,合理分析企业的现金状况。

二、现金的成本

现金的成本通常包括持有成本、转换成本和短缺成本。

(一)持有成本

持有成本,是企业保留一定现金余额而增加的管理费用及丧失的再投资收益。企业保留一定的现金,就会发生一定的管理费用,如管理人员工资及必要的安全防护费用等。这部分费用具有固定成本性质,它在一定范围内与现金持有量的多少关系不大,是决策无关成本。再投资收益是企业不能同时用该现金进行其他投资获得的收益,实质上是一种机会成本,属于变动成本,它与现金持有量成正比例关系。

(二)转换成本

转换成本,是指企业用现金购入有价证券等以及转让有价证券换取现金时付出的交易费用,即现金同有价证券之间相互转换的成本,如委托买卖佣金、委托手续费、证券过户费、实物交割手续费等。转换成本又分为固定性转换成本和变动性转换成本,其划分的依据是一定范围内成本总额是否与成交额有关。固定性转换成本与证券的成交额无关,与证券的转换次数有关,它与现金持有量之间成反比,如证券过户费;变动性转换成本则与证券的成交额有关,与证券的转换次数无关,它与现金持有量成正比,如证券委托买卖佣金。

(三)短缺成本

短缺成本,是指在现金持有量不足而又无法及时将其他资产变现而给企业造成的损失,包括直接损失和间接损失。现金短缺成本与现金持有量成反比例变动关系。

三、现金持有量的确定

确定最佳现金持有量是现金管理的主要事宜,在现金预算的编制中这也是一个重要的环节。企业出于各种动机的要求而持有一定货币,但出于成本和收益关系的考虑,必须确定最佳现金持有量。确定最佳现金持有量的模型主要有成本分析模型和存货模型。

(一)成本分析模型

成本分析模型(cost analysis model),是根据现金有关成本,分析预测其总成本最低时现金持有量的一种方法。运用成本分析模型确定现金最佳持有量时,只考虑因持有一定量的现金而产生的机会成本及短缺成本,而不考虑管理费用和转换成本。机会成本是因持有现金而丧失的再投资收益,与现金持有量成正比例变动关系。

$$机会成本=现金持有量\times有价证券利率(或报酬率)$$

短缺成本与现金持有量成反比例关系。现金成本与现金持有量之间的关系如图 8-1 所示。

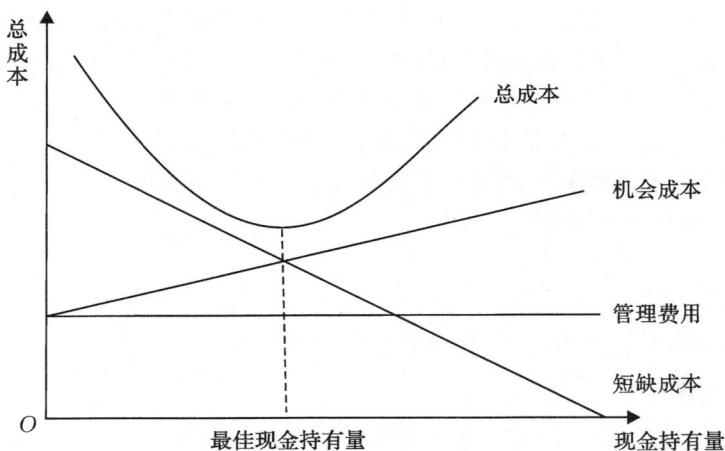

图 8-1　成本分析模型示意图

从图 8-1 可以看出，由于各项成本同现金持有量的变动关系不同，使得总成本曲线呈抛物线型，抛物线的最低点，即为成本最低点，该点所对应的现金持有量便是最佳现金持有量，此时总成本最低。因此，成本分析模型中的最佳现金持有量，就是持有现金而产生的机会成本与短缺成本之和最小时的现金持有量。

【例 8-1】XYZ 公司现有 A、B、C、D 四种现金持有方案，有关成本资料如表 8-1 所示。

表 8-1　XYZ 公司的备选现金持有方案

项目	A	B	C	D
现金持有量/万元	100	200	300	400
机会成本率	12%	12%	12%	12%
短缺成本/万元	60	40	20	10

根据表 8-1 计算的现金最佳持有量测算表如表 8-2 所示。

表 8-2　XYZ 公司最佳现金持有量测算表　　　　　　　　单位：万元

方案	现金持有量	机会成本	短缺成本	相关总成本
A	100	12	60	72
B	200	24	40	64
C	300	36	20	56
D	400	48	10	58

根据分析比较可知，C 方案的相关总成本最低，因此企业持有 300 万元的现金时，各方面的总代价最低，因此，300 万元为最佳现金持有量。

（二）存货模型

确定最佳现金余额的存货模型（inventory model）来源于存货的经济批量模型。这一模型最早由美国学者威廉·鲍莫尔（William J. Balamol）于 1952 年提出，故又称鲍莫尔模型。

在存货模型中，假设收入是每隔一段时间发生的，而支出则是在一定时期内均匀发生的。在此时期内，企业可通过销售有价证券获得现金。现用图 8-2 加以说明。

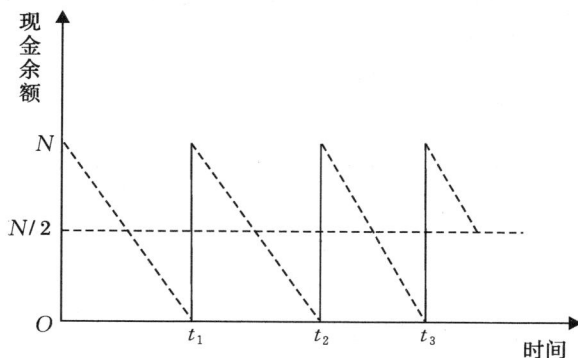

图 8-2　确定现金余额的存货模型

在图8-2中,假定公司的现金支出需要在某一期间(如1个月)内是稳定的,公司原有N元资金,当此笔现金在t_1时用掉之后,出售N元有价证券补充现金;随后当这笔现金到t_2时又使用完了,再出售N元有价证券补充现金。如此不断重复。

存货模型的目的是求出使总成本最小的N值。利用存货模型计算最佳现金持有量,对短缺成本不予考虑,只对机会成本和固定性转换成本予以考虑。这两种成本随着现金持有量的变动呈现出相反的变动趋势,因而能够使现金管理的机会成本与固定性转换成本之和保持最低的现金持有量,即为最佳现金持有量。

现金管理相关总成本＝现金持有机会成本＋固定性转换成本

设T为现金总需求量,F为有价证券每次转换成本,Q为现金持有量(每次证券变现的数量),K为有价证券收益率(机会成本),TC为现金管理相关总成本,则

$$TC=(Q/2)\times K+(T/Q)\times F$$

年总成本、持有成本和转换成本的关系如图8-3所示。

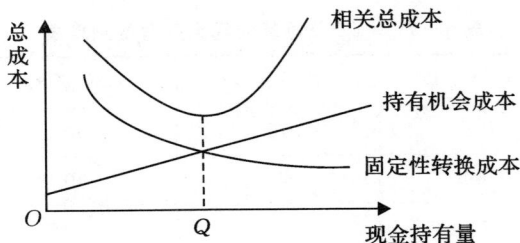

图8-3 最佳现金持有量

图8-3中,TC是一条凹形曲线,可用导数方法求出最小值。

$$TC'=[(Q/2)\times K+(T/Q)\times F]'=(K/2)-(T/Q^2)\times F$$

令$TC'=0$,则

$$现金持有量(Q)=\sqrt{\frac{2TF}{K}}$$

$$最低现金管理相关总成本(TC)=\sqrt{2TFK}$$

【例8-2】某企业预计全年(按360天计算)需要现金6 000元,现金与有价证券的转换成本为每次100元,有价证券的利息率为30%。则

$$最佳现金持有量(Q)=\sqrt{\frac{2\times6\,000\times100}{30\%}}=2\,000(元)$$

$$最低现金管理相关成本(TC)=\sqrt{2\times6\,000\times100\times30\%}=600(元)$$

其中:转换成本＝(6 000/2 000)×100＝300(元)

持有机会成本＝(2 000/2)×30%＝300(元)

有价证券交易次数＝6 000/2 000＝3(次)

有价证券交易间隔期＝360/3＝120(天)

存货模型可以精确地测算出最佳现金余额和变现次数,表述了现金管理中基本的成本结构,它对加强企业的现金管理有一定的作用。但是这种模型以货币支出均匀发生、现金持有成本和转换成本易于预测为前提条件。因此,只有在上述因素比较确定的情况下才能使用此种方法。

（三）米勒-欧尔现金管理模型

米勒-欧尔（Miller-Orr）模型是假定公司无法确切地预知每日的现金实际收支状况，在现金流量由外界决定而且现金与证券之间互换方便的前提下，决定现金最佳持有量的一种方法。模型中只是规定出现金余额的上下限，并据此判定公司在现金和投资之间转换的时间和数量。这一模型假定每日现金流量为正态分布，确定了现金余额的均衡点 Z^* 为

$$Z^* = L + (\frac{0.75b\sigma^2}{r})^{\frac{1}{3}}$$

式中，L 表示现金下限；b 为证券交易的成本；σ 表示现金余额每日标准差；r 表示投资日收益率。

下限的确定要受到公司每日的最低现金需要、管理人员的风险承受倾向等因素影响，最低可确定为零。而上限为

$$U^* = L + 3 \times (\frac{0.75b\sigma^2}{r})^{\frac{1}{3}}$$

这个模型根据每日现金收支变化幅度的大小、投资收益率的高低和投资与现金相互转换的交易成本的大小确定现金余额的均衡值和上下限的范围。

四、现金回收管理

现金回收管理的目的是尽快收回现金，加速现金的周转。为此，企业应根据成本与收益比较原则选用适当方法加速账款的收回。

现金回收主要采用的方法有邮政信箱法和银行业务集中法两种。

（一）邮政信箱法

邮政信箱法，又称锁箱法，是西方企业加速现金流转的一种常用方法。邮政信箱法是通过承租多个邮政信箱，以缩短从收到顾客付款到存入当地银行的时间的一种加速收款方法。具体做法是：

(1)在业务比较集中的地区租用当地加锁的专用邮政信箱。

(2)通知顾客把付款邮寄到指定的信箱。

(3)授权公司邮政信箱所在地的开户行，每天数次收取邮政信箱的汇款并存入公司账户，然后将扣除补偿余额以后的现金及一切附带资料定期送往公司总部。这就免除了公司办理收账、货款存入银行的一切手续。

随着互联网的发展，一些公司开始使用"电子锁箱"作为传统锁箱的替代品。在电子锁箱中，客户利用电话或互联网来点击他们的账户，查阅账单并授权支付，在交易中不再有纸单的转手。

是否采用邮政信箱法，要看节约资金带来的收益与额外支出的费用孰大孰小。如果增加的费用支出比收益小，则可采用该方法；反之，就不宜采用。

（二）银行业务集中法

银行业务集中法是指通过设立多个收款中心来代替通常在公司总部设立的单一收款中心，以加速账款回收的一种方法。其目的是缩短从顾客寄出账款到现金收入企业账户这一过程的时间。具体做法是：①企业以服务地区和各销售区的账单数量为依据，设立若干收款中

心,并指定一个收款中心(通常是设在公司总部所在地的收账中心)的账户为集中银行。②公司通知客户将货款汇到最近的收款中心。③收款中心将每天收到的货款存到当地银行,然后将其从当地银行汇入集中银行。

设立集中银行主要有以下优点:①票据邮寄时间可大大缩短。票据由收款中心寄发该地区顾客,与由总部寄发相比,顾客能较早收到。②支票兑现的时间可缩短。收款中心收到顾客汇来的支票存入该地区的地方银行,支票的付款银行通常也在该地区内,因而支票兑现较方便。

但设立集中银行也有如下缺点:①每个收款中心的地方银行都要求有一定的补偿余额,而补偿余额是一种闲置的不能使用的资金。开设的中心越多,补偿余额也越多,闲置的资金也越多。②设立收款中心需要一定的人力和物力,花费较多。

所以,财务主管应在权衡利弊得失的基础上,做出是否采用银行业务集中法的决策。

【例 8-3】某企业现在平均占用现金 1 000 万元,企业准备改变收账办法,采用银行业务集中法收账。经研究测算,企业增加收款中心预计每年多增加支出 8 万元,但可节约现金 100 万元,企业加权平均的资本成本为 9%,问是否应采用银行业务集中法?

采用银行业务集中法,企业从节约资金中获得的收益是 9 万元(100×9%),比增加的支出 8 万元多 1 万元。因此,采用银行业务集中法比较有利。

五、现金支出管理

现金管理的另一个方面就是决定如何使用现金。现金支出管理的关键是企业应根据风险与收益权衡原则,采取适当的方法尽可能延缓现金的支出时间。

企业在收款时,应尽量加快收款的速度,而在管理支出时,应尽量延缓现金支出的时间。控制现金支出的方法有以下几种。

1.合理运用浮游量

所谓现金的浮游量是指企业账户上存款余额与银行账户上所示的存款余额之间的差额。有时,公司账簿上的现金余额已为零或负数,而银行账簿上该公司的现金余额还有不少。这是因为有些支票公司虽已开出,但客户还没有到银行兑现。如果能正确预测浮游量并加以利用,可节约大量资金。

当一家公司在同一国家内有多个银行存款户时,则可选用一个能使支票流通在外的时间最长的银行来支付货款,以扩大浮游量。

利用现金的浮游量,公司可适当减少现金数量,达到节约现金的目的。但是,利用浮游量往往对供应商不利,有可能破坏公司和供应商之间的关系,这一因素应加以考虑。

2.推迟支付应付款

为了最大限度地利用现金,合理地控制现金支出的时间是十分重要的。例如,企业在采购材料时,如果付款条件是"2/10,n/45",应安排在发票开出日期后的第 10 天付款,这样企业可以最大限度地利用现金而又不丧失现金折扣。

3.工资支出模式

许多公司都为支付工资而设立一个存款账户。这种存款账户余额的多少,当然也会影响公司现金总额。为了减少这一存款数额,公司必须合理预测所开出支付工资的支票到银行兑现的具体时间。假设某企业在 1 月 3 日支付工资 10 万元,根据历史资料,3 日、4 日、5 日、

6 日、7 日及 7 日以后的兑现比率分别为 20％、40％、20％、10％、5％和 5％。这样，公司就不必在 3 日存够 10 万元，再结合其他因素，公司就能计算出应存入银行的应付工资支票的大概金额。

4.采用汇票付款

在使用支票付款时，只要受票人将支票存入银行，付款人就要无条件地付款。但汇票不一定是"见票即付"的付款方式，这样就有可能合理地延期付款。

第三节　应收账款管理

应收账款是企业因对外赊销产品、材料、供应劳务等而应向购货方或接受劳务单位收取的款项。企业在采取赊销方式促销以扩大销售、减少存货、增加利润的同时，也会造成机会成本、管理成本、坏账成本。

应收账款的管理成本，主要包括：①调查顾客信用情况的费用；②收集各种信息的费用；③账簿的记录费用；④收账费用；⑤其他费用。

应收账款因故不能收回而发生的损失，就是坏账成本。此项成本一般与应收账款发生的数量成正比。

信用政策的制定就是在成本与收益比较的基础上，做出信用标准、信用条件和收账政策的具体决策方案。通过采用应收账款的管理措施，如应收账款追踪分析、应收账款账龄分析、应收账款收现保证率分析和建立应收账款坏账准备制度，降低坏账损失风险。

一、应收账款机会成本的计算

应收账款机会成本，是指因资金投放在应收账款上而丧失的其他收入，如投资于有价证券便可获得利息收入。这一成本的大小通常与企业维持赊销业务所需要的资金数量（即应收账款投资额）、资金成本率有关。

应收账款机会成本＝维持赊销业务所需资金数量×资金成本率

式中，资金成本率一般可按有价证券的利息率计算。

维持赊销业务所需的资金数量可按下列步骤计算：

1.计算应收账款平均余额

应收账款平均余额＝年赊销额/360×平均收账天数＝平均每日赊销额×平均收账天数

式中，平均收账天数一般按客户各自赊销额占总赊销额比重为权数的所有客户收账天数的加权平均数计算。

2.计算维持赊销业务所需要的资金

维持赊销业务所需要的资金＝应收账款平均余额×变动成本/销售收入
＝应收账款平均余额×变动成本率

上式假设企业的成本水平保持不变（即单位变动成本不变、固定成本总额不变），因此随着赊销业务量的增加，只有变动成本随之上升。

【例 8-4】假设某企业预测的年度赊销额为 720 万元，应收账款平均收账天数为 60 天，变动成本率为 60％，资金成本率为 10％，则应收账款的机会成本为多少？

应收账款平均余额＝720/360×60＝120（万元）

维持赊销业务所需要的资金＝120×60％＝72(万元)

应收账款机会成本＝72×10％＝7.2(万元)

计算结果表明，投放72万元的资金可维持720万元的赊销业务，相当于垫支资金的10倍。这一较高的倍数在很大程度上取决于应收账款的收账速度。在正常情况下，应收账款收账天数越少，一定数量资金所维持的赊销额就越大；反之，维持相同赊销额所需要的资金数量就越大。而应收账款机会成本在很大程度上取决于企业维持赊销业务所需资金的多少。

二、信用标准的确定

信用标准(credit standards)，是客户获得企业商业信用所应具备的最低条件，通常以预期的坏账损失率作为判别标准。如果企业的信用标准较严，只对信誉很好、坏账损失率很低的客户给予赊销，则会减少坏账损失，减少应收账款的机会成本，但这可能不利于扩大销售量，甚至会使销售量减少；反之，如果信用标准较宽，虽然会增加销售，但会相应增加坏账损失和应收账款的机会成本。企业应在成本与收益权衡的基础上，确定适宜的信用标准。

对信用标准进行分析，主要通过以下三个步骤：

1. 设定信用等级的评价标准

根据对客户信用资料的调查分析，确定评价信用优劣的数量标准，以一组具有代表性、能够说明付款能力和财务状况的若干比率指标(如流动比率、速动比率、现金比率、应收账款平均收账天数、存货周转率、产权比率或资产负债率、赊购付款履约情况等)作为信用风险指标，根据数年内最坏年景的情况，分别找出信用好和信用差两类客户的上述比率的平均值，作为比较其他客户的信用标准。

【例8-5】按照上述方法确定的某行业的信用标准如表8-3所示。

表8-3　信用标准一览表

指标	信用标准	
	信用好	信用差
流动比率	2.6：1	1.5：1
速动比率	1.2：1	0.8：1
现金比率	0.5：1	0.2：1
产权比率	1.8：1	3.9：1
已获利息倍数	3.5：1	1.5：1
有形净值负债率	1.6：1	2.8：1
应收账款平均收账天数/天	30	40
存货周转率/次	6	4
总资产报酬率/％	36	20
赊购付款履约情况	及时	拖欠

2.利用客户财务报表数据计算各自的指标值,并与标准比较

比较方法是:若某客户的某项指标值等于或低于差的信用标准,则该客户的拒付风险系数(即坏账损失率)增加 10 个百分点;若客户的某项指标值介于好与差的信用标准之间,则该客户的拒付风险系数增加 5 个百分点;当客户的某项指标值等于或高于好的信用标准时,则视该客户的这一指标无拒付风险。最后将客户的各项指标的拒付风险系数累加,作为该客户发生坏账损失率的总比率。

【例 8-6】甲客户的各项指标值及累计风险系数如表 8-4 所示。

表 8-4 客户信用状况评价表

指标	指标值	拒付风险系数/%
流动比率	2.8:1	0
速动比率	1.3:1	0
现金比率	0.4:1	5
产权比率	1.7:1	0
已获利息倍数	3.3:1	5
有形净值负债率	2.2:1	5
应收账款平均收账天数	32 天	5 天
存货周转率	7 次	0
总资产报酬率	36	0
赊购付款履约情况	及时	0
累计拒付风险系数	—	20

在表 8-4 中,甲客户的流动比率、速动比率、产权比率、存货周转率、总资产报酬率、赊购付款履约情况等指标均等于或高于好的信用标准值,因此,这些指标产生的拒付风险系数为 0;而现金比率、已获利息倍数、有形净值负债率、应收账款平均收账天数四项指标则介于信用好与信用差之间,各自发生拒付风险系数为 5%,累计为 20%。这样即可认为该客户预期可能发生的坏账损失率为 20%。

当然,企业为了能够更详尽地对客户的拒付风险做出准确的判断,也可以设置并分析更多的指标数值,如评价指标增加为 20 项,各项最高的坏账损失率为 5%,介于信用好与差之间的,每项增加 2.5% 的风险系数等。

3.进行风险排队,并确定各有关客户的信用等级

根据上述风险系数的分析数据,按照客户累计风险系数由小到大进行排序。然后,结合企业承受违约风险的能力及市场竞争的需要,具体划分客户的信用等级,如累计拒付风险系数在 5% 以内的为 A 级客户,在 5%~10% 之间的为 B 级客户,等等。对不同信用等级的客户,分别

采取不同的信用政策,包括拒绝或接受客户信用订单,以及给予不同的信用优惠条件或附加某些限制性条款等。

三、信用条件的决策

信用条件(credit conditions),是指企业接受客户信用订单时所提出的付款要求,主要包括信用期限、折扣期限及现金折扣等。如账单中的"2/10,n/30"就是一项信用条件,它规定如果在发票开出后10天内付款,可享受2%的现金折扣;如果不想取得折扣,这笔货款必须在30天内付清。在这里,30天为信用期限,10天为折扣期限,2%为现金折扣。提供比较优惠的信用条件能增加销售量,但也会带来额外的负担,如会增加应收账款机会成本、坏账成本、现金折扣成本等。

1.信用期限

信用期限(credit deadline),是指企业为顾客规定的最长付款时间。通常,延长信用期限,可以在一定程度上扩大销售,从而增加毛利。但不适当地延长信用期限,会给企业带来不良后果:一是平均收账期延长,占用在应收账款上的资金相应增加,引起机会成本增加;二是引起坏账损失和收账费用的增加。因此企业是否给客户延长信用期限,应视延长信用期限增加的边际收入是否大于增加的边际成本而定。

2.现金折扣和折扣期限

现金折扣(cash discounts)是在客户提前付款时给予的优惠。折扣期限是企业为客户规定的可享受现金折扣的付款时间。延长信用期限会增加应收账款占用的时间和金额。很多企业为了加速资金周转,及时收回货款,减少坏账损失,往往在延长信用期限的同时,采取一定的优惠措施。即在规定的时间内提前偿付货款的客户可按销售收入的一定比率享受折扣。如上例,"2/10,n/30"表示赊销期限为30天,若客户在10天内付款,可享受2%的现金折扣。现金折扣实际是对现金收入的扣减,企业是否提供及提供多大程度的现金折扣,应着重考虑提供折扣后所得的收益是否大于现金折扣的成本。如果企业加速收款带来的机会收益能够绰绰有余地补偿现金折扣成本,企业就可以采取折扣或进一步改变当前的折扣方针;反之,认为现金优惠条件不恰当。

除上述表述的信用条件外,企业还可以根据需要,采取阶段性的现金折扣期与不同的现金折扣率,如"3/10,2/20,n/45"等。

3.信用条件的备选方案

【例8-7】某企业预测2020年度赊销额为7 200万元,其中信用条件是n/30,变动成本率为60%,资金成本率(或有价证券利息率)为12%。假设企业收账政策不变,固定成本总额不变。该企业准备了三个信用条件的备选方案:①维持n/30的信用条件;②将信用条件放宽到n/60;③将信用条件放宽到n/90。

为各种备选方案估计的赊销水平、坏账百分比和收账费用等有关数据见表8-5。

表 8-5　信用条件备选方案表

项目	方案一 （n/30）	方案二 （n/60）	方案三 （n/90）
年赊销额/万元	7 200	7 920	7 735
应收账款平均收账天数/天	30	60	90
应收账款平均余额/万元	7 200/360×30＝600	7 920/360×60＝1 320	7 735/360×90＝1 933.75
维持赊销业务所需的资金/万元	600×60％＝360	1 320×60％＝792	1 933.75×60％＝1 160.25
坏账损失/年赊销额	2％	3％	6％
坏账损失/万元	7 200×2％＝144	7 920×3％＝237.6	7 735×6％＝464.1
收账费用/万元	72	160	288

根据上述资料，可计算如下指标，如表 8-6 所示。

表 8-6　信用条件分析表　　　　　　　　　单位：万元

项目	方案一 （n/30）	方案二 （n/60）	方案三 （n/90）
年赊销额	7 200	7 920	7 735
变动成本	4 320	4 752	4 641
信用成本前收益	2 880	3 168	3 094
信用成本：坏账损失	144	237.6	464.1
应收账款机会成本	360×12％＝43.2	792×12％＝95.04	1 160.25×12％＝139.23
收账费用	72	160	288
小计	259.2	492.64	891.33
信用成本后收益	2 620.8	2 675.36	2 202.67

根据表 8-6 分析，在上述三种方案中，第二种方案的获利最大。因此在其他条件不变的情况下，应选择方案二。

【例 8-8】仍以例 8-7 所列资料为例，如果企业为了加速应收账款的收回，决定在方案二的基础上将销售条件改为"2/10,1/20,n/60"（方案四），估计约有 60％ 的客户（按赊销额计算）会利用 2％ 的折扣，10％ 的客户会利用 1％ 的折扣。坏账损失率降为 1.5％，收账费用降为 112 万元。根据上述资料，有关指标计算如下：

应收账款平均收账天数＝60％×10＋10％×20＋（1－60％－10％）×60＝26（天）

应收账款平均余额＝7 920/360×26＝572（万元）

维持赊销业务所需要的资金＝572×60％＝343.2（万元）

应收账款机会成本＝343.2×12％＝41.184（万元）

坏账损失＝7 920×1.5％＝118.8（万元）

现金折扣＝7 920×(2%×60%＋1%×10%)＝102.96(万元)

根据上述资料可编制表8-7。

表8-7　信用条件分析表　　　　　　　　　　单位:万元

项目	方案二 (n/60)	方案四 (2/10,1/20,n/60)
年赊销额	7 920	7 920
减:现金折扣	—	102.96
年赊销净额	7 920	7 817.04
减:变动成本	4 752	4 752
信用成本前收益	3 168	3 065.04
信用成本:坏账损失	237.6	118.8
应收账款机会成本	792×12%＝95.04	41.184
收账费用	160	112
小计	492.54	271.984
信用成本后收益	2 675.36	2 793.056

计算结果表明,实行现金折扣以后,企业的收益增加117.696万元,因此,企业最终应选择方案四为最佳。

四、收账政策的确定

收账政策,亦称收账方针,是指当客户违反信用条件,拖欠甚至拒付账款时企业所采取的收账策略与措施。

在企业向客户提供商业信用时,必须考虑三个问题:其一,客户是否会拖欠或拒付账款,程度如何;其二,怎样最大限度地防止客户拖欠账款;其三,一旦遭到拖欠甚至拒付,企业应采取怎样的对策。前两个问题主要靠信用调查和严格信用审批制度;第三个问题则必须通过制订完善的收账方针,采取有效的收账措施予以解决。

企业通过法院强行收回账款一般是迫不得已而采取的最后办法。因为,企业解决客户账款纠纷的目的,主要不是争论是非,而在于怎样最有成效地将账款收回。事实上,每个客户拖欠账款的原因是不尽相同的。许多信用品质良好的客户也可能因某种原因而暂时无法支付账款。基于这种考虑,企业如果能够同客户商量折中的方案,也许能够将大部分账款收回。

通常的步骤是:当账款被客户拖欠或拒付时,企业应先分析现有的信用标准及信用审批制度是否存在纰漏,然后对违约客户的资信等级进行重新调查、评价。将信用品质恶劣的客户从信用名单中删除,对其拖欠的款项可先通过信函、电信或派人前往等方式催收,态度可以逐渐强硬,并提出警告。当这些措施无效时,可考虑通过法院解决。为了提高诉讼效果,可以联合被客户经常拖欠或拒付的其他企业联合起诉。但对客户信用品质一向正常的客户不妨彼此沟通,达成谅解妥协,既可密切相互间的关系,又有助于较为理想地解决账款拖欠问题。

除上述收账政策外,有些国家还兴起了一种新的收账代理业务。企业可以委托代理机构催收账款,但委托费用往往较高。

企业无论采取何种方式催收账款,都需要付出一定的代价,即收账费用。一般,企业为了扩大销售,增强竞争能力,往往对客户逾期未付的款项规定一个允许的拖欠期限。超过规定的拖欠期,企业就应采取各种形式催收。如果收账政策过宽,会导致逾期未付的客户拖欠时间更长,对企业不利;收账政策过严,催收过急,又可能伤害无意拖欠的客户,影响企业未来的销售。因此,制定收账政策时一定要权衡利弊,掌握好尺度。

一般而言,收账费用支出越多,坏账损失越少,但这两者并不一定存在线性关系。通常情况是:①开始花费一些收账费用,应收账款和坏账损失有小部分降低;②收账费用继续增加,应收账款和坏账损失明显减少;③收账费用达到某一限度以后,应收账款和坏账损失的减少就不再明显了,这个限度称为饱和点,如图8-4中的P点。在制定信用政策时,应权衡增加收账费用与减少应收账款机会成本和坏账损失之间的得失。

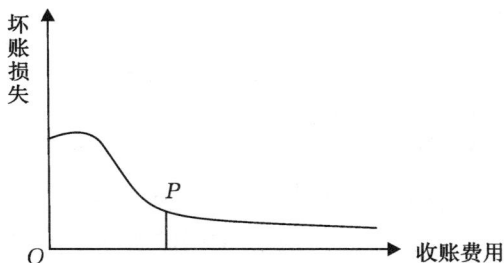

图8-4 收账费用与坏账损失的关系

企业加强收账管理,及早收回货款,可以减少坏账损失,减少应收账款上的资金占用,但会增加收账费用,故要在增加收账费用与减少坏账损失、减少应收账款机会成本之间进行权衡,如果前者小于后者那收账政策是可取的。理想的信用政策就是企业采取或松或紧的信用政策时所带来的收益最大的政策。

【例8-9】春风工厂在不同收账政策条件下的有关资料详见表8-8。

表8-8 春风工厂收账政策

项目	现行收账政策	建议收账政策
年收账费用/元	10 000	17 500
应收账款平均收现期/天	60	45
坏账损失率/%	4	3

该企业当年销售额为1 200 000元(全部赊销),收账政策对销售收入的影响忽略不计。该企业应收账款的机会成本为10%。现根据以上资料计算各项指标见表8-9。

表8-9 收账政策分析评价表 单位:元

项目	当前收账政策	建议收账政策
(1)年赊销额	1 200 000	1 200 000
(2)应收账款平均收账期	60	45
(3)应收账款平均余额	200 000	150 000
(4)建议收账政策节约的机会成本	—	5 000

续表

项目	当前收账政策	建议收账政策
(5)坏账损失	48 000	36 000
(6)建议政策减少坏账成本	——	12 000
(7)两项节约合计	——	17 000
(8)按建议政策增加收账费用	——	7 500
(9)建议政策可获得收益	——	9 500

按建议收账政策可获收益 9 500 元,故应采用建议收账政策。

五、综合信用政策

前面我们分析的是单项的信用政策,但要制定最优的信用政策,应把信用标准、信用条件、收账政策结合起来,考虑信用标准、信用条件、收账政策的综合变化对销售额、应收账款机会成本、坏账成本和收账成本的影响。这里决策的原则仍是赊销的总收益应大于因赊销带来的总成本。综合决策的计算相当复杂,计算中的几个变量都是预计的,有相当大的不确定性。因此,信用政策的制定并不能仅靠数量分析,在很大程度上要由管理的经验来判断决定。在制定综合信用政策时可考虑参照下列基本模式,见表 8 - 10。

表 8 - 10　综合信用政策制定参考模式

信用标准:预计坏账损失率/%	信用条件	收账政策
0~0.5 0.5~1	从宽信用条件 (60 天付款)	消极收账政策 (拖欠 20 天不催收)
1~2 2~5	一般信用条件 (45 天付款)	一般收账政策 (拖欠 10 天不催收)
5~10 10~20	从严信用条件 (30 天付款)	积极收账政策 (拖欠立即催收)
20 以上	不予赊销	——

企业信用政策确定后,便可根据信用政策和预计的销售收入等指标来计算确定应收账款占用资金的数额。企业应根据应收账款占用资金的情况,合理安排资金来源,保证生产经营对资金的需求。

六、应收账款账龄分析

企业已发生的应收账款时间长短不一,有的没有超过信用期,有的则已逾期拖欠。应收账款账龄分析就是要考察研究应收账款账龄结构。所谓应收账款账龄结构就是各账龄应收账款的余额占应收账款总计余额的比重,一般通过应收账款账龄分析表显示。它勾画出了没有收回的应收账款的质量。这种表格通常按账龄分为 0~30 天、31~60 天、61~90 天和 90 天以上的应收账款分别显示。

账龄分析表取决于提供的信用条件、顾客的付款习惯和最近的销售趋势。在例 8 - 10 中，如果公司改变其信用条件，如延长顾客的信用期限，账龄分析表将反映这个变化。如果顾客的付款速度加快，时间最近的那一类应收账款的百分比会增加，而时间较远的应收账款的百分比会下降。同样，公司的销售收入的变化也会影响账龄分析表。如果当月的销售收入增加，账龄为 0～30 天的应收账款的比例将增加；相反，当月的销售收入下降有可能减少账龄为 0～30 天的应收账款的比例。

【例 8 - 10】ABC 公司的账龄分析表如表 8 - 11 所示。

表 8 - 11 ABC 公司的账龄分析表

账龄	账龄账户数量/个	金额/元	占比
0～30 天	100	250 000	48.1%
31～60 天	60	120 000	23.1%
61～90 天	80	100 000	19.2%
90 天以上	10	50 000	9.6%
合计	—	520 000	100%

若该企业平均信用期为 60 天，从表 8 - 11 可看出，在应收账款余额中，有 370 000 元尚在信用期内，占全部应收账款余额的 71.2%，过期数额为 150 000 元。此时，应分析逾期的是哪些客户，这些客户是否经常拖欠，拖欠的原因何在。对不同原因的客户，分别采取不同的催收办法，对肯定发生的坏账损失，需提前有所准备，充分估计这一因素对企业损益的影响。对尚未过期的应收账款，也不能放松管理与监督，以防发生新的拖欠。

七、应收账款收现保证率分析

由于企业当期现金支付需要量与当期应收账款收现率之间存在着非对称性矛盾，并呈现出预付性与滞后性的差异特征（如企业必须用现金支付与赊销收入有关的税金、弥补应收账款资金占用等），这就决定了企业必须对应收账款收现水平制订一个必要的控制标准，即应收账款收现保证率。

应收账款收现保证率是为了适应企业现金收支匹配关系的需要，确定出的有效收现的账款应占全部应收账款的百分比，是二者应当保持的最低比例。其计算公式为

$$应收账款收现保证率 = \frac{当前必要现金支付总额 - 当期其他稳定可靠的现金流入总额}{当期应收账款总计金额}$$

式中，当期其他稳定可靠的现金流入总额，是指如短期有价证券变现、可随时取得的银行贷款等应收账款收现以外的途径获得的现金流入数额。

应收账款收现保证率指标反映了企业既定会计期间预期现金支付数额扣除各种可靠、稳定来源后的差额，必须通过应收账款有效收现予以弥补的最低保证程度。其意义在于：应收账款未来是否可能发生坏账损失对企业并非最重要，更重要的是实际收现的账款能否满足同期必需的现金支付需求，特别是满足具有刚性约束的纳税债务及偿付不得展期或调剂的到期债务的需要。

【例 8 - 11】某企业预期必须以现金支付的款项有：支付工人工资 100 万元，应纳税款 70

万元,支付应付账款 120 万元,其他现金支出 5 万元。预计该期稳定的现金收回是 140 万元,记载在该期"应收账款"明细期末账上的客户有 A(欠款 160 万元)、B(欠款 300 万元)和 C(欠款 50 万元),应收账款收现保证率计算如下:

当期现金支付总额=100+70+120+5=295(万元)

当期应收账款总计金额=160+300+50=510(万元)

应收账款收现保证率=(295-140)/510=30.39%

以上计算结果表明,该企业当期必须收回应收账款的 30.39%,才能最低限度地保证当期必要的现金支出,否则企业便有可能出现支付危机。为此,企业应定期计算应收账款收现保证率,看其是否达到了既定的控制标准,如果发现实际收现率低于应收账款收现保证率,应查明原因,采取相应措施,确保企业有足够的现金满足同期必需的现金支付要求。

第四节 存货管理

存货,是指企业在日常生产经营活动中持有以备出售的产成品或商品、处在生产过程中的在产品,在生产过程或提供劳务过程中耗用的材料和物料等。企业存货占流动资产的比重较大,一般为 40%~60%。存货利用程度的好坏,对企业财务状况的影响极大。因此,加强存货的规划与控制,使存货保持在最优水平上,便成为财务管理的一项重要内容。

储存必要的存货,不仅有利于生产过程的顺利进行,节约采购费用与生产时间,而且能够迅速满足客户各种订货的需要,从而为企业的生产与销售提供较大的机动性,避免因存货不足带来的机会损失。如储存必要的原材料和在产品,可以保证生产正常进行;储备必要的产成品,有利于销售;留有各种存货的保险储备,可以防止意外事件造成的损失。然而,存货的增加必然要占用更多的资金,将使企业付出更多的持有成本(即存货的机会成本),而且,存货的储存与管理费用也会增加,影响企业获利能力的提高。因此进行存货管理的主要目标,是要控制存货水平,在充分发挥存货功能的基础上,降低存货成本。而实现该目标所采用的存货控制方法有 ABC 分类法、经济订货批量模型和及时生产的存货系统等方法。

一、ABC 分类法

ABC 分类法是意大利经济学家帕累托于 19 世纪首创的,是一种实际应用较多的方法。经过不断发展和完善,ABC 分类法已经广泛用于存货管理、成本管理和生产管理。

所谓 ABC 分类管理就是按照一定的标准,将企业的存货划分为 A、B、C 三类,分别实行分品种重点管理、分类别一般控制和按总额灵活掌握的存货管理方法。ABC 分类管理存货的目的,就是使企业分清主次,突出重点,以提高存货资金管理的整体效果。

(一)存货 ABC 分类的标准

进行存货分类的标准主要有金额标准和品种数量标准,其中金额标准是基本的,品种数量标准仅供参考。

A 类存货的特点是金额巨大,但品种数量少;B 类存货金额一般,品种数量相对较多;C 类存货品种数量繁多,但价值却很小。一般 A、B、C 三类存货金额比重大致为 0.7:0.2:0.1,而品种数量比重大致为 0.1:0.2:0.7。可见,由于 A 类存货占用着企业绝大多数的资金,只要控制好 A 类存货,基本上存货也就不会出现较大的问题。同时,A 类存货的品种较少,企业完全有能力按照每个品种进行管理。B 类存货数量较大,金额相对较小,企业可以通过划分类别的方式进行管理。C 类存货尽管品种繁多,但因金额很小,对此,企业只要把握一个总金额也就可以了。

(二)A、B、C 三类存货的具体划分

对 A、B、C 三类存货的具体划分,可按照公司确定的标准通过列表、计算、排序等具体步骤确定各种物品所属类别。

运用 ABC 分类法一般有如下几个步骤:

(1)列示企业全部存货的明细表,并计算每一种存货价值金额占全部存货金额的百分比;

(2)按金额大小由大到小进行排序并累加金额百分比;

(3)当金额百分比累计加到 70% 左右时,以上存货视为 A 类存货;百分比介于 70% ~ 90% 之间的存货作为 B 类存货;其余则为 C 类存货。

【例 8-12】XYZ 公司有 15 种材料,共占用资金 500 000 元,按占用资金多少顺序排列后,根据上述原则划分成 A、B、C 三类,详见表 8-12。

表 8-12　XYZ 公司的存货分类控制

材料品种(用编号代替)	金额/元	金额比重	累计金额比重	各类存货品种数量/种	占存货品种总数的比重	类别	占存货总资金的比重
1	200 000	40%	40%				
2	100 000	20%	60%	3	20%	A	80%
3	100 000	20%	80%				
4	20 000	4%	84%				
5	20 000	4%	88%				
6	15 000	3%	91%	5	33%	B	16%
7	15 000	3%	94%				
8	10 000	2%	96%				
9	8 000	1.6%	97.6%				
10	5 000	1%	98.6%				
11	3 000	0.6%	99.2%				
12	2 000	0.4%	99.6%	7	47%	C	4%
13	1 000	0.2%	99.8%				
14	800	0.16%	99.96%				
15	200	0.04%	100%				
合计	500 000	500 000	—	15	100%	—	100%

(三)ABC 分类法在存货管理中的运用

把存货分为 A、B、C 三大类,可以使企业分清主次,采取相应的对策进行有效管理和控制。企业在进行进货批量、储存期分析时,对 A、B 两类存货可以分别按品种、类别进行。对 C 类存货只需加以灵活掌握即可,一般不必进行上述各方面的测算与分析。此外,企业还可以运用 ABC 分类法将存货分为 A、B、C 三类存货,通过研究各类消费者的消费倾向、档次等,对各档

次存货的需要量(额)加以估算,并购进相应数量的存货。这样,能够使存货的购进与销售工作有效地建立在市场调查的基础上,从而收到良好的控制效果。

二、经济订货批量模型

经济订货批量(economic order quantity),是指能够使一定时期存货的总成本达到最低点的进货数量。决定存货经济订货批量的成本因素主要包括变动性进货费用(简称进货费用或订货费用)、变动性储存成本(简称储存成本)以及允许缺货时的缺货成本。订购的批量大,储存的存货就多,会使储存成本上升,但由于订货次数减少,则会使订货成本降低;反之,如果降低订货批量,可降低储存成本,但由于订货次数增加,会使订货成本上升。也就是说,随着订购批量大小的变化,这两种成本是互为消长的。存货控制的目的,就是要寻找成本合计数最低的订购批量,即经济订购批量。

(一)存货经济订货批量基本模型

经济订货批量基本模型以如下假设为前提:

(1)企业一定时期的进货总量可以较为准确地予以预测;

(2)存货的耗用或销售比较均衡;

(3)存货的价格稳定,且不存在数量折扣,进货日期完全由企业自行决定,并且每当存货量降为零时,下批存货均能马上一次到位;

(4)仓储条件及所需现金不受限制;

(5)不允许出现缺货情形;

(6)所需存货市场供应充足,不会因买不到所需存货而影响生产经营。

由于企业不允许缺货,即当存货数量降至零时,下一批订货会随即到货,故不存在缺货成本。此时与存货订购批量、批次直接相关的就只有订货费用和储存成本两项。即

存货相关总成本=相关订货费用+相关储存成本

$$=\frac{存货全年计划订货总量}{每次订货批量}\times 每次订货费用+\frac{每次订货批量}{2}\times 单位存货年储存成本$$

存货相关总成本、相关订货费用与相关储存成本的关系如图 8-5 所示。

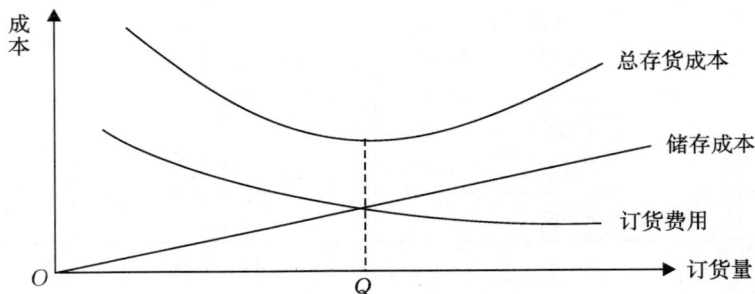

图 8-5 存货成本关系图

从图 8-5 可以看出,当相关订货费用与相关储存成本相等时,存货相关总成本最低,此时的订货批量就是经济订货批量。

假设 Q 为经济订货批量,A 为某种存货年度计划订货总量,B 为平均每次订货费用,C 为

单位存货年储存成本,P 为进货单价,则

$$经济订货批量(Q) = \sqrt{\frac{2AB}{C}}$$

$$经济订货批量的存货相关总成本(\mathrm{TC}) = \sqrt{2ABC}$$

$$经济订货批量平均占用资金(W) = \frac{PQ}{2} = P\sqrt{\frac{AB}{2C}}$$

$$年度最佳订货批次(N) = \frac{A}{Q} = \sqrt{\frac{AC}{2B}}$$

【例 8-13】时代公司全年计划采购甲零件 1 200 件,每订购一次的订货成本为 400 元,该零件单位成本为 10 元,每件年储存成本为 6 元,则

$$Q = \sqrt{\frac{2 \times 1\,200 \times 400}{6}} = 400(件)$$

$$N = \frac{A}{Q} = \sqrt{\frac{1\,200 \times 6}{2 \times 400}} = 3(次)$$

$$\mathrm{TC} = \sqrt{2 \times 1\,200 \times 400 \times 6} = 2\,400(元)$$

$$W = \frac{10 \times 400}{2} = 2\,000(元)$$

上述计算结果表明,当订货批量为 400 件时,进货费用与储存成本总额最低。

(二)实行数量折扣的经济订货批量模型

为了鼓励客户购买更多的商品,销售企业通常会给予不同程度的价格优惠,即实行商业折扣或称价格折扣。在供货方提供数量折扣条件下,若每次订货数量达到供货方的订货批量要求,可以降低订货成本。通常,订货批量越大,可利用的折扣就越多。此时,订货企业对经济订货批量的确定,除了考虑订货成本和储存成本外,还应考虑存货进价成本。因为此时的存货进价成本已经与进货数量的大小有了直接的联系,属于决策的相关成本。

在经济订货批量基本模型其他各种假设条件均具备的前提下,存在数量折扣时的存货相关总成本可按下列公式计算:

$$存货相关总成本 = 存货进价 + 相关订货费用 + 相关储存成本$$

式中

$$存货进价 = 进货数量 \times 进货单价$$

实行数量折扣的经济订货批量具体确定步骤如下:

第一步,按照基本经济订货批量模型确定经济订货批量。

第二步,计算按经济订货批量进货时的存货相关总成本。

第三步,计算按给予数量折扣的不同批量订货时的存货相关总成本。

如果给予数量折扣的订货批量是一个范围,如订货数量在 5 000～8 000 千克之间可享受 2% 的优惠价格,此时按给予数量折扣的最低进货批量,即 5 000 千克计算存货相关总成本。因为,在给予数量折扣的进货批量范围内,无论进货量是多少,存货进货成本总额都是相同的,而相关总成本的变动规律是:进货批量越小,相关总成本就越低。即按 5 000 千克计算的存货相关总成本 < 按 5 001 千克计算的存货相关总成本 < 按 5 002 千克计算的存货相关总成本 < …… < 按 8 000 千克计算的存货相关总成本。

第四步,比较不同批量订货时的存货相关总成本。此时最佳订货批量,就是使存货相关总

成本最低的订货批量。

【例8-14】假设前例中如果一次订购超过600件,可给予2%的批量折扣,问应以多大批量订货?

此时如果确定最优订购批量,就要按以下两种情况分别计算三种成本的合计数。

(1)按经济批量采购,不取得数量折扣。在不取得数量折扣,按经济批量采购时的总成本合计应为

$$总成本 = \frac{1\,200}{400} \times 400 + \frac{400}{2} \times 6 + 1\,200 \times 10 = 14\,400(元)$$

(2)不按经济批量采购,取得数量折扣。如果想取得数量折扣,必须按600件来采购,此时三种成本的合计为

$$总成本 = \frac{1\,200}{600} \times 400 + \frac{600}{2} \times 6 + 1\,200 \times 10 \times (1-2\%) = 14\,360(元)$$

将以上两种情况进行对比可知,订购量为600件时成本最低。

(三)允许缺货时的经济订货模型

允许缺货的情况下,企业对经济进货批量的确定,不仅要考虑订货费用与储存成本,而且还必须对可能的缺货成本加以考虑,能够使三项成本总和最低的订货批量便是经济订货批量。

允许缺货时的经济订货批量:

$$Q = \sqrt{\frac{2AB}{C} \times \frac{C+R}{R}}$$

$$S = Q \times C / (C+R)$$

式中,S 为缺货量;R 为单位缺货成本;其他符号同上。

【例8-15】某企业甲材料年计划需要量为32 000千克,每次订货费用为60元,单位储存成本为4元,单位缺货成本为8元。计算允许缺货时的经济批量和平均缺货量。

$$允许缺货时的经济批量 = \sqrt{\frac{2 \times 32\,000 \times 60}{4} \times \frac{4+8}{8}} = 1\,200(千克)$$

平均缺货量 = $1\,200 \times 4 / (4+8) = 400$(千克)

三、再订货点、订货提前期和保险储备

(一)再订货点

为了保证生产和销售的正常进行,工业企业必须在材料用完之前订货,商品流通企业必须在商品售完之前订货。那么,究竟在上一批购入的存货还有多少时,订购下一批货物呢?这就是存货再订货点的控制问题。所谓再订货点,即发出订货指令时尚存的原料数量。

其计算公式为

再订货点 = 原材料使用率 × 原材料的在途时间

式中,原材料使用率为企业平均每天原材料消耗量。

【例8-16】某企业生产周期为一年,甲材料年需要量为50 000千克,则该企业的原材料使用率为

原材料使用率 = $50\,000 / 360 = 139$(千克/天)

如上述企业订购原材料的在途时间为 2 天,则该企业的再订货点为

再订货点＝139×2＝278(千克)

即当该企业的库存材料数量只有 278 千克时,就需要发出订货指令。再订货点的操作可用图 8－6 说明。

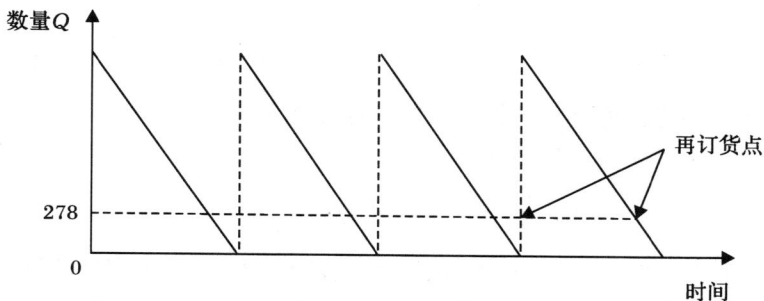

图 8－6　再订货点

从图 8－6 可以看出,当原材料库存降低到 278 千克时,发出订货指令;当库存降到零时,所订原材料到达,刚好形成一个完整的生产过程。

(二)订货提前期

订货提前期,即从发出订单到货物验收完毕所用的时间。其计算公式为

订货提前期＝预计交货期内原材料的使用量/原材料使用率

【例 8－17】某企业预计交货期内原材料的使用量为 500 千克,原材料使用率为 50 千克/天,无延期交货情况。则该企业的订货提前期为 500/50＝10(天)。

也就是说,当该企业的库存原材料数量还差 10 天用完时,就需要发出订货指令。

(三)保险储备

保险储备(insurance reserves),即为防止耗用量突然增加或交货延期等意外情况而进行的储备,用 S 来表示。确定保险储备量,必须考虑如下因素:

(1)平均每天的正常耗用量(原材料正常使用率),用 n 来表示。

(2)预计每天的最大耗用量,用 m 来表示。

(3)提前时间,指从发出订单到货物验收完毕所用的时间(原材料在途时间),用 t 来表示。

(4)预计最长提前时间,用 r 来表示。

其计算公式为

$$保险储备 S=\frac{1}{2}\times(mr-nt)$$

【例 8－18】大华公司每天正常耗用某种材料 100 千克,订货的提前期为 20 天,预计最大耗用量为每天 120 千克,预计最长提前期为 25 天。要求计算保险储备。

$$保险储备=\frac{1}{2}\times(120\times25-100\times20)=500(千克)$$

企业在再订货点发出订货指令,在原材料订购到达之前有一段交货期,如果在此期间每天原材料耗用量突然增加或交货误期,这时如果没有保险储备,企业将不得不中止生产,造成的

损失通常称为"缺货成本",而保险储备的存在则避免了这种情况。企业面临的不确定性越大,需要的保险储备量就越多,但保险储备的存在需要企业支付更多的储存成本。所以,必须在缺货成本和保持保险储备耗费的成本之间做出决策。

保险储备的存在不会影响经济批量的计算,但会影响再订货点的确定。考虑保险储备情况下的再订货点计算公式为

$$再订货点=原材料使用率×原材料在途时间+保险储备=nt+S=\frac{1}{2}×(mr+nt)$$

根据上例资料,该公司考虑保险储备情况下的再订货点为

再订货点$=100×20+500=2\ 500$(千克)

$$或=\frac{1}{2}×(120×25+100×20)=2\ 500(千克)$$

保险储备的存在虽然可以减少缺货成本,但增加了储存成本,最优的存货政策就是要在这些成本之间权衡,选择使总成本最低的再订货点和保险储备量。

【例 8-19】ABC 公司每年需要某种材料 1 000 000 千克,每次订货成本为 4 000 元,每千克原材料年储存保管费为 5 元,已经计算得到经济订货批量为 40 000 千克。另外,已知交货期间的平均需用量是 4 000 千克。根据这些资料,计算该企业年订货次数、订货成本;并根据表 8-13 给定的 0~6 000 千克的不同保险储备量,计算表中其他相关指标并加以分析。

订货次数$=1\ 000\ 000/40\ 000=25$(次)

订货成本$=4\ 000×25=100\ 000$(元)

表 8-13　ABC 公司的最优安全储备量和再订货点分析

再订货点/千克	保险储备/千克	平均存货水平/千克	缺货成本/元	储存成本/元	订货成本/元	总成本/元
4 000	0	20 000	40 000	100 000	100 000	240 000
5 000	1 000	21 000	20 000	105 000	100 000	225 000
6 000	2 000	22 000	10 000	110 000	100 000	220 000
7 000	3 000	23 000	4 000	115 000	100 000	219 000
8 000	4 000	24 000	1 600	120 000	100 000	221 600
9 000	5 000	25 000	200	125 000	100 000	225 200
10 000	6 000	26 000	160	130 000	100 000	230 160

各项目计算过程如下:

(1)再订货点:再订货点=交货期内的存货需要量+保险储备。

(2)保险储备:企业设定不同档次,需要在其中选择最佳保险储备。

(3)平均存货水平:平均存货水平=经济批量/2+保险储备。

(4)缺货成本:企业根据各方面条件预计得出。

(5)储存成本:储存成本=平均存货水平×单位储存保管费。

(6)订货成本:订货成本=单位订货成本×订货次数。

(7)总成本:总成本＝缺货成本＋储存成本＋订货成本。

从表 8－13 中可以看出,当保险储备为 0 时,预计缺货成本很高,但随着保险储备的增加迅速减少,当缺货成本下降幅度大于储存成本上升的幅度时,加大保险储备是有利的,可以降低总成本。但超过一定限度后,保险储备的增加所带来的储存成本增加要大于缺货成本的减少,此时会对总成本产生不利的影响。该企业的最小存货总成本为 219 000 元,最佳再订货点为 7 000 千克,对应的保险储备为 3 000 千克。

四、及时生产的存货系统

及时生产系统,又称准时制(JIT)。

(一)及时生产的存货系统的基本原理

及时生产的存货系统的基本原理是:只有在使用之前才从供应商处进货,从而将原材料或配件的库存数量减少到最小;只有在出现需求或接到订单时才开始生产,从而避免产成品的库存。及时生产的存货系统要求企业在生产经营的需要与材料物资的供应之间实现同步,使物资传送与作业加工速度处于同一节拍,最终将存货降低到最小限度,甚至零库存。及时生产的存货系统原本是为了提高生产质量而逐步形成的,其要旨是将原材料的库存量减少到一个生产班次恰好需要的数量。在准时制下,库存是没有替代品的,其所生产的每一个零部件都必须是合格品。及时生产的存货系统在按订单生产的制造业中使用得最为广泛。不过,它在零售业中也开始显示其优越性,对零售业者预测消费需求和提高营运效益有一定的作用。

(二)及时生产的存货系统成功的因素

及时生产的存货系统的成功取决于以下几个因素:

1.计划要求

JIT 要求具备一份对于整个公司而言协调、完整的计划。通过仔细计划与规划,实施 JIT 可以使公司不必要保持安全储备存货,从而节约成本。同时,JIT 完备的运行环境也可以在其他方面产生极大的节约,比如缩短存货在途时间、降低仓储成本等。当然,高度的协调和计划对于某些企业是很难实现的,那么 JIT 也就无法发挥作用。

2.与供应商的关系

为了使 JIT 有效运行,公司应与其供应商紧密合作。送货计划、数量、质量和及时联系都是该制度的组成部分。该制度要求按所需的数额和订单的要求频繁送货,而且要求仔细标记每项货物(通常采用条形码的形式)。因此,JIT 要求公司必须和供应商保持良好的关系。

3.准备成本

通过降低生产期的长度,重新设计的生产过程更加灵活。在生产中,每一批产品生产前总存在固定的准备成本,生产的最优批量受准备成本的影响(就像存货的订货成本受固定的订货成本影响一样)。通过降低准备成本,公司可以采用更短的生产期,因而获得更大的灵活性。

4.其他的成本因素

因为 JIT 要求仔细管理和控制,所以采用 JIT 的公司常常为了降低成本而限制供应商的数目。为了做到 JIT 的要求,供应商必须提高质量、经常送货、花费更多成本,所以很多公司在通过采用 JIT 降低了它们的存货储存成本的同时,由于对供货商的更高要求而必须承担更高的采购价格。不过对于很多采用 JIT 的公司来说,获得的利益远远大于采购价格提高带来的负面影响。

5.电子数据互换

没有电子数据互换(electronic data interchange,EDI),JIT 就不能实施。因为从采购到生产再到销售的过程中,许多环节都是用电子系统处理的,商业信用也自动化了。当采用了电子信用条件(举例来说,就是货款不是在发票日的 30 天后支付,而是在交货和使用材料之后很短的时间内支付),就基本上消除了公司的应付账款,而这是其短期筹资额的主要来源。同时,电子收款也消除了供应商的应收账款。

(三)及时生产的存货系统的优缺点

及时生产的存货系统具有以下优点:降低库存成本;减少从订货到交货的加工等待时间,提高生产效率;降低废品率、再加工和担保成本。但及时生产的存货系统要求企业内外部全面协调与配合,一旦供应链破坏,或企业不能在很短的时间内根据客户需求调整生产,企业生产经营的稳定性将会受到影响,经营风险加大。此外,为了保证能够按合同约定频繁小量配送,供应商可能要求额外加价,企业因此丧失了从其他供应商那里获得更低价格的机会收益。

本章小结

本章主要介绍了营运资金的含义与特点以及现金、应收账款、存货等流动资产项目的管理。

营运资金管理是对公司流动资产的管理,一个公司要维持正常的运转就必须拥有适当的营运资金。营运资金有其自身的特点和管理原则,掌握这些特点和管理原则对合理安排营运资金具有重要意义。

持有现金的动机包括交易动机、补偿动机、预防动机和投机动机;持有现金的成本包括持有成本、转换成本、短缺成本。确定最佳现金持有量的模型主要有成本分析模型、存货模型和米勒-欧尔现金管理模型。在现金日常控制中,企业应努力加速收款、控制支出。

应收账款管理的基本目标在于:在发挥应收账款强化竞争、扩大销售功能效应的同时,尽可能降低应收账款投资的机会成本、坏账损失与管理成本,最大限度地提高应收账款投资的效益。信用政策包括信用标准、信用条件和收账政策三部分内容。应收账款管理方法,主要包括应收账款追踪分析、应收账款账龄分析、应收账款收现率分析和建立应收账款坏账准备制度等。

存货的成本主要有采购成本、储存成本和订货成本。存货控制主要是通过 ABC 分类法、经济订货批量模型和及时生产的存货系统等方法进行。

思考与练习

1.已知某公司现金收支平衡,预计全年(按 360 天计算)现金需要量为 250 000 元,现金与有价证券的转换成本为每次 500 元,有价证券年利率为 10%。

要求:

(1)计算最佳现金持有量。

(2)计算最佳现金持有量下的全年现金交易成本和全年现金置存成本。

(3)计算最佳现金持有量下的全年有价证券交易次数。

2.某公司每年需要某种原材料 50 000 千克,其单位成本为 2 元,这些原材料的单位储存成本为 0.4 元。固定订货成本是每次 100 元。

要求:

(1)计算经济订货量与库存总成本(不考虑采购成本)。

(2)如果一次订购 10 000 千克,供应商将提供 1.5％的折扣,那么该公司是否取得这一折扣?

(3)假设该公司计划采用折扣,且其保险储备量为 1 000 千克,计算其平均库存量与年度总库存成本。

3.某公司赊销期为 30 天,年赊销量为 20 万件,每件售价 1 元。现有两种现金折扣方案,第一种为"2.5/10,n/30";第二种为"1.5/20,n/30"。假定两种方案都有一半的客户享受现金折扣,企业的坏账损失为未享受现金折扣赊销额的 2％,资金成本率为 20％。

要求:

(1)选择何种折扣政策对企业有利?

(2)如第二种折扣方案只有 1/4 的顾客享受,应该选择哪一种?

4.ABC 公司的一种新型产品,每天平均销量为 5 个,每个售价为 750 元;若一年按 360 天计算,每个存货的年储存成本是 100 元,每次订货成本为 144 元。

要求回答以下的问题:

(1)公司该产品经济订货量为多少? 最佳订货次数为多少?

(2)若单位缺货成本为 5 元,存货从提出到到达,正常交货期为 5 天,延迟交货 1 天的概率为 0.2,延迟交货 2 天的概率为 0.1,其他均能提前或按照正常交货期送达,则合理的保险储备和再订货点为多少?

5.利想公司预计全年(一年按 360 天计算)现金需要量为 50 万元,有价证券的年利率为 12％,该公司现金管理相关总成本目标为 3 000 元。

要求:

(1)计算有价证券的转换成本限额;

(2)计算最优现金余额;

(3)计算最佳有价证券的交易间隔期。

即测即评

即测即评

第九章

收益分配

引导案例

用友的分红派息政策

北京用友软件(集团)有限公司于 1995 年 1 月 18 日成立,1999 年 12 月 6 日,经北京市人民政府批复同意,北京用友软件(集团)有限公司依法变更为北京用友软件股份有限公司。2001 年 5 月 18 日,公司股票在上海证券交易所上市交易。2005 年 4 月 29 日,公司名称由原来的北京用友软件股份有限公司变更为用友软件股份有限公司,股票简称"用友软件"。2015 年 1 月 9 日,公司名称由用友软件股份有限公司变更为用友网络科技股份有限公司。股票简称由"用友软件"变更为"用友网络"。

用友上市以来一贯保持持续高分红的策略。2002 年 5 月,北京用友软件发布 2001 年度分红派息公告,每股派发现金红利 0.6 元(含税);接着,公司 2002 年度每 10 股转增 2 股派 6 元,2003 年度每 10 股转增 2 股派 3.75 元,2004 年度每 10 股转增 2 股派 32 元。

用友的持续高分红备受非议。2003 年,北京用友软件主营业务收入达到 6.02 亿元,同比增长了 23.3%,但其净利润却锐减到 7 491 万元,同比下降了 18.2%;2004 年主营业务收入 7.26 亿元,净利润却下滑到 6 944 万元。而从结构上看,服务收入同比增长 58%,软件销售仅增长 12%,表明公司新客户增长放缓,市场开拓能力变差。可是,与此同时,用友软件在 2005 年仍然大举分红,每股派发现金红利 0.66 元(含税)。2006 年用友软件再次逆势分红派息。公司公告显示,2006 年公司慷慨给出了"10 股派 6.8 元"的分红方案。

2008 年 3 月 5 日用友软件公布年报显示:2007 年公司实现营业收入 13.57 亿元,同比增长 21.85%;利润总额为 3.88 亿元,同比增长 106.86%;净利润为 3.86 亿元,同比增长 109.91%,每股收益 1.56 元,分配方案为每 10 股转增 10 股派 10 元(含税)。

用友公司一直坚持自己的这种分红派息政策。2013 年公司实现营业收入 43.62 亿元,利润总额为 6.47 亿元,每股收益 0.39 元,分配方案为每 10 股转增 2 股派 3 元(含税)。2014 年公司实现营业收入 43.74 亿元,利润总额为 6.11 亿元,每股收益 0.4 元,分配方案为每 10 股转增 2 股派 3 元(含税)。2015 年公司实现营业收入 44.51 亿元,利润总额为 3.62 亿元,每股收益 0.23 元,分配方案为每 10 股派现 1.5 元(含税)。

启示:
1. 用友公司采用的是什么样的股利分配政策?
2. 试对用友公司的股利分配政策进行评论。

第一节　收益分配概述

一、收益分配的基本原则

企业通过经营活动赚取收益,并将其在相关各方面之间进行分配。企业的收益分配有广义和狭义两种。广义的收益分配是指对企业的收入和收益总额进行分配的过程;狭义的收益分配则是指对企业净收益的分配。本章所指的收益分配是指企业对净收益的分配。

企业收益分配是整个国民经济收入分配的一个重要组成部分,它涉及企业与投资者、债权人、政府、内部各部门、员工等企业各利益主体之间的经济利益关系,也关系到整个社会积累与消费的比例关系。这些关系处理得好,可以促进经济的健康和谐发展,处理得不好,就会阻碍经济发展。作为一项重要的财务活动,企业的收益分配应当兼顾各方面利益,要遵循以下几项原则。

(一)依法分配原则

企业的收益分配必须依法进行。企业的收益分配涉及国家、企业、股东、债权人、员工等多方面的利益。正确处理各方面的利益关系,协调各方面的利益矛盾,是进行收益分配的重要方面。企业在利润分配之前,应该首先依法缴纳企业所得税,这是企业应尽的社会责任,也是国家机器正常运转的重要保证。企业缴纳所得税后的净利润,是企业所有者的资产投资收益,属于企业所有者的权益,应当按投资比例在所有者之间进行分配,但是按照有关法律法规的规定,在分配之前也应当按一定的比例提留,作为企业扩大再生产和抵御经营风险的财力保证。

(二)资本保全原则

企业的收益分配必须以资本的保全为前提。企业的收益分配是对投资者投入资本的增值部分所进行的分配,不是投资者资本金的返还。以企业资本金进行的分配属于一种清算行为,而不是收益分配。企业必须在有可供分配留存收益的情况下进行收益分配,只有这样才能充分保护投资者的利益。

(三)兼顾各方利益原则

企业的收益分配必须兼顾各方面的利益。现代企业是一系列契约的有机组合。这些契约中包括了企业要素投入者和利益相关者之间的关系。因此,企业的收益分配直接关系到各方的切身利益。企业除依法纳税外,投资者作为资本投入者、企业的所有者,依法享有净收益的分配权。企业的债权人,在向企业投入资金的同时也承担了一定的风险,企业的收益分配中应当体现债权人利益的充分保护,不能伤害债权人的利益。另外,企业的员工是企业净收益的直接创造者,企业的收益分配应当考虑到员工的长远利益。因此,企业进行收益分配时,应当统筹兼顾,维护各利益相关者的合法权益。

(四)效率性原则

所谓效率性原则就是在兼顾企业各方利益的基础上,保证利润分配有利于社会经济的发展。这就要求在企业收益分配中调动影响企业生存发展的各方关系人的积极性,但平均分配收益又会阻碍这些人积极性的发挥。为此,应从两个方面来促进效率的提高。一是企业各利益关系者共同努力,把企业这块"蛋糕"做大。二是合理确定分配比例,根据经营者贡献的大小,正确确定经营者的产权比例,合理确定各出资者的出资份额,适当考虑劳动者对企业的作用,确定合理的收益分配比例。企业也要选择合适的收益分配形式,对现金、股票、股票期权等多种分配形式进行有效组合。对经营者进行长、短期激励与约束,确保企业持续稳定地发展。

(五)分配与积累并重的原则

企业的收益分配必须坚持分配与积累并重的原则。企业赚取的净收益,一部分对投资者进行分配,另一部分形成企业的积累。企业积累起来的留存收益仍归企业所有者拥有,只是暂时未做分配。积累的留存收益不仅为企业扩大再生产筹措了资金,同时也增强了企业抵抗风险的能力,有利于所有者的长远利益。正确处理分配与积累的关系,留存一部分净收益以供未来分配之需,还可以达到以丰补歉、平抑收益分配数额波动、稳定投资报酬率的效果。因此,企业在进行收益分配时,应当正确处理分配与积累之间的关系。

(六)投资与收益对等的原则

通常,企业的收益分配必须遵循投资与收益对等的原则,即企业进行收益分配应体现"谁投资谁收益"、收益大小与投资比例相适应的原则。投资与收益对等原则是正确处理投资者利益关系的关键。投资者因其投资行为而享有收益权,投资者收益应同投资比例对等。不允许发生任何一方随意多分多占的现象。这样才能从根本上实现收益分配中的公开、公平、公正,保护投资者的利益,提高投资者的积极性。

二、确定收益分配政策时应考虑的因素

在确定收益分配政策时,应当考虑下列相关因素的影响。

(一)法律因素

为了保护投资者的利益,各国法律如公司法、证券法等都对公司的收益分配有一定的限制。有关规范主要体现在以下几个方面。

1.资本保全的约束

资本保全是为了保护投资者的利益而做出的法律限制。股份公司只能用当期利润或留存收益来分配股利,不能用公司出售股票而募集的资本发放股利。资本保全的目的是防止企业任意减少资本结构中所有者权益的比例,以保护债权人的利益。

2.资本积累的约束

资本积累约束要求企业在分配收益之前,应当按法定的程序先提取各种公积金。我国有关法律法规明确规定,公司应按税后利润做出规定的扣除之后的10%提取法定盈余公积金,只有当法定盈余公积金累计额达到注册资本50%以上时,才可不再提取。另外,在进行收益分配时,一般应当贯彻"无利不分"的原则,即当公司出现年度亏损时,一般不进行利润分配,只有在公司以前年度的亏损全部弥补完之后,若还有剩余利润,才能用于分配股利。

3.超额累计利润的约束

因为资本利得与股利收入的税率不一致,公司通过保留利润来提高其股票价格,则可能使

股东避税。有些国家的法律禁止公司过度地积累盈余,如果一个公司盈余的积累大大超过公司目前及未来投资的需要,则可看作是过度保留,将被加征额外的税款。如《美国国内收入法典》规定,如果国内税务局能够查实企业是故意压低股利支付率以帮助股东逃避缴纳个人所得税,就可对企业的累积盈余处以惩罚性的税率。我国法律目前对此尚未做出规定。

4. 偿债能力的约束

这是规定企业在分配股利时,必须保持充分的偿债能力。企业分配股利不能只看利润表上的净利润数额,还必须考虑到企业的现金是否充足。如果因企业分配现金股利而影响了企业的偿债能力或正常的经营活动,则收益分配就要受到限制。

(二)公司自身因素

公司自身因素的影响是指公司内部的各种因素及其面临的各种环境、机会而对其股利政策产生的影响,主要包括现金流量、举债能力、投资机会、资本成本等。

1. 现金流量

公司资金的正常周转,是公司生产经营得以有序进行的必要条件。因此,保证公司正常的经营活动对现金的需求是确定收益分配政策的最重要的限制因素。公司在经营活动中,必须有充足的现金,否则就会发生支付困难。公司在进行收益分配时,必须考虑现金流量以及资产的流动性,过多地进行收益分配会减少公司的现金持有量,影响公司未来的支付能力,甚至可能会使公司出现财务困难。

2. 举债能力

举债能力是企业筹资能力的一个重要方面,不同的企业在资本市场上的举债能力会有一定的差异。公司进行收益分配时,应当考虑到自身的举债能力如何,如果举债能力较强,在缺乏资金时,能够较容易地在资本市场上筹集到资金,则可采取较宽松的收益分配政策;如果举债能力较差,就应当采取比较紧缩的收益分配政策,少分配现金,留有较多的公积金。

3. 投资机会

公司的投资机会也是收益分配政策的一个非常重要的因素。当公司有良好的投资机会时,就应当考虑少分配,特别是少分配现金股利,增加留存收益,用于再投资,这样可以加速公司的发展,增加公司未来的收益,这种分配政策往往也易于为投资者所接受。在公司没有良好的投资机会时,往往倾向于多发放现金股利。

4. 资产的流动性

公司现金股利的支付能力,在很大程度上会受其资产变现能力的限制。如果公司资产的流动性较强,即持有大量的货币资金和其他流动资产,变现能力强,就可以支付较多的现金股利;反之,不宜支付较多的现金股利。

5. 利润的稳定性

为了保持股价的稳定和降低公司的财务风险,利润稳定的公司可能支付比利润不稳定的公司高的股利。

6. 资本成本

资本成本是公司选择筹资方式的基本依据。留存收益是公司内部筹资的一种重要方式,它同发行新股或举借债务相比,具有成本低、隐蔽性好的优点。合理的收益分配政策实际上是要解决分配与留用的比例关系以及如何合理、有效地利用留存收益的问题。如果公司一方面大量发放现金股利,另一方面又要通过资本市场筹集较高成本的资金,这无疑有悖于财务管理的基本原则。因此,在制定分配政策时,应当充分考虑公司对资金的需求以及资本成本等问题。

（三）债务契约因素

债务契约是指债权人为了防止公司过多地发放股利,影响其偿债能力,增加债务风险,而以契约的形式限制公司现金股利的分配。这种限制通常包括:①规定每股股利的最高限额;②规定未来股息只能用贷款协议签订以后的新增收益来支付,而不能动用签订协议之前的留存收益;③规定企业的流动比率和利息保障倍数低于一定标准时,不得分配现金股利,等等。

（四）股东因素

股东在收入、控制权、税赋、风险及投资机会等方面的考虑也会对公司的收益分配政策产生影响。股利政策必须经股东大会决议通过才能实施,股东对公司股利政策具有举足轻重的影响。一般来说,影响股利政策的股东因素主要有以下几方面:

1. 追求稳定的收入

有的股东依赖于公司发放的现金股利维持生活,如一些退休者,他们往往要求公司能够定期支付稳定的现金股利,反对公司留利过多。还有些股东是"一鸟在手论"的支持者,他们认为留存收益虽可能导致股票价格上升,但所带来的收益具有较大的不确定性,还是取得现实的股利比较稳妥,可以规避风险,因此,这些股东也倾向于多分配股利。

2. 担心控制权稀释

收益分配政策也会受到现有股东对控制权要求的影响。以现有股东为基础组成的董事会,在长期的经营中可能形成了有效控制格局,他们往往将股利政策作为维持其控制地位的工具。有的大股东出于对公司控制权可能被稀释的担心,往往倾向于公司少分配现金股利,多留存收益。如果公司发放了大量的现金股利,就可能会造成未来经营资金的紧缺。这样就不得不通过资本市场来筹集资金,如果通过举借新的债务筹集资金,就会增加公司的财务风险;如果通过发行新股筹集资金,虽然公司的老股东有优先认股权,但必须拿得出一笔数额可观的资金,否则其持股比例就会降低,其对公司的控制权就有被稀释的危险。因此,他们宁愿少分现金股利,也不愿看到自己的控制权被稀释,当他们拿不出足够的现金认购新股时,就会对分配现金股利的方案投反对票。

3. 规避所得税

按照税法的规定,政府对企业征收企业所得税以后,还要对股东分得的股息、红利征收个人所得税。一般股利收入的税率要高于资本利得的税率。按照我国税法规定,股东从公司分得的股息和红利应按20%的比例税率缴纳个人所得税,而对股票交易所得目前还没有开征个人所得税,因而,对股东来说,股票价格上涨获得的收益比分得股息、红利更具吸引力。因此,高收入阶层的股东为了避税往往反对公司发放过多的现金股利。

4. 考虑投资机会

股东的外部投资机会也是公司制定分配政策必须考虑的一个因素。如果公司将留存收益用于再投资的所得报酬低于股东个人单独将股利投资于其他投资机会所得的报酬,则股东倾向于公司不应多留存收益,而应多发放股利。

（五）通货膨胀

通货膨胀会带来货币购买力水平下降、固定资产重置资金来源不足,此时,企业往往不得不考虑留用一定的利润,以弥补由于货币购买力水平下降而造成的固定资产重置资金缺口。因此,在通货膨胀时期,企业一般会采取偏紧的收益分配政策。

三、股利分配的实质

股利分配是指公司向股东分派股利。股利分配涉及的方面很多,如股利支付程序中各日期的确定、股利支付比率的确定、股利支付形式的确定、支付现金股利所需资金的筹集方式的确定等。其中最主要的是确定股利的支付比率,即用多少盈余发放股利,多少盈余为公司所留用,因为这可能会对公司股票的价格产生影响。换句话说,股利分配的实质就是在股票吸引力与公司财务负担之间寻求一种合理的均衡,即探寻股利与留存收益之间的比例关系。它们的基本关系如下:

$$税后利润－留存收益＝股利$$

从公式中可以看出,当税后利润一定时,问题的焦点就在于留存收益与股利之间比例的确定上。

股利是反映股利水平的绝对数。不同类型公司的每股股利的多少是不相同的,缺乏可比性。因此应运用股利支付率指标,即每股股利占每股收益的份额,它是反映股利水平的相对数。通过股利支付率指标,不同公司之间的股利水平就具有一定的可比性。

【例 9－1】表 9－1 列出了甲、乙两个公司的股利支付情况。从表中可以看出,两个公司每股股利的绝对数相差很多,但它们的股利支付率相等,都是 0.4,说明它们的股利水平实质上是相同的。

表 9－1　甲、乙两个公司的股利支付情况

项目	甲公司	乙公司
每股股利/元	0.8	2
每股收益/元	2	5
股利支付率	0.4	0.4

四、股利理论

关于股利与股票价格的关系,存在着不同的观点,并形成了不同的股利理论,概括起来主要有股利无关论和股利相关论。

(一)股利无关论

股利无关论认为,公司的股利政策不会对公司的股票价格产生任何影响。这一理论建立在不存在所得税、不存在股票筹资费用、投资决策不受股利分配影响等一些假设基础之上。

在这些假设基础上,股利无关论认为,投资者不会关心公司股利的分配情况,公司的股票价格完全由公司投资方案和获利能力所决定,而并非取决于公司的股利政策。在公司有较好的投资机会的情况下,如果股利分配得较少,留利较多,公司的股票价格也会上升,投资者可以通过出售股票来换取现金;如果股利分配得较多,留利较少,投资者获得现金后会寻求新的投资机会,而公司仍可以顺利地筹集到新的资金。所以,股票价格与公司的股利政策是无关的。

(二)股利相关论

股利相关论认为,公司的股利政策会影响到公司股票的价格。其代表性观点主要有:

1.股利重要理论

这种观点认为,在股利收入与股票价格上涨产生的资本利得收益之间,投资者更倾向于前者。因为股利是现实的有把握的收益,而股票价格的上升与下跌具有较大的不确定性,与股利收入相比风险更大。因此,投资者更愿意购买能支付较高股利的公司股票,这样,股利政策必然会对股票价格产生影响。另外,根据证券市场中收益与风险正相关的理论关系,当公司提高股利支付时,投资者由于需要承担的投资风险较小,所要求的报酬率也较低,所以会使公司股票价格上升;反之,就会导致公司股票价格下降。因此,这一理论用西方一句格言来形容就是"双鸟在林,不如一鸟在手",所以该理论又被称为"一鸟在手论"。

2.信号传播理论

信号传播理论认为,在信息不对称的情况下,公司可以通过股利政策向市场传递有关公司未来获利能力的信息,从而会影响公司的股价,因此,股利政策与股票价格是相关的。如果某一公司改变了长期以来比较稳定的股利政策,就等于给投资者传递了企业收益情况发生变化的信息,从而会影响到股票的价格。股利提高可能给投资者传递公司创造未来现金能力增强的信息,该公司的股票价格就会上涨;反之,股利下降可能给投资者传递公司经营状况变坏的信息,该公司股票的价格就会下跌。

3.所得税差异理论

所得税差异理论认为,股利无关论的假设在现实经济生活中是不存在的。由于普遍存在的税率的差异及纳税时间的差异,资本利得收入比股利收入更有助于实现收益最大化目标,公司应当采取低股利政策。由于认为股利收入和资本利得收入是不同类型的收入,所以在很多国家,对它们征收所得税的税率也不相同。一般地,对资本利得征收的税率低于对股利征收的税率。另外,即使不考虑税率差异因素的影响,股利收入纳税和资本利得收入纳税的时间也有差异。相对于股利收入纳税来说,投资者对资本利得收入的纳税时间更具有弹性。这样,即使股利收入和资本利得收入没有税率上的差别,仅就纳税时间而言,由于投资者可以自由后推资本利得收入纳税的时间,所以也会存在延迟纳税带来的收益差异。

因此,在其他条件不变的情况下,投资者更偏好资本利得收入而不是股利收入。而持有高股利支付政策股票的投资者,为了取得与低股利支付政策股票相同的税后收益,必须要求有一个更高的税前回报预期。所以会导致资本市场上的股票价格与股利支付水平呈反向变化,而权益资本成本与股利支付水平呈正向变化情况。

4.代理理论

代理理论认为,只要管理者持有公司普通股份不足100%,股东与管理者之间的代理冲突就不可避免。为了使管理者更好地为外部股东工作,势必会增加有关费用以监督管理者的行为,这便是所谓的代理成本。股利政策有助于减缓管理者与股东之间的代理冲突,亦即股利政策是协调股东与管理者之间代理关系的一种约束机制。根据代理理论,在存在代理问题时,股利政策的选择至关重要。较多地发放现金股利至少具有以下几点好处:①公司管理者将公司的盈利以股利的形式支付给投资者,则管理者自身可以支配"闲余现金流量"就相应减少了,这在一定程度上可以抑制公司管理者过度地扩大投资或进行特权消费,从而保护外部投资者的利益;②较多地发放现金股利,减少了内部融资,导致公司进入资本市场寻求外部融资,从而公司可以经常接受资本市场的有效监督,这样便可以通过资本市场的监督减少代理成本。因此,高水平的股利支付政策有助于降低企业的代理成本,但同时也增加了企业的外部融资成本。因此,理想的股利政策应当使两种成本之和最小。

第二节　股利政策

股利政策是指在法律允许的范围内,企业是否发放股利、发放多少股利以及何时发放股利等方面的方针和策略。它是股份有限公司财务管理的一项重要内容,它不仅仅是对投资收益的分配,而且关系到公司的投资、融资以及股票价格等各个方面。因此,制定一个正确、稳定的股利政策是非常重要的。股利政策的核心问题是确定分配与留存的比例,即股利支付比率问题。常用的股利政策主要有以下几种类型。

一、剩余股利政策

剩余股利政策,是指在确定的最佳资本结构下,公司税后净利润首先要满足投资的需求,然后若有剩余才用于分配股利。这是一种投资优先的股利政策。

在制定股利政策时,企业的投资机会和资本成本是两个重要的影响因素。在企业有良好的投资机会时,为了降低资本成本,企业通常会采用剩余股利政策。剩余股利政策是 MM 理论在股利政策实务上的具体应用。根据 MM 理论的观点,股利政策不会对公司的股票价格产生任何影响,投资者对盈利的留存或发放毫无偏好,公司决策者不必考虑公司的分红模式,公司的股利政策只需随着公司的投资、融资方案的制订而自然确定。公司在有较好的投资机会时,可以少分配甚至不分配股利,而将留存收益用于再投资。采用剩余股利政策的先决条件是公司必须有良好的投资机会,并且该投资机会的预计报酬率要高于股东要求的必要报酬率,这样才能为股东所接受。采用剩余股利政策的公司,因其有良好的投资机会,投资者对公司未来的获利能力有较好的预期,因而其股票价格会上升,并且以留存收益来满足最佳资本结构下对股东股权资本的需要,可以降低公司的资本成本,也有利于公司提高经济效益。但是,这种股利政策不会受到希望有稳定的股利收入的投资者所欢迎,如那些靠股利生活的退休者,因为剩余股利政策往往会导致各期股利忽高忽低。实行剩余股利政策,一般应按以下步骤来决定股利的分配额:

(1)根据选定的最佳投资方案,确定投资所需的资金数额。

(2)按照公司的目标资本结构及投资所需的资金数额,确定投资需要增加的权益资本的数额。

(3)税后净利润首先用于满足投资需要增加的股东权益数额。

(4)在满足投资需要后的剩余部分再用于向股东分配股利。

这里需要说明的是,在最佳资本结构下公司的综合资本成本才最低,公司才可能实现股东财富最大化的理财目标。因此,股利政策要符合最佳资本结构的要求,如果股利政策破坏了最佳资本结构,就不能取得使公司的综合资本成本达到最低的效果。下面举例说明剩余股利政策的应用。

【例 9 - 2】假定某公司 2019 年提取了公积金之后的税后净利润为 5 000 万元,目前的资本结构为:债权资本 40%,股东股权资本 60%。该资本结构也是其下一年度的目标资本结构(即最佳资本结构)。如果 2020 年该公司有一个很好的投资项目,需要投资 6 000 万元,该公司采用剩余股利政策,试确定应该如何融资? 分配的股利是多少?

对于投资需要的 6 000 万元资本,该公司可以有多种融资方法,但若利用留存收益的内部融资方式,可以有以下两种方法:

(1)公司留用全部净利润用于该投资项目,再另外筹集 1 000 万元新的债权资本。这样公司就没有剩余利润用于分配股利。

(2)公司根据目标资本结构的要求,需要筹集 3 600 万元的股东股权资本和 2 400 万元的债权资本来满足投资的需要。这样,公司将净利润的 3 600 万元作为留存收益,还有 1 400 万元的净利润可用于分配股利,然后,再通过举债筹集 2 400 万元资金。

上述的第一种融资方法,虽然公司需向外部筹资的金额最少,但是这种方法破坏了最佳资本结构,会使公司的综合资本成本上升,因此不是最优筹资方案;而第二种融资方法,虽然需要向外部筹集较多的资金,但是它保持了企业的最佳资本结构,此时公司的综合资本成本才是最低的。综上所述,第二种方法符合剩余股利政策的要求。

剩余股利政策的优点是:留存收益优先保证再投资的需要,有利于降低再投资的资本成本,保持最佳的资本结构。其缺陷是:如果完全遵照执行剩余股利政策,股利发放就会每年随投资机会和盈利水平的波动而波动。即使在盈利水平不变的情况下,股利也将与投资机会的多寡呈反向变动:投资机会越多,股利越少;反之,投资机会越少,股利越多。而在投资机会维持不变的情况下,股利发放将因公司每年盈利的波动而同方向波动。剩余股利政策不利于投资者安排收入与支出,也不利于公司树立良好的形象,一般适应于公司初创阶段。

二、固定或稳定增长股利政策

固定或稳定增长股利政策,是指公司每年派发的股利额固定在某一特定水平或是在此基础上维持某一固定比率逐年稳定增长。这种股利政策,要求公司在较长时期内支付固定的股利额,只有当公司对未来利润增长确有把握,在确信公司未来的盈利增长不会发生逆转时,才会增加每股股利额。

稳定的股利政策在公司收益发生一般的变化时,并不影响股利的支付,而是使其保持稳定的水平。近年来,为了避免通货膨胀对股东收益的影响,最终达到吸引投资的目的,很多公司开始实施稳定股利政策。实行这种股利政策者都支持股利相关论,他们认为稳定的股利发放向投资者传递企业经营状况良好的信息。

(一)固定或稳定增长股利政策的优点

(1)固定或稳定增长股利政策,可以向股票市场和投资者传递一个公司经营状况稳定、管理层对未来充满信心的信号,可以降低投资者对公司风险的担心,这有利于公司在资本市场上树立良好的形象、增强投资者信心,进而有利于稳定公司股价。

(2)稳定的股利政策有利于投资者有规律地安排股利收入和支出,特别是那些希望每期能有固定收入的投资者更欢迎这种股利政策。忽高忽低的股利政策可能会降低他们对这种股票的需求,这样也会使股票价格下降。

(二)固定或稳定增长股利政策的缺点

(1)固定或稳定增长股利政策下的股利分配只升不降,股利支付与公司盈利相脱离,即不论公司盈利多少,均要按固定的乃至固定增长的比率派发股利。

(2)在公司净利润下降或现金紧张时,公司为了保证股利的照常支付,容易导致资金短缺、财务状况恶化,影响公司的后续发展,甚至侵蚀公司资本,给公司的财务运作带来很大的压力,最终影响公司正常的生产能力。

因此,采取固定或稳定增长股利政策,要求公司对未来的盈利和支付能力能做出比较准确的判断。一般来说,公司确定的固定股利额不应太高,要留有余地,以免陷入公司无力支付的被动局面。这种股利政策一般适用于经营比较稳定的企业,但很难被长期采用。

三、固定股利支付率股利政策

固定股利支付率股利政策是公司将每年净收益的某一固定百分比作为股利发放给股东。这是一种变动的股利政策。股利支付率一经确定,一般不得随意变更。固定股利支付率越高,公司留存的净收益越少。在这一股利政策下,只要公司税后利润一经计算确定,所派发的股利也就相应确定了。

持这种股利政策者认为,只有维持固定的股利支付率,才算真正公平地对待每一位股东,他们信守的格言是"公司赚2元钱,1元分给股东,1元留存公司"。

(一)固定股利支付率股利政策的优点

(1)采用固定股利支付率股利政策,公司的股利支付与盈利状况密切相关,体现了多盈多分、少盈少分、无盈不分的股利分配原则。

(2)公司股利随着公司收益的变动而变动,并保持分配与留存收益间的一定比例关系。采用这种政策,公司每年按固定的比例从税后利润中支付现金股利,从企业支付能力的角度来看,这是一种稳定的股利政策。

(二)固定股利支付率股利政策的缺点

1.传递的信息中很容易表现出公司的不利因素

如果公司每年收益状况不同,固定股利支付率的股利政策将导致公司每年股利分配额的频繁变化。而股利通常被认为是公司未来前途的信号传递,那么波动的股利向市场传递的信息就是公司未来收益不明确、不可靠,很容易给投资者带来公司经营状况不稳定、投资风险较大的不良印象。

2.容易使公司面临较大的财务压力

公司实现的盈利越多,一定支付比率下派发的股利就越多,但公司实现的盈利多,不一定代表公司有足够的现金派发股利。如果公司没有足够的现金流,很容易给公司造成较大的财务压力。

3.缺乏财务弹性

股利支付率是公司股利政策的主要内容,模式的选择、政策的制定是公司的财务手段和方法。在不同阶段,根据财务状况制定不同的股利政策,会更有效地实现公司的财务目标。但在固定股利支付率股利政策下,公司丧失了利用股利政策的财务方法,缺乏财务弹性。

4.合适的固定股利支付率难以确定

固定股利支付率确定得太高,公司将没有足够的现金派发股利,会给公司带来巨大的财务压力,但如果确定得太低,又不能满足投资者对投资收益的期望。所以较优的固定股利支付率确定的难度较大。

由于公司每年面临的投资机会、筹资渠道都不同,而这些都可以影响到公司的股利分派,所以,一成不变地奉行一种固定比率发放股利政策的公司在实际中并不多见,固定股利支付率股利政策只是比较适用于那些处于稳定发展且财务状况也较稳定的公司。

四、低正常股利加额外股利政策

低正常股利加额外股利政策,是一种介于稳定股利政策与变动股利政策之间的折中股利政策。这种股利政策每期都支付稳定的较低的正常股利额,当公司盈利较多时,再根据实际情况发放额外股利。

(一)低正常股利加额外股利政策的优点

(1)具有较大的灵活性,使公司在股利发放上留有余地和具有较大的财务弹性。同时,每年可根据公司的具体情况,选择不同的股利发放水平,以完善公司的资本结构,进而实现公司的财务目标。

(2)有助于稳定股价,增强投资者信心。由于公司每年固定派发的股利维持在一个较低的水平,在公司盈利较少或投资需要较多资金时,可以只支付较低的正常股利,这样既不会给公司造成较大的财务压力,又能保证股东定期得到一笔固定的股利收入;在公司盈利较多并且不需要较多投资资金时,可以向股东发放额外的股利,而额外的股利信息的传递则有助于公司股票的价格上扬,增强投资者的信心。

低正常股利加额外股利政策,既可以使股利维持一定的稳定性,又有利于使公司的资本结构达到目标资本结构,使灵活性与稳定性较好地结合起来,因而为许多公司所采用。

(二)低正常股利加额外股利政策的缺点

(1)年份之间的盈利波动会使额外股利不断变化,造成分派的股利不同,容易给投资者以公司收益不稳定的感觉。

(2)当公司在较长时期持续发放额外股利后,可能会被股东误认为是"正常股利",而一旦取消部分额外股利,传递出去的信号可能会使股东认为公司财务状况恶化,造成公司股票下跌。所以,相对来说,对那些盈利水平随着经济周期而波动较大的公司或行业,这种股利政策也许是一种不错的选择。

第三节　股利分配程序与方案

一、股利分配程序

利润分配就是对企业所实现的经营成果在各方面进行分配。作为分配基础的企业利润可以有两个层次的含义:一是企业的利润总额,即税前利润;二是净利润,即企业缴纳所得税后的利润。在实行税利分流制度之前的利润分配基本上是对企业利润总额的分配,即将缴纳的所得税也纳入了利润分配的范围内。现在财务管理上的利润分配主要是指企业税后利润的分配。根据《中华人民共和国公司法》的规定,公司进行利润分配涉及的项目包括盈余公积和股利两部分。公司税后利润分配的顺序是:

(一)弥补企业以前年度亏损

根据《中华人民共和国公司法》的规定,公司的法定公积金不足以弥补以前年度亏损的,应在提取法定公积金之前,先用当年利润弥补亏损。

(二)提取法定盈余公积金

根据《中华人民共和国公司法》的规定,法定盈余公积金按当年税后利润(弥补亏损后)10%的比例提取。也就是说,提取盈余公积金的基数,不一定是当年的税后利润。只有不存在年初累计亏损时,才能按规定提取。法定盈余公积金累计额达到注册资本的50%以后,可以不再提取。法定盈余公积金可用于弥补亏损、扩大公司生产经营或转增资本,但公司用盈余公积金转增资本后,其余额不得低于转增前公司注册资本的25%。

(三)提取任意公积金

《中华人民共和国公司法》规定,公司从税后利润中提取法定公积金后,经股东会或者股东大会决议,还可以从税后利润中提取任意公积金。任意公积金提取比例由股东会或者股东大会决议。

（四）向投资者分配利润

根据《中华人民共和国公司法》的规定,公司弥补亏损和提取公积金后所余税后利润,可以向股东分配股利,以前年度未分配的利润,可以并入本年度一并分配。分配利润时,有限责任公司按股东实缴的出资比例分取红利,全体股东约定不按照出资比例分取红利的除外;股份有限公司则按股东持股比例分取红利,但公司章程规定不按持股比例分配的除外。

根据《中华人民共和国公司法》的规定,股东会、股东大会或董事会违反相关规定,在公司弥补亏损和提取法定公积金之前向股东分配利润的,股东必须将违反规定分配的利润退还公司。公司持有的本公司股份不得分配利润。

公司经营者和其他职工以管理、技术等要素取得公司股权的,与其他投资者一同进行公司利润分配。

二、股利分配方案的确定

确定股利分配方案需要考虑以下几个方面的内容:

（一）选择股利政策

股利政策不仅会影响股东的利益,也会影响公司的正常运营和未来的发展,因此,制定恰当的股利政策显得尤为重要。由于不同的股利政策各有其利弊,所以公司在进行股利政策决策时,应综合考虑其所面临的各种影响因素,应遵循收益分配的各项原则,以保证所采取的股利政策不偏离公司目标。

另外,就公司的发展历程来说,都会经历初创阶段、快速发展阶段、稳定增长阶段、成熟阶段和衰退阶段等。在不同的发展阶段,公司所面临的财务、经营等问题都会有所不同,公司在制定股利政策时还要考虑与其所处的发展阶段相适应。

公司在不同成长与发展阶段所采用的股利政策可用表9-2来描述。

表9-2　公司各发展阶段的股利政策

公司发展阶段	本阶段的经营和财务特点	适用的股利政策
初创阶段	经营风险较高,有投资需求但融资较难	剩余股利政策
快速发展阶段	公司发展快,投资需求旺盛,现金流出量加大	低正常加额外股利政策
稳定增长阶段	公司业务稳定增长,投资需求减少,现金净流入量增加,每股收益增加	固定或稳定增长型股利政策
成熟阶段	公司获利水平稳定,已积累了一定的留存收益和现金	固定支付率股利政策
衰退阶段	公司业务量减少,获利能力下降	剩余股利政策

（二）确定股利支付水平

股利支付水平通常用股利支付率来衡量。股利支付率是当年发放股利与当年净利润之比,或是每股股利除以每股收益。公司应在充分权衡后确定股利支付率政策。低股利支付率可使公司留存收益增加,有利于公司扩大规模和未来的持续发展,但在资本市场上对投资者的吸引力会降低,进而影响到公司未来的增资扩股;而高股利支付率虽能增强公司股票对投资者的吸引力,有助于公司在资本市场上筹措资金,但由于留存收益的减少,又会反过来影响公司资金周转,加重公司的财务负担。因此,是否向股东派发股利以及如何确定股利支付水平,公司应全面考虑。

公司在确定股利支付水平时,一般应从其所处的成长周期、投资机会、筹资能力及筹资成本、资本结构、股利的信号传递功能、借款协议、股东偏好、通货膨胀等方面进行权衡。

(三)确定股利支付形式

按照股份有限公司对其股东支付股利的不同方式,股利可以分为不同的种类。其中,常见的有以下四类:

1.现金股利

现金股利,是股份公司以现金形式发放给股东的股利。这是公司最常用的股利分派方式。现金股利发放的多少主要取决于公司股利政策和经营业绩。发放现金股利会同时减少公司资产负债表上的留存收益和现金,所以公司选择支付现金股利时,除了要有足够的留存收益之外,还要有足够的现金。现金股利的发放会对股票价格产生直接影响,一般在股票除息日之后,股票价格会下跌。

2.财产股利

财产股利,是以现金以外的其他资产支付的股利。其具体形式有实物股利和证券股利。

实物股利就是发给股东实物资产或实物产品。这种形式多用于支付额外股利。采取该种形式的原因多是公司现金支付能力不足,这种股利支付形式不会增加公司的货币资金支出。但支付的结果会减少公司的净资产,从而影响公司的偿债能力。

证券股利是以公司所拥有的其他公司的有价证券,如公司债券、公司股票等,作为股利发放给股东。由于这种证券的变现能力强,股东可以接受,而公司不必立即支付现金,可以暂时弥补公司现金的不足。并且,把证券发放给股东,既发放了股利,又实际保留了对其他公司的控制权。

3.负债股利

负债股利是以负债方式支付的股利,通常以公司的应付票据支付给股东,有时也以发行公司债券的方式支付股利。这种形式对公司来说,增加了支付利息的财务负担;对股东来说,收到货币资金的时间延长了,但可以获得额外的利息收益。所以,这种形式只是在公司已宣布并立即发放现金股利而现金不足时采用的一种权宜之计。

财产股利和负债股利实际上都是现金股利的替代方式,目前这两种股利方式在我国公司实务中极少使用。

4.股票股利

股票股利,是公司将应分配给股东的股利以股票的形式发放,在我国实务中通常也将股票股利称为"红股"。股票股利并没有改变公司账面的股东权益总额,没有改变股东的持股结构,也没有增加公司现金流出,只是将公司的留存收益转化为股本。但股票股利会增加流通在外的股票数量,因此,公司发放股票股利会使股票价格相应下降。

【例9-3】某上市公司在2020年发放股票股利前,其资产负债表上的股东权益账户情况如下:

股东权益:

普通股(面值1元,流通在外4 000万股)	4 000万元
资本公积	8 000万元
盈余公积	4 000万元
未分配利润	6 000万元
股东权益合计	22 000万元

假设该公司宣布发放30%的股利,现有股东每持有10股,即可获得赠送的3股普通股。

该公司发放的股票股利为 1 200 万元,随着股票股利的发放,未分配利润中有 1 200 万元的资金要转移到普通股的股本账户上,因而普通股股本由原来的 4 000 万元增加到 5 200 万元,而未分配利润的余额由 6 000 万元减少至 4 800 万元,但该公司的股东权益总额并未发生改变,仍是 22 000 万元,股票股利发放之后的资产负债表上股东权益部分如下:

股东权益:

普通股(面值 1 元,流通在外 5 200 万股)	5 200 万元
资本公积	8 000 万元
盈余公积	4 000 万元
未分配利润	4 800 万元
股东权益合计	22 000 万元

假设一位股东派发股票股利之前持有公司的普通股 6 000 股,那么他拥有的股权比例为:

6 000 股/4 000 万股=0.015%

派发股利之后,他拥有的股票数量和股份比例为:

6 000 股+1 800 股=7 800 股

7 800 股/5 200 万股=0.015%

通过例 9-3 可以说明,由于公司的净资产不变,而股票股利派发前后每一位股东的持股比例也不发生变化,那么他们各自持股所代表的净资产也不会改变。股票股利尽管不会改变股东权益总额,但它改变了股东权益的构成。如,例 9-3 中发放股票股利前后,普通股与未分配利润的金额就发生了变化。

理论上,派发股票股利之后的每股价格会同比例降低,股东的持有价值保持不变,并未给股东带来直接收益。但实务中,市场和投资者普遍认为,公司因发放股票股利而扩张了股本,预示着公司会有较大的发展和成长,股票数量增加后,股票并没有同比例下降,而是走出了填权行情,这样股东财富会随之增长。另外,如果国家不征收资本利得税,股东出售股票股利,变成现金收入,还会带来纳税上的好处。所以对股东来说,股票股利并非毫无意义。

对公司来说,发放股票股利有以下好处:

(1)发放股票股利没有现金流出,公司可以为再投资筹集到资本成本较低的资金,从而有利于公司的发展。如果公司资金紧张,没有多余现金发放现金股利,但又面临市场或股东要求分派股利的压力时,股票股利不失为一种好的选择。

(2)发放股票股利,可以降低发行价格,有利于吸引更多的中小股东,降低股东的风险。股票价格过高,购买者会遇到资金不足的困惑或者承担较大的风险。因为价格太高,只能购买很少的数量,而且一旦股价下跌则会带来较大的损失。因此股票价格降低,在投资者资金不变的前提下,不但可以增加购买的数量,而且,承担的风险也会减少。

(3)发放股票股利可以传递公司未来经营业绩将大幅增长、公司发展前景良好的信息,增强投资者的信心。

(4)股票股利降低每股市价的时候,会吸引更多的潜在投资者成为公司的股东,从而可以使股权更为分散,防止公司被恶意控制。

三、股利的发放

公司股利发放可以是年度一次发放、年度二次发放和季度发放。不论采取哪种方式,公司股利的发放必须遵循相关的要求,按照日程安排来进行。一般情况下,股利的支付需要按照下列日程来进行。

(一)预案公布日

上市公司分派股利时,首先要由公司董事会根据公司盈余情况和股利政策,制订分红预案,包括本次分红的数量、分红的方式,然后,提交股东大会审议通过。只有经过股东大会审议通过的股利分配方案才具有法律效力。分红方案和股东大会召开的时间、地点及表决方式等内容由公司董事会向社会公开发布。

(二)宣告日

股利宣告日是指将公司股东会议决定的股利分配情况予以公告的日期。宣布股利分配方案经过股东大会审议通过后,公司必须及时予以公开宣布。宣布的内容包括:股利分配金额、股利宣告日、股东登记日、除息日、除权日、实际支付日(派息日)、派息方式(现金或送股等)、配股数额、配股价、领取股利的地点、参加分配的资格等。

(三)股权登记日

股权登记日是指有权领取股利的股东资格登记截止日期。由于股票是经常流动的,因此,公司必须规定一个日期界限以确定股东是否有权领取股利。凡是在股权登记日收盘之前登记在册的股东,都可以享受公司分派的股利。在此日之后登记在册的股东,即使在股利发放日前购买了该公司的股票,也无权享受本期股利。股权登记日一般在分配方案宣布后的 10~20 天内。

(四)除息(权)日

除息(权)日就是除去股利的日期,也就是领取股利的权利和股票相互分离的日期。除息(权)日通常为股权登记日的下一个工作日。在除息(权)日前,股利包含在股票的价格之中,该股票称为含权股(含息股),持有股票享有获取股利的权利;除息(权)日开始,股利与股票相互分离,股票价格会下降,此时,股票称为除息股或除权股。而在除息(权)日当天或以后新购买股票的股东则不能享受这次股利。原因是,股票买卖之间的交割过户需要一定的时间,如果有股票的转让,公司就难以及时地获得股东变更的资料,只能以原登记的股东为股利支付对象。

(五)股利发放日

股利发放日,也称付息日,是公司将股利正式发放给股东的日期。

【例9-4】某上市公司于 2020 年 4 月 20 日发布公告:"2020 年 4 月 19 日召开的 2019 年度股东大会审议通过了 2020 年 4 月 3 日董事会的股利分配方案。会议重要内容提示:扣税前每股现金红利 0.20 元;股权登记日 2020 年 5 月 21 日;除息日 2020 年 5 月 22 日;现金红利发放日 2020 年 5 月 28 日。分派对象:截至 2020 年 5 月 21 日下午上海证券交易所收市后,在中国证券登记结算有限责任公司上海分公司登记在册的本公司全体股东。特此公告。"

那么,该公司的股利支付日程安排如图 9-1 所示。

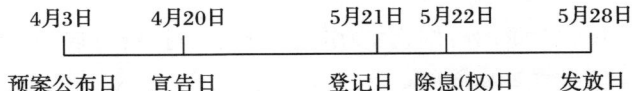

图 9-1 某公司股利支付日程安排

第四节　股票分割和股票回购

一、股票分割

(一)股票分割的含义

股票分割,又称股票拆细或拆股,是指公司将原来面值较大的一股股票分割成若干股面值较小的股票的行为。进行股票分割的主要目的在于通过增加股票的数量来降低每股市价,从而吸引更多的投资者。股票分割不是股利支付方式,但是,其产生的效果与股票股利有很多相似之处。股票分割会使公司发行在外的股票数量增加,每股面值减少,每股收益下降,但是公司的总价值不变,股东权益总额不变。

与股票股利不同的是,股票分割不改变公司的权益结构,股东权益各项目的金额和结构不变,而股票股利则会使公司权益各项目的结构发生变动。从实际效果看,股票分割与股票股利非常接近,因此证券管理部门对此有明确的限制规定。有的国家证券管理机构就规定,发放25%以上的股票股利就属于股票分割。

(二)股票分割的作用

(1)股票分割可以促进股票的流通和交易。股票分割会使公司股票每股市价降低,买卖该股票所需的资金减少,不但增加了该股票在投资者之间的换手机会,而且还可以吸引潜在投资者购买本公司的股票。因此,股票分割可以促进股票的流通和交易。

(2)股票分割可以传递公司良好信息。股票分割传递了公司成长预期良好的信息,进一步增强了投资者对公司的信心。由于进行股票分割往往意味着该股票行情看涨,其市价已远远脱离了它的面值;也由于分割后易于投资者购买,便于市场流通,因而吸引了更多的投资者。此外,由于投资者认为股票分割后可能得到更多的股利和无偿取得更多的配售股权,因而增加购买并过户,使股市上该种股票数量减少,欲购买的人更多,造成股价上涨。

(3)有利于公司兼并、合并的实施。当一个公司兼并或合并另一个公司时,应首先对自己公司的股票进行分割,这样有助于增加对被兼并方股东的吸引力。

【例9-5】甲公司有意通过股票交换的方式并购乙公司,甲公司股票每股市价为100元,乙公司股票每股市价为10元,如果甲公司以1股股票换取乙公司的10股股票,可能会使乙公司的股东在心理上难以承受;相反,如果甲公司先进行股票分割,将原来的股票1股分拆为10股,然后再以1∶1的比例换取乙公司股票,则乙公司的股东可能会容易接受一些。因此,通过股票分割的办法改变被并购公司股东的心理差异,更有利于公司并购方案的实施。

(4)股票分割可以为公司发行新股做准备。股票价格太高,潜在投资者不敢轻易投资。在新股发行前,利用股票分割降低股票价格,可以促进新股的发行。

(5)股票分割有利于吸引更多的中小投资者,而且,公司投资者更为分散,可以有力地防止少数集团的股东通过委托代理权,实现对公司控制的企图。

值得注意的是,如果有些公司认为股价过低,为了提高股价,可以采用反分割即股票合并的方式,将面值较低的数股股票合并为一股面值较大的股票,从而提高公司的股价。但股票价格提高会降低股票的流动性,提高投资者的进入门槛,它向市场传递的信息通常对公司不利。因此,在实际中,股票反分割宣布日前后,股票价格往往有大幅下跌状况。

此外,股票分割有可能增加股东的财富。股票分割后,每股股利一般会下降,如果每股股利下降的幅度小于股票分割幅度,股东则可以多获得现金股利。

【例9-6】2019年末,某上市公司资产负债表上的股东权益情况如下:

股东权益:

普通股(面值10元,流通在外2 000万股)	20 000万元
资本公积	40 000万元
盈余公积	8 000万元
未分配利润	10 000万元
股东权益合计	78 000万元

要求:(1)假设该公司宣布发放30%的股票股利,即现有股东每持有10股,即可获得赠送的3股普通股。发放股票股利后,股东权益有何变化?每股净资产是多少?

(2)假设该公司按照1:5的比例进行股票分割。股票分割后,股东权益有何变化?每股的净资产是多少?

(1)发放股票股利后股东权益情况如下:

股东权益:

普通股(面值10元,流通在外2 600万股)	26 000万元
资本公积	40 000万元
盈余公积	8 000万元
未分配利润	4 000万元
股东权益合计	78 000万元

每股净资产＝78 000/(2 000＋600)＝30(元)

(2)股权分割后股东权益情况如下:

股东权益:

普通股(面值10元,流通在外10 000万股)	20 000万元
资本公积	40 000万元
盈余公积	8 000万元
未分配利润	10 000万元
股东权益合计	78 000万元

每股净资产＝78 000/(2 000×5)＝7.8(元)

尽管股票分割与发放股票股利都能够降低股票价格,但一般来说,只有在公司股票暴涨且预期难以下降时,才采用股票分割办法降低股价;否则,往往通过发放股票股利将股票价格维持在理想的范围内。

二、股票回购

(一)股票回购及其法律规定

股票回购是指上市公司从股票市场上购回本公司一定数额的发行在外股票的一种资本运作方式。

公司在股票回购完成后可以将所回购的股票注销,但在绝大多数情况下,公司将回购的股票作为库藏股保留。库藏股仍属于发行在外的股份,但不参与每股收益的计算和收益分配。库藏股日后可移作他用,如用于股权激励及员工持股计划、发行可转换债券等,或在需要资金时将其出售。

《中华人民共和国公司法》规定,公司不得收购本公司股份。但是,有下列情形之一的除外:①减少公司注册资本;②与持有本公司股份的其他公司合并;③将股份用于员工持股计划或者股权激励;④股东因对股东大会作出的公司合并、分立决议持异议,要求公司收购其股份;⑤将股份用于转换上市公司发行的可转换为股票的公司债券;⑥上市公司为维护公司价值及股东权益所必需。

(二)股票回购的目的

1.反收购的措施

股票回购在国外经常作为一种重要的反收购措施而被运用。股票回购有助于公司管理者避开竞争对手企图收购的威胁。因为,回购使公司股价上升,在外流通的股份减少,从而提高了收购方要获得控制公司的法定股份比例的难度。而且,股票回购可能会使公司的流动资金大大减少,财务状况恶化,这样也可能减少收购公司的兴趣。

2.改善资本结构

股票回购是改善公司资本结构、提高财务杠杆水平的一个较好途径。在公司的负债规模不变的情况下,如果以现金回购股票,那么回购之后的权益资本在公司资本结构中的比重下降,公司财务杠杆水平提高;而在举债回购股份的情况下,一方面是公司负债规模增加,另一方面是权益资本比重下降,公司财务杠杆水平更会明显提高。因此,公司认为权益资本在资本结构中所占比例较大时,会为了调整资本结构而进行股票回购,从而在一定程度上降低整体资金成本。

3.现金股利的替代

对公司来说,如果每年派发现金股利将会对公司产生未来的派现压力,而股票回购是公司有富余现金时采取的行动,股票回购后,需要分配现金股利的股数减少,不会对公司产生未来的派现压力。对股东来说,可以根据自己对现金的需要情况来选择出售还是继续持有股票。因此,当公司目前有富余现金,但又不希望通过派现方式进行分配的时候,股票回购可以作为现金股利的一种替代。

4.提高每股收益

尽管回购股票仍属于发行在外的股份,但不参与每股收益的计算和收益分配。公司也可能为了自身形象、上市需求和投资人渴望高回报等原因,采取股票回购的方式来减少股份数,从而使每股收益指标提高。

5.稳定或提高公司股价

股价过低,使人们对公司的信心下降,使消费者对公司产品产生怀疑,从而削弱公司出售产品、开拓市场的能力。在股价过低时进行股票回购,是公司管理层向市场和投资者传递公司内部信息的一种手段,它会使投资者认为公司股票价值被低估。因此,股票回购有利于改善公司形象,稳定公司股价。股价在上升过程中,投资者又重新关注公司的运营情况,消费者对公司产品的信任增加,公司的股价也有可能提高。

6.巩固或转移公司控制权

有些大股东为了保证其对公司的控制权不被削弱,往往采取直接或间接的方式回购股票,以巩固既有的控制权。而有些不是公司大股东的法人代表,为了保证不改变其在公司中的地位,也为了能在公司中实现自己的意志,也往往采取股票回购的方式分散或削弱原大股东的控制权,以实现控制权的转移。

7.满足认股权的行使

在企业发行可转换债券、认股权证或实施经理人员股票期权及员工持股计划时,采取股票回购的方式既不会稀释每股收益,又能满足认股权的行使。

8.满足公司兼并与收购的需要

在进行公司兼并与收购时,产权交换方式可以是现金购买,也可以是以股换股。如果公司有库藏股,则可以用公司的库藏股来交换被并购公司的股权,这样可以减少公司的现金支出。

(三)股票回购的负面影响

1.股票回购对上市公司的负面影响

(1)股票回购需要大量资金,因此,公司进行股票回购必须拥有较雄厚的资金实力。如果公司在负债率较高的情况下进行股票回购,会使公司资产流动性下降,偿债能力降低,公司正常的生产经营活动及后续发展将会受到影响。

(2)公司进行股票回购,现金比率下降,权益资本减少,产权比例降低,在一定程度上削弱了对债权人的利益保障。

(3)股票回购可能使公司的发起人股东更注重创业利润的兑现,而忽视公司长远的发展,损害公司的根本利益。

(4)股票回购后果,在形式上使公司成为它自身的成员,公司与股东混为一体而导致权利、义务关系不清;在实质上容易导致其利用内幕消息进行炒作,或操纵财务信息,导致公司操纵股价,使投资者蒙受损失。

2. 股票回购对股东的负面影响

股票回购可以增加股东的财富。因为股票回购表明公司对未来充满信心,此时公司的股价会有所上升。当然,也可能使人认为是公司缺少具有吸引力的投资机会的信号,如果这种信息在股价中体现出来,那么,宣布股票回购后则会使公司股价下跌。因此公司应明确宣布回购股票的目的,尽量避免这种认识的产生。此外,如前文所述,投资者对股票回购具有可选择性。如果公司急于高价回购相当数量的股票,其结果会不利于选择继续持有股票的股东,因为回购行动过后,股票价格可能会出现回归性下跌。

(四)股票回购的方式

股票回购按其实现的方式分类,有公开市场收购、现金要约回购、协议收购、可转让出售权和交换要约。

1. 公开市场收购

公开市场收购是指公司在股票市场以等同于任何潜在投资者的地位,按照公司股票的当前市场价格回购股票。在国外较为成熟的股票市场上,这一种方式较为流行。虽然这种方式的透明度比较高,但很容易推高股价,增加回购成本,另外交易税和交易佣金也是不可忽视的成本。

2. 现金要约回购

现金要约回购可以分为固定价格要约回购和荷兰式拍卖回购。

固定价格要约回购是指公司在特定时间发出的以某一高出股票当前市场价格的价格水平,回购既定数量股票的要约。为了在短时间内回购数量相对较多的股票,公司可以宣布固定价格回购要约。它的优点是赋予所有股东向公司出售其所持股票的均等机会。

荷兰式拍卖回购首次出现于1981年Todd造船公司的股票回购。这种方式的股票回购在回购价格确定方面给予公司更大的灵活性。在荷兰式拍卖的股票回购中,首先公司指定回购价格的范围(通常较宽)和计划回购的股票数量(可以上下限的形式表示);而后股东进行投标,说明愿意以某一特定价格水平(股东在公司指定的回购价格范围内任选)出售股票的数量;公司汇总所有股东提交的价格和数量,确定此次股票回购的"价格-数量曲线",并根据实际回购数量确定最终的回购价格。

3. 协议收购

协议收购是指公司与某一类(如国家股)或某几类(如法人股、B股)投资者直接见面,通过在店头市场协商来回购股权的一种方式。一般协议收购价格通常低于股票当前的市场价格,尤其是在卖方首先提出的情况下。很显然,这一种方式的缺陷就在于透明度比较低,有违于股市"三公"原则。

4. 可转让出售权

所谓可转让出售权,是实施股票回购的公司赋予股东在一定期限内以特定价格向公司出售其持有股票的权利。之所以称为"可转让"是因为此权利一旦形成,就可以同依附的股票分离,而且分离后可在市场上自由买卖。执行股票回购的公司向其股东发行可转让出售权,那些不愿意出售股票的股东可以单独出售该权利,从而满足了各类股东的需求。此外,因为可转让出售权的发行数量限制了股东向公司出售股票的数量,所以这种方式还可以避免股东过度接受回购要约的情况。

5.交换要约

交换要约作为使用现金回购股票方案的替代方案,公司可以向股东发出债券或优先股的交换要约。

本章小结

本章阐述了企业收益分配的理论与方法。

企业收益分配应当在依法分配、资本保全、兼顾各方面利益等原则的指导下进行,同时还应充分考虑法律、公司本身、股东债务契约、通货膨胀等相关因素的影响。股利理论主要包括股利无关论和股利相关论。

常见的股利政策主要有剩余股利政策、固定或稳定增长股利政策、固定股利支付率股利政策、低正常股利加额外股利政策。股份公司在分配股利时,可以采用现金股利和股票股利等形式。

根据公司法的规定,公司弥补亏损和提取公积金后所余税后利润,可以向股东分配股利。确定股利分配方案需要考虑选择股利政策、确定股利支付水平和方式,然后进行股利的发放。

股票分割是指将一股面值较大的股票换成数股面值较小的股票的行为。股票分割对公司的资本结构不会产生任何影响,一般只会使发行在外的股票总数增加,资产负债表中股东权益各账户的余额都保持不变,股东权益的总额也保持不变。而股票回购是指上市公司出资将其发行的流通在外的股票以一定价格购买回来予以注销或作为库藏股的一种资本运作方式。股票回购可以改变公司的资本结构,提高财务杠杆水平。

思考与练习

1.假定华泰公司2019年盈余为110万元,某股东持有10 000股普通股(占总股数的1%),目前每股价格为22元。股票股利发放率为10%,假设市盈率不变。

要求:

(1)计算华泰公司的市盈率;

(2)计算发放股票股利之后每股收益;

(3)计算发放股票股利之后每股价格;

(4)计算发放股票股利之后该股东持股总价值。

2.某公司本年实现的净利润为250万元,年初累计未分配利润为400万元。上年实现净利润200万元,分配的股利为120万元。

要求回答下列互不关联的问题:

(1)如果预计明年需要增加投资资本200万元,公司的目标资本结构为权益资本占60%,债务资本占40%。公司采用剩余股利政策,公司本年应发放多少股利?

(2)如果公司采用固定股利政策,公司本年应发放多少股利?

(3)如果公司采用固定股利支付率政策,公司本年应发放多少股利?

(4)如果公司采用正常股利加额外股利政策,规定每股正常股利为0.1元,按净利润超过正常股利部分的30%发放额外股利,该公司普通股股数为400万股,公司本年应发放多少股利?

3.某公司2018年度的税后利润为1 200万元,该年分配股利600万元。2020年拟投资1 000万元引进一条生产线以扩大生产能力,该公司目标资本结构为自有资金占80%,借入资金占 20%。该公司 2019 年度的税后利润为 1 300 万元。

要求:

(1)如果该公司执行的是固定股利政策,并保持资本结构不变,则 2020 年度该公司为引进生产线需要从外部筹集多少自有资金?

(2)如果该公司执行的是固定股利支付率政策,并保持资本结构不变,则 2020 年度该公司为引进生产线需要从外部筹集多少自有资金?

(3)如果该公司执行的是剩余股利政策,本年不需要计提盈余公积金,则 2019 年度公司可以发放多少现金股利?

4.某公司年终利润分配前的股东权益项目资料如下:

股本——普通股(每股面值 2 元,200 万股)	400 万元
资本公积	160 万元
未分配利润	840 万元
所有者权益合计	1 400 万元

公司股票的每股现行市价为 35 元。

要求回答下述三个互不关联的问题:

(1)计划按每 10 股送 1 股的方案发放股票股利,并按发放股票股利后的股数派发每股现金股利 0.2 元,股票股利的金额按现行市价计算。计算完成这一分配方案后的股东权益各项目数额。

(2)如若按 1 股换 2 股的比例进行股票分割,计算股东权益各项目数额、普通股股数。

(3)假设利润分配不改变市净率,公司按每 10 股送 1 股的方案发放股票股利,股票股利按现行市价计算,并按新股数发放现金股利,且希望普通股市价达到每股 30 元,计算每股现金股利。

5.某公司本年实现的净利润为 500 万元,资产合计 5 600 万元,当前每股市价为 10 元。年终利润分配前的股东权益项目资料如下:

股本——普通股(每股面值 4 元,200 万股)	800 万元
资本公积金	320 万元
未分配利润	1 680 万元
所有者权益合计	2 800 万元

要求回答下述互不相关的问题:

(1)计划按每 10 股送 1 股的方案发放股票股利,股票股利的金额按市价计算,计算完成这一分配方案后的股东权益各项目数额,以及每股收益和每股净资产。

(2)若计划每 1 股分割为 4 股,计算完成这一分配方案后的股东权益各项目数额,以及每股收益和每股净资产。

即测即评

即测即评

第三篇

财务循环篇

第十章

财务预算

学习目标

1. 熟悉全面预算管理的内容；
2. 掌握财务预算的编制方法；
3. 掌握现金预算的编制方法；
4. 熟悉预计财务报表的编制。

教学大纲　　扩展阅读及案例解析

引导案例

锦江酒店集团：全面预算管理嬗变

"预则立,不预则废"的理念,在企业实践中体现为预算管理的重要性。从传统的 Excel 手工预算到集成的全面预算管理平台,预算管理的嬗变伴随着企业规模的不断扩张,也日益成为增强企业管控能力的重要工具。上海锦江国际酒店(集团)股份有限公司(以下简称"锦江酒店")全面预算管理系统成功实施,大幅提升了企业管理水平。

快速扩张的呼唤

自 2005 年开始,锦江之星进入了每月至少新设一家经济型酒店的扩张通道,这种速度令锦江酒店的财务人员感到,Excel 手工预算编制和分析已无法实现对企业的管控,他们根本不清楚自身还有多少资源来支撑锦江之星的扩张规模与速度,无法预知扩张过程的风险与效率。Excel 手工预算作为 IT 应用工具的数据无法集中管理的缺陷,被凸显出来。锦江酒店的预算管理体系变革就此开始。2007 年,锦江酒店开始实施 Hyperion 的全面预算管理体系,将各部门不同年度的预算数据和实际数据进行集中统一管理。

启动全面预算管理

搭建一个全面预算管理体系,需要解决三个关键因素:一是组织架构,二是预算科目,三是计划周期。在这三个支点上再形成一套预算流程,预算系统的框架就大功告成了。根据锦江酒店的业务分类,实线架构的预算体系中就包含了三个部分:锦江之星板块、AB 股板块(即星级酒店业务)与酒店管理板块。而在每一个板块之下,又从不同角度进行了细分。同时,锦江酒店每月都要做预算执行年度剩余月份的滚动预算。这种周而复始的阶段,就是全面预算的计划周期。与组织架构、预算科目、预算周期相协调的预算流程,同步完成了优化统一的过程。首先是三大业务板块下的各分子公司,在每年国庆节假期之后,就开始报送和调整预算假设(或者预算关键参数),包括酒店的客房出租率、客房价格,酒店管理中餐饮的上座率、平均消费水平等指标。然后分子公司将修订后的预算表报送到三大业务板块,三大业务板块的相关部门各自审核、汇总,他们认为修订后的预算报表可行之后,报送锦江酒店总部。预算终稿形成后,总部将预算指标分解下达,一直向下到最底层的分子公司,分子公司据此编制下一年度分解到月度的预算指标。执行过程中预算指标与实际指标的差异,就成为业绩评价的重要依据,同时,不断更新的实际数也成为编制下一周期预算的依据。

嬗变

全面预算管理的实施,支持了锦江酒店的经济型酒店高速扩张中的资源配置,将集团管控方向聚焦在成本管控;实现了集团财务会计报告平台和责任会计报告平台的一体化应用;实现了预算管理与核算系统的自动化集成,及时跟踪分析预算的执行情况;规范和固化了预算编制和分析的规则和流程,并兼容了责任主体在预算管理中的差异;实现了预算编制、滚动预测、调整和执行动态分析的整体应用;借助 IT 技术得以实现可控制的战略扩张,降低了战略执行过程的风险。

全面预算平台为锦江酒店提供了强大的预算管理协同工作平台,使集团各预算单位能够在该平台上共同参与全面预算管理。通过全面预算管理,锦江酒店能更加清晰地了解企业的运营状况,全面提升了集团管理的决策支持能力,并能精确地预测各项活动对集团运营所产生的影响,同时对市场的变化做出及时的反应,发现和推进潜在的利润增长点,保持集团的竞争优势。

资料来源:丘创.锦江酒店集团:全面预算管理嬗变[EB/OL].(2013 - 06 - 21)[2019 - 11 - 20].http://www.ctcnn.com/html/2013 - 06 - 21/68516664.htm.

启示:
1.锦江酒店进行全面预算管理的目的是什么?
2.锦江酒店进行全面预算编制采用的是什么编制方法?

第一节　全面预算概述

一、全面预算的内涵

全面预算是企业在一定时期内,以货币及其他数量形式反映的有关企业未来一段期间内总体规划的数量说明。全面预算管理是公司进行资源优化配置,实现公司经营目标的管理方法和战略工具,服务于公司的战略规划和发展目标。它具有以下重要作用:落实公司战略规划,并有效保证经营目标的实现;促进沟通和协调,保持公司整体目标和分部目标的动态一致;提供业绩评估的客观基准。

全面预算是由一系列预算前后衔接、相互勾稽而构成的一个完整的预算体系。预算之间的相互联系,如图 10 - 1 所示。

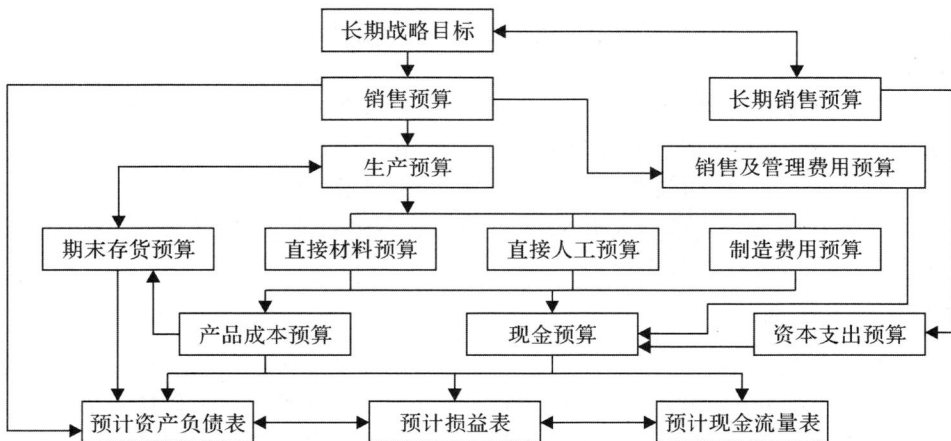

图 10 - 1　全面预算体系图

图 10-1 反映了全面预算的内容和各项预算之间的关系。一般地说，企业应根据长期市场预测和生产能力编制长期销售预算。以此为基础，确定本年度的销售预算，并根据企业中短期发展目标、规划以及各年度财力确定当年资本支出预算。销售预算是年度预算的编制起点，根据"以销定产"的原则确定生产预算，同时确定所需要的销售及管理费用预算。销售及管理费用预算包括预算期内发生的除制造费用外的各项费用，一般根据成本形态进行编制。生产预算的编制一般还要包括期末存货预算。根据生产预算来确定直接材料预算、直接人工预算和制造费用预算。产品成本预算根据销售预算、生产预算、直接材料预算、直接人工预算、制造费用预算等五项预算编制，现金预算根据生产经营预算、成本费用预算及资本支出预算编制，一般由现金收入、现金支出、现金多余或不足以及资金的筹集和运用等几部分构成。

二、全面预算的管理

(一)企业预算体系的构成

企业经营活动的复杂性及层次性，决定了企业预算体系的复杂性，它包括经营、财务、投资等企业全方位预算。一般企业预算内容主要包括经营预算和财务预算。经营预算主要包括销售预算、生产预算、直接材料预算、直接人工预算、制造费用预算、销售及管理费用预算；财务预算主要包括现金预算、预计损益表、预计资产负债表、预计现金流量表、资本支出预算。

(二)预算的编制方法

在预算管理的不断发展过程中，人们积累了丰富的预算管理经验，其中表现最为明显的是预算方法的不断完善，已经形成了一个丰富多彩的预算管理方法体系。预算的编制方法主要包括固定预算、弹性预算、滚动预算、零基预算等，将在下节专门进行介绍。

(三)预算编制的基本程序

从预算的内容可以看出，企业预算涉及经营管理的各个环节，在编制预算时，应该让执行人直接参与预算的编制。这样一来，才能使预算成为各部门自动努力完成的目标，而不是外界强加的。一般地说，企业全面预算的编制程序包括以下内容：

(1)最高领导机构根据长期计划，利用本量利分析工具，提出企业一定时期的总目标，并下达规划指标。

(2)最基层成本控制人员根据上级下达的任务，结合实际情况自行草编预算，使预算能较为符合实际。

(3)各部门汇总基层预算，初步协调本部门预算，编制出销售、生产等业务预算。

(4)预算委员会审查、平衡各业务预算，汇总出公司的财务预算。

(5)经过行政领导批准、审议机构通过，或驳回修改预算。

(6)主要预算指标报告董事会或上级主管部门，讨论通过或驳回预算。

(7)批准后的预算下达各部门执行。

(四)预算监控系统

1.预算的执行控制

预算的执行控制包括权限划分、资金监控和预算仲裁。权限划分是在预算执行过程中，为保证预算内的投融资、资产购置、费用开支、经营业务管理的有效性，对预算额度的使用设置必要的审批权限，是赋予有关部门的资金使用权限。资金监控是指资金监管部门按照预算指标要求进行的日常资金周转监管，比如按照规定时间与数量使用资金等。当各预算单位之间发生矛盾时,首先应由各预算单位领导之间自身进行协调,协调无效时,报预算委员会主任仲裁,或提交预算委员会仲裁。仲裁决议一经形成,各预算单位必须无条件执行,称为预算仲裁。

2.预算调整

在预算执行过程中,由于主客观条件发生变化,要保证预算的科学性、严肃性与可操作性,对预算进行适当的调整是必要的。但这种调整同预算制订一样,是全面预算管理的一个重要严肃的环节,必须建立严格规范的调整审批制度和程序。

3.预算的反馈控制

预算的反馈控制包括预算反馈控制制度和反馈控制报告两部分。为保证预算目标的顺利实现,在预算执行过程中,各级预算单位应定期召开预算例会,对照预算指标及时总结预算执行情况,计算差异,分析原因,提出改进措施。预算例会按照召开的频率应形成不同形式的预算反馈报告。

(五)企业实施预算管理应避免的一些错误倾向

(1)避免预算过繁过细。有些企业认为,预算作为一种管理控制的手段,应对企业未来经营的每一个细节都做出细致的规定。这其实是一种很危险的倾向,由于预算对极细微的支出也做了琐碎的规定,致使各职能部门缺乏应有的自由,不可避免地会影响企业的运营效率。所以预算不是越细越好。究竟预算应细到什么程度,必须联系到授权的程度,并按成本效益原则进行认真酌定。

(2)避免因循守旧。预算管理中存在的另一种危险倾向是因循守旧,以历史的情况作为评判现在和未来的依据。比如职能部门以以前年度的日常支出为预算标准。因此职能部门有可能会故意扩大日常支出,以便在以后年度获得较大的支出预算标准。所以,必须有一些有效的预算管理制度来扭转这种倾向,否则,预算有可能变为掩盖懒散、效率低下的主管人员的保护伞。

(3)避免让预算目标取代企业目标。这是预算管理中的另外一种危险倾向,即常说的目标置换。在这种情况下,各职能部门主管只热衷于使本部门的活动严格按预算的规定执行,却忘记了主要的职责是要千方百计地去实现企业的总体目标。为了防止预算控制中出现目标置换的倾向,一方面应使预算更好地体现企业经营目标的要求;另一方面应适当掌握预算控制的度,使预算具有一定的灵活性。

(4)应避免使预算成为财务部门的"预算"。企业最高领导应拥有预算的制订、实施的决策权。这样一方面可以提高预算的权威性,另一方面才能从整个企业的大局出发,处理好各部门之间的利益关系。在一些公司中,除了让首席执行官直接参与预算管理过程以外,还设置了预算委员会来参加预算活动。预算委员会是由各个主要部门的经理组成的,由首席执行官担任主席。在预算制订与执行过程中,应注意企业员工的广泛参与,让各级员工不同程度上参与。

(六)全面预算管理的关键问题及特点

1.全面预算管理的几个关键问题

(1)全面预算管理的定位,是一种管理机制而非仅仅是一种方法。其一方面与市场机制相衔接,另一方面与企业内部管理、内部组织及其运行机制相衔接。

(2)预算内容要以营业收入、成本费用、现金流量为重点。

(3)预算管理工作要建立单位、部门负责人责任制。

(4)推行全面预算管理必须切实抓好"四个结合":①与实现现金收支两条线管理相结合;②与深化目标成本管理相结合;③与落实管理制度、提高预算的控制和约束相结合;④与企业经营者与员工的经济利益相结合。

2.全面预算管理的特点

全面预算管理的核心在于"全面"二字上,它具有"全员"和"全过程"的特点。

"全员"是指预算过程的全员发动,包括两层含义:一层是指预算目标的层层分解,人人肩上有责任,让每一个参与者学会算账,建立成本和效益意识;另一层是指企业资源在企业各部门之间的协调和科学配置的过程。通过企业各职能管理部门和生产部门对预算过程的参与,把各部门的作业计划和公司资源通过透明的程序进行配比,从而可以分清"轻重缓急",达到资源的有效配置和利用。

"全过程"是指预算管理流程的全程化,即预算管理不能仅停留在预算指标的下达、预算的编制和汇总上,更重要的是要通过预算的执行和监控、预算的分析和调整、预算的考核与评价,真正发挥预算管理的权威性和对经营活动的指导作用。这就要求企业的预算管理和会计核算系统密切配合,会计核算过程同时也就是预算的执行过程,预算执行过程中的任何反常现象都应该通过会计核算系统体现出来,通过预算的反馈机制,及时发现和解决预算执行过程中出现的经营问题或预算目标问题,并通过预算的考核和评价制度,有效地激励经营活动按照预期的计划顺利进行。

全面预算管理是一种管理方法和模式,而现行的各项管理工作是各职能部门具体职责的体现。两者有差异但不能对立。前者需要后者的支持和体现,需要提高后者的工作质量;反过来,后者必须服从于前者,需要按照前者的原则、思路、方法去开展工作。

第二节　财务预算的编制方法

随着预算管理水平的不断提高,预算编制的方法也在不断发展,形成包括固定预算、弹性预算、滚动预算、零基预算和概率预算的一个系列。企业在编制预算的过程中,应根据自己的外部环境及本企业的预算水平选择预算方法。对于市场价格及企业市场份额情况不明的企业,如初创期或成长期的企业,应尽量采用弹性预算;而对于市场情况比较确定的企业,则采用固定预算更为合适。另外,企业预算水平也是选择预算编制方法需要考虑的一个重要因素。预算水平较高的企业,可以选择较为先进复杂的一些预算方法,如滚动预算和零基预算;而对于预算水平较低的企业,则尽量从编制简单易行的预算开始,如固定预算,以防止引起工作的混乱。

一、固定预算

预算按其是否可按业务量调整,分为静态预算和弹性预算两类。静态预算(static budget)又称固定预算(fixed budget),是指根据预算期内正常的、可能实现的某一业务活动水平而编制的预算。

固定预算的基本特征是:

(1)不考虑预算期内业务活动水平可能发生的变动,而只按照预算期内预定的某一共同的活动水平为基础确定相应的数据。

(2)将实际结果与按预算内预定的某一共同的活动水平所确定的预算数进行比较分析,并据以进行业绩评价、考核。

然而,如果企业的实际执行结果与预期业务活动水平相距甚远,则固定预算就难以为控制服务。事实上,固定预算对控制的有用性仅限于当实际业务水平与预期业务活动水平完全一致之时。总的来说,固定预算法的适应性和可比性较差。

【例 10-1】设 N 公司在预算期内预计销售某产品 50 000 件,单位售价 50 元。单位产品变动成本构成如下:直接材料,14 元;直接人工,6 元;变动性制造费用,3 元;变动性销售及管理费,1 元。年固定性制造费用为 600 000 元,固定性销售及管理费为 300 000 元。但实际生产且销售产品仅为 40 000 件。若采用固定预算,则企业该年的总的经营业绩详见表 10-1。

表 10-1 N 公司经营业绩表

项目	固定预算	实际	差异
销售量/件	50 000	40 000	10 000(不利)
销售收入/元	2 500 000	2 000 000	500 000(不利)
减:变动成本			
直接材料/元	700 000	614 000	86 000(有利)
直接人工/元	300 000	228 000	72 000(有利)
制造费用/元	150 000	142 000	8 000(有利)
销售及管理费用/元	50 000	40 000	10 000(有利)
变动成本合计/元	1 200 000	1 024 000	176 000(有利)
贡献毛利/元	1 300 000	976 000	324 000(不利)
减:固定资本			
制造费用/元	600 000	616 000	16 000(不利)
销售及管理费用/元	300 000	300 000	
固定成本合计/元	900 000	916 000	16 000(不利)
利润总额/元	400 000	60 000	340 000(不利)

由表 10-1 可以看出,该表的固定预算一栏是按照 N 公司的销售预测进行编制的,其所计算的方式就是典型的固定预算方式下得出的结果。实际收入与成本数据是来自 N 公司的损益表。但由于预算和实际销售量基础不一致,实际销售量是 40 000 件,与预测数字有 10 000 件的数量差异。

由此可见,如果是在销售 40 000 件下做预算就比较容易分析预算情况与实际情况的差异,但在 50 000 件销售量下进行预算与实际的对比,两者对比所形成的差异就不能很好地说明问题。如表 10-1 所列示的变动成本形成了有利差异 176 000 元,即变动成本比预算节约了 176 000 元,究竟由于销售量减少,还是成本本身节约,完全看不出来。又如营业利润形成了 340 000 元的不利差异,究竟与销售量的减少是否相适应,更难于看出。这说明固定预算在企业管理中不能发挥其应有的作用。

二、弹性预算

弹性预算(flexible budget)是指根据预算指标与业务量之间的数量关系,按预算期内可预见的若干种业务量水平编制的预算。在企业的经营活动中,成本费用与业务量水平往往具有某种程度的相关性。一般而言,业务量越大,成本费用也越多,相应的收入也越高。为了使预算指标能适应业务量的变化,有必要按不同的业务量确定与之相应的预算额,以便更有效地对未来的生产经营活动进行跟踪。其基本特征是:

(1)它按预算内某一相关范围内的可预见的多种业务活动水平确定不同的预算额,或可按其实际业务活动水平调整其预算额。

(2)待实际业务量发生后,将实际指标和实际业务量与相应的预算额进行对比,使预算执行情况的评价与考核建立在更加客观可比的基础上,更好地发挥预算控制作用。

弹性预算的编制程序(以成本的弹性预算为例进行说明)如下:

(1)确定某一相关范围,预计在未来期间内业务活动水平将在这一相关范围内变动。

(2)选择经营活动水平的计量单位(如产量单位、直接人工小时、机器小时等)。

(3)根据成本与产量之间的依存关系将企业的成本分为固定、变动、半变动成本三大类。

(4)将半变动成本分解为固定成本和变动成本,并以此确定半变动成本函数($y=a+bx$)。

(5)确定预算期内各业务活动水平。

(6)利用多栏式的表格分别编制对应于不同经营活动水平的预算成本。

弹性预算的基本作用是:

(1)期初可作为确定各种预计业务水平下的预期销售收入、成本以及净利润的基础。利用弹性预算,管理人员可以较方便地了解未来期间各种特定业务水平下的预期收入和预期成本水平。

(2)期末管理人员可以将实际执行结果与相关范围内相应的预算数字进行比较,据以进行业绩评估与控制。

总的来说,弹性预算法的预算范围宽、可比性强,适用于编制全面预算中所有与业务量有关的预算。

【例10-2】设例10-1中N公司各年的销售量一般在40 000件与60 000件之间波动,其他数据同例10-1。

根据上述资料,编制该企业的全面(总)弹性预算,如表10-2所示。由表10-2可以看出:在销量为40 000件的情况下,实际成本上升了,实际利润总额未完成预算,预计完成任务140 000元,实际完成60 000元,主要是成本上升所致,需要进一步分析变动成本上升的原因。

表10-2 全面弹性预算

项目	产销量/件		
	40 000	50 000	60 000
销售收入/元	2 000 000	2 500 000	3 000 000
直接材料/元	560 000	700 000	840 000
直接人工/元	240 000	300 000	360 000
变动性制造费用/元	120 000	150 000	180 000
变动性销售及管理费用/元	40 000	50 000	60 000
变动成本合计/元	960 000	1 200 000	1 440 000
贡献毛利/元	1 040 000	1 300 000	1 560 000
固定性制造费用/元	600 000	600 000	600 000
固定性销售及管理费用/元	300 000	300 000	300 000
固定成本合计/元	900 000	900 000	900 000
利润总额/元	140 000	400 000	660 000

三、滚动预算

滚动预算(rolling budget)又称连续预算(continuous budget),是一种经常稳定保持一定期限(如 1 年)的预算。其基本特点是,凡预算执行过 1 个月后,即根据前 1 月的经营成果结合执行中发生的变化信息,对剩余 11 个月的预算加以修订,并自动后续 1 个月,重新编制新一年的预算,从而使总预算经常保持 12 个月的预算期。滚动预算的编制方式详见图 10-2。

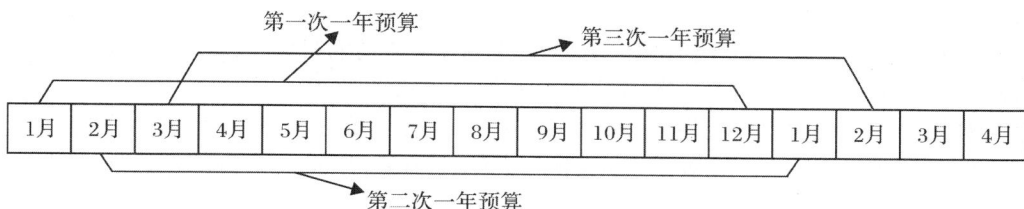

图 10-2 滚动预算的编制方式

按月编制的滚动预算比较复杂,企业也可根据具体情况编制按季度滚动预算,即以季度为预算的编制单位,每个季度调整一次预算。逐季滚动预算比逐月滚动的工作量小,但预算精度较差。此外,还可以使用混合滚动预算,即同时使用月份和季度作为预算的编制和滚动单位的方法。混合滚动预算当季需要明确三个月的预算,其他三个季度只需列出预算总数,从一季度开始逐渐滚动到二季度、三季度和四季度。

如前所述,传统预算为便于将实际执行结果同预算数进行对比分析,通常按会计年度进行编制,并往往于会计年度的最后一个季度就开始着手编制下年度的预算。传统预算做法的缺点如下:

(1)由于预算期较长,因而编制预算时,难于预测未来预算期的某些活动,特别是预算期的后半阶段,往往只能提出一个比较笼统的预算,从而给预算的执行带来种种困难。

(2)事先预见到的预算期内某些活动,在预算过程中往往会有所变动,而原有预算却未能及时调整,从而使原有预算显得不相适应。

(3)预算执行过程中,由于受预算期的限制,管理人员的决策视野局限于剩余的预算期间的活动,缺乏长远的打算,不利于企业的长期稳定发展。

而滚动预算的优点正在于克服传统预算的上述缺点,能使企业管理人员对未来一年的经营活动进行持续不断的计划,并在预算中经常保持一个稳定视野,而不至于等到原预算执行快结束时,仓促编制新预算,从而有利于保证企业的经营管理工作能稳定而有序地进行。

与传统预算相比,滚动预算的优点如下:

(1)透明度高。由于预算编制与日常管理紧密衔接,可以使管理人员始终从动态的角度把握企业近期的规划目标和远期的战略布局,使预算具有较高的透明度。

(2)及时性强。由于预算始终处于修正与调整之中,从而更加符合实际。

(3)连续性、完整性和稳定性突出。由于滚动预算在时间上不受日历年度的限制,能够连续不断地规划未来的经营活动,不会造成预算的人为间断,同时可以使企业管理人员了解未来12 个月(或 4 个季度)内企业的总体规划与近期预算目标,能够确保企业管理工作的完整性与稳定性。

采用滚动预算的缺点在于:①预算的自动延伸工作比较耗时,而且代价较大;②要说服管理人员确信不断调整过程的效益是值得的。

四、零基预算

零基预算(zero-base budget)不是以现有的费用水平为依据,而是一切以零为起点,对每项费用开支的大小及必要性进行认真分析和评定分级,据以判定其开支的合理化和优先顺序,并根据生产经营的实际需要与一定期间内资金供应的实际可能,在预算中对各项目进行优先安排,从而提高资金的使用效益,节约费用开支。其基本做法是:

(1)划分基层预算单位。

(2)对基层预算单位的业务活动提出预算,说明每项活动的目的性以及需要开支的费用。

(3)由基层预算单位对本身业务活动做具体分析,并提出具体方案。

(4)对每项业务活动进行费用效益分析,权衡得失,排出优先顺序,并把它们分成等级。

(5)根据生产经营的实际需要与一定期间的资金供应的实际可能,判断纳入预算中费用项目可以达到几级,并对已确定纳入预算的费用项目进行汇总,形成综合性的费用预算。

五、概率预算

在编制预算过程中,会涉及价格、成本、业务量等指标,这些指标在一般情况下是一个定值,但也可能是变值。这时需根据客观条件的变化,对这些变量做近似的估计,估计它们可能变动的范围,分析它们在该范围内出现的可能性,然后对各变量进行调整,计算期望值,编制预算。这种运用概率来编制预算的方法称为概率预算。

【例10-3】在Y产品单价为10元,预计销售量为1 000件,变动成本为5元,固定成本为2 000元的条件下,预计利润为3 000元。如果假定除单价、固定成本不变外,销量和单位变动成本变化的概率如表10-3所示。

表10-3 销量和单位变动成本变化的概率

销量/件	800	1 000	1 200
概率	0.2	0.5	0.3
单位变动成本/元	5.2	5.0	4.8
概率	0.3	0.5	0.2

则考虑概率后的利润期望值计算如下:

销售量期望值$=800×0.2+1 000×0.5+1 200×0.3=1 020$(件)

单位变动成本期望值$=5.2×0.3+5×0.5+4.8×0.2=5.02$(元)

利润期望值$=(10-5.02)×1 020-2 000=3 079.6$(元)

第三节　财务预算的编制

一、财务预算的基础及其编制

财务预算最主要的构成部分是现金预算,现金预算是反映企业在预算期内预计的全部现金收入和全部现金支出,以及由此现金收支所产生的借贷、投资结果的预算。现金预算的编制要以业务预算、生产预算和成本费用预算作为编制基础,现金预算对进行现金收支控制有重要作用。

(一)现金预算的编制基础

1.销售预算的编制

销售预算是现金预算编制的起点,对于提高企业预算管理水平起着关键性作用。销售预算包括销售数量预算(即预算销售数量)和销售收入预算(即预算现金销售收入)两项内容。预算销售数量,一般由销售部门根据上年销售纪录,结合目前的市场状况,考虑企业本年增减变动因素,如新订货、追加订货、取消订货等,考虑企业的生产、销售能力,采用适当的方法予以确定。预算期的现金销售收入应包括两部分:一是本期销售可能收到的现金;二是上期销售在本期收到的现金。它除了受预算期和上期销售的影响外,还受到企业信用政策和收款政策的影响,其预算数据应由财务部门依据上述影响因素计算确定。为了保证预算的有效执行,财务部门在确定现金销售收入的预算数据时,有时还应考虑可能发生的坏账损失情况。

销售预算中通常还包括预计现金收入的目的是为编制现金预算提供必要的资料。销售预算如表 10-4 所示,表中每季销售应收的货款占当季应收货款的 80%,其余部分在下季度收到。

表 10-4　N公司销售预算
2020 年度

	项目	一季度	二季度	三季度	四季度	全年
	预计销售量/件	2 000	3 000	3 000	2 000	10 000
	每件销售单价/元	120	120	120	120	120
	预计销售金额/元	240 000	360 000	360 000	240 000	1 200 000
预计现金收入	期初应收账款/元	30 000	—	—	—	30 000
	一季度销售收入/元	192 000	48 000	—	—	240 000
	二季度销售收入/元	—	288 000	72 000	—	360 000
	三季度销售收入/元	—	—	288 000	72 000	360 000
	四季度销售收入/元	—	—	—	192 000	192 000
	现金收入合计/元	222 000	336 000	360 000	264 000	1 182 000

2. 生产预算的编制

生产预算是在销售预算的基础上编制的,编制的主要目的是预计生产量。通常,企业的生产和销售不能做到"同步同量",需要设置一定的存货,以保证能在发生意外需求时按时供货,并可均衡生产,节约赶工的额外支出。期末存货数量通常按下期销售量的一定百分比确定,年初存货数量可根据上年末账面记录确定,年末存货数量则根据长期销售趋势来确定。生产预算的"预计销售量"来自销售预算,其他数据可根据以下公式计算:

预计期末存货量＝下期销售量×存货留存百分比
预计期初存货量＝上期期末存货量
预计生产量＝预计销售量＋预计期末存货量－预计期初存货量

编制生产预算如表 10-5 所示。假设 N 公司在预算年度内各季度的期末存货量按下一季度销售量的 10% 计算,年末存货预计为 220 件。2019 年末存货为 200 件。

表 10 - 5　N 公司生产预算

2020 年度

单位:件

项目	一季度	二季度	三季度	四季度	合计
预计销售量	2 000	3 000	3 000	2 000	10 000
加:预计期末存货量	300	300	200	220	220
预计需要量合计	2 300	3 300	3 200	2 220	10 220
减:预计期初存货量	200	300	300	200	200
预计生产量	2 100	3 000	2 900	2 020	10 020

3.直接材料预算的编制

直接材料预算是以生产预算为基础编制的,同时要考虑原材料存货水平。直接材料采购资金主要取决于采购数量与市场价格,它与企业的生产批量、存货水平以及销售量有密切的关系。为此,财务主管人员应该收集企业的材料预算资料、各期的应付账款以及供应者的信用条件等详细资料。

在编制直接材料预算时,应以生产预算提出的预计生产量和企业消耗定额资料所确定的单位产品材料消耗定额来确定预算期材料消耗量,并结合当前情况和长期销售预测估计得到的期初、期末的库存情况来确定采购数量。通常,期末材料的存量可根据下期生产材料需要量的一定百分比确定。然后,按照预计的材料单价计算出所需要的采购资金数,同时在考虑前期应付购料款的偿还和本期购料款的支付等情况后,预计预算期间材料采购现金的支出额。

直接材料预算的预计生产量来自生产预算。其他数据可根据以下公式计算:

$$预计期末存料量=下期生产需要量×材料留存百分比$$
$$预计期初存料量=上期期末存料量$$
$$预计购料量=本期生产需要量+预计期末存料量-预计期初存料量$$

直接材料预算中,通常还包括预计现金支出的计算,其目的是为编制现金预算提供必要的资料。本期现金支出包括两部分,即应付前期购料款的偿还数及本期购料款的当期支付数。

编制直接材料预算如表 10 - 6 所示。假设 N 公司在预算年度内,各季度期末存料量预计为下一季度生产需要量的 20%,年末存料量预计为 900 千克,预计预算期材料单价为 10 元/千克,单位产品材料消耗定额为 2 千克/件。每季度的购料款,在当季付款的占 60%,其余在下季度支付。2019 年末直接材料结存 820 千克,应付账款余额为 24 000 元。

表 10 - 6　N 公司直接材料预算

2020 年度

项目	一季度	二季度	三季度	四季度	合计
预计生产量/件	2 100	3 000	2 900	2 020	10 020
每件产品材料耗用量/千克	2	2	2	2	2
预计生产需要量/千克	4 200	6 000	5 800	4 040	20 040
加:预计期末存料量/千克	1 200	1 160	808	900	900
预计需要量合计/千克	5 400	7 160	6 608	4 940	20 940
减:期初存料量/千克	820	1 200	1 160	808	820

项目		一季度	二季度	三季度	四季度	合计
预计材料采购量/千克		4 580	5 960	5 448	4 132	20 120
每千克材料计划价格/元		10	10	10	10	10
预计购料金额/元		45 800	59 600	54 480	41 320	201 200
预计现金支出	期初应付账款/元	24 000	—			24 000
	一季度购料支出/元	27 480	18 320	—		45 800
	二季度购料支出/元	—	35 760	23 840		59 600
	三季度购料支出/元	—	—	32 688	21 792	54 480
	四季度购料支出/元	—	—	—	24 792	24 792
	现金支出合计/元	51 480	54 080	56 528	46 584	208 672

4. 直接人工预算的编制

直接人工预算也是以生产预算为基础编制的。根据生产预算中提出的预计生产量,以及企业标准成本资料中的定额工时、小时工资率,就可以预计直接工资支出。在通常情况下,生产中直接人工的工种不一,单位工时的工资率各不相同,因此,应先按工种分别计算,然后进行汇总。

直接人工预算的"预计生产量"来自生产预算。其他数据可根据以下公式计算:

$$预计生产需要工时总数 = 预计生产量 \times 单位产品工时$$
$$预计直接人工总成本 = 预计生产需要工时总数 \times 小时工资率$$

如果企业生产多种产品,则需要将各产品人工成本进行汇总。由于人工工资都需要使用现金支付,所以,不需要另外预计现金支出,预计直接人工总成本数额可直接参加现金预算的汇总。直接人工预算如表10-7所示。

表 10-7 N公司直接人工预算
2020 年度

项目	一季度	二季度	三季度	四季度	合计
预计生产量/件	2 100	3 000	2 900	2 020	10 020
每件产品工时/小时	5	5	5	5	5
预计生产需要工时总数/小时	10 500	15 000	14 500	10 100	50 100
小时工资率/元	6	6	6	6	6
预计直接人工支出总额/元	63 000	90 000	87 000	60 600	300 600

5. 制造费用预算的编制

制造费用预算是以所编制的生产预算为基础,依据除直接材料、直接人工外应计入产品成本的全部费用编制而成的。制造费用预算应根据成本习性划分为变动制造费用和固定制造费用两部分进行。其中,变动制造费用的编制,可按有无标准成本资料分别进行:如果有完善的标准成本资料,用单位产品的标准成本与预计生产量相乘,即可得到相应的预算金额;如果没有标准成本资料,则需逐项预计计划生产量需要的各项制造费用。固定制造费用部分,通常与预算期生产量无关,可以采用零基预算的方法逐项预计。

为了方便以后现金预算的编制,需要预计制造费用现金的支出额。由于固定资产折旧不需要支付现金,所以在制造费用支出总额中应予以扣除。制造费用预算如表 10-8 所示。其中:N 公司生产产品,每小时需要变动制造费用 4 元(在间接材料、间接人工和其他变动费用三个项目之间按 1∶1∶2 的比例分摊);固定制造费用中,每季度折旧费 20 000 元、管理人员工资 4 000 元、保险费 2 566 元、其他固定费用 6 500 元。

表 10-8 N公司制造费用预算
2020 年度

项目	一季度	二季度	三季度	四季度	合计
预计生产需要工时/小时	10 500	15 000	14 500	10 100	50 100
每小时变动制造费用/元	4	4	4	4	4
变动制造费用总额/元	42 000	60 000	58 000	40 400	200 400
其中:间接材料/元	10 500	15 000	14 500	10 100	50 100
间接人工/元	10 500	15 000	14 500	10 100	50 100
其他变动费用/元	21 000	30 000	29 000	20 200	100 200
固定制造费用总额/元	33 066	33 066	33 066	33 066	132 264
其中:折旧费/元	20 000	20 000	20 000	20 000	80 000
管理人员工资/元	4 000	4 000	4 000	4 000	16 000
保险费/元	2 566	2 566	2 566	2 566	10 264
其他固定费用/元	6 500	6 500	6 500	6 500	26 000
制造费用合计/元	75 066	93 066	91 066	73 466	332 664
减:折旧费/元	20 000	20 000	20 000	20 000	80 000
现金支出费用/元	55 066	73 066	71 066	53 466	252 664

6.产品成本预算的编制

产品成本预算是前述各项预算的汇总。在该预算表中列示出预算年度产品的单位成本、总成本以及预算期内销售成本和期末存货成本。单位产品成本的有关数据来自直接材料预算、直接人工预算和制造费用预算。预计生产量、期末存货量来自生产预算,预计销售量来自销售预算。生产成本、存货成本和销售成本等数据,根据单位成本和有关数量计算得出。根据表 10-4 至表 10-8,编制产品成本预算如表 10-9 所示。

表 10-9 N公司产品成本预算
2020 年度

项目	单位成本			生产成本/元 (10 020 件)	期末存货成本/元 (220 件)	销货成本/元 (10 000 件)
	单价	用量	每件成本/元			
直接材料	10 元/千克	2 千克/件	20	200 400	4 400	200 000
直接人工	6 元/小时	5 小时/件	30	300 600	6 600	300 000

项目	单位成本			生产成本/元	期末存货成本/元	销货成本/元
	单价	用量	每件成本/元	（10 020 件）	（220 件）	（10 000 件）
变动制造费用	4 元/小时	5 小时/件	20	200 400	4 400	200 000
固定制造费用	2.64 元/小时	5 小时/件	13.2	132 264	2 904	132 000
合计	—	—	83.2	833 664	18 304	832 000

固定制造费用分配率＝132 264/50 100＝2.64(元/小时)

销货数量＝生产数量 10 020＋期初存货量 200－期末存货量 220＝10 000(件)

7.销售及管理费用预算的编制

(1)销售费用预算是指为了实现销售目标所需支付的费用的预算。它以销售预算为基础，同时综合分析销售收入、销售费用和销售利润的相互关系，力求实现销售费用的最有效使用。在预计销售费用时，应以过去的销售费用实际支出为基础，考察其支出的必要性和效果，结合预算期促销方式的变化以及其他未来情况发生的可能性，并且与销售预算相配合，按品种、地区、用途具体确定预算数额。销售费用预算如表 10－10 所示。假设业务费、运输费、保管费、包装费均为预计销售额的 0.1%，工资费用、广告费用等其他费用按 2019 年数据结合 2020 年情况分析确定。

表 10－10　N公司销售费用预算

2020 年度　　　　　　　　　　　　　　　　　　　　单位:元

项目	一季度	二季度	三季度	四季度	合计
工资	1 000	1 000	1 000	1 000	4 000
业务费	240	360	360	240	1 200
广告费	—	1 440	—	—	1 440
包装费	240	360	360	240	1 200
保管费	240	360	360	240	1 200
运输费	240	360	360	240	1 200
合计	1 960	3 880	2 440	1 960	10 240

(2)管理费用预算是指企业日常生产经营中为搞好一般管理业务所必需的费用的预算。随着企业规模的扩大，一般管理职能日益重要，因而其费用也相应增加。管理费用项目比较复杂，且多属固定成本，要按照成本费用开支范围进行确定。在编制管理费用预算时，务必做到合理化，可以先由各费用归口部门上报费用预算，企业在比较、分析过去的实际开支的基础上，充分考虑预算期各费用项目变动情况及影响因素，确定各费用项目预计数额。值得注意的是，必须充分考虑各种费用是否必要，以提高费用支出效率。另外，为了给现金预算提供现金支出资料，在管理费用预算的最后，还可预计预算期管理费用的现金支出数额。管理费用中的固定资产折旧费、低值易耗品摊销、计提坏账准备金、无形资产摊销和递延资产摊销均属不需要现金支出的项目，在预计管理费用现金支出时，应予以扣除。在通常情况下，管理费用各期支出

比较均衡,因此,各季的管理费用现金支出数为预计全年管理费用现金支出数的1/4。管理费用预算如表10-11所示。

表10-11 N公司管理费用预算

2020年度 单位:元

项目		金额
工资		20 000
折旧费		5 000
办公费		18 000
差旅费		10 000
物料消耗		5 000
无形资产摊销		5 000
工会经费		7 000
印花税		50
其他		950
合计		71 000
预计现金支出	减:折旧费	5 000
	无形资产摊销	5 000
	管理费用全年支出现金总额	61 000
	管理费用季度支出现金总额	15 250

8.财务费用预算的编制

财务费用预算是指对预算期企业筹集生产经营所需资金等而发生的费用所进行的预算。由于财务费用的发生主要与企业存、贷款和汇率变动直接有关。在利率较平稳的情况下只要企业生产和销售规模不变,不增加新的外汇兑换业务,汇率浮动不大,预算期财务费用与上年应基本一致。因此,可在上年财务费用开支数的基础之上,按预算期可预见的变化进行调整,以此作为预算期财务费用预算数。财务费用预算如表10-12所示。

表10-12 N公司财务费用预算

2020年度 单位:元

项目	金额
利息支出	3 000
减:利息收入	2 800
利息净支出	200
汇兑损失	5 000
减:汇兑收益	3 600
汇兑净损失	1 400

续表

项目	金额
手续费	800
其他	20 000
财务费用合计	22 400
预计财务费用每季现金支出总额	5 600

无上年预算或实际开支数的企业可按下式计算：

$$预计财务费用 = \sum (每次借款额 \times 每次借款期限 \times 每次借款利率) - 4 \times 每季度平均银行存款累积计息基数 \times 存款利率$$

财务费用各项目均需支付现金，费用的预算数即为预计财务费用现金支出数。

（二）现金预算的编制

现金预算是由现金收入、现金支出、现金多余或不足、资金的筹集和运用四部分组成。现金收入包括年初现金余额和预算期现金收入，年初现金余额是在编表时预计的；现金收入的主要来源是销售所得，销售所得现金数据来自销售预算。可供使用的现金为本期现金期初余额与本期现金收入之和。现金支出是指预算期的各项现金支出，既包括直接材料支出、直接人工支出、制造费用支出、销售及管理费用支出、财务费用支出，也包括缴纳的所得税、购置设备、股利分配等现金支出等。

现金预算的编制方法有三种：

（1）现金收支法。现金收支法是指以预算期内各项经济业务实际发生的现金收付为依据来编制现金预算的方法，是编制现金预算的主要方法。

（2）调整净收益法。调整净收益法是指将以权责发生制为基础计算出的税前净收益，调整为以现金收付实现制计算的现金净收益的方法。

（3）预计资产负债表法。预计资产负债表法是指编制预算时对资产负债表除现金以外的各个项目进行一一预计，然后再根据会计恒等式进行变形的公式（现金余额＝负债＋所有者权益－非现金资产），推算出现金余额的一种现金预算方法。

现金预算是企业全面预算管理体系的中心，从编制程序上说，现金预算是在各业务部门的分预算编制完成以后，财务部门根据各分预算列示出的现金收支预计数及有关资本预算资料，编制现金预算。现金预算如表 10-13 所示。假设 N 公司在预算年度内其他相关资料如下：①预计预算期第四季度营业外收入为 76 000 元，营业外支出第一季度为 7 600 元，第二季度为 1 800 元，第四季度为 15 600 元。②根据资本预算，该公司计划预算期第二季度以分期付款方式购入一套设备，价值 81 700 元，该季度付款 55 000 元，第三季度付款 16 700 元，余款第四季度支付。③预计各季度支付所得税 21 750 元，支付销售税金 13 600 元，第二、第四季度各支付股利 40 000 元。④假定该公司需要保留的最低现金备用金余额为 30 000 元，不足此数者向银行贷款，银行贷款金额要求是 5 000 的整数倍。公司第二季度由于现金不足数为 -1 332 元，故需要向银行借款。由于银行最低借款额度必须是 5 000 元的整数倍，则第二季度借款额应为：30 000＋1 332＝31 332（元）。因此，N 公司要向银行借款 35 000 元（年利率为 12%）。相反，如果 N 公司现金出现多余，则可以用于向外投资。假定公司第三季度还本付息额＝（35 000＋35 000×12%/12×6）＝37 100（元），公司用于短期投资 36 000 元，则第三季度现金余额 30 634 元。⑤2019 年末，资产负债表所示货币资金余额为 50 000 元。

表 10-13　N 公司现金预算

2020 年度　　　　　　　　　　　　　　　　　单位:元

项目	一季度	二季度	三季度	四季度	全年
期初现金余额	50 000	36 694	33 668	30 634	50 000
加:现金收入					
收回应收账款及销货现金收入	222 000	336 000	360 000	264 000	1 182 000
其他现金收入	—	—	—	76 000	76 000
可供使用现金	272 000	372 694	393 668	370 634	1 308 000
减:现金支出					
直接材料	51 480	54 080	56 528	46 584	208 672
直接人工	63 000	90 000	87 000	60 600	300 600
制造费用	55 066	73 066	71 066	53 466	252 664
销售费用	1 960	3 880	2 440	1 960	10 240
管理费用	15 250	15 250	15 250	15 250	61 000
财务费用	5 600	5 600	5 600	5 600	22 400
购买设备	—	55 000	16 700	10 000	81 700
所得税	21 750	21 750	21 750	21 750	87 000
销售税金	13 600	13 600	13 600	13 600	54 400
股利	—	40 000	—	40 000	80 000
其他现金支出	7 600	1 800	—	15 600	25 000
现金支出合计	235 306	374 026	289 934	284 410	1 183 676
现金多余或不足	36 694	(1 332)	103 734	86 224	124 324
资金筹集和运用:					
向银行借款	—	35 000	—	—	35 000
归还银行借款及利息	—	—	(37 100)	—	(37 100)
短期股票投资	—	—	(36 000)	(50 000)	(86 000)
筹集运用资金合计	—	35 000	(73 100)	(50 000)	(88 100)
期末现金余额	36 694	33 668	30 634	36 224	36 224

　　表 10-13 是 N 公司现金预算,其中现金收入部分包括期初现金余额和预算期现金收入。销货取得的现金收入是其主要来源。年初的现金余额是根据上年末资产负债表中的"货币资金"项目确定的,其他各季度期初现金余额来自编制预算时预计的上季度期末现金余额。收回应收账款及销货现金收入来自销售预算。其他现金收入指租金收入、固定资产出售收入、股利及利息收入、营业外收入等。

　　现金支出部分包括预算期的各项现金支出。直接材料、直接人工、制造费用、销售费用、管理费用和财务费用等数据,分别来自前述有关预算。购置设备、所得税、销售税金等现金支出数据分别来自有关专门预算与其他现金支出资料。

表中现金多余或不足部分是指现金收入部分和现金支出部分的差异数。此差额为正数,表示现金有节余,可用于归还银行借款或进行短期投资;此差额为负数,表示现金不足,需要向银行借款或出售短期证券筹集资金。

现金预算的编制以各项营业预算和资本预算为基础。它反映各项预算期的收入款项和支出款项,并据此进行对比分析。其目的在于,当现金不足时及时筹借资金,当资金多余时及时运营资金,提供现金的控制额度,从而充分发挥现金的管理效用。

二、预计财务报表的编制

预计财务报表是财务管理的重要工具,包括预计利润表、预计资产负债表和预计现金流量表。预计现金流量表平时可以用现金预算代替。

预计财务报表的作用与实际财务报表不同。所有企业都要在年终编制历史实际的财务报表,这是有关法规的强制性规定,其主要目的是向外部报表使用人提供财务信息;而预计财务报表主要为企业内部财务管理服务,是控制企业资金、成本和利润总量的重要手段。它可以从总体上反映一定期间企业经营的全局情况,因此在某种程度上有企业"总预算"的意义。

(一)预计利润表的编制

预计利润表又称利润表预算,是反映企业预算期的财务成果报表,其内容、格式与实际的收益表完全相同,只不过数字是面向预算期的,以上述各有关预算为基础来编制的。表 10 - 14 是 N 公司的预计利润表。

表 10 - 14　N 公司预计利润表

2020 年度　　　　　　　　　　　　　　　　　　　　　单位:元

项目	资料来源	全年金额
一、营业收入	销售预算	1 200 000
减:营业成本	产品成本预算	832 000
税金及附加	税金及附加资料	54 400
销售费用	销售费用预算	10 240
管理费用	管理费用预算	71 000
财务费用	财务费用预算、现金预算	24 500①
加:投资收益	现金预算	——
二、营业利润		207 860
加:营业外收入	营业外收支预算	76 000
减:营业外支出	营业外收支预算	25 000
三、利润总额		258 860
减:所得税费用	估计	87 000
四、净利润		171 860

注:①财务费用=22 400+2 100=24 500(元)。

通过编制预计利润表,可以了解企业在预算期的盈利水平。如果预算利润与企业的目标利润有较大差距,就要调整部门预算,设法达到目标利润,或者经企业管理层同意后修改目标利润。

(二)预计资产负债表的编制

预计资产负债表是反映企业预算期末财务状况的报表。它是以本年度的资产负债表、各项业务预算、专门决策预算以及其他财务预算为基础来编制的。其内容、格式与实际的资产负债表完全相同,只不过数据是面向预算期的。预计资产负债表的编制,有利于了解企业预计的财务状况,便于及时发现问题,修订原有的预算,更好地实现利润目标。

预计资产负债表的编制方法有两种,一是预算汇总法,二是销售百分比法。其中:预算汇总法是依照实际资产负债表调整而来的。首先按照会计方程式(期末余额=期初余额+本期增加额-本期减少额)逐项调整出每一项的金额,然后根据会计恒等式验证,看其左右方是否平衡。销售百分比法是假定某些资产负债项目与销售额保持一定的百分比关系,随着预算年度销售额的增加,这些资产和负债项目也需要随之增加。该方法对销售额的依赖性较大,所以运用此法,首先要用统计方法计算出预计销售额,其次判断各项目与销售额之间是否存在固定的比率关系,最后对除了调整项目以外的其他项目,按照会计恒等式进行资产负债表的平衡验证。

N公司预计资产负债表如表10-15所示,该表按照第一种方法编制。假设:N公司2019年末固定资产原值300 000元,累计已提折旧100 000元,长期投资200 000元,无形资产20 000元,长期借款30 000元,股本400 000元,资本公积5 300元,未分配利润65 540元。其中,长期投资、长期借款、股本和资本公积在2020年度未发生变化。

表10-15 N公司预计资产负债表

2020年度

单位:元

资产	资料来源	年初	年末	负债及所有者权益	资料来源	年初	年末
货币资金	现金预算	50 000	36 224	负债:			
应收账款	销售预算	30 000	48 000	应付账款	直接材料预算	24 000	16 528
交易性金融资产	现金预算	0	86 000	长期借款		30 000	30 000
存货	直接材料预算	24 840	27 304	负债合计		54 000	46 528
	产品成本预算			所有者权益:			
固定资产	现金预算	300 000	381 700	股本		400 000	400 000
	制造费用预算	100 000	185 000	资本公积		5 300	5 300
	管理费用预算			未分配利润	现金预算/预计利润表	65 540	157 400
		200 000	196 700	所有者权益合计		470 840	562 700
长期投资		200 000	200 000				
无形资产	管理费用预算	20 000	15 000				
资产合计		524 840	609 228	负债及所有者权益合计		524 840	609 228

表中有关项目计算方法如下：

期末应收账款项目＝本期销售额×（1－本期收现率）＝240 000×（1－80%）＝48 000（元）

存货项目＝9 000＋18 304＝27 304（元）

应付账款项目＝本期采购额×（1－本期付现率）＝41 320×（1－60%）＝16 528（元）

未分配利润项目＝期初未分配利润＋本期利润－本期股利

＝65 540＋171 860－80 000＝157 400（元）

（三）预计现金流量表的编制

预计现金流量表是从现金的流入和流出两个方面反映预算期内企业经营活动、投资活动和筹资活动所产生的现金流量的预算。它是在已编制的现金预算的基础上，结合企业预算期内的现金收支资料编制而成的。预计现金流量表的编制，有利于了解预算期内企业现金流转情况和企业经营能力，更突出表现一些长期的资金筹集和使用方案对预算期内企业的影响，有利于发现问题，修正预算。其内容、格式与实际的现金流量表完全相同，只不过数据反映的是预算期的现金流量。表 10－16 是根据有关资料编制的 N 公司 2020 年度简要的预计现金流量表。其中：处置固定资产而收回的现金净额为 51 000 元，营业外收入 76 000 元为处置固定资产收益，营业外支出 25 000 元为预计设备报废的损失。

表 10－16　N 公司预计现金流量表
2020 年度
单位：元

项目	金额
一、经营活动产生的现金流量	
销售商品提供劳务收到的现金	1 182 000
经营活动现金流入小计	1 182 000
购买商品、接受劳务支付的现金	208 672
支付给职工以及为职工支付的现金	300 600
支付的所得税款	87 000
支付的除所得税、增值税外的其他税费	54 400
支付的其他与经营活动有关的现金	323 904
经营活动现金流出小计	974 576
经营活动产生的现金流量净额	207 424
二、投资活动产生的现金流量	
处置固定资产而收回的现金净额	51 000
投资活动现金流入小计	51 000
购建固定资产所支付的现金	81 700
权益性投资所支付的现金	86 000
投资活动现金流出小计	167 700
投资活动产生的现金流量净额	－116 700

项目	金额
三、筹资活动产生的现金流量	
取得借款收到的现金	35 000
收到其他与筹资活动有关的现金	6 400
筹资活动现金流入小计	41 400
偿还债务支付的现金	35 000
发生筹资费用所支付的现金	800
分配股利、利润所支付的现金	80 000
偿还利息所支付的现金	5 100
支付其他与筹资活动有关的现金	25 000
筹资活动现金流出小计	145 900
筹资活动产生的现金流量净额	−104 500
四、现金及现金等价物净增加额	−13 776

补充资料	金额
1.将净利润调节为经营活动现金流量	
净利润	171 860
加:固定资产折旧	85 000
无形资产摊销	5 000
处置固定资产的损失(减:收益)	−51 000
财务费用	24 500
存货的减少(减:增加)	−2 464
经营性应收项目的减少(减:增加)	−18 000
经营性应付项目的增加(减:减少)	−7 472
经营活动产生的现金流量净额	207 424
2.现金及现金等价物净增加情况	
现金的期末余额	36 224
减:现金的期初余额	50 000
现金及现金等价物增加额	−13 776

本章小结

全面预算是企业一种重要的定量管理方法,是企业经营决策的具体化。预算控制法在我国许多企业已广泛使用,且取得了实效。全面预算内容包括销售预算、生产预算、直接材料预算、直接人工预算、制造费用预算、产品成本预算、销售与管理费用预算、现金预算以及预计利润表、预计资产负债表和预计现金流量表。其中,现金预算是以价值形式反映的预算,在企业各预算中尤显重要。其编制方法有现金收支法、调整净收益法和预计资产负债表法三种,现金收支法是最常用的编制方法。预计财务报表主要包括预计利润表、预计资产负债表、预计现金流量表。预计利润表是在汇总预算期企业销售预算、产品成本预算、各项费用预算、资本支出预算的基础上编制的。预计资产负债表是以报告期末的资产负债表为依据,根据各种业务预算、现金预算及资本预算编制而成的。预计现金流量表是在现金预算的基础上,结合企业预算期内相关的现金收支资料编制而成的。

思考与练习

1. A公司生产甲产品,预算期2020年四个季度预计销售量分别为500台、700台、800台、600台;年初结存为100台;预计各季度期末结存量为下一季度销售量的10%;预计2021年第一季度销售量为1 000台。计算各季度生产量的预算数。

2. B公司生产和销售乙产品,预算期2020年四个季度预计销售量分别为600件、900件、800件、300件;乙产品预计单位售价为3 000元。假设每季度销售收入中,本季度收到现金20%,另外80%要到下季度才能收回。上年末应收账款余额为60 000元。计算:①各季度销售收入预算数;②各季度现金收入预算数;③年末应收账款预算数。

3. 甲公司编制2021年1月份的现金收支预算。预计2021年1月初现金余额为150 000元;月初应收账款100 000元,预计可收回30%;本月销售收入500 000元,预计现销比例为20%;本月采购材料200 000元,预计现付比例为70%;月初应付账款48 000元,需在本月付60%;月内需支付的工资56 000元、制造费用23 000元、销售费用21 000元、管理费用65 000元;购置设备需支付的现金90 000元。企业现金不足时,可向银行借款,借款金额为2 000元的倍数;现金多余时可购买有价证券。该公司月末现金余额不低于12 000元。计算:①本月经营现金收入;②本月经营现金支出;③本月现金收支差额;④确定最佳资金筹措或运用数;⑤确定现金月末余额。

即测即评

第十一章

财务控制

学习目标

1. 了解企业财务控制的概念;
2. 掌握财务控制的方法;
3. 熟悉财务控制的程序;
4. 掌握责任中心的种类及考核。

教学大纲　　　　扩展阅读及案例解析

引导案例

BBC 公司财务控制

BBC 公司是从事机电产品制造和兼营家电销售的国有中型企业,资产总额 4 000 万元,其中,应收账款 1 020 万元,占资产总额的 25.5%,占流动资产的 45%。近年来企业应收账款居高不下,营运指数连连下滑,已到了现金枯竭、举步维艰、直接影响生产经营的地步。造成上述状况除了商业竞争的日益加剧以外,企业自身内部财务控制制度不健全是主要的原因。

会计师事务所对 BBC 公司 2019 年度会计报表进行了审计,在审计过程中根据获取的不同审计证据将该公司的应收账款做了如下分类:

(1)被骗损失尚未作账务处理的应收账款 60 万元;

(2)账龄长且原销售经办人员已经调离,其工作未交接,债权催收难以落实,可收回金额无法判定的应收账款 300 万元;

(3)账龄较长回收有难度的应收账款 440 万元;

(4)未发现重大异常,但后期能否收回,还要待时再定的应收账款 220 万元。

针对上述各类应收账款内控存在的重大缺陷,会计师事务所向 BBC 公司管理层出具了管理建议书,提出了改进意见,以促进管理层加强内部财务控制制度的建设,改善经营管理,避免或减少坏账损失以及资金被客户长期无偿占用情况,同时也为企业提高会计信息质量打下良好的基础。

资料来源:企业会计准则编写委员会.企业内部控制基本规范及配套指引案例讲解(2019 年版)[M].上海:立信会计出版社,2019.

启示:

1. BBC 公司销售与收款环节存在哪些问题?

2. BBC 公司应该如何完善其内部控制制度?

第一节 财务控制概述

一、财务控制的概念及种类

财务控制是内部控制的重要内容之一。财务控制本质上是利用财务信息的反馈,对资金的取得、投放、使用和分配,进行日常的计算和审核,以发现实际与目标的财务偏差,并采取措施纠正偏差,使财务活动按预定的目标进行的一种财务管理方法。

财务控制可以按以下标准进行不同的分类:

1.按控制的过程不同,财务控制可分为事前财务控制、事中财务控制和事后财务控制

事前财务控制是指前馈控制,是在财务活动没有开始之前就采取措施加以控制,以确保财务目标的实现,如现金控制系统中的预算控制、产品设计成本的规划等。事中财务控制是一种对执行过程的控制,如按财务预算的要求对预算的实施进行监督,对各项收入的去向和支出的合理性进行监督,对产品成本的发生进行约束等。事后财务控制是指反馈控制,是根据过去的情况来指导当前的行动,按财务预算的要求对各责任中心预算执行进行评价,以期发现问题,并采取措施纠正偏差。

2.按控制的层次不同,财务控制可分为出资者财务控制、经营者财务控制和财务经理财务控制

出资者作为企业的所有者,在公司制企业所有权和经营权相分离的情况下,为确保其资本保值增值与收益分配的实现,一般是以股东大会、董事会决议的名义参与企业财务管理与监督。作为企业的所有者,其主要行使一种监控权力,其主要职责是约束经营者的财务行为,以保证资本安全和增值。经营者是指企业法定负责人。以总经理为代表的企业经营者阶层,为保证法人财产的完整和高效运作,必须全面直接参与企业各项重大财务决策。经营者财务控制的重点是财务决策的执行、组织、协调。以企业财务副总裁或财务经理为代表的企业财务管理部门,行使财务事项的决策执行权和日常管理权,专司企业日常财务管理职能。其主要职责是:开展财务预测,提出各项财务计划;制订和落实企业现金流转计划和其他财务计划;制订和完善企业内部财务制度,规范内部财务行为;开展财务分析,实施内部财务监督。

3.按控制的手段不同,财务控制可分为定额控制和定率控制

定额控制是指对企业和责任中心的财务指标采用绝对额进行控制。一般地说,对约束性指标确定最高标准,对激励性指标确定最低标准。定率控制是指通过相对指标进行控制。可以根据企业具体情况设定不同财务比率。

4.按控制权力的集中度,财务控制可分为集中控制、分散控制和分级控制

集中控制是指由一个控制中心对所有子系统的信息进行集中加工、处理,集中做出指令,操纵所有财务子系统的控制方式。集中控制有利于客观整体的最优控制,适用于规模不大的企业。分散控制是指由多个控制中心分别控制一定数量子系统的控制方式。分散控制有利于提高效率,调动各控制中心的积极性,但不便于各子系统间的协调,难以实现整体的最优控制。分级控制是指在一个最高控制中心的领导下,按照整个系统的内在结构层次,设立若干不同级别的控制中心,层层控制。分级控制是对集中控制与分散控制的统一。

5.按控制的程序不同,财务控制可分为固定程序控制、弹性程序控制和跟踪控制

(1)固定程序控制,即控制者预先确定严格的指标和控制程序,受控者也只能按照既定的

指标程序办事,不得改变。

(2)弹性程序控制,即控制者在实施控制过程中,根据受控者行为的反馈信息,补充调整原有的控制指标和控制程序,使控制活动按照新的控制要求继续进行。

(3)跟踪控制,是指控制者对受控者只规定基本的控制指标或控制要求,不规定控制程序,受控者可以在不违反基本规定的前提下,根据客观条件的变化随时调节自身的行为。

无论哪一种控制方法,其基本程序都是:第一,制订下达控制标准(定额、计划、制度规定、程序);第二,检查控制标准的执行情况,发现脱离控制标准的差异(含数量差异和行为差异);第三,分析差异原因,采取措施消除差异。采取的方法有调整受控者的行为或调整原有的控制标准两种。

二、财务控制的职能与意义

(一)财务控制的职能

(1)财务监督。对企业财务活动进行监督,是指保持企业财务活动按照预算运行,并随时揭示实际与预算的偏差,为财务活动调节提供依据。控制过程中的财务监督具有及时性和有效性的特点。

(2)财务调节。财务调节是指对企业财务活动实际与计划的偏差进行纠正。其包括两方面内容:一是如果实际与计划之间的偏差是由企业财务活动实际的执行不力造成的,则要对企业财务活动过程进行调节,使之符合预算的要求;二是如果实际与预算的偏差是由企业财务预算本身的原因造成的,则要对企业财务预算进行调整。

财务监督与财务调节二者之间是相互联系、不可分割的。对企业财务活动的监督,是对企业财务活动调节的前提,离开了对财务活动的监督,对企业财务活动的调节也就失去了依据;对企业财务活动调节是实现企业财务活动监督目的的必要手段。二者的统一即构成了企业财务控制的整个过程。

(二)财务控制的意义

(1)企业财务控制是企业事前财务管理的继续,是实现企业财务预算不可缺少的重要保证。预算的目的在于预算的实现,但要保证预算的实现,必须对企业财务预算的执行过程进行监督和调节,否则难以保证财务预算的顺利完成。

(2)企业财务控制是企业财务预算积极可靠的重要保证。企业财务计划是在财务活动开展前做出的,由于财务活动的影响因素十分复杂,也是在不断变化的,因此企业财务预算很难做到天衣无缝,往往存在一些不足之处。而这一切,在财务活动的控制过程中才能发现,要通过财务活动的控制才能调节。

(3)企业财务控制是财务管理循环的关键环节,对实现财务管理目标具有决定作用。在财务管理中,如果仅局限于确定合理的决策,甚至制订切实可行的财务预算,而对实施财务预算的行动不加控制,预定的财务目标是难以实现的。从一定意义上说,财务预测、财务决策和财务预算为财务控制指明方向、提供依据和规划措施;而财务控制则对这些规划加以落实。没有控制,任何预测、决策和预算都是徒劳无益的。财务控制的一般构架如图11-1所示。

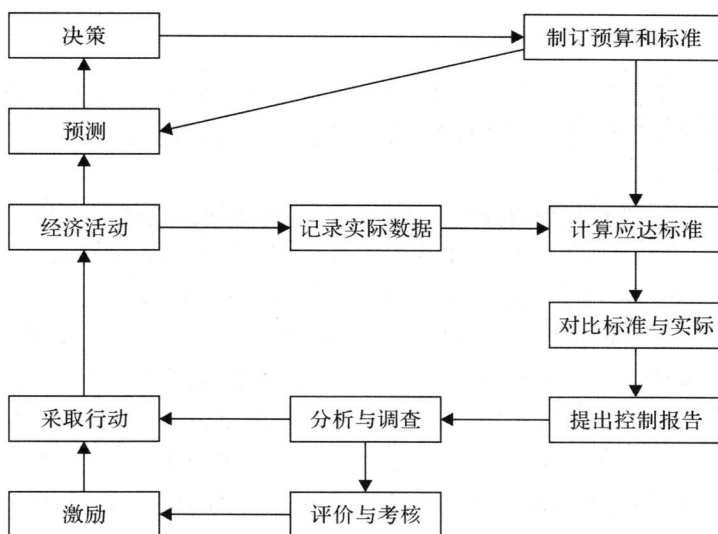

图 11-1 财务控制的一般架构

第二节 财务控制的方法

由于各控制主体的目的、职责和任务各有不同,因此可采用不同的控制方法。财务控制的主要方法有以下几种。

一、制度控制法

制度控制法指按照国家和企业制定的法令、条例、制度、办法等进行的控制,如财产物资、现金收支的管理及清查盘点制度,岗位责任制,财务管理基本业务程序制度。制度控制通常规定只能做什么,不能做什么。制度控制通常具有防护性特征。

二、定额控制法

定额控制法是指以定额为标准,对经济活动或资金运动所进行的控制。符合定额的经济业务要给予支持,保证资金需要;超过定额的经济业务要分析超过的原因,再分别处理。一般地说,财务管理中的定额管理本质上是对财务管理各方面的工作明确提出定量、定时的要求,建立各种各样有科学依据、切实可行的定额,并按照它们的内在联系组成一个定额体系。这个体系按内容分有资金定额、成本费用定额、设备定额、物资定额;按性质分有状态定额、消耗定额和效率定额。

定额管理的实施要求企业做好两项基础性工作:①计量与验收工作,包括明确企业各种计量检测工具的配置、使用、管理、维修要求;规范企业商品、材料、物资的购进、入库、领用、转移、出库等各环节的管理工作。②信息工作,要建立健全原始记录和财务资料的编制、审核、传递、反馈、档案管理的责任制。财务管理要求信息工作全面、及时、准确。

三、授权控制法

授权控制法指在某项财务活动发生之前,按既定的程序对其正确性、合理性、合法性加以核准并确定是否让其发生的控制。授权管理的原则是对授权范围内的行为给予充分信任,但对授权以外的行为不予认可。

授权通常分为一般授权和特别授权。一般授权是指企业内较低层次的管理人员根据既定的预算、计划、制度等标准,在其权限范围内对正常的经济行为进行的授权。例如,因工出差问题,只要出差人所属部门的负责人按照工作计划和制度授权即可。特别授权是指对非经常经济行为进行专门研究做出的授权。与一般授权不同,特别授权的对象是某些例外的经济业务。这些例外的经济业务往往是个别的、特殊的,一般没有既定的预算、计划等标准所依,需要根据具体情况进行具体的分析和研究。例如,授权购买一项重要设备、授权降价出售商品等都是特别授权的事例。一般授权在企业中大量存在,授权给较低的管理人员就可以了。特别授权在企业中较少出现,较低层次的管理人员是无法处理的,需要较高层次的管理人员乃至最高领导人专门研究,做出决定。

一般来说,有些经济业务授权可以一次完成。而对大多数经济业务来说,是需要两次或两次以上相互联系的授权才能完成的。第二次授权不仅是对第一次授权的认可,同时还是对第一次授权所形成的经济业务的进一步监督和控制。如果负责第二次授权的人或部门独立于第一次授权的人或部门,则能加强授权的控制功能。

一个企业的授权控制应做到以下几点:①企业的所有人员不经合法授权,不能行使授权;②企业的所有业务不经授权不能执行;③经济业务一经授权必须予以执行。

四、责任制度控制法

在现代组织形式下科学的组织结构、合理分工管理的基础上,建立适当的责任制度,是组织控制的一项重要内容。责任制度控制法是以明确责任、检查和考核责任履行情况为主要内容的控制方法。责任制度有三大特点:一是职责和权力结合起来;二是工作任务和方法结合起来;三是纵向和横向工作结合起来。

责任制度的具体形式主要有以下两种:

(1)部门责任制。部门责任制指按照企业各部门具备的职能来明确责任,考核责任的制度。实行部门责任制,首先要明确各个部门的工作内容、责任范围及部门之间的联系。其次要制订各个部门的工作标准,以及各部门之间的联系、协调制度,并经常检查执行情况,以使企业内部各部门既能各司其职,又能协调配合,从而有条不紊地完成各自的工作任务,实现企业的整体目标。

(2)岗位责任制。岗位责任制指按照岗位明确责任、考核责任的制度。建立岗位责任制的目的是使企业内部各级组织和人员都有明确而具体的职权范围和工作责任,以做到人人有专责,事事有人管,办事有标准,工作有检查。实施岗位责任制的具体要求是:第一,在工作内容上要明确职责范围和权限;第二,在质量标准方面要指标化;第三,在政策规定方面,要纪律严明,要经常性进行检查和监督。

五、预算控制法

预算是一种控制机制,预算表现了执行主体的责任和奋斗目标,因而能约束预算执行主体的行为,最大限度地保证预算目标的实现。通过预算目标与实际业绩的比较,能使管理层随时了解预算主体范围内的企业实际业绩的进展情况,通过分析目标与实际的差异,揭示产生差异的原因,以便反映原始预算的现实性与可行性,并由此决定是否修改原始预算,以使目标变得科学与合理。通过实际业绩与预算业绩的定期比较,可以最大限度地提高企业的经营效率。在集团内实施预算控制,更有利于落实责任,有利于企业的控制与经营。

六、利益控制法

应当明确,参与财务活动的各行为主体的主要目的在于保证或增加自身的经济利益,不管是国家、部门还是企业概莫能外。当各行为主体间的利益界限清晰,各自的行为结果与其利益所得直接相关时,外来的利益调控措施就能发挥应有的作用。企业为了使自身的运行更顺利有效,常用留利分配比例、工资分配、奖金分配等杠杆调控内部的诸多财务关系。诚然,利益杠杆作用具有双向性,它一方面鼓励人们从事某种行为,另一方面也会抑制人们从事某种活动,通过利益的间接调控,尽可能地使各行为主体的财务活动符合调控主体的计划和目标。当市场氛围越来越浓时,利益激励机制将会成为调动员工积极性的主要动力。

七、平衡控制法

平衡控制法可使系统内部各部分、各要素能够按其固有的比例搭配并以特有的规律协调有效地运行。财务工作作为一种价值管理工作,不仅在总体上、在整个过程中,具有某种平衡性要求,而且在每一局部和环节上也必然存在一个特定的配置比例要求。平衡性主要表现在以下三个方面:

(1)财务收入与财务支出的平衡调控。财务收入与支出、资金的供应与需求永远是一对矛盾,二者之间可能在一系列外在条件约束下暂时地达成某种平衡,但很难永久处于自发平衡之中。一般来说,对资金的需求总是大于资金的供给,即一方面财力有限,另一方面又需求无限。这就要求财务调控积极发挥作用,分别轻重缓急,本着量入为出的原则,将有限的资金用于恰当的项目上,实现财务收支平衡。

(2)资金运行与物资运行的平衡调控。资金流与物资流是企业的两大主流,二者之间可以平衡运行,也可以交叉运行。即资金流可以变为物资流,物资流也可以变为资金流,并且都与信息流相关。对于资金与物资的调控,应当以企业目标为出发点,适时地实现它们之间的衔接或转换,保证资金运动与物资运动的协调及企业生产经营的正常进行。

(3)财务活动内部结构的平衡协调。当一个经济系统的结构和运行轨迹确定之后,其内部的财务结构也随之确定下来,处于一种相对稳定的暂时平衡状态。对于一个企业来说,当其生产能力、产品品种、工艺流程等确定之后,其生产经营的资金结构、成本结构、销售收入结构和利润分配结构也就确定下来,并且变得相对稳定。一旦某一结构发生变化,就应查找造成变化的内在原因,就要分析看是企业内部因素的变化,还是外界因素的变化。若确定是外界不可控因素发生了变化,就应当果断地改变原有的结构状态,适应新的变化。

八、区域控制法

区域控制法,即根据财务活动的规律性大致规定一个财务活动的区域,凡是某一系列指标处于该区域内者,则视为正常;如果超过了区域的范围,便认为是超常,从而查核个中原因。由于此时的判别标准是"区域性",因此区域的位置、区域的大小便成为该种调控方式的重心所在。要求在确定区域时充分考虑各种相关因素,分析它们之间的关系及变化趋势,进而确定一个科学、合理的财务调控区域。

九、比率控制法

比率控制法是一种相对数控制方法,是通过两个相关指标的比较及数期变化趋势,来分析说明事物的本质及规律性。在许多情况下,运用绝对数无法说明问题,但使用具有可比意义的相对数却能做出有效的比较,进而找出差距和不足。

十、限额控制法

限额是指根据经验或科学计算而对某种行为的消耗、占用或产出所做的数量规定,其主要理论依据是以前的行为具有历史延续性、环境具有相对的稳定性。但对于没有历史延续性的行为,或对于外界环境处于飞速变化的事件及各种非线性变量不断产生的系统,限额调控是难以奏效的。在财务管理中,常用于调控财务行为的限额有收支总额、流动资金占用额、工资定额、利润总额、销售总额等。

要正确运用以上各种调控方式,必须做到:①对需要的反馈信息,应进行认真反复的测算,并对有关资料进行整理加工,以便于比较。②检测数据应尽量达到及时性、准确性、适用性要求。③被控对象的状态空间要规定适当的限制界限。④受控时间要适时,不要等系统已运行完一个周期再进行比较分析。⑤外部信息要可靠、真实,信息应当以适当的计量单位表示。⑥信息的反馈循环应尽量减少层次,以加快反馈速度,提高信息反馈效率。⑦对有些事物的控制要建立一定的模型,运用各种现代数学的手段,进行数量分析和模拟仿真。

第三节 内部财务控制的执行

一、内部财务控制的程序

内部财务控制的程序包括以下五个环节,缺一不可。

(一)发出财务指令

在制度、预算、财经纪律、合同、控制标准形成以后,必须以正式的文件方式下达到有关的车间、部门、分公司。对具体的部门、单位来说,还存在一个指标分解落实的步骤。不管指令由谁发出及其具体内容是什么,它都构成了首要的调控环节。这一环节主要解决了该做什么、不该做什么、何时何地做及怎样做的各种问题;纵向要下达到各利润中心、成本中心及其下属各层次,由它们在工作中执行或参照。

(二)执行财务指令

当这些财务指标下达到各部门、单位后,各部门、单位就要将其转化为具体的行动,和其他经营目标一样，在实际工作中加以贯彻落实。

（三）反馈财务指令的执行情况

财务指标在执行过程中，一些始料未及的问题、客观环境的变化、执行人员的素质及执行手段的不当等均会影响执行结果。但不管执行结果是否满意，是否符合初始的财务调控指令，执行人有必要运用一定形式向指令发出者进行反馈，构成财务执行的第三个环节。其目的在于通过反馈，找出指令与执行结果之间的偏差，以便提出调整意见和改正措施。信息反馈可通过内部报告的形式进行。内部报告及其管理是企业实施财务控制最重要的手段。其内容包括利润表、费用报告、流量报告、利润分析报告等。可以一月一次，也可以每季度一次。通过内部报告，能够全面了解企业的业务情况，并且对照预算做出相应的例外管理。比如费用报告，一般是把费用分为制造费用、管理费用、销售费用等项目进行核算。偏离分析及相应措施依据偏离的大小由不同层级决定。偏离额度较小的由成本中心做出决定，总部提出相应意见；偏离额度较大的由总部做出决定，总部提出相应意见。额度大小的标准依费用的不同而有所差别。

（四）衡量成效

这一步骤就是将实施的实际结果与预期的财务目标进行比较，分析判断企业经济活动的成效。一般来说，被控对象所表示的状态或输出的管理特征不可能与原定标准正好相符。如果出现了顺差，表明被控对象取得了良好成绩；反之，若出现了逆差，表明被控对象的成绩不好。为使对企业经济活动的评价真实、及时，企业应切实搞好日常的统计记录、技术测定、现场观测、台账记录等基础性工作，以便掌握更真实、可靠的被控对象实际值。通过信息反馈，可以发现执行结果与财务目标之间的偏差。这一偏差至少能够说明两方面的问题：一是借以了解所定财务目标的切实可行性；二是借以了解预算执行中效率的高低。

（五）纠正偏差

如果财务目标经过了科学的论证，切实可行，且在执行中又超额完成了预算目标，此时便不必调整；如果执行的结果与目标差距较大，没有达到目标所规定的水平，就有必要对执行的过程及该过程中出现的新因素进行分析，找出结果不理想的原因，提出改进性的意见和措施，这是实施财务调控的第五个环节。企业有关部门一般需要每月召开一次部门经理协调会，处理部分预算偏差，根据市场信息和成本降低经验，发现并解决预算执行中存在的问题。每季度召开一次主要部门负责人会议，处理重大预算偏离或做出相应的预算修改，对近期市场进行预测，考察重大投资项目的情况，调剂内部资源。

企业财务调控的基本程序形成了一个控制循环，并在企业生产经营过程中反复进行。控制是建设性的，不单纯是限制性的。在控制过程中，五个环节是缺一不可的。要使控制具有建设性，采取措施、纠正偏差是财务经济活动控制的关键。当然，微观层面的财务控制只是完成了企业内部控制操作层面的任务，还应与企业战略性控制相结合。具体地说，微观层面控制为企业提供了基本的信息资料，它以利润为目标，关心成本收益等短期可量度的财务信息，可按照固定的程序相对稳定地进行，但有时可能会因过于注重财务结果而鼓励短期行为。要结合企业的长期生存发展目标，综合考虑企业内外部环境，兼容长短期目标，实施战略性措施，以加强组织和业务的灵活性，保持企业的市场竞争力。

另外，应当看到，财务控制在企业中是非常复杂的，会涉及许多因素。要真正发挥财务在企业中的作用,财务人员特别是财务监督、财务部管理人员,必须更多地了解企业自身的方方面面,了解企业的流程和不同专业部门的具体情况,并在这个基础上,友好地跟它们进行沟通。要从企业发展、控制风险和提高效益的角度,达到企业中财务管理的功效。

二、财务控制的主要控制点

(一)采购环节的财务控制

采购环节包括商品、材料和固定资产的采购供应。它一般由签订供货合同、验收材料和商品入库等环节构成。每个企业的采购流程都应该有一套业务流程和业务规章制度。采购业务财务控制主要包括以下几个方面:

(1)从各种采购凭证入手,核查凭证正确性,重点审查其数额、款项、种类、供应公司等,保证相互一致并手续完备。

(2)控制采购资金。除零星采购外,采购需签订采购合同,财务部门要有所有合同的复印件。同时也寻求经济订货数量、金额与时间。采购合同必须经过审核、核对,方可付款结算。

(3)严格采购程序。不得擅自改变采购内容,只能按批准的品种、规格、数量进行采购。除小额贷款外,贷款必须经过银行结算。

(4)决策透明。"隐蔽的权力公开化,集中的权力分散化",使采购走出暗箱操作。企业应成立以总经理为组长的,由财务、采购、纪委等部门负责人参加的采购领导小组,重大事项(如大宗原材料的采购定价等)共同研究,集体决策,统一监控。其他事项按采购金额大小,分级明确责任。此外必须明确规定个人权限的合理范围,超出某一指定金额的购货,必须由竞争性投标手段完成。

(二)信用控制

信用控制的对象是企业的应收账款、预付账款、应收票据、其他应收款等。目前,应收款在企业流动资产中都占有很大的比例,企业日常现金周转主要依赖应收款能否及时收回。信用控制主要包括以下几个方面:

(1)完善信用管理部门。企业的信用管理部门直接受企业财务总监或财务副总的领导,负责获取并分析信用资料、控制信用额度、管理和分析应收账款、协助催收逾期账款等工作。

(2)任用称职的信用管理人员。称职的信用管理人员应具备以下素质:具有财会或金融专业知识、实践背景;充分掌握企业的产品、客户和服务内容及特点;善于与同事及客户进行交流;充分了解获取信用资料的方法和途径;具有迅速做出准确决定的经验知识和能力;了解相关的法律制度。

(3)完善信用管理程序。成功的信用管理需要明确和步调一致的程序。其一般程序是:赊购申请—信用评估—信用额度确立—赊销关系确立—额度监控—应收款账龄分析—收账程序。

(4)选用适当的信用政策。信用政策分为三种类型,企业可根据自身的生命周期和对待风险的态度,合理选用。①保守型政策。企业不愿意承担风险,只向财务状况不容置疑、付款及时的客户赊销。②温和型政策。企业愿意承担自认为能够控制的风险。③开放型政策。企业基本向所有客户进行赊销。当然,企业具体信用政策的确定需要考虑信用总量、信用期间、信用标准、现金折扣和收款政策等五个方面的问题。

(三)现金收支控制

随着企业日常活动的开展,必然发生现金的收入和支出,如取得商品销售收入及其他收入,用于支付工资、购买原材料和固定资产、支付现金、偿还债务、发放红利等。频繁的现金流入和流出使得现金成为流动资产中最活跃的因素,在数量上是一个很难把握的随机变量。而公司现金的多少实际上是财务管理者风险与收益态度的最集中体现。这是因为,如果现金持有过多将产生闲置现金,降低企业盈利能力;如果现金持有过少,将会给企业资金周转带来困难,增加财务风险。因此企业现金管理的目标就是要在资产的流动性和收益性之间做出选择,以实现利润最大化。

现金控制的内容包括:编制现金收支计划,以便合理地估计未来的现金需求;对日常的现金支出进行控制,力求加速收款,延缓付款;用特定的方法确定理想的现金余额,当企业实际的现金余额与最佳现金余额不一致时,采用短期融资策略或归还贷款和投资于有价证券等手段等来达到理想的状况。

现金收支管理具体可采用以下几种方法:

(1)力争现金流量同步。企业应尽量做出安排,力争使现金流入与流出在时间上趋于一致,这样就可以使其所持有的交易性现金余额降到最低水平。

(2)加速收款。企业应力争缩短从顾客开出汇款或支票到企业收到汇款或将支票兑现的过程。

(3)控制现金支出。控制现金支出主要是指在时间和金额两方面进行控制。通常采用的方法是:①使用现金浮游量。因为从企业开票到收票人将款项划到其账户,中间是有一定的时间差的。浮游量实际上是由企业与银行双方出账与入账的时间差造成的。当然,企业使用现金浮游量时一定要预先估计好差额并控制好时间,否则会发生银行透支。②推迟应付款的支付。企业在不影响自身声誉的前提下,尽可能推迟应付款的支付期,充分利用供货方提供的信用优惠。如果急用现金,甚至可以放弃供货方提供的折扣优惠。企业还可以利用汇票这种支付方式来推迟现金支出的时间。

第四节　责任中心与业绩评价

一、责任中心

责任中心是承担一定经济责任并享有相应权力和利益的企业内部单位。责任中心是一个责权利相合的实体,具有承担经济责任的条件,以及相对独立的经营业务和财务收支活动。当然,责任中心所承担的责任和行使的权力是可控的,而且要便于进行责任核算。根据企业内部责任中心的权责范围及业务活动的特点不同,责任中心可以分为成本中心、利润中心、投资中心三大类。在实际工作中,责任中心权责范围的划分,往往涉及不同部门、不同层次、不同环节之间的相互关系。因此,要在认真进行调查研究的基础上,权衡利弊,取优舍劣,尽量减少冲突,化解矛盾。

(一)成本中心

1.成本中心的概念

成本中心是对成本或费用承担责任的责任中心,即只负责计量和考核发生的成本费用,而不计量和考核取得的收入、利润的责任单位。对于这类责任中心而言,它们仅仅对有关成本费用负有控制重任,而对产品的销售或收入的实现不负控制责任。成本中心一般包括负责产品生产的生产部门、劳务提供部门以及给予一定费用指标的管理部门。成本中心的应用范围最广,从一般意义出发,企业内部凡有成本发生,需要对成本负责,并能实施成本控制的单位,都可以成为成本中心。

2.成本中心的分类

成本中心按其投入产出之间关系的不同而区分为标准成本中心和任意成本中心(或称为费用中心)。标准成本中心是指投入量同产出量之间有密切联系的成本中心,是以实际产量为基础,按标准成本进行成本控制的成本中心。如产品生产过程中发生的直接材料、直接人工等,同产品的实际产出之间具有密切的关系,其成本通过标准成本或弹性预算可予以控制。

任意成本中心(费用中心)是指投入量和产出量没有直接联系的成本中心。在这类中心里,所耗费的资源同其所取得的成果之间不存在密切关系,有关产品和劳务不能用通常的财务指标予以衡量。任意成本主要包括管理费用以及某些间接成本,如研究开发费用、广告费用、员工培训费用。这种费用的发生主要是为企业提供一定的专业服务,一般不能产生可以用货币计量的成果。因此,成本的控制应着重于预算总额的审批上。

3.成本中心的特点

成本中心相对于利润中心和投资中心具有自身的特点,主要表现在:

(1)成本中心只考核成本费用而不考核收益。成本中心一般不具备经营权和销售权,其经营活动的结果不会形成可以用货币计量的收入;有的成本中心可能有少量的收入,但整体上而言,其产出和投入之间不存在密切的对应关系,这些收入也不作为考核的内容,不必计算这些货币收入。概括地说,成本中心只以货币形式计量投入,不以货币计量产出。

(2)成本中心只对可控成本承担责任。成本费用依其责任主体是否能控制分为可控成本和不可控成本。凡责任中心能控制其发生及其数量的成本称为可控成本,凡责任中心不能控制其发生及其数量的成本称为不可控成本。具体来说,可控成本具备三个条件:①可以预计,即成本中心能够通过一定的方式知道要发生什么性质的成本;②可以计量,即成本中心能够对发生的成本进行计量;③可以控制,即成本中心能够通过自身的行为控制和调节成本。凡同时具备以上三个条件的成本称为可控成本。属于某成本中心的各项可控成本之和,即构成该成本中心的责任成本。

(3)成本中心只对责任成本进行考核和控制。责任成本分为由预算分解确定的各责任中心应承担的预算责任成本和各责任中心为业务活动所发生的实际责任成本。对成本中心的业务活动所耗费的成本费用进行控制,应以各责任中心的责任预算成本为依据,确保实际发生的成本不会超过预算责任成本;对成本中心的业务活动所耗费的成本费用进行考核,应通过各成本中心的实际责任成本和预算责任成本进行比较,确定其成本控制的绩效,并采取相应的奖惩措施。为了便于对各成本中心的责任成本进行控制和考核,还应建立健全责任会计核算体系,按成本中心分别组织责任成本核算。

4.成本中心考核的指标

成本中心考核的主要内容是成本,即通过各成本中心的实际责任成本与预算责任成本的比较,评价成本中心业务活动的优劣。与此相适应,成本中心的考核指标也主要采用相对指标和比较指标,包括成本(费用)降低额和成本(费用)降低率两类指标,计算公式为

$$成本(费用)降低额=预算责任成本或费用-实际责任成本或费用$$
$$成本(费用)降低率=成本费用降低额/预算责任成本(费用)$$

在对成本中心进行考核时,如果预算产量与实际产量不一致,应注意按弹性预算的方法先进行预算指标调整,然后再按上述指标计算。

【例 11-1】某制造企业内部某车间为成本中心,生产甲产品,预算产量为 6 000 件,单位成本为 120 元;实际产量为 7 000 件,单位成本为 105 元。计算该成本中心的成本降低额与降低率。

成本降低额=7 000×120-7 000×105=105 000(元)

成本降低率=105 000/(7 000×120)=12.5%

该成本中心的成本降低额为 105 000 元,成本降低率为 12.5%。

(二)利润中心

1.利润中心的概念

利润中心是既考核成本费用,又考核收入、利润的责任中心。由于利润是收入扣除成本费用之差,利润中心是指既对成本负责又对利润负责的区域。它既要控制成本费用的发生,也要对收入和成本费用的差额即利润进行控制。利润中心能同时控制生产和销售,但没有责任或没有权力决定该中心资产投资的水平。这类责任中心一般是指有产品或劳务生产经营决策权的企业较高层次内部部门,如分厂、分公司、有独立经营权的部门等。因此,利润中心不仅要寻求降低成本的绝对额,而且更要寻求收入的增长超过成本的增长。

2.利润中心的类型

利润中心按其产品或劳务的销售方式不同分为自然利润中心和人为利润中心两种。

(1)自然利润中心是指可以直接向企业外部出售产品或劳务的责任单位。这种利润中心本身直接面向市场,具有产品销售权、价格制订权、材料采购权和生产决策权。它虽然是企业内的一个部门,但其功能同独立企业相近。最典型的是企业内部的事业部,每个事业部均有进行销售、生产和采购的权力,有很大的独立性。

(2)人为利润中心是指只在本企业内部销售产品或提供劳务的责任单位。作为人为利润中心,其产品或劳务按照内部转移价格出售,可以获得相应的内部利润。这种利润中心一般不直接对外销售产品,只对本企业内部各责任中心提供产品(或劳务)。成为人为利润中心应具备两个条件:①可以向其他责任中心提供产品或劳务;②能合理确定转移产品的内部转移价格,以实现公平交易、等价交换。例如,大型钢铁企业分为采矿、炼铁、炼钢、轧钢等几个部门,这些生产部门可视为利润中心,并称为人为利润中心。人为利润中心的管理人员也具用一般意义上的供、产、销的经济权限和相应的经济责任。

3.利润中心的特点

利润中心对利润负责,必然要考核和计算成本,以便正确计算利润,作为对利润中心业绩评价与考核的可靠依据。对利润中心的成本计算通常有以下两种方式可供选择。

(1)只计算可控成本,不分担不可控成本,即不分摊共同成本。这种方式主要适合于共同

成本难以合理分摊或无须进行共同成本分摊的场合,按这种方式计算出的盈利不是通常意义上的利润,而是相当于"贡献毛利总额"。企业各利润中心"贡献毛利总额"之和,减去未分配的共同成本,经过调整后才是企业的利润总额。采用这种成本计算方式的利润中心,实质上已不是完整和原来意义上的利润中心,而是贡献毛利中心。人为利润中心适合于采用这种方式。

(2)既计算可控成本,也计算不可控成本。这种利润中心适合于共同成本易于分摊或不存在共同成本分摊的场合。这种利润中心在计算成本时,如果采用变动成本法,应先计算贡献毛利额,再减去固定成本,才是税前净利。如果采用完全成本法,利润中心可以直接计算出税前净利。各利润中心的利润总额之和,就是全企业的利润总和。自然利润中心适合于采用这种计算方式。

4.利润中心的考核指标

对于利润中心进行考核的主要指标是利润,即通过一定期间实际实现的利润同责任预算所确定的利润进行对比,评价其责任中心的业绩。但由于成本计算方式不同,各利润中心的利润指标的表现形式也不相同。

在实际工作中,考评利润中心业绩的指标主要是部门经理可控利润总额和部门可控利润总额。计算公式为

部门经理可控利润总额＝销售收入－变动成本－部门经理可控固定成本

部门可控利润总额＝销售收入－变动成本－部门经理可控固定成本－部门经理不可控固定成本

部门经理可控利润总额主要用于评价部门经理的经营业绩,部门可控利润总额主要用于评价利润中心的工作业绩,反映利润中心在补偿共同性固定成本后对企业利润的贡献。当然,也应当看到,任何一个单独的业绩衡量指标都不能反映出某个组织单位的所有经济效果,利润指标也是如此。因此,尽管利润指标具有综合性,利润计算具有强制性和较高的规范化程度,但仍然需要一些非货币的衡量方法作为补充,包括生产率、市场地位、产品质量、短期目标与长期目标的平衡等。

(三)投资中心

1.投资中心的概念

投资中心是指既考核收入、成本、利润,又考核资金及其利用效果的责任单位。某些分散经营的单位或部门,其经理所拥有的自主权不仅包括制订价格、确定产品和生产方法等短期经营决策权,而且还包括投资规模和投资类型等投资决策权。投资中心的经理不仅能控制除企业分摊管理费用外的全部收入和成本,而且能控制占用的资产。因此,不仅要衡量其利润,而且要衡量其资产,并把利润与其所占用的资产联系起来。

2.投资中心的业绩考评指标

评价投资中心业绩的指标通常有以下三种选择。

(1)投资报酬率。这是最常见的考核投资中心业绩的指标。投资报酬率是投资中心所获得的利润同该投资中心投资额或所占有的经营净资产之间的比率。计算公式为

$$投资报酬率＝利润/投资额(经营净资产)$$
$$＝资本周转率×销售利润率$$
$$＝资本周转率×销售成本率×成本费用利润率$$

该指标用于考评投资中心运用净资产获得利润的能力。用投资报酬率来评价投资中心的

业绩具有许多优点：它是根据现有的会计资料计算的，比较客观，可用于部门间的比较。它用来评价各部门的业绩，促使其提高本部门的投资报酬率，有助于提高整个企业的投资报酬率。投资报酬率可以分解为资本周转率和销售利润率两者的乘积，并可进一步分解为资产的明细项目和收支的明细项目，从而对整个部门经营状况做出评价。

投资报酬率指标的不足是：部门经理会放弃高于资金成本而低于目前部门投资报酬率的机会，或者减少现有的投资报酬率较低但高于资金成本的某些资产，使部门的业绩获得较好的评价，但却伤害了企业的利益。

【例11-2】某投资中心投资总额为200万元，本年度实现销售收入100万元，发生总成本80万元，实现税前利润20万元。要求计算投资报酬率及有关指标。

资本周转率＝100/200＝0.5（次）

销售成本率＝80/100＝80％

成本费用利润率＝20/80＝25％

投资报酬率＝0.5×80％×25％＝10％

或：投资报酬率＝20/200＝10％

（2）剩余收益。为了克服由于使用比例来衡量部门业绩带来的次优化问题，许多企业采用绝对数指标来实现利润与投资之间的联系，这就是剩余收益指标。

剩余收益＝部门边际贡献－部门资产应计报酬＝部门边际贡献－部门资产×资金成本

剩余收益的主要优点是，可以使业绩与企业的目标协调一致，引导部门经理采纳高于企业资本成本的决策。另外，在使用剩余收益指标时，可以对不同部门或者不同资产，规定不同的资金成本百分数，使剩余收益这个指标更加灵活。例如，现金、短期应收款和长期资本投资的风险有很大的区别，要求有不同的资金成本。而投资报酬率评价方法并不区分不同资产，无法分别处理风险不同的资产。

当然，剩余收益是绝对数指标，不便于不同部门之间的比较。规模大的部门容易获得比较大的剩余收益，而它们的投资报酬率并不一定很高。因此，许多企业在使用这一方法时，事先建立与每个部门资产结构相适应的剩余收益预算，然后通过实际剩余收益与预算剩余收益的对比来评价部门业绩。

（3）现金收益率。为了使项目评估与业绩评估趋于一致，我们有两种选择：一是投资决策改为以利润指标为基础；二是业绩评价改为以现金流量为基础。前一种选择会受到间接费用分配方法多样性的困扰，而且难以处理货币的时间价值；后一种选择要容易得多。以现金流量为基础的业绩评价指标是现金回收率和剩余现金流量。

现金回收率＝营业现金流量/总资产平均余额

剩余现金流量＝经营现金流入－部门资产×资金成本率

由于现金回收率是一个相对数指标，也会引起部门经理投资决策的次优化，出现与投资报酬率类似的缺点。为了克服这一缺点，可以同时使用剩余现金流量来评价部门的业绩。

二、业绩评价

（一）责任预算

1.责任预算的概念

责任预算是以责任中心为主体，以其可控成本、收入、利润和投资为对象编制的预算。编制责任预算可以明确各个责任中心的责任,并通过与企业总预算的一致性,确保其实现。编制责任预算为控制和考核责任中心经营管理活动提供了依据。责任预算是企业总预算的补充和具体化。

责任预算由各种责任指标组成,这些指标分为主要责任指标和其他责任指标。在上述责任中心所提及的各责任中心的考核指标基本上是主要指标,也是必须保证实现的指标。这些指标反映了各种不同类型的责任中心之间的责任指标和相应的权利区别。其他责任指标是根据企业总目标分解而得到的为保证主要责任指标完成而确定的责任指标,这些指标有劳动生产率、出勤率、设备完好率等。

2.责任预算的编制方式

责任预算的编制程序有两种:一是自上而下层层分解而形成各责任中心预算;二是由下而上层层汇总协调而形成各责任中心的责任预算。前者是以各责任中心为主体,将企业总预算在企业各责任中心之间层层分解而形成责任中心的预算,其实质是由上而下实现企业总预算目标。后者是责任中心自行列示各自的预算指标,层层汇总,最后由企业专门机构或人员进行汇总和调整,确定企业总预算。这是一种由下而上层层汇总协调的预算编制程序。

责任预算的编制程序与企业组织机构设置和经营管理方式有着密切关系。在集权组织结构下,企业的总经理对企业的所有成本、收入、利润和投资负责,他既是利润中心,又是投资中心。而企业下属各部门、各工厂、各工段都是成本中心,它们只对其权责范围内控制的成本负责。因此,在集权组织结构形式下,首先要按照责任中心的层次,从上至下把企业总预算逐次向下分解,形成各责任中心的责任预算,然后建立责任预算执行情况的跟踪系统,记录预算执行的实际情况,并定期由下至上把责任预算的实际执行数据逐层汇总,直到最高层的利润中心或投资中心。

在分权组织结构形式下,经营管理权分散在各责任中心,企业下属各部门、各工厂、各工段等与企业自身一样,可以都是利润中心、投资中心,它们既要控制成本、收入、利润,也要对所占用的全部资产负责。而在它们之下还有许多成本中心,只对它们所控制的成本负责。由此可见,上级责任中心预算通过向最低层级逐级分解,形成各责任单位的责任预算。通过建立责任预算的跟踪系统,记录预算实际执行情况,并定期从最基层责任中心把责任成本的实际数以及销售收入的实际数,通过编制业绩报告逐层向上汇总,一直达到最高的投资中心。

(二)责任报告

责任会计以责任预算为基础,对责任预算的执行情况进行系统的反映,以实际完成情况同预算目标对比,可以评价和考核各个责任中心的工作成果。责任中心的业绩评价和考核应通过编制责任报告来完成。责任报告也称业绩报告或绩效报告,它是根据责任会计记录编制的反映责任预算实际执行情况、揭示责任预算与实际执行差异的内部会计报告。

责任报告的形式主要是报表、数据分析和文字说明等。将责任预算、实际执行结果及其差异用报表予以列示是责任报告的基本形式。在揭示差异时,还必须对重大差异予以定量分析和定性分析。定量分析旨在确定差异的发生程度,定性分析旨在分析差异产生的原因,并根据这些原因提出改进建议。

在企业的不同管理层次上,责任报告的侧重点应有所不同。最低层次的责任中心的责任报告应当最详细。高层次的责任报告应当更概括。责任报告应能突出产生差异的原因。为此,应遵循例外管理原则,突出重点,使报告的使用者能把注意力集中到少数脱离预算的因素或项目上来。

（三）业绩考核

责任中心的业绩考核有狭义和广义之分。狭义的业绩考核仅指对各责任中心的价值指标,如成本、收入、利润以及资产占用等责任指标的完成情况进行考核。广义的业绩考核除这些价值指标外,还包括对各责任中心的非价值指标的完成情况进行考核。责任中心的业绩考核还可以分为年终考核与日常考核。年终考核通常是指一个年度终了（或预算期终了）对责任预算执行结果的考核,旨在进行奖罚和为下年度（预算期）预算提供依据。日常考核是指在年度内对责任预算执行情况的考核,旨在通过信息反馈,控制和调节责任预算的执行偏差,确保责任预算的最终实现。业绩考核可以根据不同的责任中心来进行。

（1）成本中心的业绩考核。成本中心没有收入来源,因而也只考核其责任成本。由于不同层次成本费用的控制范围不同,计算和考核的成本费用指标也不尽相同,越往上一层次,计算和考核的指标越多,考核内容也越多。

成本中心业绩考核是以责任报告为依据,将实际成本与预算成本（责任成本）的差异进行比较,确定两者差异的性质、数额以及形成的原因,并根据差异分析的结果,对各成本中心进行奖惩,以督促其努力降低成本。成本中心业绩考核的是可控成本费用。

（2）利润中心的业绩考核。利润中心是既对成本负责,又对收入及利润负责,在进行考核时应以销售收入、贡献毛利和息税前利润为重点进行分析评价。特别是应通过一定期间实际利润与预算利润进行对比,分析差异及其形成的原因,明确责任,借以对责任中心的经营得失和有关人员的功过做出正确评价,论功行赏,奖罚分明。

在考核利润中心业绩时,也只是计算和考核本利润中心责任范围内的收入和成本。凡不属于本利润中心责任范围内的收入和成本,尽管已由本利润中心实际收进或付出,仍应予以剔除,不作为本利润中心的考核依据。

（3）投资中心的业绩考核。投资中心不仅要对成本、收入和利润负责,还要对投资效果负责。因此,投资中心的业绩考核,除收入、成本和利润外,考核重点应放到投资报酬率与剩余收益两项指标上。从管理层次看,投资中心是最高一级的责任中心,业绩考核的内容或指标涉及各个方面,是一种较为全面的考核。考核时通过实际数与预算数的比较,找出差异,进行差异分析,查明差异的成因和性质,并据以进行奖罚。由于投资中心层次高、涉及的管理控制范围广、内容复杂,考核时应力求内原因分析深入、依据确凿、责任落实具体,这样才能取得更好的考核效果。业绩考核会涉及一些非财务指标。

本章小结

财务控制是企业内部控制的重要组成部分,是财务决策方案得以实现的保证。它既是一种价值控制,又是一种综合控制。本章阐述了企业财务控制的职能、分类、意义、步骤、方法、主要控制环节点,旨在为企业实际操作时提供理论指导。本章介绍了财务控制的十种方法,主要有预算控制法、定额控制法、制度控制法、授权控制法、责任制度控制法、利益控制法、区域控制法、平衡控制法、比率控制法与限额控制法等。这些方法是相互配合、相互影响共同发挥作用的。目前来看,预算控制是企业重点采用的方法。

思考与练习

1. 某公司第一车间为成本中心，生产甲产品，预算产量为 10 万件，预算单位成本为 82 元；实际产量为 9.5 万件，单位成本为 80 元。计算：①甲产品预算责任成本；②甲产品的成本变动额及成本变动率。

2. 宏达公司的 A 部门为利润中心，本期实现内部销售收入 600 万元，销售变动成本为 330 万元，利润中心负责人可控固定成本为 120 万元，利润中心负责人不可控而应由该中心负担的固定成本为 60 万元。计算：①该利润中心的边际贡献总额；②该利润中心负责人可控利润总额；③该利润中心可控利润总额。

3. 某公司下设三个投资中心，有关资料如表 11-1 所示。

表 11-1　投资中心相关财务指标值

指标	甲投资中心	乙投资中心	丙投资中心	总公司
净利润/万元	230	280	210	720
净资产平均占用额/万元	1 900	2 400	1 700	6 000
规定的最低投资报酬率	9%	9%	9%	

计算：①各投资中心及总公司的投资利润率，并据此评价各投资中心的业绩；②各投资中心及总公司的剩余收益，并据此评价各投资中心的业绩。

即测即评

即测即评

第十二章
财务分析

学习目标

1. 了解财务分析的基础与种类；

2. 掌握企业偿债能力、营运能力、获利能力主要指标的分析方法；

3. 掌握杜邦分析法的原理及应用。

教学大纲　　　扩展阅读及案例解析

引导案例

拉夏半年急速关店 2470 家 存货周期延长超 2 月 负债率增至 71%

打折、清仓、关店，这似乎已成为当下全球快时尚品牌的"魔咒"。

国内首家 A＋H 股上市服装公司拉夏贝尔也不例外。2019 年 9 月 19 日，公司发布中期报告，半年营收同比下降 23.2%，净利巨亏 5.65 亿元，同比降幅 333.9%。与此同时，毛利率同比下降 7.7%。与之相伴的是，半年关店 2470 家，零售网点缩水 26.65%。与此同时，存货、应收账款双双增长，存货周期、应收账款周期延长，由此收入下降所致。

关店 2470 家占近三成

有"中国 ZARA"之称的拉夏贝尔 2019 年夏秋暴雷让人始料未及。

2019 年 8 月 6 日，拉夏贝尔大股东股权质押"爆仓"，受此影响股价大跌至 4.96 元，创历史最低位。随之而来的是，9 月 19 日中期报告发布，净利由盈转亏，半年巨亏 5.65 亿元，而上年同期净利是盈利 2.42 亿元，同比降幅达 333.9%。而与之相伴的是经营网点大面积关店。中报数据显示，上半年境内零售网点数目由 2018 年 12 月 31 日的 9 269 个减少至 2019 年 6 月 30 日的 6 799 个，半年锐减 2 470 个，零售网点缩水 26.65%。其中，专柜收入由 2018 年上半年 25.08 亿元，减少至 2019 年上半年 16.84 亿元，同比减少 32.8%；专卖收入由 2018 年上半年 18.89 亿元，下降至 2019 年上半年 16.45 亿元，减少 12.9%。2019 年上半年，专柜和专卖管道的零售网点数量分别下降 27.2% 和 29.9%。

面对业绩陡然下滑，拉夏贝尔表示，主要由于集团线下经营网点实施主动收缩策略及线上收入下降。然而，业绩下滑背后实则是激进扩张之患。在拉夏贝尔上市之初，在招股书中透露，IPO 所募集来的资金用于零售网络扩展与新零售信息系统建设，未来三年将新增 3000 个网点，也就是 2020 年将突破 1 万家。在此"梦想"的鼓舞下，2017 年，拉夏贝尔经营网点一度达到 9 448 家，离目标仅一步之遥。但之后扭转之下一路关店，直至如今半年关店近三成。

租赁负债突增 23 亿元

激进的扩张也使拉夏贝尔存货积压、应收账款天数延长。

中报数据显示,2019 年上半年,拉夏贝尔存货 21.6 亿元,较 2018 年同期 17.15 亿元同比增长 25.95%;应收账款 6.31 亿元,较 2018 年同期增长 3.1%。其中,2019 年上半年平均存货周转天数为 313.1 天,2018 年同期为 243.1 天;2019 年上半年平均应收账款周转天数为 40.2 天,2018 年同期为 37 天。拉夏贝尔表示,导致存货周转速度同比下降的原因为存货平均余额上升,收入下降所致。

值得注意的是,2019 年上半年拉夏贝尔总负债 73.65 亿元,而 2018 年同期仅为 29.32 亿元,负债增幅达 151.19%。其中,应付账款增幅过大,达 13.62 亿元,2018 年同期仅 7.76 亿元。在非流动负债中,2019 年上半年仅租赁负债就达 23 亿元,占总负债的 31.23%,非流动负债金额 27.33 亿元,而 2018 年同期仅为 12.1 万元。

受此影响,拉夏贝尔资产负债率从 2018 年 46.68%,猛增至 2019 年上半年 71.99%,而 2018 年服装类上市公司资产负债率均值仅为 40% 左右,远超同行。

资料来源:吴婷.拉夏半年急速关店 2470 家 存货周期延长超 2 月 负债率增至 71%[N].长江商报,2019 - 09 - 23(A11).

启示:

1. 拉夏贝尔应收账款天数延长反映企业存在哪方面的问题?
2. 拉夏贝尔资产负债率的升高意味着企业存在哪些风险?

第一节　财务分析概述

一、财务分析的意义

财务分析是企业利用专门方法,依据财务会计及其他业务资料,对企业财务状况、发展趋势和潜在问题,进行全面客观分析、评价的过程。财务分析可以为财务决策、财务计划提供重要依据,促进企业取得良好的经济效益,并保持长期稳定的发展。在现代经营管理工作中,财务分析的地位显得越来越重要。一个企业在现有物质资源条件下,对社会做出了多少贡献,经营管理中存在哪些优点和缺点、经验和教训,问题在哪里,如何去解决,都可通过财务分析来解决。财务分析的重心是财务报表分析,但财务分析与财务报表分析不同。前者是指对资金筹集和运用的财务活动的分析,涉及整个财务管理,使用的数据不限于财务报表,更多地使用对于未来的预测数据。后者以选择财务报表所提供资料为起点,以研究信息的相关性为手段,据以此得出评价结论。

财务分析是以企业的财务报告等会计资料为基础,对企业的财务状况和经营成果进行分析和评价的一种方法。财务分析是财务管理的重要方法之一,它是对企业一定期间的财务活动的总结,为企业进行下一步的财务预测和财务决策提供依据。对企业进行财务分析所依据的资料是客观的,但是不同的人员所关心问题的侧重点不同,因此进行财务分析的目的也各不相同。财务分析的目的包括:①评价企业的偿债能力;②评价企业的资产管理水平;③评价企业的获利能力;④评价企业的发展趋势。

二、财务分析的内容

在发达的资本市场环境中形成的企业筹资结构,必然带有多元化的特点,从而使企业财务分析的目的各不相同,财务分析的内容各有不同的侧重点。在我国,国家作为投资者关注的是国有资产的保值增值;债权人关注的是企业的偿债能力;股权投资人关注的是企业近期和未来的效益。当然,企业的盈利能力是全体投资者关注的焦点。虽然,财务分析的目的和重点不同,但是财务分析的内容却全方位地涉及了企业生产经营的各个方面。财务分析的内容主要包括以下几方面。

(一)资本结构

资金是企业赖以生存和发展的基础。因此,对企业资本结构的分析,主要是从企业短期负债、长期负债、所有者权益等来源所取得的资金之间以及资金使用是否保持合理的比例关系方面进行分析。只有比例合理,才能有稳定的经济基础,使企业提高经受挫折能力,从而得以稳步发展。

(二)营运能力

能否有效地运用资金,是决定企业经营水平的前提。企业资金的多少,反映了企业经营实力的大小。有效的经营可以使企业增加收入,加速资金周转。因此,通过分析企业是否有效地运用资金,可以判断出企业是否具有足够的能力来获取较多收入。

(三)获利能力

获利能力的大小是衡量企业经营好坏的重要标志。一般来说,经营良好、管理有方的企业具有较强的获利能力。因此,对企业获利能力的分析是判断企业是否具有活力和发展前途的重要方法。

(四)偿债能力

偿债能力大小的分析,是判断企业财务状况稳定与否的重要内容。企业偿债能力强,可以举债筹集资金来获取利益;反之,偿债能力差,则企业陷入困境,甚至危及企业生存。

第二节　财务分析的方法与分析基础

一、财务分析的方法

财务分析的方法是指完成财务分析的方式和手段,是对各种数据进行加工、整理、对比、评价的具体表现。只有当分析方法得当时,分析的结论才具有可信性。若干分析方法为一个共同的目的有机结合起来则形成财务分析方法体系,共同为财务分析的目的、任务服务。财务分析方法体系依分析目标要求,应具有评价、预测、发展、协调四大功能。评价、预测是财务分析方法的静态功能,着重于财务管理人员对企业历史财务状况和经营成果的评价及预测;而发展、协调功能是财务分析方法的动态功能,着重于企业自身主观改善财务状况。

(一)比较分析法

比较分析法是通过指标对比,从数量上确定差异的一种分析方法。其主要作用在于揭示客观上存在的差异,为进一步分析其内在原因指出方向。在实践中,通常采用以下几种形式:

(1)实际指标与计划或定额指标比较,分析计划或定额的完成情况。

(2)实际指标与前期(上期、上年同期或历史最好水平)实际指标对比,观察实际指标的变动情况和变动趋势,了解企业生产经营工作的改进情况。

(3)实际指标与国内外同行业先进指标对比,可以在更大范围内找差距,推动企业改进经营管理。

在进行指标之间的对比时,一定要注意其可比性。比较分析法只适用于同质指标的数量对比。因此应用此法时应注意对比指标的可比性。可比性的主要内容包括:其一,指标性质相同,即指标所包含的内容和项目一致;其二,指标的时间范围相同;其三,指标的计量单位相同;其四,指标计算口径与方法相同。如果指标之间不可比,可以进行技术调整,否则,用不可比指标进行比较,往往会导致错误的结论。如果是在不同企业之间进行对比的指标,还必须注意行业归类、财务规模的一致性。

(二)趋势分析法

趋势分析法是指通过对不同时期财务指标进行对比,以确定其变动差异和变动趋势的分析方法。趋势分析法也称动态分析法,一般通过企业连续两期以上财务报表所列项目进行对比,计算增减绝对额和动态相对数,观察其变化方向和变化程度。它是企业财务信息分析的重要方法之一。企业要进行财务状况的趋势分析,主要是通过比较企业连续几个会计期间的财务报表或财务比率,来了解企业财务状况变化的趋势,并以此来预测企业未来财务状况,判断企业的发展前景。一般来说,进行企业财务状况的趋势分析,主要应用比较财务报表、比较百分比财务报表、比较财务比率、图解法等方法。

比较财务报表是比较企业连续几期财务报表的数据,分析其增减变化的幅度及其变化原因,来判断企业财务状况的发展趋势。这种方法选择的期数越多,分析结果的准确性越高。但是在进行比较分析时,必须考虑到各期数据的可比性。因某些特殊原因,某一时期的某项财务数据可能变化较大,缺乏可比性,因此在分析过程中应该排除非可比因素,使各期财务数据具有可比性。

比较百分比财务报表是在比较财务报表的基础上发展而来的。百分比财务报表是将财务报表中的数据用百分比来表示。比较财务报表是比较各期报表中的数据,而比较百分比财务报表则是比较各项目百分比的变化,以此来判断企业财务状况的发展趋势。

比较财务比率就是将企业连续几个会计期间的财务比率进行对比,从而分析企业财务状况的发展趋势。这种方法实际上是比率分析法与比较分析法的结合。与前面两种方法相比,这种方法更加直观地反映了企业各方面财务状况的变动趋势。

图解法是将企业连续几个会计期间的财务数据或财务比率绘制成图,并根据图形走势来判断企业财务状况的变动趋势。这种方法比较简单、直观地反映出企业财务状况的发展趋势,使分析者能够发现一些通过比较法所不易发现的问题。

趋势分析法的计算指标包括差异数、差异率和趋势比率。

$$差异数 = 报告期数 - 基期数$$

差异数是一个绝对数分析指标,反映财务状况变动绝对额。

$$差异率 = 差异数 / 基期数 \times 100\%$$

$$趋势比率 = 报告期数 / 基期数 \times 100\%$$

差异率和趋势比率是相对指标。在统计中,趋势比率称为发展速度,差异率称为增长速度,显示出企业未来财务发展趋势。这两个指标,根据选择基期不同,又分为定基发展速度、环比发展速度与定基增长速度、环比增长速度。

【例12-1】假定N公司某年产品销售收入分季实现情况如表12-1所示,分析如表12-2所示。

表 12 - 1　N公司产品销售收入　　　　　　　　单位:万元

第一季度	第二季度	第三季度	第四季度
50	80	100	105

表 12 - 2　N公司产品销售收入分析

基期	差异数/万元			差异率/%			趋势分析/%		
	第二季度	第三季度	第四季度	第二季度	第三季度	第四季度	第二季度	第三季度	第四季度
固定基期(以第一季度为基期)	+30	+50	+55	+60	+100	+110	+160	+200	+210
环比基期(以上季度为基期)	+30	+20	+5	+60	+25	+5	+160	+125	+105

由表 12 - 2 看,通过固定基期趋势分析发现,年内各季产品销售收入指标无论从增长速度还是从发展趋势上看都是不断上升的。但通过环比基期趋势分析发现,各项指标均为下降势头,出现平缓趋势。

(三)比率分析法

比率分析法是指利用两个指标的某种关联关系,通过计算比率来考察、计量和评价财务活动状况的分析方法。比率分析是一种比较重要的分析方法。通过比率的分析,基本上能揭示企业的财务状况。比率分析所用的名目繁多,涉及企业管理的各个方面,大体上可以分为以下六类:变现能力比率、负债比率、资产运用效率比率、获利能力比率、投资报酬比率、市场比率。

比率分析法其实也是比较分析法的一种形式,由于它在财务分析中具有特殊意义,因而把它列作一种单独的分析法来加以说明。原因在于比率亦是相比较的结果,但它不同于前述简单、直接的比较。它是相关联的不同项目、指标之间的比较,以说明项目之间的关系,并解释和评价由此所反映的某方面的情况。通过分析比率指标可以达到简单比较无从表达的、更高层次的效果。这种分析在财务分析中处于极为重要的地位,所以通常将其作为一种专业的分析方法。

采用比率分析法进行分析时,需要根据分析的内容和要求,计算出有关的比率,然后进行分析。财务比率分析通常需建立在一套比率指标体系基础上。而各种比率的计算方法各不相同,通过计算出来的各种比率进行分析,其分析的目的以及所起的作用也各不相同。比率分析大体上可分为两类。

1.相关比率与效率比率分析

相关比率是以两个相互联系的财务指标的数额相除后得出,据以对企业财务状况和经营成果进行分析的一种方法。相关比率分析,可以使财务分析更为全面、深刻。将这些相关比率的实际数与目标数、上期或历史数、同行业平均数进行对比,可以充分解释企业财务状况的发展情况。例如,将流动资产与流动负债相比,计算出流动比率,据此判断短期偿债能力。

效率比率是某项经济活动中投入与产出的比率,反映了投入与产出的关系。利用效率比率,可以进行得失比较,考查经营成果,评价经济效益。例如,将利润项目与销售成本、销售收入、资本等项目加以对比,可以计算出成本利润率、销售利润率、资本利润率等利润率指标,以便从不同角度观察、比较企业获能力的高低及其增减变化情况。

2.构成比率分析

构成比率是指某项财务分析指标的各构成部分数值占总体数值的百分比。计算公式是

$$构成比率=指标某部分的数值(部分)/指标总数值(总体)\times100\%$$

这样计算出来的比率,也就是通常所说的比重。在财务分析中常用的构成比率包括市场占有率,某类商品销售额占企业总销售额的销售构成比率,流动资产、固定资产、无形资产占企业总资产的企业资产构成比率,长期负债与流动负债占全部债务的比率,财务费用和管理费用分别占费用总额的比率,营业利润、投资收益和营业外收支净额占利润总额构成比率。分别利用这些比率的实际数与目标数、上期或历史数、同行业平均数进行对比,可以充分解释企业财务业绩构成和结构的发展变化情况。

该方法具有简明扼要、通俗易懂的特点,很受各种分析人员的欢迎,在20世纪70年代以前应用非常广泛。但是,在最近一些年中,比率分析的应用已不像以前那样普遍,这是因为比率分析存在如下一些缺点:

(1)比率分析所使用的都是过去的资料,对于预测未来的财务状况只有参考价值,并不能作为判别企业未来财务状况的绝对标准。

(2)每个企业都有其自身特点,各种比率之间并不具有可比性。比如,有的企业可能是高度自动化企业,而有的企业可能是半自动化企业,因而许多比率都不可比。此外,不同企业采用不同的会计处理方法,例如存货计价、折旧提取等,这也使得企业之间各种比率的对比发生困难。

(3)比例分析的各种数据都没有按物价指数进行调整,因而在持续通货膨胀的情况下,各种分析对决策的有用性受到限制。

(四)因素分析法

因素分析法是用来计算几个相互联系的因素,对综合经济指标变动影响程度的一种分析方法。一项经济指标往往是由许多因素构成的,只有把综合情况分解为原始因素,才能在各因素中抓住主要矛盾,找出最关键最本质的原因,研究其影响程度。

因素分析法的一般做法是:①确定分析指标由几个因素组成;②确定各个因素与指标的关系,如加减关系、乘除关系;③采用适当的方法,将指标分解为各个因素;④确定各因素对指标变动的影响方向与影响程度。设某项成本指标是由 A、B、C 三个因素乘积组成,其计划指标与实际指标分别为

$$计划指标 N_0=A_0\times B_0\times C_0$$
$$实际指标 N_1=A_1\times B_1\times C_1$$
$$差异数 Q=N_1-N_0$$

分析程序是

第一次替换:$A_1\times B_0\times C_0=N_2$

$N_2-N_0=A$ 变动的影响

第二次替换:$A_1\times B_1\times C_0=N_3$

$N_3-N_2=B$ 变动的影响

第三次替换:$A_1 \times B_1 \times C_1 = N_1$

$N_1 - N_3 = C$ 变动的影响

三个因素的总和将等于差异数,即$(N_2 - N_0) + (N_3 - N_2) + (N_1 - N_3) = N_1 - N_0 = Q$。

【例 12-2】某企业材料使用成本由产品数量、单位消耗量和材料单价三个因素构成,计划数和实际数如表 12-3 所示,分析各因素的影响。

表 12-3　材料使用成本构成表

项目	计划数	实际数
产品产量/件	80	100
单位产品材料消耗量/千克	10	9
材料单价/元	5	6
材料费用/元	4 000	5 400

以计划数为基数 $80 \times 10 \times 5 = 4\,000$(元)　　　　　　　　　　　　(1)

总差异数:$5\,400 - 4\,000 = 1\,400$(元)

第一次替换:$100 \times 10 \times 5 = 5\,000$(元)　　　　　　　　　　　　(2)

(2)-(1)产量变动的影响:$5\,000 - 4\,000 = 1\,000$(元)

第二次替换:$100 \times 9 \times 5 = 4\,500$(元)　　　　　　　　　　　　(3)

(3)-(2)单位产品材料消耗量变动的影响:$4\,500 - 5\,000 = -500$(元)

第三次替换:$100 \times 9 \times 6 = 5\,400$(元)　　　　　　　　　　　　(4)

(4)-(3)材料单价变动的影响:$5\,400 - 4\,500 = 900$(元)

合计:$1\,000 + (-500) + 900 = 1\,400$(元)

从上面的计算可以看出该方法的特点:

(1)计算程序的连环性。必须依据事先确定好的替代顺序依次以一个因素的实际数替代计划数,不能重复也不能跳跃。

(2)因素替换的顺序性。如果改变了因素替换顺序,计算同一因素变动的影响时,所依据的其他各因素的条件发生变化,会得出不同的结果。

(3)计算结果的假定性。计算结果是在假定只有单个因素发生变化,而其他因素不变的情况下得出的,如果几个因素同时变化则所得出的结论也许会不同。

二、财务分析的基础

财务分析以企业的会计核算资料为基础,通过对会计所提供的核算资料进行加工整理,得出一系列科学的、系统的财务指标,以便进行比较、分析和评价。这些会计核算资料包括日常核算资料和财务报告,但财务分析主要以财务报告为基础,日常核算资料只作为财务分析的一种补充资料。企业财务报告包括资产负债表、利润表、现金流量表、所有者权益变动表和附注以及其他应当在财务报告中披露的相关信息和资料。

(一)资产负债表

资产负债表是反映企业一定日期财务状况的会计报表。它以"资产＝负债＋所有者权益"这一会计等式为依据,按照一定的分类标准和次序反映企业在某一个时间点上资产、负债及所有者权益的基本状况。具体格式如表 12-4 所示。

表 12-4　N公司资产负债表

2019 年 12 月 31 日　　　　　　　　　　　　　　　　单位：万元

资产	期初数	期末数	负债及所有者权益	期初数	期末数
流动资产：			流动负债：		
货币资金	340	490	短期借款	400	420
交易性金融资产	30	80	应付票据	50	70
应收票据			应付账款	264	355
应收账款	650	690	预收款项	20	10
预付款项	22	8	应付职工薪酬	0.8	0.6
其他应收款	27	19	应交税费	60	50
存货	580	690	其他应付款	20.2	24.4
持有待售资产	8	2	持有待售负债		
一年内到期的非流动资产	30	0	一年内到期的非流动负债	80	62
其他流动资产	23	1	其他流动负债	5	8
流动资产合计	1 710	1 980	流动负债合计	900	1 000
非流动资产：			非流动负债：		
长期应收款			长期借款	500	550
长期股权投资	110	180	应付债券	320	420
投资性房地产			长期应付款	104	100
固定资产	1 800	2 150	递延所得税负债		
在建工程	150	150	其他非流动负债		
生产性生物资产			非流动负债合计	924	1 070
油气资产			负债合计	1 824	2 070
无形资产	20	32	所以者权益（或股东权益）：		
开发支出			实收资本（或股本）	1 500	1 500
商誉			资本公积	132	240
长期待摊费用	10	8	盈余公积	219	459
递延所得税资产			未分配利润	125	231
其他非流动资产			所有者权益（或股东权益合计）	1 976	2 430
非流动资产合计	2 090	2 520			
资产总计	3 800	4 500	负债及所有者权益（或股东权益）总计	3 800	4 500

资产负债表是进行财务分析的一张重要财务报表,它提供了企业的资产结构、资产流动性、资金来源状况、负债水平以及负债结构等财务信息。分析者通过对资产负债表的分析,可以了解企业的偿债能力、资金营运能力等财务状况,为债权人、投资者以及企业管理者提供决策依据。

(二)利润表

利润表,是反映企业在一定期间生产经营成果的财务报表。利润表以"利润=收入-费用"这一会计等式为依据编制而成。通过利润表可以考核企业利润计划的完成情况,分析企业的获利能力以及利润增减变化的原因,预测企业利润的发展趋势,为投资者及企业管理者等各方面提供财务信息。具体格式如表12-5所示。

表 12-5 N公司利润表
2019 年

单位:万元

项目	本期金额	上期金额
一、营业收入	8 520	
减:营业成本	4 190.40	
税金及附加	676	
销售费用	1 370	
管理费用	1 050	
财务费用	325	
加:投资收益	63	
公允价值变动收益	851.40	
二、营业利润	1 823	
加:营业外收入	8.5	
减:营业外支出	15.5	
三、利润总额	1 816	
减:所得税费用	454	
四、净利润	1 362	

(三)现金流量表

现金流量表是以现金及现金等价物为基础编制的财务状况变动表,是企业对外报送的一张重要会计报表。它为会计报表使用者提供企业一定会计期间内现金和现金等价物流入和流出的信息,以便于报表使用者了解和评价企业获取现金和现金等价物的能力,并据以预测企业未来现金流量。

根据《企业会计准则》的要求,企业应在年末编制年报时编报现金流量表。其格式如表12-6所示。

表 12-6　N 公司现金流量表

2019 年　　　　　　　　　　　　　　　　　　　　　　　单位:万元

项目	本期金额	上期金额
一、经营活动产生的现金流量		
销售商品、提供劳务收到的现金	10 470	
收到的税费返还	450	
收到其他与经营活动有关的现金	300	
经营活动现金流入小计	11 220	
购买商品、接受劳务支付的现金	6 630	
支付给职工以及为职工支付的现金	258	
支付的各项税费	2 542	
支付其他与经营活动有关的现金	470	
经营活动现金流出小计	9 900	
经营活动产生的现金流量净额	1 320	
二、投资活动产生的现金流量		
收回投资收到的现金	105	
取得投资收益收到的现金	65	
处置固定资产、无形资产和其他长期资产收回的现金净额	15	
收到其他与投资活动有关的现金		
投资活动现金流入小计	185	
购建固定资产、无形资产和其他长期资产支付的现金	855	
投资支付的现金	76	
支付其他与投资活动有关的现金	14	
投资活动现金流出小计	945	
投资活动产生现金流量净额	−760	
三、筹资活动产生的现金流量		
吸收投资收到的现金		
取得借款收到的现金	250	
收到其他与筹资活动有关的现金	330	
筹资活动现金流入小计	580	
偿还债务支付的现金	330	
分配股利、利润或偿付利息支付的现金	273	
支付其他与筹资活动有关的现金	7	
筹资活动现金流出小计	610	
筹资活动产生的现金流量净额	−30	
四、汇率变动对现金及现金等价物的影响	0	
五、现金及现金等价物净增加额	530	
加:期初现金及现金等价物余额	0	
六、期末现金及现金等价物余额	530	

第三节　偿债能力分析

企业的偿债能力是指企业对债务清偿的承受能力或保证程度。按照债务偿付期限的不同,企业的偿债能力分为短期偿债能力和长期偿债能力。短期偿债能力分析强调的是在一定时期内流动资产变现能力分析。

一、短期偿债能力分析

短期偿债能力是指企业在一定期间内(一年或一个营业周期)以流动资产支付流动负债的能力。短期偿债能力分析是企业财务报表分析的一项重要内容,其分析目的是为了维护企业的信用,保护债权人的利益,以利于企业的健康发展。短期偿债能力是企业日常理财中所经常面临的财务风险,清除或避免这种风险必须依靠经常的短期偿债能力分析和组织现款措施。

短期偿债能力是反映企业财务状况好坏的重要标志,也是企业债权人、投资者、供应商所关心的重要问题。对债权人来说,企业要具有充分的偿债能力才能保证其债权的安全,按期取得利息,到期收回本金。对投资者来说,如果经常性的短期偿债能力发生问题,会增加企业筹资难度,加大临时性紧急筹资的成本,进而会影响到企业的盈利能力,损害投资者的利益。

短期偿债能力指标主要有流动比率、速动比率。

1. 流动比率

流动比率(liquidity ratio)是流动资产对于流动负债的比率。其计算公式为

$$流动比率＝流动资产/流动负债$$

以下各种比率都是以表 12 - 4、表 12 - 5 的 N 公司资料为基础计算的。将有关数据代入公式得:

流动比率＝1 980/1 000＝1.98

这就是说,N 公司每 1 元的流动负债,有 1.98 元的流动资产以供支付。流动资产包括货币资金、应收账款、交易性金融资产和存货等;流动负债包括应付账款、应付票据、应付职工薪酬、一年内到期的非流动负债、应交税费等。流动比率是衡量短期偿债能力的最通用的指标,流动比率为 2,一般被认为是比较合适的。流动比率过低,表明企业短期偿债能力欠佳;流动比率过高,则可能说明公司的现金、存货等有太多的闲置。这一比率的理想值因行业、企业规模的不同而不同。

2. 速动比率

速动比率(quick ratio)又称酸性测验比率(acid-test ratio),是由速动资产与流动负债对比而得的比率。速动资产是指流动资产减去变现能力较差且不稳定的存货、预付款项、一年内到期的非流动资产、其他流动资产等后的余额。速动比率较流动比率能够更准确地评价企业资产的流动性及其偿还短期负债的能力。在实际应用时,速动资产一般简化为流动资产与存货的差额。

$$速动比率＝速动资产/流动负债＝(流动资产－存货)/流动负债$$

将有关数据代入公式得:

速冻比率＝(1 980－690)/1 000＝1.29

公式中的速动资产就 N 公司来说,包括货币资金、交易性金融资产、应收票据和应收账款。之所以称这些资产为速动资产,是因为它们能迅速变为现金,偿还到期债务。习惯上,速动比率以 1 为好。当然,还要结合行业和企业的具体情况来进行分析。

就 N 公司而言,公司的流动比率和速动比率均符合正常标准,说明公司具有较强的变现能力和短期偿债能力,并且由于公司尚未有银行借款,资金状况较好。但速动比率稍高,说明公司货币类资产稍多,因此,有待于寻找一些有利的投资机会,提高资金使用效益。

3.现金比率

现金比率(cash ratio)是指现金类资产与流动负债的比例。现金类资产包括企业的库存现金、随时可支用的存款和现金等价物。其计算公式为

$$现金比率=(货币资金+交易性金融资产)/流动负债$$

将有关数据代入公式得:

现金比率=(490+80)/1 000=0.57

在企业的流动资产中,现金及短期有价证券变现能力最强,较之流动比率和速动比率,现金比率衡量公司短期偿债能力更为保险。其主要作用在于评价公司最坏情况的短期偿债能力。一般来说,现金比率在 0.20 以上为好。但是,也不能认为该项指标越高越好,因为该项指标太高也可能是企业拥有大量不能盈利的现金和银行存款所致,这就意味着企业流动负债未能得到合理的运用,而保持大量现金类资产,导致机会成本增加。因此偿债风险和机会成本的约束,要求企业必须选择一个合理的比率,既保证短期债务偿还的需要,又尽可能降低过多持有现金的机会成本。

二、长期偿债能力分析

长期偿债能力不同于短期偿债能力。企业的长期负债一般金额较大,利息负担较重,对其分析不仅要利用资产负债表,用资产负债率等指标来考察对债务本金的支持程度,而且还要利用利润表,借助于利息保障倍数来判断债务利息的偿还能力。

长期偿债能力的分析指标主要有四项。

1.资产负债率

资产负债率(debt to assets ratio)是由负债与全部资产对比所确定的比率。

$$资产负债率=负债总额/资产总额×100\%$$

将有关数据代入公式得:

资产负债率=2 070/4 500=46%

这里比率中的负债是指企业的全部负债,资产则是指资产总值扣除折旧后的净值。这一比率反映债权人所提供的资本占全部资本的比率。这一比率太高,则说明举债过多,企业风险较大。这一比率的理想值也因行业和企业规模而不同。站在债权人的立场看,如果一个企业的股东提供的资本与借入资本相比,只占较小的部分,则企业的风险主要由债权人来负担。因而,债权人一般不愿借款给资产负债率太高的企业。站在管理层的立场看,利用较多的债务进行经营,能够降低资金成本,但风险比较大;反之,如果债务比重过小,或者根本不举债,那么企业经营可能比较安全,但却要相对较多地负担资金成本。

2.产权比率

产权比率(property right ratio)是指负债总额与所有者权益总额的比率。这一比率可用以衡量主权资金对负债资金的保障程度,该比率越大,债权人所得到的保障就越小。

$$产权比率=负债总额/所有者权益$$

将有关数据代入公式得:

产权比率=2 070/2 430=0.85

如果 N 公司所属行业的负债对资本比率的平均数为 0.80,则说明 N 公司的负债比稍高,但

由于 N 公司在固定资产上的投资不多,这一比率稍高并不一定会影响对长期负债的偿付能力。

上面两个比率在计算时都包含了短期债务,为了考察企业的长期偿债能力,可以计算长期债务对资本总额的比率。

$$长期债务对资本总额的比率＝长期负债/长期资本总额$$

将有关数据代入公式得:

$$长期债务对资本总额的比率＝1\,070/(2\,430+1\,070)＝0.31$$

长期资本总额是指长期负债与所有者权益之和。这一比率反映长期偿债能力,不同行业对这一比率有不同的要求。如在制造业中,此项比率一般不宜超过 33%。在铁路和公用事业中,不超过 50% 即为合理。

分析这两项指标,结合上年有关情况,说明 N 公司提高了对债权人资金的利用程度,且这两项指标均不算高,表明公司长期偿债能力较强,公司的财务结构较稳定。

3. 所有者权益比率

所有者权益比率(owner right ratio)又称为股东权益比率,是指所有者权益总额对资产总额的比率。这一比率反映了在企业资产总额中,企业所有者提供了多少资本。这一比率越高,说明所有者投入的资金在全部资金中所占的比率越大,则企业偿债能力越强,财务风险越小。其计算公式为

$$所有者权益比率＝所有者权益总额/资产总额×100\%$$

将有关数据代入公式得:

$$所有者权益比率＝2\,430/4\,500×100\%＝54\%$$

所有者权益比率与资产负债率呈此消彼长的关系,二者之和等于 1。它从另一个侧面反映了企业的偿债能力。

股东权益比例的倒数称作权益乘数,即总资产是股东权益的倍数。该乘数越大,说明股东投入的资本在总资产中所占比重越小。其计算公式为

$$权益乘数＝资产总额/股东权益总额$$

将有关数据代入公式得:

$$权益乘数＝4\,500/2\,430＝1.85$$

4. 利息保障倍数

利息保障倍数(times interest earned ratio)是指公司息税前利润与利息费用的比率。它反映公司获利能力对负债利息偿付的保证程度。其计算公式为

$$利息保障倍数＝(税前利润＋利息费用)/利息费用$$

将有关数据代入公式得:

$$利息保障倍数＝(1\,816+325)/325＝6.59$$

公式中的税前利润是指缴纳所得税前的利润总额,利息费用不仅包括财务费用中的利息费用,还包括计入固定资产成本的资本化利息两部分。利息保障倍数反映了企业的经营所得支付债务利息的程度。如果这一比率太低,说明企业难以保证用经营所得来按时按量支付债务利息,企业将会面临经营亏损、偿债的安全性和稳定性下降的风险。

一般企业的债务保障倍数要大于 1,否则,就难以偿付债务及利息。N 公司由于利息保障倍数为 6.59,说明该企业偿债完全没有问题。另外,N 公司可以增加负债数额,扩大对财务杠杆的利用,以进一步提高获利能力。

第四节　营运能力分析

营运能力分析指对企业资金周转状况进行的分析。通常来说，资金周转得越快，说明资金利用效率越高，企业经营管理水平也就越好。营运能力分析主要包括以下几方面的内容。

一、应收账款周转率

应收账款周转率（receivable turnover ratio）指一定时期内赊销收入净额与平均应收账款的比率，是反映应收账款周转情况的一个重要比率。它通常有两种表示方法，一种是应收账款周转次数，另一种是应收账款周转天数。其计算公式为

应收账款周转次数＝全年赊销收入净额/应收账款平均余额

＝赊销收入净额/[（应收账款期初余额＋应收账款期末余额）/2]

应收账款周转天数＝360/应收账款周转次数

将有关数据代入公式得：

应收账款周转次数＝8 520/[（650＋690）/2]＝12.72（次）

应收账款周转天数＝360/12.72＝28.30（天）

赊销收入净额等于销售收入减现销收入、减销售折扣与折让。应收账款包括会计中的应收账款和应收票据等全部赊销账款在内，且其金额应为扣除坏账准备后的净额。N公司应收账款周转次数为12.72次，从一个侧面反映出应收账款的流动程度不高。另外，应收账款是因赊销而产生的，但对外部使用者来说，从企业财务报表上只能了解到企业销售收入，因此常用销售收入代替赊销收入以计算应收账款周转率。应收账款周转率反映了企业对应收账款的利用效率和企业的资金周转状况，也反映了企业信用政策的宽严程度。一般说来，应收账款周转期越短，说明应收账款的回收越快。否则，企业营运资金会过多地待在应收账款上，影响正常的资金周转。

二、存货周转率

存货周转率（inventory turnover ratio）指一定时期内企业销售成本与存货平均余额的比率。在流动资产中，存货所占比重较大，存货的流动性将直接影响企业的流动比率。因此，必须特别重视对存货流动性的分析。存货周转率一般有两个指标，一个是存货周转次数，另一个是存货周转天数。其计算公式为

存货周转次数＝营业成本/存货平均余额

＝营业成本/[（期初存货＋期末存货）/2]

存货周转天数＝360/存货周转次数

将有关数据代入公式得：

存货周转次数＝4 190.40/[（580＋690）/2]＝6.60（次）

存货周转天数＝360/6.60＝54.55（天）

一般而言，存货周转率越高，说明存货周转越快，存货占用的资金越少，表明存货利用效果越好。N公司的存货周转率是6.60次，周转次数较多。

三、流动资产周转率

流动资产周转率（current assets turnover ratio）是反映企业流动资产周转速度的指标，指营业收入与流动资产平均占用额之比。流动资产周转率反映了全部流动资产的利用效率。它

一般有两个指标,一个是流动资产周转次数,另一个是流动资产周转天数。其计算公式为

$$流动资产周转次数＝营业收入/流动资产平均占用额$$
$$＝营业收入/[(期初流动资产余额＋期末流动资产余额)/2]$$
$$流动资产周转天数＝360/流动资产周转次数$$

将有关数据代入公式得:

流动资产周转次数＝8 520/[(1 710＋1 980)/2]＝4.62(次)

流动资产周转天数＝360/4.62＝77.92(天)

在一定时期内,流动资产周转次数越多,周转一次所需要天数越少,表明流动资产周转越快,流动资产的利用效率越高,流动资产在生产和销售各阶段所占用的时间越短,流动资产越能得到节约。N公司流动资产每年周转4.62次在行业尚可,应进一步加强对流动资产的管理。

四、固定资产周转率

固定资产周转率(fixed assets turnover ratio)是指营业收入与固定资产平均净值的比例。其计算公式为

$$固定资产周转率＝营业收入/固定资产平均净值$$
$$固定资产平均净值＝(期初固定资产净值＋期末固定资产净值)/2$$

将有关数据代入公式得:

固定资产周转率＝8 520/[(1 800＋2 150)/2]＝4.31(次)

这项比率主要用于分析厂房设备等固定资产的利用效率。该比率越高,说明固定资产的利用率越高,管理水平越好。

五、总资产周转率

总资产周转率(total assets turnover eatio)又称总资产利用率,是销售收入与资产平均总额的比率,它是测量企业总资产利用情况的一个比率。其计算公式为

$$总资产周转率＝销售收入/资产平均总额$$

将有关数据代入公式得:

总资产周转率＝8 520/[(3 800＋4 500)/2]＝2.05(次)

说明N公司运用其资产获得了相当于资产2.05倍的销售收入。要判断这个指标是否合理,需同历史水平以及行业平均水平进行对比。假设行业平均水平为1.8次,说明N公司的资产利用情况比行业平均水平要好许多。

第五节　盈利能力分析

盈利能力是指企业获取利润的能力。利润是企业生存和发展的物质基础,也关系到国家的税收收入。无论是投资者还是债权人,都十分重视企业的盈利能力,认为它比目前的财务状况更为重要,因为健全的财务状况必须由较高的盈利能力来支持。企业管理层,当然也十分重视盈利能力,因为盈利的多少,是评价管理成效的最主要标准。评价企业盈利能力的财务类比率主要有资产报酬率、权益资本报酬率、销售毛利率与销售净利率等。

一、资产报酬率

资产报酬率(return on investment)是企业税后净利同全部资产平均总额的比率。其计算

公式为

$$资产报酬率＝税后净利/资产平均总额×100\%$$

将有关数据代入公式得：

资产报酬率＝1 362/[(3 800＋4 500)/2]×100％＝32.82％

这表明，N 公司每投资 100 元，能获得 32.82 元的利润。投资报酬率反映企业运用投入资金的盈利能力，是一个十分重要的经济指标，也往往是总公司对分公司下达经营目标、进行内部考核的主要指标。在分析企业资产报酬率时，通常需要与该企业前期、与同行业水平和先进水平进行比较，这样一来才能判断企业资产报酬率的变动趋势以及在同行业中所处的位置。

二、权益资本报酬率

权益资本报酬率(return on equity)，又称净资产收益率，是指一定时期企业的净利润与股东权益平均总额的比率。其计算公式为

$$权益资本报酬率＝税后净利/股东权益平均总额×100\%$$

将有关数据代入公式得：

权益资本报酬率＝1 362/[(1 976＋2 430)/2]×100％＝61.82％

这说明每 100 元股东权益，可获利 61.82 元。这一比率十分重要，因为它影响到市场上的股票价格。一般来说，权益资本报酬率越高越好。权益资本报酬率越高，说明企业越容易从资本市场上筹集到资金。相反，如果权益资本报酬率低于银行利率，则企业筹集资金就会面临困难。权益资本报酬率也可用以下公式表示

$$权益资本报酬率＝资产报酬率×平均权益乘数$$

由此可见，权益资本报酬率取决于企业的资产报酬率和权益乘数两个因素。因此，提高权益资本报酬率可以有两种途径：一是在权益乘数即企业资金结构一定的情况下，通过增收节支，提高资产利用率，来提高资产报酬率；二是在资产报酬率大于负债利息率的情况下，通过增大权益乘数，即提高资产负债率来提高权益资本报酬率。第一种途径不会增加企业的财务风险，而第二种途径会增加企业的财务风险。

三、销售毛利率

销售毛利率是毛利与销售总额对比的比率。其计算公式为

$$销售毛利率＝(营业收入－营业成本)/营业收入×100\%＝毛利/营业收入×100\%$$

将有关数据代入公式得：

销售毛利率＝(8 520－4 190.40)/8 520×100％＝50.82％

销售毛利率反映了毛利与营业收入的对比关系，是反映企业盈利能力的主要指标。

四、销售净利率

销售净利率是净利润和销售总额对比率。其计算公式为

$$销售净利率＝税后净利/营业收入净额$$

将有关数据代入公式得：

销售净利率＝1 362/8 520×100％＝15.99％

销售净利率说明企业净利润占营业收入的比例，它可以评价企业通过销售赚取利润的能力。该比率越高，表明企业通过销售获取收益的能力越强。销售净利率受行业的影响较大，因此还应结合不同行业的具体情况进行分析。

五、市场比率

市场比率(market ratio)是指与股票市场价格有关的一系列比率,可用以测量企业股票价格变动趋势的幅度。此类比率主要有以下几种。

1.每股盈余

每股盈余(earnings per share,EPS)是税后净利润扣除优先股股利后的余额,除以发行在外的普通股平均股数。其计算公式为

$$普通股每股盈余＝(税后净利－优先股股利)/发行在外的普通股平均股数$$

如果企业只有普通股,没有优先股,只需将净利除以发行在外的普通股平均股数即得每股盈余。假如 N 公司发行在外的普通股平均股数为 1 500 万股,则

$$普通股每股盈余＝1 362/1 500＝0.908(元)$$

虽然每股盈余可以很直观地反映股份公司的获利能力以及股东的报酬,但是,它是一个绝对数指标,在分析每股盈余时,还应结合流通在外的股数。如果公司采用股本扩张,或大量配股或以股票股利的方式分配股利政策,这样必然摊薄每股利润,使每股利润减少。

2.每股股利

每股股利(dividends per share,DPS)是普通股分配的现金总额除以发行在外的普通股股数,它反映了普通股所获得现金股利的多少。其计算公式为

$$每股股利＝支付给普通股的现金股利/发行在外的普通股平均股数$$

假如 N 公司决定 2019 年发放股利 315 万元,则

$$每股股利＝315/1 500＝0.21(元)$$

每股股利的高低,不仅取决于公司的获利能力,还取决于公司的股利政策和现金是否充裕。倾向于分配现金股利的投资者,应当比较分析公司历年的每股股利,从而了解公司的股利政策。

3.股利支付率

股利支付率(dividend payout ratio,DPR)是每股股利与每股盈余之间的比率,反映净利中股利支付的程度。其计算公式为

$$股利支付率＝每股股利/每股盈余×100\%$$

将上述数据代入公式得:

$$股利支付率＝0.21/0.908×100\%＝23.13\%$$

股利支付率主要取决于公司的股利政策,没有一个具体标准来判断股利支付率是大好还是小好。如果一家公司现金比较充裕,并且没有更好的投资项目,则可能倾向于发放现金股利;如果公司有较好的投资项目,则可能会减少发放股利,而将资金用于投资。

4.市盈率

市盈率(price earnings ratio,P/E)反映普通股每股市价与每股盈余之间的关系。其计算公式为

$$市盈率＝普通股每股市场价格/普通股每股盈余$$

假如 N 公司普通股每股市价为 16 元,则

$$市盈率＝16/0.908＝17.62(倍)$$

公司财务人员和外部投资人对这一比率都很关心。公司财务人员在做出财务决策之前要很好地考虑其财务决策对这一比率的影响。投资人在投资之前,都要对不同股票的市盈率进行对比,然后才决定投资于何种股票。

5.股利报酬率

股利报酬率（dividend yield ratio,DYR）反映股东投资的报酬情况。其计算公式为

$$股利报酬率＝每股股利/每股市价×100\%$$

将上述数据代入公式得：

$$股利报酬率＝0.21/16×100\%＝1.31\%$$

这是一个正指标，反映投资者投资于股票市场，通过取得股利方式获取报酬情况。也就是说，当投资人把钱投资到 N 公司的股票上，他能获得的股利报酬率为 1.31%。

六、资本保值增值率

资本保值增值率是指所有者权益的期末总额与期初总额的比值。其计算公式为

$$资本保值增值率＝期末所有者权益总额/期初所有者权益总额$$

一般地说，如果资本保值增值率大于1，说明所有者权益增加；如果小于1，则意味着所有者权益遭受损失。这一指标的高低除了受企业经营成果的影响外，还受到企业利润分配政策的影响。

第六节 现金流量分析

现金流量分析主要考察企业的支付能力和偿还能力，其主要指标有以下几个。

一、现金流量与当期债务之比

现金流量与当期债务之比指现金流入量与当期债务之比。该指标用于评价企业当期债务的现金保障能力。此处的当期债务是指企业以契约形式发生的短期债务和一年内到期的部分长期债务，不包括应付账款和各种应计负债。这一比率越高说明短期偿债能力越强。其计算公式为

$$现金流量与当期债务之比＝现金流入量/（短期借款＋短期应付票据＋当年到期的长期债务）$$

二、现金到期债务比率

现金到期债务比率指经营活动现金净流量与到期债务额之比，用于反映企业偿还到期债务的能力。此处"经营活动现金净流量"专门用于反映企业经营方面现金来源的实力，不包括其他资金来源。"到期债务额"是指必须用现金偿还的本期到期债务，如应付票据、银行借款等。该比率越大，表明短期偿债能力越强。其计算公式为

$$现金到期债务比率＝经营活动现金净流量/到期债务额$$

三、现金负债总额比率

现金负债总额比率指经营活动现金净流量与全部负债之比。此处的全部负债是指所有长期负债和短期负债，一般不包括或有负债。其计算公式为

$$现金负债总额比率＝经营活动现金净流量/全部负债$$

这一比率越高，说明企业举借债务能力越强。

四、每股现金流量

每股现金流量指经营活动现金净流量中可供普通股享有部分与普通股股数之比。这一比率可作为上述市场比率中每股盈余的补充说明。其计算公式如下

每股现金流量＝(经营活动现金净流量－优先股股利)/普通股股数

五、现金流量与现金股利之比

现金流量与现金股利之比指经营活动现金净流量与现金股利总额之比。这一比率越高说明企业支付现金股利的保障程度越大。其计算公式为

经营活动现金净流量＝经营活动现金净流量/现金股利总额

第七节 综合分析

一、沃尔评分法

企业财务综合评价是指利用某一种方式对企业的财务状况与经营成果的优劣做出的,可据以对企业进行横向比较的判断与评价。这一方法是美国的沃尔和邓宁两位教授在 20 世纪 20 年代首先提出的。即用线性关系把若干财务比率联系起来,采用指数法计算一个综合指标,以评价企业综合的财务状况。其要点是:首先选定若干财务比率,按其重要程度给定一个分值,即重要性权数,其总和为 100;其次,确定各评价指标的标准值;再次,算出各指标的实际值,并与所确定的标准值进行比较,计算一个相对比率;然后,将各项指标的相对比率与其重要性权数相乘,得出各项比率指标的指数;最后,各项比率指标的指数相加,得出企业的综合指数,即可以判明企业财务状况的优劣。

二、杜邦分析法

(一)杜邦财务比率分析综合模型

用比率分析法分析企业的偿债能力、营运能力、获利能力,是从某一特定的角度对企业经营的某一方面进行分析,但有时需要全面评价企业的总体财务状况和经营成果。杜邦财务比率分析综合模型就是应此要求产生的,它是利用各个主要财务比率之间的内在联系,对企业综合效益进行分析评价的方法。该体系以所有者权益收益率为龙头,以总资产收益率为核心重点揭示企业获利能力及其前因后果。根据 N 公司 2019 年度有关财务数据,编制杜邦财务分析系统图,如图 12－1 所示。

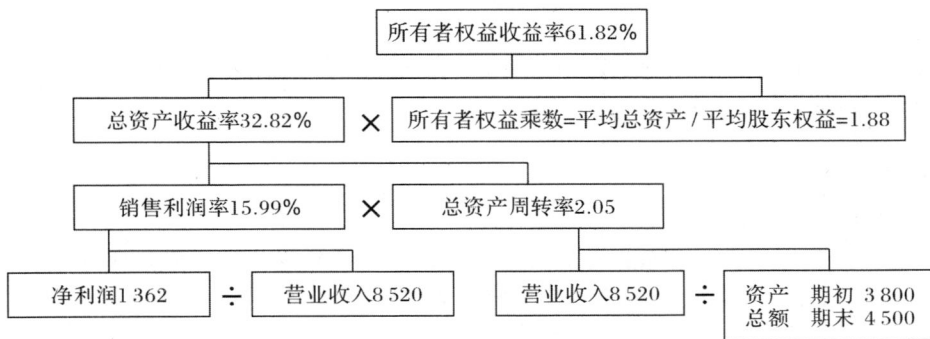

图 12－1 N公司 2019 年杜邦财务分析系统图

（二）指标分析

杜邦财务分析系统反映了以下几种主要的财务比例关系：

1. 所有者权益收益率与总资产收益率和所有者权益乘数之间的关系

$$所有者权益收益率＝总资产收益率×所有者权益乘数$$

2. 总资产收益率与销售利润率及总资产周转率之间的关系

$$总资产收益率＝销售利润率×总资产周转率$$

3. 销售利润率与净利润及营业收入之间的关系

$$销售利润率＝净利润/营业收入$$

4. 总资产周转率与营业收入及资产总额之间的关系

$$总资产周转率＝营业收入/资产平均总额$$

在上述公式中，"总资产收益率＝销售利润率×总资产周转率"这一等式被称为杜邦等式。杜邦系统在揭示了上述几种关系之后，再将净利润、总资产进行层层分解，这样就可以全面系统地揭示出企业的财务状况以及系统内部各个因素之间的关系。杜邦分析是对企业财务状况进行的综合分析。它通过几种主要的财务指标之间的关系，直观明了地反映出企业的财务状况。从杜邦分析系统可以了解到以下财务信息：

（1）决定所有者权益收益率的因素是总资产收益率和所有者权益乘数。所以，所有者权益收益率的分析又必须具体落实到对总资产收益率和所有者权益乘数的分析上。所有者权益乘数取决于企业的全部资产中负债的份额，它是总资产对所有者权益的比率，这一指标反映了企业理财的保守、开放程度和财务风险。

（2）总资产收益率反映了企业全部资产的创利能力。它的大小又取决于销售利润率和总资产周转率。销售利润率是企业的营业收入对净利润的贡献程度；总资产周转率是企业总资产的周转次数，它反映了企业资产的使用效率。

（3）销售利润率取决于企业实现的销售收入和企业净利润的关系，而企业的净利润是其营业收入扣除了有关成本费用后的部分。因此，在对销售利润率进行分析时，应进一步深入分析企业当期实现的营业收入，以及为取得这些收入而发生的成本费用和所得税项目。

（4）所有者权益乘数反映了企业资本结构的合理性，也反映了一个企业的财务风险。当市场上的资金成本率低于企业的投资收益率时，企业应负债经营，以利用财务杠杆原理来提高企业的所有者权益收益率。但企业也因此承担了较大的财务风险，因为如果市场条件一旦恶化，即当市场上的资金成本率高于企业的投资收益率时，企业将会负担沉重的利息和面临不能按期还债的危机。

总之，杜邦财务分析系统将反映公司的财务状况和经营成果的财务指标有机地结合在一起，是一个很好的综合分析方法。

本章小结

财务分析在企业经营管理及投资决策中有着极其重要的地位。财务分析的目的是通过对企业理财活动的定量分析，说明企业在某一时期的理财活动中哪些方面取得了成绩，哪些方面尚存在不足。据此在下一个财务循环开始时，有针对性地采取措施，加强对财务活动的管理，提高企业的经济效益。财务分析的方法主要有比较分析法、比率分析法、趋势分析法、结构分析法、因素分析法等，这些方法已在企业中获得广泛运用，并产生了良好的效果。财务分析的内容主要包括企业的长短期偿债能力、资金运用能力、获利能力，也包括对企业资本结构、资产结构的分析。杜邦财务比率分析综合模型是一种以所有者权益收益率和总资产收益率为核心,通过一系列指标有机联系对企业财务状况进行综合分析评价的方法。

 **思考与练习**

1.甲公司流动负债为 200 万元,流动资产为 400 万元,其中,应收票据 50 万元,存货 90 万元,其他非流动资产(待摊费用)2 万元,预付账款 7 万元,应收账款 200 万元(坏账损失率为 5%)。计算该企业的流动比率和速动比率。

2.乙公司没有优先股,2019 年每股收益为 4 元,每股发放股利 2 元,留存收益在过去一年中增加了 500 万元。2019 年底每股净资产为 30 元,负债总额为 5 000 万元,计算该公司的资产负债率。

3.A 公司 2018 年主营业务净利率为 16%,总资产周转率为 0.5,权益乘数为 2,净资产收益率为 16%。2019 年利润总额为 30 万元,销售收入净额为 100 万元。资产期初余额和期末余额相同,都是 250 万元,期初、期末资产负债率不变,都是 40%。全年共发生利息费用 5 万元,企业所得税税率为 25%。

(1)计算 2019 年如下财务指标:销售净利率、总资产收益率、总资产周转率、权益净利率、权益乘数。

(2)列出权益净利率的因素分析式。

即测即评

即 测 即 评

>> 第四篇

专题篇

第十三章
财务失败和重整

学习目标

1. 掌握财务失败的含义及原因；
2. 了解财务失败预警系统的职能及建立方式；
3. 熟悉财务重整的方式及步骤；
4. 掌握破产清算的程序。

教学大纲　　　扩展阅读及案例解析

引导案例

百富勤公司倒闭引发的思考

在香港证券史上，百富勤是港人推崇的白手起家、勇于进取的典范。1988 年，被誉为花旗"三剑客"中的杜辉廉和梁伯韬携手创立百富勤公司，起始资本仅为 3 亿港元，两人各占 35％的股权。梁伯韬的企业财务专长配合杜辉廉的证券买卖经验，使百富勤在港投资银行业务领域发展相当活跃。1989 年 9 月，百富勤用 3 亿港元资金以杠杆收购方式成功收购当时市值 14 亿港元的广生行，1990 年 2 月再收购上市公司泰顺国际，改名为百富勤投资，买壳上市，市值一度逾 25 亿港元，总资产达 240 亿港元，在东南亚和欧美拥有 28 家分支机构。

作为投资银行，百富勤率先涉足国内企业在香港上市业务，1992 年安排海虹集团、中国海外、香港中旅在港上市，创下认购倍数和冻结资金的记录。1997 年，百富勤安排北京控股在港上市，创 1 275 亿美元筹资记录。

然而，由于现金流量不足，百富勤于 1998 年 1 月 12 日宣布清盘，正式结束了不到 10 年的创业生涯。1 月 13 日，法院委任普华会计师事务所作为百富勤公司的清盘人负责接管该公司。

启示：

百富勤的破产给我们以哪些启示？

第一节　财务失败及其原因

一、财务失败的定义及形式

对财务失败的认识，必须从认识企业失败开始。企业失败，主要表现为经营失败和财务失败两个方面：一是企业的收入不足以弥补成本而导致长期亏损；二是企业不能偿还到期债务而产生财务危机。

　　企业的经济失败是指企业生产经营所产生的税后收入不足以弥补其生产成本,并使其投资收益率低于资本成本,从而使企业处于亏损状态而走向失败。对企业出现的经济失败,应设法挽救;挽救无效,则只能转入清算。

　　财务失败的概念不如经济失败那样明确,一般是指企业不能履行对债权人的契约责任,所以又称作契约性失败。换句话说,财务失败是企业无力偿还到期债务的困难和危机。

　　财务失败有两种极端的形式:一种是技术上的失败,一种是破产。前者是由于企业资金使用不合理引起的,如企业将短期贷款大量用于购置固定资产或其他长期投资等难以迅速变现的资产,当借款到期时,企业无法偿还债务,从而有可能导致企业破产。其特点是尽管企业的总资产超过总负债,但由于资产配置的流动性差,无法转变为足够的现金,用于偿付当期债务。这种财务危机可能具有暂时性,只要及时采取补救措施,企业还可以继续经营和发展。后者是由于经营亏损引起的,其特点是企业的全部负债超过其全部资产的公平股价,使企业的净资产出现负值,如果没有外来资金支持,单凭企业自身能力必然无法清偿到期债务,破产实属必然。企业按照法律程序转入破产清算,就应按照有关的优先顺序,对净资产进行分配,使债权人尽可能地收回资产。

　　可见,企业失败包括暂时的财务危机到破产之间的整个范围。

二、财务失败的原因

　　一般来说,财务失败包括了从技术失败到破产以及处于两者之间的各种情况。假设不考虑其他因素,企业"资大于债"而发生的破产,被称为"黑字破产",一般应归因于财务经理理财不佳。企业"资小于债"而发生的破产,被称为"红字破产",一般应归因于公司经营管理不善。财务失败的原因可归纳为三点:

　　1.管理不善

　　这是导致公司财务失败的最主要原因。管理不善的形式很多,如不顾企业的实际能力和经济状况而盲目扩张,营销不力而导致产品销路不畅,生产成本太高而失去竞争力等。目前,我国绝大多数企业失败主要是由于管理上的原因造成的。管理不善还可导致企业没有持续经营能力,最终导致财务失败。

　　2.经济衰退

　　这是导致企业陷入财务失败的客观原因。如由于经济不景气导致企业市场份额减少,销量下降,收入过低从而无法补偿成本费用支出。与此同时,经济衰退期间的高利率又为企业筹措应变资金带来很大困难。这些都有可能引起某些企业破产。

　　3.意外原因

　　意外原因主要是指各种偶然的、不可预见的事件,如天灾人祸,这些事件一般不能由管理人员左右。

第二节　财务失败预警

　　对企业来说,生存和发展是其根本目标,任何企业都不希望陷入破产清算的境地,从20世纪60年代中期开始,就已由专人研究破产预测的方法,这些方法可作为破产的早期预警系统,对企业早期问题进行"诊断"与"治疗",可避免破产的发生。企业破产预测方法已越来越受到企业管理者、股东、债权人等的关注。

一、企业财务预警的含义

企业财务预警,就是从财务角度对企业进行预警,它是架构在企业预警理论之上,以企业的财务报表、经营计划及其他相关财会资料为依据,利用财会、金融、企业管理、市场营销理论,采用比率分析、比较分析、因素分析等方法,及时捕捉企业经营活动和财务活动过程中的堵塞、浪费、过度滞留等影响财务收益的重大管理失误和管理波动信号,并在危机发生之前向企业经营者亮出黄牌、发出警报,督促企业管理者采取有效措施,避免潜在的危机演变成损失,起到未雨绸缪、防患于未然的作用,并使企业的财务管理活动始终处于安全、可靠的运行状态。

二、财务失败预警系统的职能

财务失败预警系统作为一种成本低廉的诊断工具,其灵敏度越高,就能越早发现问题并告知企业经营者,也就能越有效地防范与解决问题、回避财务危机的发生。所以,一个有效的财务失败预警系统具有以下职能:

(一)预知财务危机的征兆

当可能危害一个企业财务状况的关键因素出现时,财务失败预警系统预先发出警告,提醒企业的经营者及早采取措施以减少财务损失。

(二)预防财务危机的发生或控制其进一步扩大

当财务危机的征兆出现时,一个有效的财务失败预警系统不仅能预知并能预告,还能及时寻找导致企业财务状况恶化的原因,使经营者有的放矢,对症下药,制订有效措施,防止财务状况的进一步恶化,避免潜在的财务危机变为现实的损失。

(三)避免类似的财务危机再次发生

有效的财务失败预警系统不仅能及时回避现存的财务危机,而且能通过系统详细地记录发生缘由、解决措施、处理结果,并及时地提出改进建议,弥补企业现有的财务管理及经营中的缺陷,完善财务失败预警系统,从而既提供未来类似情况的前车之鉴,更能从根本上消除隐患。

三、财务失败预警系统的建立

财务失败预警系统通常有两种建立方式:定性方式和定量方式。这两种方式的区别,就在于是否将预测的结论予以量化。也就是说,采用定性方式得出的结论是一种判断,而采用定量方式则可以给出破产风险的具体数据。

(一)定性方式

定性方式一般是采用财务报表分析法,其特点是只能根据经验做出判断,因此,在判断过程中,判断者的风险倾向会影响到评价的结果,具有较强的主观性。

威廉·比弗(William H. Beaver)将79家破产企业的财务比率与79家正常企业的相应财务比率进行了比较。从比较中可看出:破产企业与正常企业财务比率的差异是十分显著的。破产企业通常负债率很高,但销售利润率和资产报酬率却很低;同时,破产企业缺乏现金,但应收账款膨胀,流动比率低,且现金比率低得更厉害。出乎意料的是,破产企业往往存货持有量很少,正是由于企业盈利与支付能力的下降,才导致了企业的破产。

(二)定量方式

这种方式是通过不同的模式确定预警的指标和判断预警的警戒线,主要有评分法与判别法。

1.评分法

先选择一组财务指标并分别给定其在总评分中占的比重(总和为 100 分),然后确定标准比率,并与实际比率相比较,评出每项指标的得分,最后求出总评分。

【例 13-1】表 13-1 是一家企业利用评分法对本年度有关指标进行计算得分的情况。

表 13-1　企业利用评分法对本年度有关指标进行计算的情况

财务比率 ①	比重 ②	标准比率 ③	实际比率 ④	关系比率 ⑤=④/③	评分 ⑥=②×⑤
流动比率	15	2	2.12	1.06	15.9
速动比率	10	1	0.75	0.75	7.5
资产负债率	10	40%	50%	1.25	12.5
应收账款周转率	10	8 次	6 次	0.75	7.5
存货周转率	15	4 次	4.3 次	1.075	16.125
总资产周转率	15	2.5 次	1.5 次	0.6	9
销售利润率	10	15%	12%	0.8	8
权益净利率	15	8%	6%	0.75	11.25
合计	100	—	—		87.775

评分法的规则是:总评分结果越接近 100,企业的破产风险就越小;与 100 分的偏离值越大,企业的破产风险就越大,极少出现评分大于 100 的情况。

评分法从理论上讲,有一个弱点,就是无论是财务比率的选择,还是比重的确定,还有标准比率的规定,都没有一个标准的、固定的依据,它受制于企业内部和外在的因素影响,同时也可能由于分析者个人所处的分析角度及风险倾向会使分析结果出现较大的差异。另外,它难以得出结果为多少时企业就要破产的结论。尽管这种评分法在理论上还有待证明,在技术上也不完善,但它还是在实际当中被人们广泛应用。

2.判别法

这一模式有以下两种思路:

第一种是单变模式思路。该种模式是通过单个财务比率的恶化程度来预测财务风险的,主要由威廉·比弗于 1966 年提出。他通过对 1954—1964 年期间的大量失败企业和成功企业比较研究,对 14 种财务比率进行取舍,最终得出可以有效预测财务失败的比率依次为:①债务保障率=现金流量/债务总额;②资产收益率=净收益/资产总额;③资产负债率=负债总额/资产总额;④资金安全率=资产变现率-资产负债率,其中,资产变现率=资产变现金额/资产账面金额。企业良好的现金流量、净收益和债务状况可以表现出企业长期的、稳定的发展态势,所以跟踪考察时,应对上述比率的变化趋势予以特别注意。当这些指标达到经营者设立的警戒值,预警系统便发出警示,提请经营者注意。企业的风险是各项目风险的整合,不同比率的变化趋势必然表现出企业风险的趋势,但单变模式没有区别不同比率因素对整体的作用,也不能很好地反映企业各比率正反交替变化的情况。一个比率变好,另一个比率变坏,便很难做出准确的预警。

第二种是多变模式思路,它是运用多种财务指标加权汇总产生的总判别值来预测财务风险,即建立一个多元线性函数模型来综合反映企业风险。

最初的"Z计分模型"由爱德华·阿尔特曼(Edward I. Altman)于20世纪60年代中期提出,用以计量企业破产的可能性。计算公式为

$$Z=1.2X_1+1.4X_2+3.3X_3+0.6X_4+0.999X_5$$

式中,Z为判别函数值;X_1为营运资金/资产总额;X_2为留存收益/资产总额;X_3为息税前利润/资产总额;X_4为普通股和优先股市场价值总额/负债账面价值总额;X_5为销售收入/资产总额。

该模型以5个财务比率,将反映企业偿债能力的指标(X_1,X_4)、获利能力指标(X_2,X_3)和营运能力指标(X_5)有机联系起来,综合分析、预测企业风险。一般认为Z大于2.675时,表明企业财务状况良好;当Z小于1.81时,表明企业财务状况堪忧;Z在2.675和1.81之间,说明企业财务状况不稳定。

企业在预测财务失败时,最好能将单个财务指标的预测方法和多个财务指标的预测方法结合起来使用,并参照其他的一些辅助性指标,不能武断地得出企业财务失败的结论。

我们还可以通过对企业的一些情况了解以及某些外在特征的分析,预测企业财务状况发生某种危机的可能性。尽管这些情况或特征并非一成不变,但我们可以以此为基本线索并加以灵活运用。例如:①企业过度依赖贷款。在缺乏严密的财务预算和管理情况下,大幅度地增加贷款只能说明该企业资金的周转能力较差或获利能力太低。②企业进行大规模扩张。同时在许多地方进行投资或收购其他企业,又涉足许多不同领域,可能会给企业带来负担过重、支付能力降低的结果。③过度依赖某家关联公司。例如子公司对母公司的过度依赖,一旦母公司根据战略需要或出于整体投资回报率的考虑,认为某个子公司不再具有原来的利用价值,将会立即停止对子公司的扶持。而子公司如果在销售、供应甚至管理、技术等方面都完全依赖于母公司的帮助,在没有了母公司的扶持后,将很可能会倒闭。④财务预测在较长时间不准确。财务预测是财务管理环节中的首要环节,其准确程度将会影响以后各环节的质量和结果。财务预测偶尔产生误差是正常的,但如果预测结果与实际情况长时间发生很大偏差,这将会使企业的财务人员疲于应付,有可能出现财务危机。⑤财务报表不能及时公开。财务报表不能及时报送、公开延迟一般都是企业财务状况不佳的征兆。但这只是给分析人员一个关于企业财务危机发生可能性的线索,并不能确切地告知是否会发生财务危机。

第三节 财务重整

当一个企业出现财务失败时可以采取多种不同的挽救措施,这些方法大致可归纳为两类:一类是非法律措施,包括债务展期、债务和解或准改组;另一类是法律措施,包括改组、破产清算等。

一、财务重整的含义及作用

企业财务重整是指对陷入财务危机,但仍有转机和重建价值的企业根据一定程序进行重新整顿,使企业得以维持和复兴的做法。这是对已经达到破产界限的企业的挽救措施。通过这种挽救,濒临破产企业中的一部分,甚至大部分能够重新振作起来,摆脱破产厄运,走上继续发展之路。设置重整制度,对债权人、濒临破产企业和整个社会经济都有重要意义:

第一,重整有望使濒临破产企业复苏,能减少债权人和股东的损失。

第二,对已达到破产界限的企业来说,重整给企业背水一战、争取生存的最后机会。

第三,对整个社会而言,能尽量减少社会财富的损失和因破产而转为失业人口的数量。

二、财务重整的方式

重整按是否通过法律程序分为非正式财务重整和正式财务重整。

(一)非正式财务重整

对企业财务失败的处理方式,实质上取决于财务危机程度的大小,以及债权人的态度。一般而言,一旦进入正式法律程序,由于其复杂的法律程序、庞大的诉讼费用以及冗长的诉讼时间使债权债务双方均疲于应付。所以,除非大部分债权人不同意私下协商解决,或因企业的清算价值超过其持续经营价值而按法律程序必须清算外,债权人在更多的情况下是采取主动让步、双方私下协商解决办法,尽可能使企业有机会继续生存下去,得到对债权人和企业双方都有利的结果。

非正式财务重整的方法主要有债务展期、债务和解和准改组。

1.债务展期与债务和解

所谓债务展期即推迟到期债务要求付款的日期;债务和解是债权人自愿同意减少债务人的债务,包括同意减少债务人偿还的本金数额,或同意降低利息率,或同意将一部分债权转化为股权,或将上述几种选择混合使用。

债务展期与债务和解的共同特点是,两者都可能使公司继续经营并避免法律费用。两者的区别主要是,债务展期可使债权人在规定的时间内收回全部债权,而债务和解意味着债权人只能收回部分债权。虽然债务展期或债务和解会使债权人暂时无法收回账款而发生一些损失,但是一旦债务人从困境中解脱出来,债权人不仅能如数收取账款,进而还能给企业带来长远利益。因此,债务展期和债务和解的方法在实际工作中普遍被采用。

当企业失败且拟采用债务展期或债务和解措施来渡过难关时,首先由企业即债务人向当地负责金融、财务调整的管理部门提出申请,由该管理部门安排,召开由企业管理人和债权人参加的会议;其次,由债权人任命一个以2~5名债权人代表组成的委员会,负责调查企业的资产、负债情况,并制订出一项债务重整计划,就债务的展期或债务的和解做出具体安排;最后,召开债权人、债务人会议,对委员会提出的债务展期、债务和解或债务展期与和解兼而有之的财务安排进行商讨并取得一致意见,达成最终协议,以便债权人、债务人共同遵循。

2.准改组

当公司长期发生严重亏损,留存收益出现巨额红字,而且资产的账面价值严重不符合实际时,如果撤换管理部门,实施新的经营方针,可有望在将来扭亏为盈。为此,企业便通过减资来消除大量亏损,并采取一些旨在使将来成功经营的措施。

准改组的财务处理方法:①由于固定资产等项目的账面价值已不符合其持续经营价值,原始成本基础显然已不可能产生切合实际的会计报表,有关的资产应重新计价,调低的数额应冲减留存收益。②股东权益(甚至负债)应重新计价,将留存收益的红字调整为零。③准改组要经债权人和股东批准,通常由法院监督,以确保有关各方的利益,避免法律纠纷,同时要按公司法的规定,公告有关的债权人。④在改组当年的财务报表中,应当充分披露准改组的程序和影响,并在此后的3~10年期间内,应加注说明留存收益的积累日期。

非正式财务重整可以为债务人和债权人双方都带来一定的好处。首先,这种做法避免了履行正式手续所需发生的大量费用,所需要的律师、会计师的人数也比履行正式手续要少得多,使重整费用降至最低点。其次,非正式财务重整可以减少重整所需的时间,使企业在最短的时间内重新进入正常经营的状态,避免了因冗长的正式程序使企业迟迟不能进行正常经营而造成的企业资产闲置和资金回收推迟等浪费现象。最后,非正式财务重整使谈判有更大的灵活性,有时更易达成协议。

但非正式财务重整也存在着一些弊端,主要有:当债权人人数很多时,可能难于达成一致;由于没有法院的正式参与,协议的执行缺乏法律保障等。

(二)正式财务重整

企业在其正常的经营活动中,有时会由于各种原因不能如期偿还债务,从而陷入暂时的财务困难。如果失败企业不具备自愿和解的协议,它可以通过法院来解决。

企业正式财务重整是指通过一定的法律程序改变企业的资本结构,合理地解决其所欠债权人的债务,以便使企业摆脱所面临的财务困难并继续经营。

1.财务重整的基本程序

正式财务重整是在法院受理债权人申请破产案件的一定时期内,经债务人及其委托人申请,与债权人会议达成和解协议,对企业进行整顿、重组的一种制度。在正式财务重整中,法院将起着非常重要的作用,特别是要对协议中的企业重整计划的公正性和可行性做出判断。财务重整的基本程序如下:

(1)向人民法院提出重组申请。债务人或者债权人可以直接向人民法院申请对债务人进行重整。由债权人申请对债务人进行破产清算的,在人民法院受理破产申请后、宣告债务人破产前,债务人或者出资额占债务人注册资本十分之一以上的出资人,可以向人民法院申请重整。

(2)人民法院对申请进行审查并决定是否立案。人民法院经审查认为重整申请符合《中华人民共和国企业破产法》规定的,应当裁定债务人重整,并予以公告。

(3)制订企业重整计划草案。重整计划是对财务失败公司现有的债权、股权的清理和变更做出安排,重整企业资本结构,提出未来的经营方案与实施办法。重整计划既可能改变企业债权人的法定或者契约限定的权利,也可能改变企业股东的权益,无财产担保的债权人往往选择以牺牲其部分债权为代价收回部分现金。债务人或者管理人应当自人民法院裁定债务人重整之日起6个月内,同时向人民法院和债权人会议提交重整计划草案。重整计划草案应当包括下列内容:①债务人的经营方案;②债权分类;③债权调整方案;④债权受偿方案;⑤重整计划的执行期限;⑥重整计划执行的监督期限;⑦有利于债务人重整的其他方案。

(4)对重整计划草案进行表决。人民法院应当自收到重整计划草案之日起30日内召开债权人会议,对重整计划草案进行表决。出席会议的同一表决组的债权人过半数同意重整计划草案,并且其所代表的债权额占该组债权总额的三分之二以上的,即为该组通过重整计划草案。各表决组均通过重整计划草案时,重整计划即为通过。

(5)人民法院批准重整计划。自重整计划通过之日起10日内,债务人或者管理人应当向人民法院提出批准重整计划的申请。人民法院经审查认为符合《中华人民共和国企业破产法》规定的,应当自收到申请之日起30日内裁定批准,终止重整程序,并予以公告。

(6)执行企业重整计划。重整计划由债务人负责执行,管理人负责监督。

若重整计划不能按期提交,或者重整计划未获通过,或者未获得人民法院批准的,人民法院将终止重整程序,并宣告企业破产。

2.财务重整决策

企业濒临破产时面临一项财务决策,即是通过清算而使企业解体,或者通过重整而生存下去,这项财务决策正确与否直接关系到企业的生死存亡,故必须慎重进行。

影响重整抑或破产清算财务决策的重要因素,首先是企业重整价值与清算价值之比较。重整价值,是指企业通过整顿、重整后所恢复的价值,包括设备的更新、过时存货的处理,以及对经营管理所做的种种改善等;而清算价值则指依企业使用的资本资产专门化程度所确定的价值,包括该资产的变现价值,以及在清算过程中所发生的资产清理费用及法律费用。通常,以重整价值大于清算价值作为重整优先考虑的条件。

其次,人民法院或债权人对企业重整的认可是以重整计划是否具备公平性和可行性为依据的。公平性是指在企业重整过程中对所有的债权人一视同仁,按照法律和财产合同规定的先后顺序,对各债权人的求偿权予以确认,不能违背法律。可行性是指重整应具备的相应条件,主要包括债权人与债务人两方面。为了使重整可行,债务人一般应具备如下条件:一是必须具有良好的道德信誉,在整个重整过程中,债务人不能欺骗债权人,如非法变卖企业财产以充作私用,损害债权人利益;二是债务人能提供详细的重整计划,以表明其有足够的把握使重整成功;三是债务人所处的经营环境有利于债务人摆脱困境,取得成功。为了使重整可行,必须经债权人会议讨论通过同意重整,并愿意帮助债务人重建财务基础。

第四节　企业破产清算

如果达到破产界限的企业不具备和解与整顿的基本条件,或和解与整顿被否决,那么,人民法院就要依法宣告该企业破产,进行债权、债务的清算。

一、破产清算的程序

根据《中华人民共和国破产法》的有关规定,企业破产清算的基本程序大致可分为三个阶段:一是破产申请阶段;二是和解整顿阶段;三是破产清算阶段。其主要操作程序如下:

(一)提出破产申请

根据《中华人民共和国企业破产法》第七条规定,企业法人不能清偿到期债务,并且资产不足以清偿全部债务或者明显缺乏清偿能力的情况下,债权人可以向人民法院提出破产清算申请,称之为非自愿破产;由债务人提出的申请为自愿破产。企业在提出破产申请前,应对其资产进行全面的清查,对债权债务进行清理,然后由会计师事务所对企业进行全面的审计,并出具资不抵债的审计报告。

(二)人民法院接受申请

债权人提出破产申请的,人民法院应当自收到申请之日起5日内通知债务人。债务人对申请有异议的,应当自收到人民法院的通知之日起7日内向人民法院提出。人民法院应当自异议期满之日起10日内裁定是否受理。通常情况,人民法院应当自收到破产申请之日起15日内裁定是否受理。

(三)指定破产清算管理人

人民法院受理破产申请后,应当依法指定破产清算管理人。管理人履行下列职责:①接管债务人的财产、印章和账簿、文书等资料;②调查债务人财产状况,制作财产状况报告;③决定债务人的内部管理事务;④决定债务人的日常开支和其他必要开支;⑤在第一次债权人会议召开之前,决定继续或者停止债务人的营业;⑥管理和处分债务人的财产;⑦代表债务人参加诉讼、仲裁或者其他法律程序;⑧提议召开债权人会议;⑨人民法院认为管理人应当履行的其他职责。

(四)债权人申报债权

人民法院受理破产申请后,应当确定债权人申报债权的期限。债权申报期限自人民法院发布受理破产申请公告之日起计算,最短不得少于 30 日,最长不得超过 3 个月。债权人应当在人民法院确定的债权申报期限内向管理人申报债权。债务人所欠职工的工资和医疗、伤残补助、抚恤费用,所欠的应当划入职工个人账户的基本养老保险、基本医疗保险费用,以及法律、行政法规规定应当支付给职工的补偿金,不必申报,由管理人调查后列出清单并予以公示。债权人申报债权时,应当书面说明债权的数额和有无财产担保,并提交有关证据。申报的债权是连带债权的,应当说明。在人民法院确定的债权申报期限内,债权人未申报债权的,可以在破产财产最后分配前补充申报;但是,此前已进行的分配,不再对其补充分配。

(五)召开债权人会议

依法申报债权的债权人为债权人会议的成员,有权参加债权人会议,享有表决权,同时债权人会议应当有债务人的职工和工会的代表参加。

(六)人民法院裁定,宣告企业破产

人民法院依法对债务人的破产申请实施破产重整或者债务和解失败,宣告债务人破产的,应当自裁定作出之日起 5 日内送达债务人和管理人,自裁定作出之日起 10 日内通知已知债权人,并予以公告。债务人被宣告破产后,债务人称为破产人,债务人财产称为破产财产,人民法院受理破产申请时对债务人享有的债权称为破产债权。

(七)破产财产处置与分配

债务人宣告破产后,管理人负责处置破产企业财产。破产企业可以全部或者部分变价出售。企业应当通过拍卖进行变价出售,并可以将其中的无形资产和其他财产单独变价出售。破产财产在变价出售后,依照下列顺序清偿:①优先清偿破产费用和共益债务;②破产人所欠职工的工资和医疗、伤残补助、抚恤费用,所欠的应当划入职工个人账户的基本养老保险、基本医疗保险费用,以及法律、行政法规规定应当支付给职工的补偿金;③破产人欠缴的除前项规定以外的社会保险费用和破产人所欠税款;④普通破产债权。

破产财产不足以清偿同一顺序的清偿要求的,按照比例分配。债权人会议通过破产财产分配方案后,由管理人将该方案提请人民法院裁定认可。

(八)破产程序终结

破产人无财产可供分配的,管理人应当请求人民法院裁定终结破产程序。管理人在最后分配完结后,应当及时向人民法院提交破产财产分配报告,并提请人民法院裁定终结破产程序。人民法院应当自收到管理人终结破产程序的请求之日起 15 日内作出是否终结破产程序的裁定。裁定终结的,应当予以公告。管理人应当自破产程序终结之日起 10 日内,持人民法院终结破产程序的裁定,向破产人的原登记机关办理注销登记。

二、破产清算中的若干财务问题

与财务重整相比,破产清算所涉及的财务问题更加复杂。这一过程中的财务问题主要包括以下四项。

(一)破产财产的界定与变现

所谓破产财产,是指破产人所有财产中可供分配给破产债权人的财产。破产财产应由以下财产组成:①企业宣告破产时,破产企业经营管理的全部财产,包括各种流动资产、固定资

产、对外投资及无形资产；②企业宣告破产后至破产清算程序终结前所得财产，如收回应收账款、债权人放弃优先受偿权利、破产财产转让价值超过其账面价值的差额部分；③破产清算期间分回的投资收益和取得的其他收益等；④应当由破产企业行使的其他财产权利。

破产财产确定以后，一般都要变卖为货币资金，以便清偿债务。财产变现分为单项资产变现和"一揽子"变现。破产财产应采用公开拍卖的方式加以出售，对破产财产中的整套设备或生产线，应尽量整体出售，确实无法整体出售的，方可分散出售。

（二）破产债权的界定和确认

所谓破产债权是指管理人确认的至企业宣告破产为止对于破产人享有的无财产担保的各项债权。在界定和确认破产债权时，应遵循以下标准：

（1）破产宣告前成立的无财产担保的债权，以及放弃优先受偿权的有财产担保的债权为破产债权。

（2）破产宣告前未到期的债权视为已到期债权，但应当减去未到期的利息。

（3）破产宣告前成立的有财产担保的债权，债权人有就该担保品优先受偿的权利，这部分债权不能构成破产债权。但是，有财产担保的债权，其数额超过担保品价款的，未受偿部分应作为破产债权。

（4）债权人在破产申请受理前对破产企业负有债务的，其债权可在破产清算之前抵销，抵销部分不能作为破产债权。

（5）债权人参加破产清算程序的费用，不能作为破产债权。

（三）破产费用和共益债务的确认与管理

破产费用指在破产程序中为破产债权人的共同利益而由破产财产中支付的费用，主要包括：①破产案件诉讼费用；②管理、变价和分配债务人财产的费用；③管理人执行职务的费用、报酬和聘用工作人员的费用。

共益债务指在破产程序中为全体债权人的共同利益所负担的各种债务的总称，主要包括：①因管理人或者债务人请求对方当事人履行双方均未履行完毕的合同所产生的债务；②债务人财产受无因管理所产生的债务；③因债务人不当得利所产生的债务；④为债务人继续营业而应支付的劳动报酬和社会保险费用以及由此产生的其他债务；⑤管理人或者相关人员执行职务致人损害所产生的债务；⑥债务人财产致人损害所产生的债务。

破产费用和共益债务由债务人财产随时清偿。债务人财产不足以清偿所有破产费用和共益债务的，先行清偿破产费用。债务人财产不足以清偿所有破产费用或者共益债务的，按照比例清偿。债务人财产不足以清偿破产费用的，管理人应当提请人民法院终结破产程序。人民法院应当自收到请求之日起 15 日内裁定终结破产程序，并予以公告。

（四）破产财产的分配与清偿

当破产财产全部确认和拍卖，破产债权全部被界定和确认，破产费用总额核算（估算）出来以后，管理人应当及时拟订破产财产分配方案，提交债权人会议讨论。债权人会议通过破产财产分配方案后，由管理人将该方案提请人民法院裁定认可。破产财产分配方案经人民法院裁定认可后，由管理人执行。

破产财产的分配应当以货币分配方式进行。破产财产在优先清偿破产费用和共益债务后，依照下列顺序清偿：①破产人所欠职工的工资和医疗、伤残补助、抚恤费用，所欠的应当划入职工个人账户的基本养老保险、基本医疗保险费用，以及法律、行政法规规定应当支付给职工的补偿金；②破产人欠缴的除前项规定以外的社会保险费用和破产人所欠税款；③普通破产债权。破产财产不足以清偿同一顺序的清偿要求的,按照比例分配。破产企业的董事、监事和高级管理人员的工资按照该企业职工的平均工资计算。

如果在清偿所有破产债权后,破产财产还有剩余,则将剩余部分在企业所有者之间按投资比例分配。

【例13-2】A公司因连年亏损,资不抵债,已由债权人申请,法院于2019年3月31日依法宣告其破产。此时,A公司的资产负债表如表13-2所示。

表13-2 2019年A公司资产负债表 单位:万元

资产	金额	负债与所有者权益	金额
货币资金	10	短期借款	40
应收账款	30	应付账款	40
存货	60	应付工资	20
固定资产原值	110	应交税金	10
减:累计折旧	10	长期借款	40
固定资产净值	100	担保债券	10
		所有者权益	40
资产总计	200	负债与所有者权益总计	200

管理人根据A公司的资产,对实存的财产、债权、债务进行清查。

(1)财产的清查、确认与拍卖。经对财产的实地调查,发现该公司的固定资产与账面情况基本相符,只是多出载重卡车一辆,后经调查发现该车是B公司暂存于此,管理人决定让B公司取回。固定资产经拍卖后实得价款50万元,扣除10万元的担保债务,尚能作为拍卖财产的有40万元。

A公司的存货有很多毁损,经拍卖后得价款30万元。应收账款经管理人多方努力,收回25万元,其余5万元已无法收回。货币资金数额与账面一致,共计10万元。这样,A公司的流动资产实际构成破产财产的只有65万元(30+25+10)。

(2)破产债权的确认。经管理人审查和核对后,对A公司各种债权做如下确认:

①长期借款和短期借款是企业分别从交通银行和中国工商银行借入的款项,在企业破产之前已经成立,构成破产债权,合计80万元。

②担保债券因为有固定资产作担保,故这10万元债权不能构成破产债权。

③应付账款共有40万元,其中10万元没有到期,应扣除1万元的利息。

④应付工资20万元是最近几个月积欠职工的,应交税金10万元是近两年欠缴的,这两项均应属于破产债权。

(3)破产费用和共益债务情况。A公司的破产清算过程中,发生了如下费用:

①破产财产管理、变卖和催收账款等费用8万元。

②破产案件的诉讼费用1万元。

③为债权人的共同利益支付其他费用1万元。

以上三项费用共计10万元。

(4)债务清偿情况。管理人根据各种财产收入和法定清偿顺序,对财产收入编制出破产的分配方案见表13-3和表13-4。

表 13-3 破产财产分配方案表   单位:元

项目	金额
1.破产财产收入	
固定资产	400 000
流动资产	650 000
2.破产财产收入合计	1 050 000
3.破产费用	100 000
4.可供债权人分配的破产财产收入	950 000
5.优先清偿的破产债权	
应付职工薪酬	200 000
应交税费	100 000
6.可供一般破产债权人分配的破产财产	650 000
7.一般无担保债权	
短期借款	400 000
长期借款	400 000
应付账款	390 000
合计	1 190 000
8.求偿率(%)=650 000/1 190 000	54.62%

表中 13-3 的应付职工薪酬和应交税费属于优先债权而全部受偿。

表 13-4 破产财产债权清偿表

债权类别	求偿权	求偿率/%	清偿金额/元
短期借款	400 000	54.62	218 480
长期借款	400 000	54.62	218 480
应付账款	390 000	54.62	213 018
合计	1 190 000	54.62	649 978

表 13-4 中的长期借款、短期借款、应付账款只能偿还 54.62%,未清偿部分则不能清偿,成为债权人的损失。

本章小结

财务失败是企业无力偿还到期债务的困难和危机。它有两种极端的形式,一是技术上的失败,二是破产。财务失败的原因可以归纳为管理不善、经济衰退、意外原因。

财务失败预警系统是一种有效的诊断工具,得到了很多应用。它具有预知、预防和避免三个基本职能,并且在一定程度上可以使企业明确自己在竞争中的地位,通过加强管理,避免破产的发生,使企业能够继续经营下去。

财务重整是对陷入财务危机,但仍有转机和重建价值的企业根据一定程序进行重新整顿,使企业得以维持和复兴的做法。按是否通过法律程序分为非正式财务重整和正式财务重整。

当达到破产界限的企业不具备和解与整顿的基本条件,或和解与整顿被否决,那么企业就将被人民法院宣告破产,进行债权、债务的清算。在这一过程中,企业必须严格遵守破产清算的法律程序并处理好破产清算的有关财务问题。

思考与练习

M公司准备重组,重组前公司资本结构如下:银行借款6 300万元,长期债券2 600万元,优先股1 600万元,普通股5 000万元。预计重组后未来10年的现金净流量为2 000万元,同行业平均资本报酬率水平为16%,银行提出将手中的贷款转化为新的3 800万元贷款和2 000万元的优先股,长期债券持有人提出将原来债券转化为1 200万元的优先股和300万元的普通股,优先股股东持有人分配1 200万元,并继续以优先股存在。

(1)计算重整企业价值。

(2)以重整价值为上限,确定重组后新的公司资本结构。

即测即评

即测即评

第十四章
企业并购与重组

学习目标

1. 了解企业并购的概念与类型；
2. 掌握企业并购成因与战略分析；
3. 掌握目标企业的价值评估方式；
4. 熟悉企业重组理论与方式。

教学大纲　　　扩展阅读及案例解析

引导案例

雀巢收购徐福记获批 糖果业步入寡头割据时代

糖果生产商徐福记国际集团 2011 年 12 月 7 日在新加坡交易所发布公告宣布,中国商务部 12 月 6 日已批准雀巢公司以 17 亿美元收购徐福记 60% 股权的交易。雀巢计划让徐福记从新加坡交易所摘牌。摘牌时间将另外公布。根据收购协议,徐福记的创立者徐氏家族将间接持有徐福记剩余 40% 股权。

分析人士指出,国内糖果行业格局将引来一场革命性的巨变,中国消费品即将迈入寡头割据时代。

早在 2011 年 7 月,雀巢宣布计划出资 21 亿新加坡元(约 17 亿美元)收购糖果制造商徐福记 60% 股权。根据双方协议,雀巢将首先收购徐福记独立股东所持有的 43.5% 的股权,此外将再从徐氏家族持有的 56.5% 的股权中购得 16.5% 的股份。徐福记首席执行官兼董事长徐乘将继续带领新的合资公司。

徐福记的产品包括糖果、谷物小食品、预包装蛋糕和萨其马。雀巢认为,徐福记的产品非常适合中国消费者的需求和习惯,对包括烹饪产品、速溶咖啡、瓶装水、奶粉和餐饮服务业产品在内的雀巢公司在华现有产品线是一个补充。

截至 2010 年 6 月 30 日,中国糖果生产商徐福记实现利润 6.02 亿元,实现收入 43 亿元。该公司股票在新加坡上市,在国内拥有四家大型工厂,并拥有 16 000 名员工。

徐福记新闻发言人孙天珍表示,并购完成后,徐福记仍将维持现有的经营团队,但公司的财务管理将以雀巢为主导,另外,双方在销售渠道上将实现资源共享。

"此次并购对雀巢而言,最大的收获是徐福记的渠道资源。"雀巢在中国的糖果业务市场占比非常小,远远落后于卡夫、联合利华等竞争对手,而徐福记则是国内整个糖果行业中营业额最大的企业,此项收购将令雀巢获得徐福记在中国近 1.8 万条散装柜资源,以及徐福记庞大的二三线渠道资源,而徐福记则将受益于雀巢的品牌影响力、资金实力、研发能力、管理体系等。

资料来源:张娟娟.雀巢收购徐福记获批 糖果业步入寡头割据时代[EB/OL].(2011-12-08)[2019-11-20]. http://finance.sina.com.cn/roll/20111208/071010955366.shtml.

启示：

1.雀巢收购徐福记的目的是什么？

2.雀巢收购徐福记采用怎样的出资方式？为什么？

第一节 企业并购的概念与类型

一、企业并购的概念

并购是兼并（merger）与收购（acquisition）的合称，是一种公司产权的资产性交易行为，通过这种形式，公司的所有权或产权得以按照市场规则实现让渡和转移。20世纪90年代以来，无论是国外还是国内，公司并购行为比任何时候都要活跃和频繁。实践证明，在公司的长期发展中，公司内部与外部的成长是互补的。如果公司想成功地进入新产品和新地区的市场，那么在它发展的某个阶段可能会需要进行并购活动，公司并购能增加社会财富，提高效率，使资源得到合理和有效的利用，并增加股东们的财富。

兼并通常是指一家企业以现金、证券或其他形式购买其他企业的产权，使其他企业丧失法人资格或改变法人实体，并取得对这些企业决策控制权的经济行为。《中华人民共和国公司法》规定："公司合并可以采取吸收合并或者新设合并。"吸收合并就是兼并，而新设合并是指两家公司或多家公司合并在一起，以组建一家新公司，新公司吸纳各合并公司的资产和负债。

收购是指一家企业在证券市场用现金、债券或股票购买另一家企业（目标企业）的部分或全部股票或资产，以获取对该企业的控制权。目标企业的法人实体地位并不因此而消失。收购的对象有两种，一种是股权收购，一种是资产收购。前者是购买另一家企业股份的一种投资行为，在一般情况下，通过收购目标企业已发行在外的股份，或认购目标企业所发行的新股两种方式执行。当购买到对方一定比例的股权而取得经营管理控制权时，即可接收该企业。后者是指收购方收购目标企业的部分或全部资产，是一般资产的买卖行为。

二、兼并与收购的异同之处

（一）兼并与收购的相同点

兼并与收购有许多相似之处，主要表现在：

1.基本动因相似

其动因要么为扩大企业市场占有率；要么为扩大经营规模，实现规模经营；要么为扩宽企业经营范围，实现分散经营或综合化经营。总之，都是增强企业实力的外部扩张策略或途径。

2.都以企业产权为经营对象

在现代企业制度下，兼并不仅仅是企业产权（法律上的所有权）的转移，更重要的是企业产权的转让。收购通过控制目标企业股权取得控制权，即市场交易活动中对企业生产要素组合的支配权力，它是在产权基础上提出的。这样，兼并和收购都是为了获取企业的控制权，是一种高级形态的产权交易。

（二）兼并与收购的区别

兼并与收购的区别在于：

（1）在兼并中，被合并企业作为法人实体不复存在；而在收购中，被收购企业可仍以法人实体存在，其产权可以部分转让。

（2）兼并后，兼并企业成为被兼并企业新的所有者和债权债务的承担者，是资产、债权、债务的一同转换；而在收购中，收购企业是被收购企业的新股东，以收购出资的股本为限承担被收购企业的风险。

（3）兼并多发生在被兼并企业财务状况不佳、生产经营停滞或半停滞之时，兼并后一般需调整其生产经营、重新组合其资产；而收购一般发生在企业正常经营状态，产权流动相对平和。

由于在运作中它们的联系远远超过其区别，所以兼并、合并与收购常作为统一一词一起使用，统称为"购并"或"并购"，泛指在市场机制作用下企业为了获得其他企业的控制权而进行的产权交易活动。在下文中，我们不再强调三者的区别，在必要的地方，再分别采用兼并或收购的提法。

三、并购的类型

企业并购，根据不同的标准，可以划分为不同的类型。对于并购企业来说，不同类型的并购活动，可能导致的并购成本是不相同的。

（一）按并购双方产品与产业的联系分类

按并购双方产品与产业的联系进行分类，并购可分为横向并购、纵向并购与混合并购。

1. 横向并购

当并购方与被并购方处于同一行业，生产或经营相同、相似产品，并购使资本在同一市场领域或部门集中时，则称之为横向并购。这种并购一般双方生产工艺相近，并购风险较小，进而能够很快形成生产或销售的规模经济。并购投资的目的主要是确立或巩固公司在行业内的优势地位，扩大市场份额，增加垄断实力。采用横向并购形式的基本条件是收购公司需要并且有能力扩大自己产品的生产和销售。它是早期兼并的最主要形式。但由于这种并购容易破坏竞争，形成高度垄断的局面，因此许多国家都密切关注并严格限制此类并购的发生。

2. 纵向并购

纵向并购，是指生产同一（或相似）产品不同生产阶段的公司之间的兼并，即优势公司将同本公司生产紧密相关的生产、营销公司并购过来，以形成纵向一体化。从并购方向看，纵向并购又有向后并购和向前并购之分。向后并购是指并购生产流程后一阶段的公司，而向前并购是指并购生产流程前一阶段的公司。纵向并购的优点是：能够扩大生产规模，节约通用的设备、费用等；可以加强生产过程各环节的配合，有利于协作化生产；可以加速生产流程，缩短生产周期，节省运输、仓储、资源和能源等。纵向并购在20世纪上半期逐渐成为公司并购浪潮中的主要形式。它较少受到各国有关反垄断法律或政策的限制。

3. 混合并购

混合并购，是指一个公司对与自己处于不同产业领域、产品属于不同市场，且与其产业部门之间不存在特别的生产技术联系的公司进行的并购。混合并购又有三种形态：

（1）产品扩张型并购，是指相关市场上公司间的并购；

（2）市场扩张型并购，是指一个公司为扩大其竞争地盘而对它尚未渗透的地区生产同类产品的公司进行并购；

（3）纯粹的混合并购，是指那些生产和经营彼此间毫无联系的产品或服务的若干公司的并购。

混合并购的主要目的在于减少长期经营一个行业所带来的风险。在现代科技不断发展进步的情况下，一种原材料可以应用于几个不同行业的生产，一个行业的副产品乃至废品可能是另一个行业不可缺少的原材料。因此，充分利用原材料已经成为混合并购的一个原因。

与混合并购密切相关的是多角化经营战略。按照多角化经营战略，公司或采取合资形式，或采取并购方式，向本公司的非主导行业投资或开辟新的业务部门，以便减少经营局限性，分散投资风险，以扩大公司知名度。与横向并购和纵向并购相比，这种并购形态因并购公司与目标公司没有直接业务关系，其并购的目的往往较为隐晦而不易为人察觉和利用，有可能降低并购成本。与纵向并购类似，混合并购也被认为不宜限制竞争或构成垄断，故而不常成为各国反托拉斯法控制和打击的对象，从而在公司并购浪潮中占据相当的地位。

（二）按并购的出资方式分类

根据并购的出资方式的不同，并购可以分为出资购买资产式并购、出资购买股票式并购、以股票换取资产式并购、以股票换取股票式并购。

1.出资购买资产式并购

出资购买资产式并购，是指收购公司用现金购买目标公司全部或绝大部分资产以实现并购。以现金购买资产式的并购，被收购公司按购买法或权益合并法计算资产价值并入收购公司，原有法人地位及纳税户头取消。对于产权关系、债权债务清楚的公司，出资购买资产式并购能做到等价交换，没有后遗症或遗留纠纷。但由于国内公司财务报表可行度未臻完善，目标公司的财务状况尤其是债权债务关系不大清楚，则会在相当程度上影响收购公司单纯以现金出资购买目标公司的兴趣。

2.出资购买股票式并购

出资购买股票式并购，是指收购公司使用现金、债权等购买目标公司一部分股票，以实现控制后者资产及经营权的目标。出资购买股票既可以通过一级市场进行，也可以通过二级市场进行。通过市场出资购买目标公司股票是一种简便易行的并购方法，但因为受到有关证券法规信息披露原则的制约，如购进目标公司股份达到一定比例，或达到该比例后持股情况再有相当变化都需履行相当的报告及公告义务，在持有目标公司股份达到相当比例时更要向目标公司股东发出公开收购要约，等等。所有这些要求都容易被人利用，哄抬股价，从而使并购成本激增。收购公司如果通过发行债券的方式筹集资金进行并购，则容易背上巨大的债务负担。

3.以股票换取资产式并购

以股票换取资产式并购，是指收购公司向目标公司发行自己的股票以交换目标公司的大部分资产。一般情况下，收购公司同意承担目标公司的债务，但双方也可以做出特殊约定，如收购公司有选择地承担目标公司的部分债务。在此类并购中，目标公司应承担两项义务，即同意解散目标公司，再把所持有的收购公司股票合理地分配给目标公司股东。这样，收购公司就可以防止所发行的大量股份集中在极少数股东手中。收购公司和目标公司之间还要就目标公司的董事及高级职员参加收购公司的管理事宜达成协议。

4.以股票换取股票式并购

以股票换取股票式并购，是指收购公司直接向目标公司股东发行收购公司的股票，以交换目标公司的大部分股票。一般而言,交换的股票数量应至少达到收购公司能控制目标公司的足够表决权数。通过此项安排,目标公司就成为收购公司的子公司,或通过解散而并入收购公司。但不论在哪种情况下,目标公司的资产都会在收购公司的直接控制下。

(三)按并购是否通过中介机构分类

按是否有中介机构介入,并购可以分为直接并购和间接并购。

1.直接并购

直接并购是指并购公司直接向目标公司提出并购要求,双方通过一定程序进行磋商,共同商定完成并购的各项条件,从而在达成协议的条件下实现并购目的。如果此种并购只是针对目标公司的部分股权,并购公司可能会允许目标公司取得增加发行的新股票;如果并购的目的在于目标公司的全部股权,可由双方共同协商,在确保共同利益的基础上确定股份转让的条件和形式。鉴于直接并购需要目标公司自始至终的大力配合,在后者对并购持反对态度的情况下不可能成功,故直接并购又称为善意并购或协议并购。当然,在直接并购中,除并购公司采取主动攻势外,目标公司也可能出于某种原因而主动提出转让经营控制权的要求,如本身经营遇到困难、股东对经营者缺乏信心而对并购公司寄予厚望,甚至在遭遇敌意并购时急于寻找善意并购者等。

2.间接并购

间接并购是指并购公司并不直接向目标公司提出并购要求,而是在证券市场上以高于目标公司股票市价的价格大量收购其股票,从而达到控制该公司的目的。并购公司亦可趁目标公司股价下跌之机大量吸纳其股票而达到同样的目的。此种并购都不是建立在自愿、协商(指对目标公司而言)的基础上,因而极有可能引起双方的激烈对抗。在这种情形下,间接并购往往构成敌意并购。

敌意并购的优点在于并购公司完全处于主动地位,不用被动权衡各方利益,而且并购行动节奏快、时间短,可有效控制并购成本。但敌意并购通常无法从目标公司获取其内部实际运营、财务状况等重要资料,给公司估价带来困难,同时还会招致目标公司抵抗设置各种障碍。所以,敌意并购的风险较大,要求并购公司制订严密的并购行动计划并严格保密、快速实施。另外,由于敌意并购易导致股市的不良波动,甚至影响企业发展的正常秩序,各国政府都对敌意并购予以限制。

(四)按涉及被并购企业的范围分类

按涉及被并购企业的范围划分,并购分为整体并购和部分并购。

1.整体并购

整体并购是指资产和产权的整体转让,是产权的权益体系或资产不可分割的并购方式。其目的是通过资本迅速集中,增强企业实力,扩大生产规模,提高市场竞争能力。整体并购有利于加快资金、资源集中的程度,迅速提高规模水平与规模效益。实施整体并购也在一定程度上限制了资金紧缺者的潜在购买行为。

2.部分并购

部分并购是指将企业的资产和产权分割为若干部分进行交易而实现并购的行为。部分并购具体包括三种形式:①对企业部分实物资产进行并购;②将产权划分为若干份等额价值进行并购;③将经营权分成几个部分(营销权、商标权、专利权)等进行产权转让。部分并购的优点在于可扩大企业并购的范围；弥补大规模整体并购的巨额资金缺口；有利于企业设备更新换代，使企业将不需要的厂房、设备转让给其他并购者，更容易调整存量结构。

第二节　企业并购的动因与效应

在市场经济体制下，并购动因的核心是保证企业的生存和尽力扩大企业对周围环境的控制能力。企业作为独立的经济主体，其一切经济行为都受到利益动机驱使，即企业价值最大化。同时，企业并购的另一动力来源于市场竞争的巨大压力。这两大原始动力在现实经济生活中以不同的具体形态表现出来，即在多数情况下企业并非仅仅出于某一动因进行并购，而是将各种因素进行平衡，以实现多方面的并购效果。具体来说，主要有以下动因。

一、谋求协同效应

寻求资本增值，增加公司价值是并购行为的基本动因。如果 A 公司和 B 公司合并为 AB 公司，而 AB 公司的价值超过 A 公司与 B 公司的简单算术之和，即 AB＞A＋B，那么这种合并就产生了协同效应。协同效应包括以下几个方面。

（一）经营协同效应

由于经济的互补性及规模经济，两个或两个以上的企业合并后可提高生产经营活动的效率，这就是所谓的经营协同效应。获取经营协同效应的一个重要前提是产业中的确存在规模经济，且在并购前尚未达到规模经济。规模经济效应具体表现在两个层次：

1. 生产规模经济

企业通过并购可调整其资源配置使其达到最佳经济规模的要求，有效解决由专业化引起的生产流程的分离，从而获得稳定的原材料来源渠道，降低生产成本。

2. 企业规模经济

通过并购将多个工厂置于同一企业领导之下，可带来一定规模经济，表现为节约管理费用，可以更大的财力进行新产品、新技术、新工艺的研究与开发，扩大企业规模，增强企业抵御风险能力，提高企业经济效益。

（二）财务协同效应

财务协同效应主要是指并购给企业在财务方面带来的种种效益。企业并购不仅可因经营效率提高而获利，而且还可在财务上获得收益，主要表现在以下几个方面：

1. 财务能力提高

并购会带来企业资金的扩大，企业在运用资金方面会产生资金规模效应，同时由于企业筹资渠道的多元化，又会带来资本成本降低，并实现资本在并购企业与被并购企业之间低成本的有效再配置。另外，一般情况下，合并后企业整体的偿债能力比合并前单个企业的偿债能力强。

2. 纳税效应

合理避税也是许多企业并购行为的重要动因之一。税法对个人和企业的财务决策具有重要影响，不同类型的资产所征收的税率是不同的，由于股息收入和利息收入、营业收入和资本收入的税收计算方式不同，企业若采用某些财务处理方法可以达到合理避税的目的。如一家获利高并因此归于最高课税登记的公司可以并购一家有累计纳税亏损的企业,并购后即可利用税收中的亏损递延条款,获得减交或免交所得税的收益。另外,在以收购公司的股票换取被收购公司股票的情况下,被收购公司的股东既未收到现金,也未实现资本转移,也可免税,这样在不纳税的情况下,公司实现资产的流动和转移,资本所有者实现了追加投资和资产多样化的目的。如果收购公司使用可转换债券换取被收购公司的股票,也可带来两个好处:一是公司付给这些债券的利息在税前支付,因此可以少缴一部分所得税;二是公司可以保留这些债券的资本利得直到这些债券转化为股票为止,由于资本收益的延期偿付,公司可以少缴资本利得税。

3.预期效应

预期效应指因并购使股票市场对企业股票评价发生改变而对股票价格的影响。由于预期效应的作用,企业并购往往伴随着强烈的股价波动,形成股票投资机会。投资者对投资利益的追求反过来又会刺激企业并购的发生。

二、企业发展动因

企业发展一般有两种方式:通过内部投资形成生产能力;通过并购获得生产能力。比较而言,并购具有较大优势,主要表现在:①并购可以充分利用目标企业的原料来源、销售渠道、工程技术人员、商誉、专利等无形资产以及管理经验与企业文化,不仅有效地降低了进入新行业的壁垒,而且也可以大幅度地降低投资风险与成本。②并购还可以充分利用经验曲线效应。在很多行业中,当企业在生产经营中的经验积累越来越多时,可使产品单位成本不断降低,即经验-成本曲线呈下降趋势。由于无法通过复制、聘请对方企业雇员、购置新技术或新设备等手段来取得这种经验,这就使拥有经验的企业具有了成本上的竞争优势。通过并购,不但可以获得原有企业的生产能力和各种资产,还可以获得原有企业的经验。经验曲线效应对混合并购具有特别重要的意义。

三、实现战略重组

当企业面临变化了的环境而调整战略时,并购可以使企业低成本地迅速进入被并购企业所在的增长相对较快的行业,通过经营相关程度较低的不同行业分散风险,并在很大程度上保持被并购企业的市场份额以及现有的各种资源,从而保证企业持续不断的盈利能力,增强企业资产的安全性,实现战略重组。

四、获得特殊资产

企业获取某项特殊资产往往是并购的重要动因。特殊资产可能是一些对企业发展至关重要的专门资产。如土地是企业发展的重要资源,一些有实力、有前途的企业往往会由于狭小的空间难以扩展,而另一些经营不善、市场不景气的企业却占有较多的土地和优越的地理位置,这时优势企业就可能并购劣势企业以获取其优越的土地资源。另外,并购还可能是为了得到目标企业所拥有的有效管理队伍、优秀研究人员或专门人才以及专有技术、商标、品牌等无形资产。

五、降低代理成本

在企业的所有权和经营权相分离的情况下,经理是决策或控制的代理人,而所有者作为委托人成为风险承担者。由此造成的代理成本包括契约成本、监督成本和剩余损失。通过企业内部组织机制安排可以在一定程度上缓解代理问题,降低代理成本。但当这些机制不足以控制代理问题时,并购机制使得接管的威胁始终存在。通过公开收购代理权而造成的接管,将会改选现任经理和董事会成员,从而作为最后的外部控制机制解决代理问题,降低代理成本。

第三节　企业并购的战略分析

企业并购行为往往体现了企业的战略。战略的目标是多种多样的,包括扩大市场占有份额、实现规模经济、分散企业经营风险等。并购作为一种实现企业战略的手段,需要被纳入企业的整体战略框架之中,不同形式的并购要受到企业战略选择和规划的支配。

一、并购的一般程序

企业的并购活动涉及许多经济、政策和法律问题,如金融法规、证券法规、公司法、会计法、税法以及反不正当竞争法等,在有些国家,还存在反垄断法对并购活动进行制约。因此,企业并购是一个极其复杂的运作过程。企业并购的程序通常由法律做出规定,但是许多细节要由并购的各方具体操作。

企业并购大致可以分为五个阶段:准备阶段、谈判阶段、公告阶段、交接阶段、重整阶段。各个阶段并不是依次进行的,在大多数情况下,是相互交叉进行的。从财务的角度来看,并购的程序通常包括以下步骤:

第一,提出并购的目标企业。和资本预算不同的程序是,提出并购方案的不是企业的中下级管理层,只能是高级管理人员。高级管理人员根据本企业的发展战略和目标企业的有关情况,确定并购的对象。在这个过程中,企业通常需要聘请金融机构作为财务顾问,便于并购的顺利进行。

第二,评价并购战略。由于并购决策的固有风险,通常战略考虑要优先于财务分析。所以企业必须根据自身的战略目标来评价并购活动。其中主要的分析内容,就是对目标企业进行战略分析,研究并购对企业竞争能力和风险的可能影响。

第三,对目标企业进行价值评估。对目标企业的价值评估,就是根据目标企业当前所拥有的资产、负债及其营运状况和市场价值等指标,确定企业的出价。最终评估价值应当建立在风险-收益评价的基础上。对目标企业的估价也就是确定并购的成本。

第四,确定并购的出资方式。在现代并购实践中,现金出资并不是唯一的出资方式。股票出资(即股票交换)、综合证券出资已经成为并购中常见的出资方式,而且占据了越来越重要的地位。企业在确定并购的出资方式时,通常考虑的因素包括并购后持续经营的需要、税收、财务风险,以及市场价值的可能变化等。

第五,制订融资计划。在确定并购所需的资金数量和形式之后,企业就需要据此进行融资规划,企业必须考虑由此而产生的企业价值和风险的可能变动,在尽量降低风险的同时,保持企业的最优资本结构。

第六,制订并购计划。在以上各步骤分析的基础上,企业要制订相应的并购计划。并购计划不仅可以为实际执行过程提供明确的指导和具体的时间表,而且有利于与并购的实际完成情况进行比较。

第七,实施并购计划。如果并购计划获得企业董事会和股东大会的通过,企业就可以实施并购计划。在实施过程中,不仅要完成各种财务工作,而且要进行大量的法律规定的工作。例如,向目标企业提出并购的要约,签订并购合同,反击各种可能的反并购防御措施等。

第八,对并购过程进行及时的控制。并购计划的实施,通常不会一帆风顺。在实施过程中出现的各种意外情况,对并购活动可能有重要影响。这就需要企业对并购过程进行及时的控制,并采取相应的措施。并购计划的科学性,将在很大程度上决定并购实施的顺利性。

第九,整合目标企业。并购的成功与否,不在于企业能否完成并购,而在于并购能否实现企业的战略发展目标。因此,并购后的管理,对整个并购活动也有着重要影响。企业必须根据战略目标和实际情况,有计划地将目标企业与本企业进行整合。

第十,并购活动的评价。并购活动的事后评价,可以为企业提供反馈信息,同时可以为未来的决策提供重要的经验。但是,并购活动的事后评价,在很多企业中流于形式。许多企业只是因过度盲目并购陷入困境后,才反思并购成效。如果对并购进行及时的事后评价,盲目并购的现象也许就不会发生。

由以上对并购程序的分析,可以看出评价并购战略和对目标企业进行价值评估是整个过程中最关键,同时也是最复杂的步骤,为此,下面将主要介绍并购战略分析的基本思路和方法以及如何对目标企业价值进行评估。

二、并购战略分析

企业并购是一项有风险的业务,数百万元乃至更大的损失往往产生于战略决策上的失误。因此,每个从事并购活动的企业,为了实现目标,都必须制订一个可行的战略,以适应不断变化的各种条件。无论是理论上还是实践中,适用于所有公司的最佳并购战略是不存在的。每个企业都必须根据自己在市场上的地位及其目标、机会和资源,确定一个有意义的并购战略。

评价并购的成败,不在于企业是否完成并购交易,而在于交易完成后的经营业绩是否达到预期目标。因此,在并购过程中,制订科学而又可行的并购战略与一般的投资决策一样,是投资成败的关键所在。

(一)企业并购的战略目标

企业的并购战略,主要是根据企业整体发展的需要,希望通过并购而跨入新的具有发展前途、能给企业带来长期利益的行业,也可能是因为当前目标企业的价格便宜,计划收购后再整个或分开出售以获得更大的利益。由于大多数的并购活动都是为了收购后与本企业资源整合,以取得综合效益,包括规模经济、获取必要的技术和产品生产线及市场规模的扩大,因此主要讨论以整合为目的的并购战略。

根据并购对象的差别,以整合为目的的企业并购战略,可以分为垂直型整合战略和水平型整合战略。

1.垂直型整合战略

垂直型整合战略是指企业通过并购与本企业生产经营有关联的上游及下游企业以实现规模经济的战略,又称纵向一体化战略。垂直型整合战略的基本指导思想是:企业只有控制生产的每一过程,才可以获得长远利益。要实现这一战略目标,必然要并购其他企业,特别是在产业进入壁垒较高的情况下。

垂直型整合战略虽然具有分散风险的功能,但同时需要企业大量增加固定成本及资本支出于某一特定行业,从而降低了未来转移到其他企业的弹性,不利于经营风险的降低。

2.水平型整合战略

水平型整合战略从其目的上讲,大致可以分为三种类型:①扩大生产线与市场规模动机。并购企业通过并购取得目标企业现有的产品生产线。在此过程中,并购企业不仅需要考虑取得现有生产技术,同时还要考虑目标企业现有的产品品牌及营销渠道。通过水平型整合战略来扩张生产线,虽然有助于强化并购后企业的整体市场地位,但是在收购决策上,并购企业必须考虑收购价格及市场营销的综合效益发挥的程度。这两种因素是相互作用的,如果未来的营销能力大为提高,投资回收期自然就会相对较短,也就不妨以较高价格加以收购。但是必须注意很多无法预期的因素会在收购后出现,使收购后所需投入资金超过收购前的估计,对此,并购企业在进行战略规划时必须加以防范。②强化市场竞争动机。从竞争的观点来看,并购是市场竞争常用的策略;将市场竞争者接收过来,可使市场占有率迅速扩张,降低市场竞争的压力。相对来说,收购下游销售企业的垂直型整合战略,只是加强对市场营销渠道的控制,短期内并不能扩大市场占有率。③快速取得生产设备动机。如同市场份额的快速取得一样,生产设备的快速取得是许多并购行为的基本动机。许多企业在预期市场需求会扩大而自己生产能力又有限的情况下,若自行扩建厂房、增加设备,则不仅费时,而且存在着技术工人的供应量问题。这时收购一些同行业的企业,则可以迅速达到上述目的。在通常情况下,为了快速取得生产设备而收购的目标企业,大多是经营不善、财务状况不佳的企业。

(二)并购战略的评价方法

并购战略动机是企业并购活动的基本指导思想,企业还必须运用一些战略评价方法,将并购的战略动机具体化,以便于对战略进行可行性评价。在并购战略制订过程中,通常采用的评价方法有产品生命周期与经验曲线评价法、波士顿矩阵评价法、安索夫矩阵评价法。

1.产品生命周期与经验曲线评价法

(1)产品生命周期评价法。产品生命周期模型描述了产品生命概念和一个产品的发展轨迹以及它所适应的市场。产品生命周期理论认为大多数产品从最初进入市场到被新产品代替退出市场要经历四个阶段,即引入期、成长期、成熟期和衰退期,如图14-1所示。

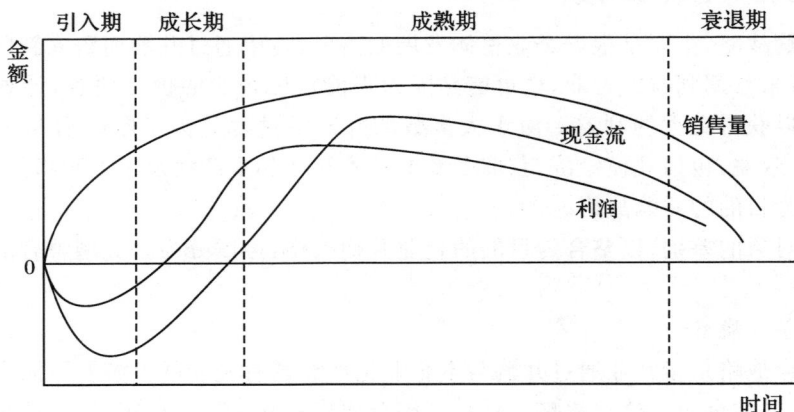

图14-1 产品生命周期曲线

图 14-1 不仅显示了生命周期中四个阶段的销售量,而且显示了相应的利润和现金流状况。在引入期,利润通常是负的,进入成长期则很快上升,到成熟期后将逐步下降;现金流则在引入期和成长期都是负的,表示需要投入资金,这些投资将在成熟期和衰退期得到回报。

对任何一个企业而言,大多数产品都存在一个有限的市场生命周期,对那些技术变革迅速的企业应了解产品正处在生命周期的哪一阶段,以确定收购过程中所投入的资金是否能够很快得到回报,从而降低并购的风险。

(2)经验曲线评价法。经验曲线模型描绘的是随着一个企业生产某种产品或从事某种业务的数量的增加、经验的不断积累,其生产成本将不断下降的规律。经验曲线又称为学习曲线,是评价企业战略地位的一个重要工具。经验曲线模型所描述的单位成本随产量增加而下降的原因,可以归纳为以下三点:①学习。重复劳动将提高同一操作的熟练程度,进而提高工作效率,使单位成本下降。②专业分工。产量增加,适度规模水平的达到使得分工更加专业化,专业化设备的使用也可以提高生产率,使单位成本下降。③技术和工艺的进步。专业化的分工和不断的学习使得操作技术得到不断的提高,同时采用专业化的设备改善了生产工艺,优化了生产流程,降低了单位生产成本。对一个企业来说,高市场占有率带来高的累积产量,这意味着企业能够从中获得更大的成本优势。成本优势的增加必将提高企业的盈利能力。也就是说,一个企业如果具有高的市场占有率或具有最大斜率的经验曲线,那么它将成为该产业中的价格领导者,其他企业只能是价格的接受者。相反,一个不是价格领导者的企业要努力去提高市场占有率,是要付出很大代价的。

经验曲线说明了市场占有率对企业经营的重要性。而产业集中和市场占有率的提高常常是可以通过并购来实现的。并购不仅能够把累积的经验有效地转变成依赖于企业产品生命周期不同阶段的特有的优势,还能够使企业更容易享有营销和分销规模上的优势。这些问题在产品处于增长缓慢的成熟阶段显得特别重要,因为这一阶段的竞争是指向特定的细分市场的。从另一角度来说,尽管通过企业未来的投资能够利用规模增长和经验积累的优势,但是在这种情况下,这种优势一般不能立即显现出来。因此,并购企业在分析目标企业市场地位和并购投资收回时间时,要结合经验曲线的两方面影响进行认真分析。

2.波士顿矩阵评价法

波士顿咨询集团根据 20 世纪 60 年代中期的"经验曲线",首创了波士顿矩阵模型。实际上它提出了一个坐标系,这一坐标系将一家企业的业务组合定义在两个坐标轴上——市场增长率和企业的市场相对份额。市场增长率表示市场的吸引力。当一家企业在市场上出售的产品需求迅速增长的时候,企业有更多的获利机会,也即有更多的市场吸引力。市场份额表示企业在市场上的竞争能力。波士顿矩阵如图 14-2 所示。

具体地说,纵轴上的市场成长性代表这项业务所在市场的年销售增长率,它反映产品在市场上的成长机会如何,销售增长率高就是成长发展的机会大,但同时也需要投入更多的资金。大于 10% 的增长率一般认为是高的。横轴上的市场占有率以相对市场占有率来表示,它是该战略业务单位的市场占有率与该市场最大竞争者的市场占有率之比。如相对市场占有率是 10,意味着本公司就是本行业的领先者或最大竞争者,市场占有率为居第二竞争者的 10 倍。相对市场占有率一般以 1 为分界线,大于 1 者为高,小于 1 者为低。这里,资金投入与产品的市场增长率成正比。由于经验曲线的影响,资金的获得是市场占有率的函数,是非常重要的。

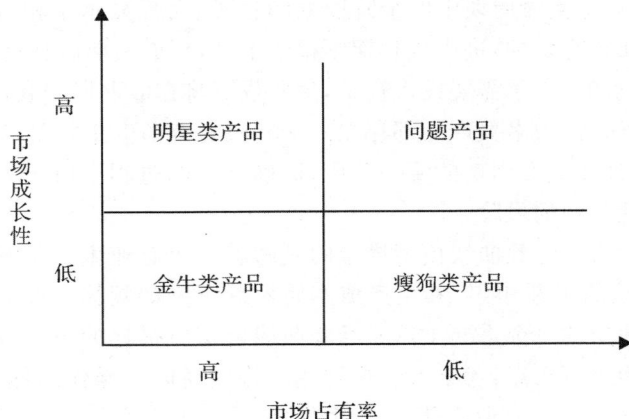

图 14 - 2 波士顿矩阵

在引入产品生命周期、经验曲线和市场占有率之后,需要制订一个合适的策略,以便于考虑与并购有关的问题。波士顿咨询集团把并购战略分为以下四组:①建设战略,其目的在于通过努力开发新产品或推进现有产品来提高市场占有率;②维持战略,其目的在于将市场占有率保持在现有水平;③收获战略,其目的在于允许市场占有率下降的前提下增加现金流;④放弃战略,其目的在于出售或者清理某种产品,以便把资源转到更有利的领域。

根据波士顿业务组合坐标系可知,公司必须有一个平衡的业务或产品组合,以便尽可能地降低风险。在并购的时候,一般应遵循以下原则:①尽可能并购相关产业或相同产业的公司,以免在进行多角化经营时,造成业务分散,风险过大;②尽可能进入增长快的产业,可以提供更多的现金流;③避免收购市场占有率低的公司,以免影响公司的盈利能力和现金流。市场占有率通常是决定公司盈利能力和现金净流量的最重要因素,所以目标公司具有相当大的市场占有率是非常重要的。一般来说,收购公司成功的可能性是与目标公司市场占有率的高低成正向相关关系的。

3. 企业发展方向选择模型——安索夫矩阵

波士顿矩阵有利于明确公司业务组合的强弱之处,并对这些业务哪些需要剔除、哪些需要保留或者哪些需要通过增加投资去进一步加强提供了指导。所以,它根据市场吸引力和竞争力揭示了一家企业的发展方向。而安索夫矩阵则刻画出了应该选择哪种方向,如图 14 - 3 所示。

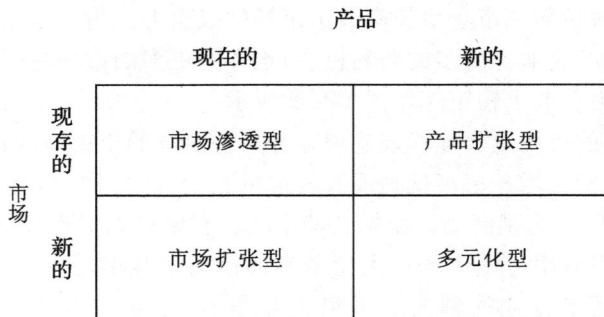

图 14 - 3 安索夫矩阵

根据企业希望进入的产品市场和现有产品市场之间的关系,它提供了一家企业的四种可能的战略选择:

(1)市场渗透型:企业在现存的市场增加企业的市场份额;

(2)市场扩张型:企业在新的区域市场出售其现有的产品;

(3)产品扩张型:企业在现存市场上出售与现有产品相关的其他产品;

(4)多元化型:企业在新的市场上出售新产品。

一家企业做出何种选择,取决于企业对希望进入扩大的市场的吸引力的评价,或它的投入、竞争实力和价值创造的潜力。当这些实力同市场的需求旗鼓相当时,一家企业的核心竞争力或者独特的获利能力对其战略选择有决定性的影响。波士顿矩阵也好,安索夫矩阵也好,都是抓住了决定市场竞争和构成企业竞争实力的各种复杂多样的环境。

第四节　目标企业的价值评估

目标企业价值的评估,就是并购企业根据各方面因素,对目标企业的评估,它反映了并购企业为收购目标企业而愿意支付的费用。对目标企业的评估,实质上是并购企业对收购收益的效益-成本分析,这是决策并购成功与否的关键环节。

一、目标企业的估价方法

目标企业估价取决于并购企业对其未来收益的大小和时间的预期。它本质上是一种主观判断,但并不是可以随意定价,而是依据一定的科学方法和长期经验验证的原则。对目标企业估价一般可以使用以下方法。

(一)资产价值基础法

资产价值基础法是指通过对目标企业的资产进行估价来评估其价值的方法。目前国际上通行的资产评估价值标准主要有以下五种:

1.账面价值

账面价值是指会计核算中账面记载的资产价值。账面价值取数方便,但其缺点是只考虑了各种资产在入账时的价值而脱离现实的市场价值。

2.市场价值

市场价值是指把资产视为一种商品在市场上公开竞争,在供求关系平衡状态下确定的价值。当公司的各种证券在市场上进行交易时,它们的交易价格就是这种证券的市场价值。它可以高于或低于账面价值。

3.清算价值

清算价值是指在企业出现财务危机而破产或歇业清算时,把企业中的实物资产逐个分离而单独出售的资产价值。对于股东来说,公司的清算价值是清算资产偿还债务以后的剩余价值。

4.续营价值

与清算价值相反,续营价值是指公司资产作为一个整体仍有增值能力,在保持其继续经营的条件下,以未来的收益能力为基础来评价公司资产的价值。由于收益能力是众多资产组合运用的情况下产生的,因此续营价值标准更适用于公司整体资产的评估。

5.公允价值

公允价值是指将目标企业在未来持续经营情况下所产生的预期收益,按照设定的折现率(市场资金利润率或平均收益率)折算成现值,并以此确定其价值。它把市场环境和企业未来的经营状况与目标企业价值联系起来,最适宜于评估目标企业的价值。

(二)收益法

收益法就是根据目标企业的收益和市盈率确定其价值的方法,也可称为市盈率模型。因为市盈率的含义非常丰富,它可能暗示着企业股票收益的未来水平,投资者投资于企业希望从股票中得到的收益,企业投资的预期回报,企业在其投资上获得的收益超过投资者要求收益的时间长短。

应用收益法对目标企业估值的步骤如下:

1.检查、调整目标企业近期的利润业绩

收益法使用的收益指标在性质上是被收购企业在收购以后持续经营可能取得的净利润。对目标企业净利润的分析,应该考虑下列因素,并进行适当调整:①并购企业必须仔细考虑目标企业所使用的会计政策,关注目标企业是否有滥用会计政策操纵利润的行为,或者随意调整会计政策使企业净利润缺乏必要的可比性。若有必要,需调整目标企业已公布的利润,使其与买方企业的会计政策一致。②剔除非常项目和特殊业务对净利润的影响。③调整由于不合理的关联交易造成的利润增减额。

2.选择、计算目标企业估价收益指标

一般来说,最简单的估价收益指标可采用目标企业在近一年的税后利润,因为其最贴近目标企业的当年情况。但是,考虑到企业经营中的波动性,尤其是经营活动具有明显周期性的目标企业,采用最近三年税后利润的平均值作为估价收益指标将更为恰当。实际上,对目标企业的估价还应当更多地注重其被收购后的收益状况。比如,当并购企业在管理方面具有很强的优势时,假设目标企业被并购后的税后利润作为估价收益指标,可能对企业并购决策更具有指导意义。

3.选择标准市盈率

通常可选择的标准市盈率有如下几种:在并购时点目标企业的市盈率,与目标企业具有可比性的企业的市盈率,目标企业所处行业的平均市盈率。选择标准市盈率时必须确保在风险和成长性方面的可比性,该标准应当是目标企业并购后的风险和成长性结构,而不应仅仅是历史数据。同时,实际运用中通常需要根据预期的结构对上述标准加以调整,因为难以完全准确把握市盈率与风险、成长性之间的关系。

4.计算目标企业的价值

利用选定的估价收益指标和标准市盈率,就可以比较方便地计算出目标企业的价值,公式如下:

$$目标企业的价值 = 估价收益指标 \times 标准市盈率$$

采用收益法估算目标企业的价值,以投资为出发点,着眼于未来的经营收益,并在测算方面形成了一套较为完整有效的科学方法,因而为各种并购价值评估广泛使用,尤其适用于通过证券二级市场进行并购的情况。但在该方法的使用中,不同估价收益指标的选择具有一定的主观性,选用不同的估价收益指标,对目标企业的估价也将大不相同;而且我国股市建设尚不完善,投机性较强,股票市盈率普遍偏高,适当的市盈率标准难以取得,所以在我国当前的情况下,很难完全运用收益法对目标企业进行准确估价。

(三)贴现现金流量法(拉巴波特模型)

这一模型是由美国西北大学阿尔弗雷德·拉巴波特提出的,是用贴现现金流量方法确定最高可接受的并购价格,这就需要估计由并购引起的期望增加的现金流量和贴现率(或资本成本),即企业进行新投资,市场所要求的最低的可接受的报酬率。拉巴波特认为有五个重要因素决定目标企业价值,即销售和销售增长率、销售利润率、新增固定资产投资、新增营运资本、资本成本率。

运用贴现现金流量模型对目标企业估价的步骤是:

1.预测自由现金流量

对目标企业现金流量的预测期一般为5~10年,预测期越长,预测的准确性就越差。拉巴波特建立的自由现金流量预测模型如下:

$$FCF_t = S_{t-1}(1+g_t) \times P_t(1-T_t) - (S_t - S_{t-1}) \times (F_t + W_t)$$

式中,FCF是自由现金流量;S指的是销售额;g为销售年增长率;P是销售利润率;T为所得税税率;F为销售额每增加1元所需追加的固定资本投资;W为销售额每增加1元所需追加的营运资本投资;t为年限。

2.估计贴现率或加权平均资本成本

考虑到股票、市盈率、股票获利率不能全面反映对股东的机会成本,资本资产定价模型可用于估计目标企业的历史资本成本。

3.计算现金流量现值,估计购买价格

根据目标企业自由现金流对其估价,公式如下:

$$TV_n = \sum_{i=1}^{n} \frac{FCR_t}{(1+K_w)^i} + \frac{V_n}{(1+K_w)^n}$$

式中,TV_n代表并购后目标企业价值;K_w是加权平均资本成本,可根据公式$K_w = \sum(K_j \times W_j)$进行计算,其中,$K_j$表示第$j$种资金来源资本成本,$W_j$表示第$j$种资金来源所占的比重;$V_n$代表目标企业的终值。

对并购企业而言,并购应作为一个投资项目加以评估,这就必须估计并购后企业的预期现金流量,并按资本要素的成本贴现。应评估的现金流量中包括新近业务的所有正常营业现金流量,由于并购需要处理双方不必要的部门,包括处理冗余人员的成本,以及协同效应对现金流量的贡献,上述现金流量的现值扣除购买目标企业金额后的价值若大于零,则一般来说该并购方案可行。

对目标公司股东而言,评估收购要约的方法与并购企业的决策分析相似,即股东接受并购要约后,未来的现金收益经适当折现后是否会超过持有目标公司股票的现金收益的现值。

【例14-1】A公司是一家股东权益价值4 200万元、普通股股票数量为300万股(每股股票价值为14元)的公司。

设A公司准备以某种形式收购B公司,收购对象B公司目前的资产负债率为40%,收购后A公司准备将其提高至50%。目前B公司债务的税后成本为8%,假设收购后资产负债率的提高不会改变B公司的债务成本,而股东权益的成本预计将上升为16%。目前B公司债务的市场价值为580万元,股东权益的市场价值为1 200万元,B公司共有普通股120万股,每股股票价值为10元。A公司准备收购B公司,收购后B公司的债务将完全由A公司承担,试分析收购活动的可行性。

(1)现金流量分析。预计收购后 B 公司的现金流量(已计入各种合并效应的影响)如表 14-1所示。

表 14-1　收购后 B 公司现金流量分析　　　单位:万元

项目	2015 年	2016 年	2017 年	2018 年	2019 年
销售净收入	2 000	2 200	2 790	3 150	3 500
减:销售成本	1 500	1 600	2 000	2 200	2 450
销售及管理费用	200	250	350	380	420
折旧	150	150	170	180	220
息税前收益	150	200	270	390	410
减:利息	50	60	70	80	80
税前收益	100	140	200	310	330
减:所得税(25%)	25	35	50	77.5	82.5
净收益	75	105	150	232.5	247.5
加:折旧	150	150	170	180	220
减:资本支出	70	74	110	166	200
加:最终价值					4 012.5
现金净流量	155	181	210	246.5	4 280

最终价值按照 2019 年现金流量(247.5+220-200)=267.5(万元),在后续各年中以 5% 的速率持续增长计算,即 $V_{2019}=\dfrac{(247.5+220-200)\times 1.05}{0.12-0.05}=4\,012.5$(万元)。

(2)估算合并后资本成本。假定这里已按 CAPM 模型估算出股东权益资本成本率为 16%,可据此进行计算:

WACC=0.50×8%+0.50×16%=12%

(3)计算合并后现金流量现值。

$$PV=\frac{155}{(1+12\%)}+\frac{181}{(1+12\%)^2}+\frac{210}{(1+12\%)^3}+\frac{246.5}{(1+12\%)^4}+\frac{4\,280}{(1+12\%)^5}$$

$$=138.39+144.29+149.47+156.66+2\,428.59$$

$$=3\,017.4(万元)$$

(4)计算并购价格及股东收益。B 公司目前市场价值为 1 780 万元,其中股东权益价值为 1 200 万元,据以上分析,收购后 B 公司的价值可达 3 017.4 万元,股东权益价值达 2 437.4 万元。这意味着,如果 A 公司能以低于 2 437.4 万元的价格收购 B 公司,则该项收购活动即有利可图。与目前 B 公司股东权益的现值相比,收购后股东权益价值可增加 1 237.4 万元。如果 A 公司所付出的收购成本为 1 800 万元,则原 B 公司股东可得到 600 万元的收益,原 A 公司股东可得到 637.4 万元的收益。

以上各种对目标企业的评估方法,并无绝对的优劣之分。并购企业对各种不同方法的选用应主要根据并购的动机而定,并且在实践中可将各种方法交叉使用,从多角度评估目标企业的价值,以降低评估风险。

二、反并购

并购有善意和敌意之分。对于善意并购,并购双方在友好协商的气氛下平稳地完成并购。

但对于敌意并购,被并购方的所有者及管理者,特别是高层管理者则会竭力抵御,以防止本企业被并购。

在当今公司并购之风盛行的情况下,越来越多的公司从自身利益出发,在投资银行等外部顾问机构的帮助下,开始重视采用各种积极有效的防御性措施进行反并购,以抵制来自其他公司的敌意并购。

(一)反并购的经济手段

反并购时可以运用的经济手段主要有四大类。

1. 提高并购者的收购成本

(1)资产重估。多年来,许多公司定期对其资产进行重新评估,并把结果编入资产负债表,提高了净资产的账面价值。由于并购出价与账面价值有内在联系,提高账面价值会抬高并购价格,抵制并购动机。

(2)股份回购。公司在受到并购威胁时可回购股份。但此法对目标公司颇危险,因负债比例提高,财务风险增加。

(3)寻找白衣骑士(white knight)。白衣骑士是指目标公司遭遇敌意并购时,主动寻找第三方即所谓的白衣骑士以更高的价格来对付敌意并购,造成第三方与敌意并购者竞价并购目标公司的局面。在这种情况下,敌意并购者要么提高并购价格,要么放弃并购。一般来说,如果敌意并购者的出价不是很高,目标公司被白衣骑士拯救的机会就大。如果敌意并购者的出价很高,那么白衣骑士的成本也会相应提高,目标公司获救的机会就小。

(4)"金色降落伞"。"金色降落伞"是指目标公司董事会通过决议,由公司董事及高层管理人员与目标公司签订合同,一旦目标公司被并购,其董事及高层管理人员被解雇,则公司必须一次性支付巨额的退休金(解职费)、股票选择权收入或额外津贴。上述人员的收益根据他们的地位、资历和以往业绩的差异而不同。这种收益就像一把降落伞让高层管理者从高高的职位上安全退下来,故名降落伞计划;又因其收益丰厚如金,故名"金色降落伞"。

2. 降低并购者的并购收益或增加并购者风险

(1)"皇冠上的珍珠"对策。从资产价值、盈利能力和发展前景诸方面衡量,在公司内经营最好的子公司被喻为"皇冠上的珍珠"。这类公司通常会诱发其他公司的并购企图,成为并购的目标。目标公司为保全其他子公司,可将"皇冠上的珍珠"这类经营好的子公司卖掉,从而达到反并购的目的。作为替代方法,也可把"皇冠上的珍珠"抵押出去。

(2)毒丸计划。毒丸计划又称股权摊薄反并购策略,是一种提高并购公司并购成本,造成目标公司的并购吸引力急速降低的反并购措施。毒丸计划在平时不会生效,只有当公司面临被并购的威胁时,毒丸计划才启动。毒丸计划包括负债毒丸计划和人员毒丸计划两种。负债毒丸计划是指目标公司在并购威胁下大量增加自身负债,降低公司被并购的吸引力。人员毒丸计划是指公司的绝大部分高级管理人员共同签署协议,在公司被以不公平价格并购,并且这些人中有一人在并购后被降职或解聘时,则全部管理人员将集体辞职。这一策略不仅保护了目标公司股东的利益,而且会使并购公司慎重考虑并购后更换管理层对公司带来的巨大影响。公司的管理层阵容越强大、越精干,实施这一策略的效果将越明显。

(3)焦土战术。焦土战术是一种两败俱伤的反并购策略。例如,将公司中引起并购者兴趣的资产出售,使并购者意图难以实现。

3.并购并购者

并购并购者,也称为帕克曼防御。帕克曼防御是指目标公司在遭到并购袭击时,不是被动地防守,而是以攻为守,它或者反过来提出还盘而并购并购者,或者以出让本公司的部分利益包括出让部分股权为条件,策动与目标企业关系密切的友好企业出面并购并购方股份,以达围魏救赵的效果。

4.适时修改公司章程

这是公司对潜在并购者或诈骗者所采取的预防措施。反并购条款的实施、直接或间接提高并购成本、董事会改选的规定都可使并购双方望而却步。常用的反并购公司章程包括超级多数条款、公平价格条款等。

(二)反并购的法律手段

诉讼策略是目标公司在并购防御中经常使用的策略。诉讼的目的通常包括:逼迫并购方提高并购价以免被起诉;避免并购方先发制人,提起诉讼;延缓并购时间,以便另寻白衣骑士;在心理上重振目标公司管理层的士气。

目标公司可利用的法律手段主要有:第一,援引反垄断法。反垄断法是各国维护正常市场经济秩序的基本法律之一。如果某一行业的经营本来已高度集中,继续并购当然会加剧集中程度,这样的并购极易触犯反垄断法。目标公司可以进行周密调查,抓住并购的违法事实并获取相关证据,即可击败并购方的企图。第二,援引证券法或证券交易法。如果是上市公司的并购或被并购,即会涉及上述法规。这些法规一般对证券交易及公司并购的程度、强制性义务有规定,比如对持股量、强制披露与报告、强制收购要约等均有规定,并购方一旦在强制性义务方面有疏忽,很有可能因违反法律而导致收购失败。第三,利用诉讼阻止并购进程,争取到宝贵的时间,然后再用经济手段消除并购威胁。这种诉讼的目的不在于一定赢得诉讼,而是利用诉讼获得宝贵的喘息之机,并组织有效的反击。

反并购防御的手段层出不穷,除经济、法律手段外,还可利用政治等手段,如迁移注册地、增加并购难度等。以上种种反并购策略各具特色、各有千秋,很难断定哪种更为奏效。但有一点是可以肯定的,企业应该根据并购双方的力量对比和并购初衷选用一种策略或几种策略的组合。

第五节 企业重组

并购是企业资本运营的基本方式,除此之外,分立与股权结构重组也是重要手段。企业重组就是通过调整公司的资源来优化配置,以达到提高企业效率的目的。企业重组涉及企业的方方面面,是一个全方位多元化的系统工程。

一、企业重组的内容

企业重组可说是其并购后的自然延伸,但企业重组的内涵和意义决定了它的作用远远超越了并购的范围。企业重组的内容主要包括以下几个方面。

(一)业务重组

业务重组是指对被并购企业的业务进行划分,将其划分为盈利性业务和非盈利性业务。

业务划分以后,可以决定哪些业务保留在企业中或者改造后的股份制公司中,哪些业务剥离出去。业务重组是企业重组的基础,是资产重组和其他重组的前提。

(二)资产重组

资产重组是指对一定重组企业范围内的资产进行分拆、整合或优化组合的活动,它是企业重组的核心。资产重组主要侧重于固定资产重组、长期投资重组和无形资产重组。

(三)负债重组

在存在资产重组的情况下,负债重组一般以"负债随资产行"的原则进行重组。在我国由于国有企业资产负债率高,企业债务负担过重,债权转股权也是我国国有企业负债重组的一种形式。

(四)股权重组

股权重组是指对企业股权的调整,是企业重组的内在表现。对于并购后的企业来讲,股权重组包括两个层次:一个层次是将被收购企业改制成股份有限公司的股权重组;另一个层次是进一步成为向社会公开发行股票及上市的股份有限公司或者已是上市公司继续发行股票融资的股权重组。

(五)职员重组

企业被并购后,一方面,其高层管理人员、技术人员、熟练工人等重新安排,这是并购战略的重要内容;另一方面,职员重组要求减少企业冗员,优化劳动组合,提高劳动生产率。

(六)管理体制重组

并购后,买方必然要考虑将本身实施良好的管理制度转移到目标公司,如存货控制、生产流程、销售分析等。当然,目标公司好的制度也可转移到买方。另外,如果并购的目的是多角化经营,目标公司可保持管理体制上的一定独立性,因为双方业务相关性小,制度整合不易。还有如果目标公司经营不善,并购方面需全面分析原因,引入管理新思维,进行企业重建。

二、企业重组的种类

按照不同的分类标准,企业重组可分成许多类型。

(一)内部重组和外部重组

按照重组主体和发生范围,企业重组可以分为内部重组和外部重组。内部重组是指企业内部的资产重组或者企业所属集团内部的资产重组;外部重组是指企业以外的其他企业参与的重组。

(二)政府主导型重组和市场主导型重组

资产重组按其推动者和实施者划分,可以分为政府主导型和市场主导型两种。此外,也有一些资产重组是市场、企业和政府共同作用的结果。因此,在上述两种之外,还存在政府协助型、市场协助型等一些混合类型。

(三)上市前的资产重组和上市后的资产重组

上市公司的资产重组按照重组时间来分类,可分为上市前的资产重组和上市后的资产重组。上市前的资产重组是指企业在改组为股份有限公司时将原企业的资产和负债进行划分,通过分立和合并等形式,对企业资产及组织重新组合与设置。上市后的资产重组则指上市公司通过与其他上市公司或非上市公司之间的股权置换,实现资源的重新组合及公司经营规模的迅速扩大。

三、企业重组的方式

近年来,随着证券市场规模的扩大及上市公司经营观念的转变,我国证券市场上已发生了一系列企业重组的案例。根据我国国有企业改制上市发生的重组,同时结合国外证券市场的经验,归纳出以下几种主要的重组方式。

(一)原续整体重组

原续整体重组指将被改组企业的全部资产投入股份有限公司或吸收其他权益作为共同发起人设立股份有限公司,以此为股本,再增资扩股,发行股票并上市。

该种重组方式的优点是企业不需要对其资产进行剥离,关联交易少,重组过程较简单,时间较短,企业优质资产可以在一个完整的系统下得到综合利用,有利于集团整体运作;原有职工一般留在上市公司,避免了内部人员的矛盾冲突。缺点是由于非经营性资产未予剥离,对进一步提高劳动生产和走专业化道路产生负面影响;不能裁员轻装上阵,不利于分散风险。

(二)分拆上市重组

分拆上市重组是指原企业经过重组后分为两个或多个法人,原法人消亡,新法人仍然属于原所有者。分拆上市在国外证券市场获得了广泛的运用。优点是有利于建立新的高效率的企业运行机制,提高企业的竞争能力;易达到上市的门槛;分拆出来的核心业务盈利性较好。缺点是需要进行资产剥离,重组的难度较大,时间较长;上市公司与非上市部分之间将存在产品、服务等多方面的关联交易,处理复杂;需要政策上的配套,操作起来难度大。

(三)"买壳借壳"重组

与一般企业相比,上市公司的优势在于能够利用其在证券市场上的筹资途径,实现公司规模的迅速增长,可见,上市公司的"上市"资格是一种宝贵的资源。"买壳借壳"就是在我国证券市场发展的特殊阶段中充分利用上市资源的两种资产重组形式。

买壳上市是指非上市公司通过购并控股上市公司,然后利用反向并购的方式注入自己的业务和资产,达到间接上市的目的。

借壳上市就是上市公司的母公司(集团公司)通过将主要资产售予上市的子公司,实现母公司间接上市的目的。

📑 本章小结

并购是现代资本运营的重要方式,是兼并与收购的合称,是指在市场机制作用下企业为了获得其他企业的控制权而进行的产权交易活动。在实践中,并购活动存在多种类型,可以并购双方产品与产业的联系、出资方式、是否有中介机构参与、涉及被并购企业的范围为标准进行划分。除此之外,还存在其他特殊形式的企业并购。并购活动类型的多样性表明并购本身在不断发展之中。

在市场经济环境下,来自市场竞争的巨大压力和追求企业价值最大化是企业并购的两大原始动力,并且在现实经济生活中以不同的具体形态表现出来,即谋求协同效应、企业发展动因、实现战略重组、获得某项特殊资产、降低代理成本等。在多种因素综合平衡的条件下实现并购。

企业并购是一项重要的财务决策,必须经过一个有效的决策程序。从财务分析的角度来看,企业并购的基本程序包括:提出拟并购的目标企业,评价并购战略,对目标企业的价值进行评估,确定出资方式,决定融资规划,制订并实施并购计划,及时进行过程控制,整合目标企业,评价并购的结果。有效的并购程序可以避免企业陷入盲目并购的困境。

并购的战略目标主要是以整合为目的,实现规模经济或扩大市场竞争优势。企业的并购战略必须要加以分析,以决定是否可行。在实践中,人们开发出各种企业并购战略的分析模型,其中影响比较大的有产品生命周期与经验曲线评价法、波士顿矩阵评价法和安索夫矩阵评价法等。

在并购决策中,目标企业的价值评估结果不仅影响并购的可能性,而且会影响到并购后企业的持续经营能力,所以目标企业的价值评估非常重要。目标企业价值评估的具体方法主要有资产价值基础法、收益法、贴现现金流量法等。当公司遇到恶意并购时,常采取反并购。反并购可运用经济手段、法律手段等。

企业重组是指对企业原有的既存的各类资源要素(包括企业本身)运用经济、行政和法律手段,并按照市场规律实施的重新配置或组合。企业重组的主要内容包括业务重组、资产重组、负债重组、股权重组、职员重组与管理体制重组。按照不同的分类标准,企业重组可分成许多类型。企业重组的方式主要有原续整体重组、分拆上市重组和"买壳借壳"重组等。

企业并购与重组都是资本运营的重要手段。在我国上市公司中,并购与重组占有较为重要的比例。如何更好地对目标企业进行评估,更为准确地判断出目标企业的价值,以及在并购后进行有效的整合,这些都是值得我们进一步思考的问题。

思考与练习

1. M 公司资产总额为 60 000 万元,负债与权益之比为 2∶3,息税前利润为 8 400 万元,股票市价为 72 元,发行在外的股数为 1 000 万股;N 公司的资产总额为 40 000 万元,息税前利润为 4 000 万元,负债与权益之比为 1∶1,股票市价为 12 元,发行在外的股数为 1 000 万股。企业所得税税率均为 25%,负债均为银行长期借款,借款年利率为 10%。M 公司因自身业务发展需要并购 N 公司,预计并购后 N 公司能获得与 M 公司相同水平的权益净利率和市盈率。

要求:

(1)计算 M、N 两家公司并购前权益净利率和市盈率。

(2)采用收益法计算 N 公司的并购价值。

2. A 公司拟采用并购方式取得对 B 公司的控制权。B 公司生产经营特点决定其未来创造现金流量的能力较强。鉴于此,A 公司的最高决策层决定对 B 公司的估价采用贴现现金流量法。

有关 B 公司预测数据如下:

(1)2019 年 B 公司实现现金净流量 120 万元,估计今后现金净流量每年以 3% 的幅度递增。

(2)B公司资本结构为负债占50%,普通股股本占50%。

(3)证券市场无风险报酬率为4%,平均风险股票必要报酬率为12%,B公司股票的贝塔系数为1.5。

(4)负债利息率为10%。

问:若A公司只有现金1 000万元,能否实现对B公司的并购?

即测即评

即测即评

第十五章
大数据时代下的财务管理

学习目标

1. 了解大数据的产生与发展；
2. 熟悉大数据的关键技术；
3. 掌握大数据对财务管理工作的影响；
4. 掌握大数据时代下的财务管理创新。

教学大纲　　扩展阅读及案例解析

引导案例

海尔财务信息化系统

互联网和大数据时代给企业财务信息化带来了新的挑战和机会。为了将大数据转化为商业价值，需要构建强大的基于决策支持和价值创造的财务信息化系统。海尔从 2006 年进行财务转型，推进从核算型财务向价值创造型财务的转变。同时，海尔构建融合财务会计与管理会计的广义财务信息系统，实现从会计核算信息化向管理会计信息化的拓展，提升财务对业务的决策支持作用。

通过构建信息化的财务共享服务中心，海尔实现了会计核算信息化。在此基础上，海尔大力推进管理会计信息系统的建设，为企业的战略规划、预算管理、经营决策、绩效评价等提供全面整合的信息与决策支持。海尔的管理会计信息系统以战略为框架、以价值创造为导向、以市场为驱动、以自主经营团队为单元，在提升企业价值、降低企业风险、优化资源配置、提升管理水平等方面发挥了重要作用。

从 2007 年开始，海尔建立了信息化的财务共享服务中心，将集团内不同公司的往来、结算、资产核算、费用核销、总账、报表等交易处理与会计核算业务进行统一集中共享，实现了会计核算的标准化、流程化与信息化，提升了会计核算的效率。

通过信息化的财务共享服务中心，海尔将集团内各公司的会计语言、会计流程、会计核算系统与财务标准等进行统一，各分子公司均纳入统一的会计信息平台进行核算与管理。海尔通过对集团各公司的动态比较分析，及时发现各公司在绩效与流程等方面的短板，推进持续优化。

同时，海尔构建了信息化的全球资金管理平台，对各公司的资金账户进行统一管理，实现全球资金结算、营运与投融资的信息化管理，实现资金加速流动和增值。

资料来源：彭家钧.海尔财务信息化系统的构建与运行[J].财务与会计，2015(15)：18－20.

启示：
海尔的财务信息化系统建设有哪些值得借鉴的？

作为具有革命意义的最新科学技术,大数据正在从各个角度影响着我们的生活,也包括企业财务领域。财务管理是企业管理的核心内容,对企业经营规划有着深刻的影响,能否高水平地执行财务管理关乎着企业的生存发展。如何积极应对大数据时代企业财务管理的环境变化和发展趋势,以敢于创新的姿态占领时代的先机,是当前我国企业所面临的刻不容缓的棘手问题。

第一节 大数据概述

一、大数据的来源与发展

随着科学技术的不断创新发展、实践应用的需求增长,我们在社会生活中随处可以看到大数据现象。典型的有 Web 数据,如微博、微信或者社交平台上的数据,用户不断更新状态,发布新消息,好友的跟帖也紧跟其后,数据量源源不断地产生;再者电子商务交易数据,数据实时产生,迅速增长;传统行业中,大型商场、百货超市、零售店的销售记录、购买信息数据,都是大数据,通过这些数据可以筛选出有价值的信息从而对客户的行为进行剖析;企业中财务管理、人员管理、生产管理等过程中会产生庞大的数据量;还有金融行业的日常业务交易数据,其数据量也相当大。综上所述,互联网的发展,大数据时代的横空出世,不仅影响着人们的生活,而且也带动社会生产的创新发展。企业在大数据时代背景下,面对如此海量的数据时,更需进行管理的创新,转变经营理念,利用先进的科学技术,实时获取企业经营的大量数据,并进行提纯、分析、整理等,为企业的经营发展提供有价值有意义的最新数据信息。

人类社会数据生成模式经历了三个阶段,在数据生成方式的巨大变化下,最后导致大数据生成。

第一阶段是运营式系统阶段。从开始使用数据库管理数据开始,随着数据库不断被应用,人们管理数据变得越来越便捷,使得数据管理变得不再复杂。运营式系统大多采用数据库,数据库作为运营系统的子系统,发挥数据管理的重要作用,比如企业的销售记录系统、银行的业务交易记录系统、医院的看病记录系统等。自运营式系统广泛应用数据库进行数据管理后,数据量也随之迅速增长而庞大起来,为人类社会数据量的飞跃奠定了基础。这种数据的产生方式是被动的。

第二阶段是用户原创内容阶段。互联网的飞速发展,给人们的工作、生活都带来了深刻的变化。进入 Web 2.0 时代,互联网用户数大量增加,数量不断膨胀,人们通过微博、微信等多类型社交平台进行交流,主动提交自己的行为数据,进行实时更新,数据量近年来快速膨胀,社交网络与我们的生活越来越紧密。

人们进入了社交时代、移动时代,智能手机、平板电脑的逐渐普及,大量新型的移动终端设备不断涌现,用户不仅主动提交自己的行为,而且通过自己的社交圈进行实时交互,因此产生大量的数据,而且拥有极强的传播力。这一阶段数据的产生方式是主动的。

第三阶段是感知式系统阶段。这一阶段数据量出现较快的飞跃,最终导致大数据的产生,迎来了大数据时代。人们可以依靠智慧的力量,制造出微小的有处理功能的传感器。传感器设备不断被广泛应用在社会的各领域,对于整个社会的运转进行实时监控,这些传感器设备会不间断地传出新数据。这时的数据产生方式是自动的。

从数据的产生方式来看,大致经历了被动、主动、自动三个阶段即运营式系统阶段、用户原创内容阶段、感知式系统阶段,大数据的来源正是这些被动、主动、自动的数据,但是自动式的数据才正是大数据生成的最根本的原因。

二、大数据的概念、特点与关键技术

1. 大数据的概念

"大数据"一词最初是由欧美国家提出的,2008 年《自然》杂志（Nature）更是出版了专刊 *Big Data*,从网络、经济、社会技术和自然资源等各个方面介绍了大数据给世界带来的巨大挑战。

大数据这个概念看上去有些抽象,单纯地从字面含义上看,意思是数据规模的庞大,但若仅仅是数量上的庞大却不能够与先前的"海量数据""超大规模数据"等概念相区别。什么是大数据? 研究机构 Gartner 是这样定义大数据的。大数据又称巨量资料,指的是通过新的处理模式,才能够具有更强的决策力、洞察发现力及流程优化能力的海量、高速增长率及多样性的信息资产。大数据成为各界关注的焦点,学术界、产业乃至政府机构都在密切关注大数据的问题。大数据成为新问题不仅仅是因为"大",而是其规模、涌现速度和处理难度超出目前常规技术、主流软件工具能撷取、管理、处理和分析的数据。

2. 大数据的特点

大数据是云计算、物联网以后 IT 行业又一次颠覆性的技术革命,极大地影响了国家治理、企业管理和个人生活方式等。对大数据的挖掘、分析和应用,可创造出巨额的价值,是企业需紧紧抓住的最大的市场机遇,同时也会面临更多更新的挑战。大数据是最近几年来研究的焦点,大数据具有以下四个特点:

第一,数据的体量非常巨大,从 TB 级别跃升到 PB 甚至 EB 级别。要知道当前的数据量有多大,先来看看下面的公式:

1 TB＝1 024 GB

1 PB＝1 024 TB

1 EB＝1 024 PB

1 ZB＝1 024 EB

1 YB＝1 024 ZB

截至目前,人类所生产的全部印刷资料的数据量大概是 200 PB,历史上全人类所说过全部的话的数据量大概是 5 EB。目前,一个典型的个人计算机硬盘容量水平是 TB,少许大企业的数据量级别已接近 EB。

第二,数据的种类众多。数据种类的多样性使得数据被划分成结构化的及非结构化的。和先前方便人们保存的主要以文本内容为主的结构化的数据相比,非结构化的数据数量与日俱增,包括音频、视频、图片、网络日记等,个性化的数据占绝对多数,如此这些多种类型的数据对数据的处理本领提出了更高要求。

第三,较低的密度值。密度值的高低与总数据量的大小成反比。拿视频做例子,差不多 1 小时的视频,在实时连续的监控中,有用的数据占的时间极少,可能仅有一二秒。怎么通过有效的处理技术,从数据中提取有价值高质量的信息,成为当前大数据时代背景下迫切需要解决的难题。

第四,数据处理的速度快。数据处理遵从"1 秒定律",能够从多样性的数据中迅速获取具有高价值的信息。大数据区别于传统数据挖掘的显著特点正是其处理速度非常快。随着全球化、信息化的趋势不断加强,科技的快速发展,社会的革新进步,人们对数据的依赖性越来越大,面对如此海量的数据、信息的洪流,如何提高数据处理的效率,成为当今各界重点关注的热点。

3.大数据关键技术

(1)大数据技术。大数据技术,就是从庞大的数据洪流中有效率地获得有价值信息的科学技术。近年来,与大数据有关的新的技术已经纷纷涌现,社会各界对大数据技术的关注也与日俱增,这些新的技术成为大数据采集、存储、分析处理和应用的助推剂。大数据处理关键技术一般包含以下技术:

①大数据采集技术。大数据采集通常分为大数据的智能感知层、基础支撑层。智能感知层主要是感知多种类型的大量的数据,包含结构化数据、半结构化数据、非结构化数据和许多其他类型的数据。智能感知层能够完成对各种类型的大数据的智能识别、定位、跟踪和访问、传输、信号转换、监测、初步处理和管理等。大数据技术在数据采集方面的新方法:一是系统日志采集方法;二是网络数据采集方法,即对非结构化数据的采集;三是其他数据采集方法。

②大数据预处理技术。通过运用大数据采集技术将海量数据采集过来,之后将启动大数据预处理技术,这部分的功能主要完成针对已接收的数据,包括数据清理、数据集成及变换、数据规约和概念分层四个步骤。数据清理主要完成对数据遗漏值的处理、噪音数据的处理和不一致数据的处理。通过数据清理可以为后续的数据分析、数据挖掘等提供更完整、更准确、更清晰的数据基础。

③大数据存储及管理技术。运用大数据存储及管理技术能够把获取的各种类型的数据存储起来,建立相应的新型数据库,负责对大数据的管理和调用。在复杂的结构化、半结构化和非结构化的数据之中,需要重视对这些复杂的数据进行存储和管理的相关技术的应用与研究。新型数据库技术、大数据索引技术及大数据安全管理技术等是目前具有重要意义的大数据技术。

④大数据分析及挖掘技术。大数据分析就是在研究大量的数据过程之中,探求模式、相关性及其他有用的信息,能够帮助需求者更好地适应变化,做出的决策更加高效、更加明智。大数据分析技术包括的内容有以下五个方面:一是可视化分析。大数据不管是被大数据分析专家还是被普通用户使用,对大数据分析的最基本要求都是数据的可视化,通过可视化的分析,人们可以更直观地看到结果,让数据自己说话。二是数据挖掘算法。大数据分析的理论核心就是数据挖掘,其各种各样的算法可以让我们深入数据内部,精炼数据,挖掘价值,这些算法不仅能够帮我们处理大数据的数据量,同时还能最大程度地满足我们对数据处理速度的要求。三是预测分析能力。分析师在预测性分析过程中,利用先前的可视化分析、数据挖掘的结果,可以对未来的形势进行预测性的判断。四是语义引擎。大数据的数据多样性特征是数据分析面临的重大挑战,由于其中非结构化数据的比例不断提高,人们需要研究开发新的数据处理工具完成数据的解析、提取、分析功能。语义引擎需要被设计成具备人工智能的作用,进而能够从数据中主动地提取信息,挖掘出特点。五是数据质量和数据管理。如今社会每时每刻都会产生大量的数据,提高数据质量和优化数据管理水平变得尤为重要。

⑤大数据展现和应用技术。利用大数据技术,人们可以挖掘出潜藏在海量数据中的信息及知识,作为人类社会经济活动的重要依据,帮助提升社会各个领域的运行效率,推动发展社会生产力和先进科技技术。大数据应用重点在商业智能、公共服务和市场营销三大领域。大数据的应用正逐渐渗透到社会的各行各业,大数据应用技术也在不断地发展完善,从而能够适应各行业领域的新要求。

(2)大数据技术应用研究的意义。大数据技术的应用研究意义主要可以归纳为以下三个方面:一是大数据的影响正逐渐渗透到社会生活的各个领域,目前大数据已成为一种重要资源,是社会各界关注的热点,对社会经济的发展、人类生活水平的提高都发挥着不可替代的作用。二是过去的科学研究倾向于假设驱动型,随着大数据时代的来临,科学研究的方向将逐渐转化为数据驱动型,开辟了科技发展的新途径。三是大数据中存在着重要的潜在的有价值的信息,大数据及相关处理技术可很大程度上转化为社会经济价值,被誉为"未来的新石油",谁掌握了大数据技术,谁就会更有竞争力。

三、大数据时代:生活、工作与思维的大变革

大数据时代的来临,正逐渐改变着我们的生活、工作以及思维方式等,大数据与我们每一个人都存在着密切的联系,开启了一次重大的时代转型。舍恩伯格在《大数据时代》一书中曾表示,在大数据时代最深刻的变化是不去追逐因果关系,而是开始重视相关关系。这句话的意思是对事物的探求、研究等,我们只需要知道"是什么",而不需要知道"为什么"。大数据转变了人类原有的思维框架,颠覆目前的科学研究思维惯例,帮助人类在认知上及与世界沟通的方式上,开启了一种新的模式。大数据使人们得到了新的认知,创造出新的价值。舍恩伯格提出了大数据应用的三个思维转变,为我们提供了在分析信息时的三大转变:一是从随机样本到使用全体数据。在大数据时代,我们能够获取到更多的数据,甚至可以获取与某种事物相关的所有数据,并通过运用大数据技术为我们挖掘出有价值潜在的供我们决策的信息。二是由精确性到混杂性,特别是大数据简单的算法要比小数据复杂的算法更加有效。随着数据量每时每刻快速的增长,在我们面对的数据量如此庞大的情况下,追求精确度就不再是我们所热衷的。三是因果关系到相关关系。这一转变因前两个转变而促成,与寻求事物的因果关系相比,我们更热衷于寻求事物的相关关系。

大数据的优势已经显现,但是大数据的技术挑战是不言而喻的,特别是其带来的企业管理方面的挑战则更加艰巨。传统的企业管理流程是发现问题,逻辑剖析,寻找因果关系,提出解决方案,使得存在问题的企业转为优秀的企业,是逆向的思维模式。大数据竞争战略咨询流程是从数据的收集开始,然后进行量化分析,探求相互间关系,进而提出优化的方案,使得企业从优秀的企业到卓越的企业,是正向的思维模式。大数据竞争战略将成为企业成功发展的关键点,企业决策将会更多地以大数据分析为基础,而并不是基于高管个人的经验或者主观角度。随着大数据的逐渐渗透蔓延开来,企业需要调整自身,不断创新变革,以适应新时代的新要求,抓住机遇,勇于面对各种困难和挑战。

第二节　大数据对财务管理工作的影响

一、大数据对传统财务管理的影响

1.财务管理环境的变化

大数据时代,人们的工作、生活、思想观念等都发生了变化,经济领域更是在发生着一场颠覆性的革命。网络化、全球化的发展改变了传统的办公和消费模式,如家庭网络办公和网上消费等,也改变了企业的经营运作方式和管理方式。在大数据的发展背景下,大数据技术的不断成熟发展以及应用到财务管理中,为财务管理的更新改革提供了广阔的、先进的技术方法和有利条件。

2.财务管理理念、模式的变化

随着大数据的逐渐被认知,我们要做的就是转变财务工作的理念,财务部门需要与其他部门更多地合作,要分析的数据不仅包括与财务有关的所有数据,还要更加关注非财务信息。大

数据对财务管理的环境和财务管理理念的影响,也无疑会改变企业的财务管理模式。在大数据背景下,计算机技术的飞速发展,企业经营管理过程如采购原材料过程、生产产品过程、销售商品过程、与银行业务往来过程等均可通过网络完成,省去了人为的操作步骤,减少了人力、物力和财力资本。于是,财务管理需在管理的方法上符合现代企业管理模式的要求,可以利用业务协同、在线管理、集中管理模式。围绕网络化和全局化,企业的财务部门不仅要完全融入预算、采购、制造、销售等各个环节,整理所输入数据,也要对数据进行分析及处理,将企业未来发展计划需要的数据进行输出。随着经济的不断发展和大数据技术的逐渐完善,财务管理模式也要不断地完善和进步。

3.财务数据处理的变革

财务数据是企业财务管理的核心。大数据时代,要求企业在处理财务数据过程中转变思维:一是财务数据的规模扩大,和财务相关的所有数据都在处理的范围;二是财务数据要更加关注非财务信息。管理财务数据的系统有望成为综合性强、覆盖面广的信息系统,为企业管理者做出决策提供全面、准确、相关度高的信息。大数据时代对财务大数据的处理提出了较高的要求,关键是高素质人员的配置、设备的采购等在内的平台建设。构建起财务大数据中心开发平台是进行高效财务数据处理的基础,使得财务数据的处理分析更加科学精确、更加智能化,挖掘出有价值的信息,为财务决策提供有力的支撑。

4.财务人员的转变

当前,大多数企业缺乏分析数据以及发现数据潜藏价值的慧眼。大数据使得很多财会人员开始意识到变革的重要性,他们适应新科技的速度快慢,会大大影响企业是否能够有效利用大数据所提供的潜力。而传统财务管理下,财务人员的知识、经验、观念、计算机水平等都难以适应大数据时代的新要求,严重地制约了信息化及知识化的理财进程。新形势下,财务人员不仅需要掌握会计学、财务管理学等财务专业理论知识,而且需要积累一定的关于统计学、计算机科学、设计学等方面的知识,集各专业之长,为提高大数据技术在财务管理中的应用水平提供广泛的专业知识支持。

5.会计核算方式的转变

大数据对传统财务管理的影响主要体现在会计核算方式上,会计核算实现了从半手工的工作方式到全自动化的工作方式的成功转型。过去,财务工作人员每天需要进行烦琐重复的基础核算工作,浪费了很多的时间和精力,现在通过建设业务同财务相融合的信息化系统,不断实现财务与外部的融合,在一个统一的制度、统一的流程、统一的数据收集方法下,以射频技术、扫描技术等为手段,实时地对业务数据信息进行录入,财务部门建立会计分录模板和财务报告模板,实现财务同业务的相互勾稽,从而使标准化的会计凭证及财务报告在信息系统中实时生成。会计核算方式的转变在很大程度上提升了核算的效率,改善了财务管理水平。

二、大数据给财务管理带来的机遇和挑战

(一)大数据时代下企业财务管理面临的机遇

第一,根据大数据的主要特征、关键技术,运用特殊的信息运算处理软件,可以及时对所获取的各种数据进行实时的处理、分析及传输等,使财务人员可以从海量的数据中挖掘出潜在的有价值的关键信息,为企业高管做出及时有效的决策判断提供信息支撑。

第二,企业通过对庞大的数据进行筛选和分析处理,从中找出威胁企业发展的不利因素,

科学合理地规避财务风险,及早预防,减少不必要的损失,着力于企业的稳定可持续发展。

第三,大数据技术能够有助于财务部门高效地创建财务分析的工具,并不仅仅是简单做账。近年来,大数据是财会领域面临的最大的机遇。财务部门通过相关数据的分析,可以给企业管理者提供有关企业经营过程的实时状况,从而使得财务部门在企业中的地位大幅提升。

第四,大数据有助于增强企业风险管理和内部控制的水平。对于企业的筹资活动、投资活动、营运管理活动、利润分配活动等,大数据将为其提供更为精准的全面的数据支撑,作为风险管理的依据。大数据技术助力企业构建内部控制和风险管理智能系统,使得财务人员可以更好地实现对数据的获取及分析。同时,该系统也可以实时监控企业的各项业务活动,对于企业风险事件进行预警和及时的处理,实现对风险有效的事前和事中控制、对风险事后的管理监测。

第五,大数据给财务人员拥有一个美好未来的机会。大数据的到来将会增强各部门之间的协调融合,财务人员要研究的数据的范围愈来愈宽广,数据与数据间的关系链条愈来愈完整。大数据拓宽了财务人员的视野,对财务人员的工作能力提出了更高更全面的要求。财务人员能够充分利用所拥有的数据优势,提出更有建设性的建议,为企业的发展带来巨大的价值增长。

(二)大数据时代下企业财务管理面临的挑战

1.数据安全性的挑战

大数据的发展推动了移动互联网技术的发展,财务管理引入该技术后,真正打破了时空的瓶颈。企业经营管理过程大都可以通过计算机网络完成,而网络的安全性尚没有保障,有关企业财务的数据关系到商业秘密、企业发展,因此数据的安全和隐私问题是必须解决的重要问题。

2.大数据技术的应用挑战

大数据的典型特点有数据量庞大、种类多样性等,对数据的存储、挖掘、分析等存在一定的技术难度。另外,我国的信息基础设施薄弱,目前宽带的速度较慢,这些都不利于发挥大数据的优势,同时海量大数据的处理、大规模IT资源管理、数据仓库、数据挖掘等关键技术都需要在实践应用带动下实现突破。

3.财务管理模式转型的挑战

财务管理模式开始逐渐从管理型财务转向价值型财务体系。大数据技术的发展为财务信息系统实现智能化、实时化、远程化等提供坚实的技术支持,信息化的管理模式已成为推动提升股东价值的一个重要杠杆。在价值型财务体系中,财务人员将把更多的时间和精力集中在价值的管理及价值的创造方面,财务部门在企业中的地位也得到很大的提升,处于战略核心位置。大数据引起的新一轮的技术进步,极大地推动了财务管理模式的成功转型。

4.财务数据分析的挑战

财务管理中最具有价值的最重要的阶段是财务数据的分析阶段。财务数据分析是指财务人员对海量的财务大数据进行挖掘分析,进而提取出有价值的信息。大数据技术虽然为数据的获取提供了有力支持,但是对财务人员的工作提出了更高的要求,财务数据分析的难度大大增加。过去仅仅通过简单的计算工具能够实现的数据计算,如今需要利用先进的IT技术,对于财务管理人员而言,需要尊重历史发展的规律,认识到大数据的影响,提高自身的数据分析技术,培养信息化素质。

第三节　大数据时代下的财务管理创新

大数据时代下,企业经营管理过程中接触的数据量越来越大、数据类型越来越复杂,传统的财务管理已经不能满足新经济的更高需求。因此,财务管理需要做出适应性的转型。"大数据"这一热门词汇的风靡,使社会各领域都开始关注它,这也为企业的财务管理工作开辟了一种崭新的思维模式,延伸了传统的财务管理领域。在大数据时代的背景下,为了实现企业财务管理的成功转型,推动企业健康持续发展、提升企业价值,具体的财务管理创新路径如下。

一、培育大数据管理意识

随着信息的大爆炸,大数据的影响逐渐渗透到社会的各个领域,大数据已经来临,未来也不可能消失,企业需要做的就是抓住大数据带来的商业机遇,增强竞争实力,抢占先机以获取更多的市场份额。而目前大多数企业对大数据的重视不够,意识不到企业环境的大变化,不能从大数据中发现优势,在未来的竞争中胜出对手。财务管理肩负着企业管理的重要责任,大数据使得未来的财务管理是基于大数据,因此可以通过培育管理层的大数据管理意识,达到引导带领企业员工的作用,使企业上下都树立起大数据意识。

二、创新企业财务管理组织结构

组织结构是支撑产品生产、技术引进、经济活动和其他企业活动的运筹体系,是企业的"骨骼"系统。过去企业的财务管理组织结构大多采用职能部门化,通常设有财务部、会计部、资金部等部门。大数据时代的来临,企业财务管理组织结构要做出适应性的变革,主要有以下三个方面:

一是基于原有财务管理组织结构,在财务管理组织内部需增设专门的部门,管理所有的财务数据、非财务数据等大量的商业数据,管理财务大数据中心开发平台。

二是考虑到传统财务人员自身能力的局限性,在财务管理专门部门中配备适当比例的数据分析人员,他们通过运用统计学分析、商业智能化、数据分析处理等技术,从海量的数据中挖掘出潜在的、有价值的、有意义的信息,为企业管理者做出正确的决策提供数据支持。

三是大数据使财务管理摒弃了以往孤立工作的理念,更多地进行跨部门的合作,财务部门与企业其他业务部门的联系更加密切。由于财务数据的数量更大、类型更多样性、来源更加广泛,因此大数据下的企业财务管理需要企业全员的广泛参与。

三、建立财务管理信息化制度

大数据时代带来信息化、网络化的飞速发展,为了适应信息化的新经济形势,必须建立财务管理信息化制度,这不仅需要开放的网络信息环境、统一的财务制度,还需要搭建财务大数据中心平台和配备专业人员。具体来说:一是网络信息环境。企业内部情况和外部环境变化是网络信息环境基本所考虑的,另外,还考虑国家政策、行业特点、人力资源、物力资源等多种因素。二是统一的财务制度。采取统一的财务制度,可以对资金的流动进行有效的管控,提高资金运营管理的效率,确保资金的安全性和完整性,同时可以很大程度上防止财权的分散和弱化。三是财务数据中心平台。企业通过应用大数据技术,积极构建财务大数据中心平台,管理财务数据和非财务数据等,运用数据仓库、数据挖掘等关键技术,可以从大量的数据中分析提取出有价值的信息,为企业管理层提供实时、准确、完整的信息,有利于企业更有效更准确地进行财务管理工作,防范企业所要面临的潜在风险,从而可以对企业未来的发展做出更具前瞻性、智慧性的预测。四是配备专业人员。重视人力资源,加强培养企业员工的信息化素质,同时企业需要配备大数据专业技术人才。

四、构建财务管理智能系统

大数据包含的信息价值巨大,但密度值很低,所以大数据的焦点是从海量数据中挖掘潜在的有价值的信息。而商业智能正是通过运用数据仓库、数据分析、数据挖掘等先进的科学技术,将海量的数据快速及时地转化成知识,为企业的决策和战略发展提供信息支持。因此,商业智能是大数据的核心应用。当今,大数据时代带来了信息大爆炸,企业要想在激烈的市场竞争中脱颖而出,决策速度和准确度的重要性已经毋庸置疑,而财务管理是企业管理的核心,直接反映着企业的经营状况。因此,在财务管理方面运用商业智能,通过新技术方法,将财务大数据快速及时地转化为可为决策提供支持的有价值的信息,构建财务管理智能系统变得非常重要,可成功地将企业财务管理与商业智能相结合。下面将从三个方面阐述财务管理智能系统的具体应用:

一是财务分析。针对企业过去的及现在的财务大数据,财务分析系统能够采用数据挖掘分类技术和预测技术等,对其进行更加深度的加工、整理、分析及评价,从而全面准确了解企业的筹资活动、投资活动、经营活动的偿债能力、营运能力、盈利能力及发展能力状况,为企业的投资者、债权者、经营管理者和其他关心企业的组织及个人认识企业的过去表现,评估企业的现在状况,预测出企业的未来形势,做出正确的决策和估价提供及时准确的信息依据。

二是财务预测。财务预测的内容包括资金的预测、成本和费用的预测、营业收入的预测、销售额的预测、利润的预测等,为财务人员掌控未来的不确定性提供参考帮助。在大数据时代下,财务预算系统的建设能够实时监控财务预算的执行和完成情况,从而适应经济市场环境的变化,不断调整和完善财务预算方案,提高企业随机应变的能力。财务预算系统采用商业智能中的回归、神经网络等技术,其功能不断地完善,能更迅速、更准确地预测企业未来的财务状况和经营成果。

三是财务决策支持。财务决策是选取与确定财务方案、财务政策,其目的是确定最让人满意的财务方案。财务决策内容主要有筹资决策、投资决策、股利分配决策等,这些内容都可以通过财务决策支持系统来完成,并运用前沿商业智能技术,从海量的财务大数据中提取相关数据,并进行数据联机分析处理,为管理层决策提供支持。

五、提升数据管理水平

企业的数据是其拥有的十分重要的资源。以往数据的价值可能被忽视,企业领导和员工没有认识到"大数据"将是未来企业竞争的制胜法宝,如:有些重要的数据不能够及时充分地被汇集起来,影响企业的决策;数据缺乏统一的分类标准,使得数据整合工作面临很大的困难;过去的大量数据失去后续的利用价值;等等。而大数据时代的到来,使我们意识到数据的重要性,同时也给财务管理创新带来了新的方向,即应加强数据的收集、存储、分析、应用,提升数据管理水平。

一是数据收集。大数据时代,财务管理活动将更多地依靠数据,用数据说话,拥有庞大的数据资源是财务管理的基础。过去财务管理活动中,常会出现掌握的现有数据难以满足决策的需要,影响决策的效率。因此,应加强数据的收集,为财务管理活动提供更广泛的数据资源。一方面,政府要积极引导企业的会计信息化工作,给企业提供技术方面的支持,帮助企业更好地加强数据的收集和利用;另一方面,企业自身应把数据规划的工作做好,建立适合企业实际情况的数据收集框架体系,在此基础上开展数据收集活动。

二是数据存储。大数据时代,数据迅速膨胀,形成庞大的数据洪流,企业在数据收集阶段所获取的数据量非常庞大,企业目前的数据存储软件和硬件技术难以满足新需求,这会在很大程度上降低数据分析和应用的效率以及质量。因此,需要建立良好的数据库。一方面,涵盖大数据技术的先进存储服务器做硬件保障;另一方面,企业要做好数据库结构规划设计,针对数据要素制订统一的分类标准。

三是数据分析。大数据的重要意义在于其潜藏的价值信息,而数据挖掘、数据分析能够有效及时地使我们深入数据内部,精炼数据,挖掘价值。现代财务管理活动在数据收集、数据存储阶段已经汇集了大量的数据,接下来运用大数据分析及挖掘技术,从巨大规模的数据中,有效率地寻找出有价值的信息,能够帮助需求者更好地适应变化,做出的决策更加高效、更加明智。

四是数据应用。目前,企业对大数据的需求越来越迫切,未来企业竞争的关键是数据资源。财务数据和相关的业务数据不仅是企业经营活动的记录符号,还是企业价值创造的助推剂。企业财务管理中应充分发挥大数据的优势,利用大数据分析及挖掘产生的有价值的信息,辅助经营管理决策,间接推动企业业绩的增长。

六、建设大数据财务人才队伍

在大数据技术的助力下,财务管理者可以有效地提升财务管理的水平,降低资金的成本,给企业带来更多的利润。由此,大数据为财务人员提供更多创造人生价值的机会。同时,随着大数据技术的不断成熟,企业的经营管理模式发生改变,这对财务管理人员的能力和素质提出了更高更全面的要求,财务人员开始由财务专才向业务全才转型。大数据时代下的财务人员不仅需要掌握会计学、财务管理等专业领域的理论知识,还需要对统计学、计算机科学、设计学等方面的知识进行学习和掌握,提高综合能力素质,为提高大数据技术在财务管理中的应用水平提供广泛的专业知识支持。但是当前很多企业都缺乏相应的人才储备,而现有财务队伍能力素质普遍较低,难以实现对财务大数据的分析和挖掘,不利于企业做出及时准确的决策。所以,在大数据时代,随着信息和网络技术的快速发展,企业应加强培养员工的信息化素质,加强培训财务人员熟悉多层次的信息技术系统及掌握相对应的业务知识,全面提高企业财务人员的综合能力,着力建设大数据财务人才队伍,使企业能够真正运用大数据技术集中、分析、整理、传递财务资源,从而帮助企业管理层做出最优的财务决策。

本章小结

随着科学技术的不断创新发展、实践应用的需求增长,我们在社会生活中随处可以看到大数据现象。人类社会数据生成模式经历了运营式系统阶段、用户原创内容阶段和感知式系统阶段等三个阶段,在数据生成方式的巨大变化下,最后导致大数据生成。大数据又称巨量资料,具有数据的体量非常巨大、数据的种类众多、较低的密度值和数据处理的速度快等四个特点。大数据技术,就是从庞大的数据洪流中有效率地获得有价值信息的科学技术。数据处理关键技术一般包含大数据采集技术、大数据预处理技术、大数据存储及管理技术、大数据分析及挖掘技术、大数据展现和应用技术等。大数据时代的来临,正逐渐改变着我们的生活、工作以及思维方式等,大数据与我们每一个人都存在着密切的联系,开启了一次重大的时代转型。

大数据对传统财务管理的影响主要体现在财务管理环境的变化,财务管理理念、模式的变化,财务数据处理的变革,财务人员的转变,以及会计核算方式的转变等方面。同时,大数据给财务管理带来新的挑战,例如数据安全性的挑战、大数据技术的应用挑战、财务管理模式转型的挑战和财务数据分析的挑战。

在大数据时代的背景下,为了实现企业财务管理的成功转型,推动企业健康持续发展、提升企业价值,企业可以通过培育大数据管理意识、创新企业财务管理组织结构、建立财务管理信息化制度、构建财务管理智能系统、提升数据管理水平、建设大数据财务人才队伍等路径,进行财务管理创新。

思考与练习

1. 什么是"大数据"? 大数据的关键技术有哪些?
2. 阐述大数据对财务管理工作的影响。
3. 大数据时代下财务管理的创新路径有哪些?

即测即评

即测即评

综合测试题一

综合测试题二

参考文献

[1]财政部会计资格评价中心.财务管理[M].北京:经济科学出版社,2019.

[2]中国注册会计师协会.财务成本管理[M].北京:中国财政经济出版社,2019.

[3]中国注册会计师协会.税法[M].北京:中国财政经济出版社,2019.

[4]冯巧根.财务管理[M].北京:清华大学出版社,2017.

[5]荆新,王化成,刘俊彦.财务管理学[M].8版.北京:中国人民大学出版社,2018.

[6]陈玉菁,宋良荣.财务管理[M].4版.北京:清华大学出版社,2016.

[7]王明虎.财务管理原理[M].北京:机械工业出版社,2018.

[8]企业内部控制编审委员会.企业内部控制基本规范及配套指引案例讲解2019年版[M].上海:立信会计出版社,2019.

[9]刘淑莲.财务管理[M].北京:机械工业出版社,2015.

[10]Treadway委员发起组织委员会(COSO).内部控制:整合框架[M].财政部会计司,译.北京:中国财政经济出版社,2014.

[11]姬潮心,王媛.大数据时代下的企业财务管理研究[M].北京:中国水利水电出版社,2018.

[12]闫华红.财务管理教材与案例[M].北京:中国财政经济出版社,2016.

[13]肖侠.财务管理习题及解析[M].北京:清华大学出版社,2011.

[14]范霍恩.财务管理与政策(第12版)[M].刘志远,译.大连:东北财经大学出版社,2011.

[15]罗斯.公司理财(精要版)[M].方红星,译.北京:机械工业出版社,2007.

[16]赵德武.财务管理[M].2版.北京:高等教育出版社,2007.

[17]姚海鑫.财务管理[M].2版.北京:清华大学出版社,2013.

[18]吴湘华.大数据背景下企业财务管理的变革创新探讨[J].商场现代化,2019(11):68-69.

[19]汤谷良,张守文.大数据背景下企业财务管理的挑战与变革[J].财务研究,2015(1):59-64.

[20]李雪,王梓,陈翰林.大数据下企业财务分析浅析[J].财务与会计,2018(21):50.

附 表

附表一 复利终值系数表 $(F/P, i, n)$

期数	1%	2%	3%	4%	5%	6%	7%	8%	9%	10%	11%	12%	13%	14%	15%
1	1.0100	1.0200	1.0300	1.0400	1.0500	1.0600	1.0700	1.0800	1.0900	1.1000	1.1100	1.1200	1.1300	1.1400	1.1500
2	1.0201	1.0404	1.0609	1.0816	1.1025	1.1236	1.1449	1.1664	1.1881	1.2100	1.2321	1.2544	1.2769	1.2996	1.3225
3	1.0303	1.0612	1.0927	1.1249	1.1576	1.1910	1.2250	1.2597	1.2950	1.3310	1.3676	1.4049	1.4429	1.4815	1.5209
4	1.0406	1.0824	1.1255	1.1699	1.2155	1.2625	1.3108	1.3605	1.4116	1.4641	1.5181	1.5735	1.6305	1.6890	1.7490
5	1.0510	1.1041	1.1593	1.2167	1.2763	1.3382	1.4026	1.4693	1.5386	1.6105	1.6851	1.7623	1.8424	1.9254	2.0114
6	1.0615	1.1262	1.1941	1.2653	1.3401	1.4185	1.5007	1.5869	1.6771	1.7716	1.8704	1.9738	2.0820	2.1950	2.3131
7	1.0721	1.1487	1.2299	1.3159	1.4071	1.5036	1.6058	1.7138	1.8280	1.9487	2.0762	2.2107	2.3526	2.5023	2.6600
8	1.0829	1.1717	1.2668	1.3686	1.4775	1.5938	1.7182	1.8509	1.9926	2.1436	2.3045	2.4760	2.6584	2.8526	3.0590
9	1.0937	1.1951	1.3048	1.4233	1.5513	1.6895	1.8385	1.9990	2.1719	2.3579	2.5580	2.7731	3.0040	3.2519	3.5179
10	1.1046	1.2190	1.3439	1.4802	1.6289	1.7908	1.9672	2.1589	2.3674	2.5937	2.8394	3.1058	3.3946	3.7072	4.0456
11	1.1157	1.2434	1.3842	1.5395	1.7103	1.8983	2.1049	2.3316	2.5804	2.8531	3.1518	3.4786	3.8359	4.2262	4.6524
12	1.1268	1.2682	1.4258	1.6010	1.7959	2.0122	2.2522	2.5182	2.8127	3.1384	3.4985	3.8960	4.3345	4.8179	5.3503
13	1.1381	1.2936	1.4685	1.6651	1.8856	2.1329	2.4098	2.7196	3.0658	3.4523	3.8833	4.3635	4.8980	5.4924	6.1528
14	1.1495	1.3195	1.5126	1.7317	1.9799	2.2609	2.5785	2.9372	3.3417	3.7975	4.3104	4.8871	5.5348	6.2613	7.0757
15	1.1610	1.3459	1.5580	1.8009	2.0789	2.3966	2.7590	3.1722	3.6425	4.1772	4.7846	5.4736	6.2543	7.1379	8.1371
16	1.1726	1.3728	1.6047	1.8730	2.1829	2.5404	2.9522	3.4259	3.9703	4.5950	5.3109	6.1304	7.0673	8.1372	9.3576
17	1.1843	1.4002	1.6528	1.9479	2.2920	2.6928	3.1588	3.7000	4.3276	5.0545	5.8951	6.8660	7.9861	9.2765	10.7613
18	1.1961	1.4282	1.7024	2.0258	2.4066	2.8543	3.3799	3.9960	4.7171	5.5599	6.5436	7.6900	9.0243	10.5752	12.3755
19	1.2081	1.4568	1.7535	2.1068	2.5270	3.0256	3.6165	4.3157	5.1417	6.1159	7.2633	8.6128	10.1974	12.0557	14.2318
20	1.2202	1.4859	1.8061	2.1911	2.6533	3.2071	3.8697	4.6610	5.6044	6.7275	8.0623	9.6463	11.5231	13.7435	16.3665
21	1.2324	1.5157	1.8603	2.2788	2.7860	3.3996	4.1406	5.0338	6.1088	7.4002	8.9492	10.8038	13.0211	15.6676	18.8215
22	1.2447	1.5460	1.9161	2.3699	2.9253	3.6035	4.4304	5.4365	6.6586	8.1403	9.9336	12.1003	14.7138	17.8610	21.6447
23	1.2572	1.5769	1.9736	2.4647	3.0715	3.8197	4.7405	5.8715	7.2579	8.9543	11.0263	13.5523	16.6266	20.3616	24.8915
24	1.2697	1.6084	2.0328	2.5633	3.2251	4.0489	5.0724	6.3412	7.9111	9.8497	12.2392	15.1786	18.7881	23.2122	28.6252
25	1.2824	1.6406	2.0938	2.6658	3.3864	4.2919	5.4274	6.8485	8.6231	10.8347	13.5855	17.0001	21.2305	26.4619	32.9190
26	1.2953	1.6734	2.1566	2.7725	3.5557	4.5494	5.8074	7.3964	9.3992	11.9182	15.0799	19.0401	23.9905	30.1666	37.8568
27	1.3082	1.7069	2.2213	2.8834	3.7335	4.8223	6.2139	7.9881	10.2451	13.1100	16.7387	21.3249	27.1093	34.3899	43.5353
28	1.3213	1.7410	2.2879	2.9987	3.9201	5.1117	6.6488	8.6271	11.1671	14.4210	18.5799	23.8839	30.6335	39.2045	50.0656
29	1.3345	1.7758	2.3566	3.1187	4.1161	5.4184	7.1143	9.3173	12.1722	15.8631	20.6237	26.7499	34.6158	44.6931	57.5755
30	1.3478	1.8114	2.4273	3.2434	4.3219	5.7435	7.6123	10.0627	13.2677	17.4494	22.8923	29.9599	39.1159	50.9502	66.2118

续表

期数	16%	17%	18%	19%	20%	21%	22%	23%	24%	25%	26%	27%	28%	29%	30%
1	1.1600	1.1700	1.1800	1.1900	1.2000	1.2100	1.2200	1.2300	1.2400	1.2500	1.2600	1.2700	1.2800	1.2900	1.3000
2	1.3456	1.3689	1.3924	1.4161	1.4400	1.4641	1.4884	1.5129	1.5376	1.5625	1.5876	1.6129	1.6384	1.6641	1.6900
3	1.5609	1.6016	1.6430	1.6852	1.7280	1.7716	1.8158	1.8609	1.9066	1.9531	2.0004	2.0484	2.0972	2.1467	2.1970
4	1.8106	1.8739	1.9388	2.0053	2.0736	2.1436	2.2153	2.2889	2.3642	2.4414	2.5205	2.6014	2.6844	2.7692	2.8561
5	2.1003	2.1924	2.2878	2.3864	2.4883	2.5937	2.7027	2.8153	2.9316	3.0518	3.1758	3.3038	3.4360	3.5723	3.7129
6	2.4364	2.5652	2.6996	2.8398	2.9860	3.1384	3.2973	3.4628	3.6352	3.8147	4.0015	4.1959	4.3980	4.6083	4.8268
7	2.8262	3.0012	3.1855	3.3793	3.5832	3.7975	4.0227	4.2593	4.5077	4.7684	5.0419	5.3288	5.6295	5.9447	6.2749
8	3.2784	3.5115	3.7589	4.0214	4.2998	4.5950	4.9077	5.2389	5.5895	5.9605	6.3528	6.7675	7.2058	7.6686	8.1573
9	3.8030	4.1084	4.4355	4.7854	5.1598	5.5599	5.9874	6.4439	6.9310	7.4506	8.0045	8.5948	9.2234	9.8925	10.6045
10	4.4114	4.8068	5.2338	5.6947	6.1917	6.7275	7.3046	7.9259	8.5944	9.3132	10.0857	10.9153	11.8059	12.7614	13.7858
11	5.1173	5.6240	6.1759	6.7767	7.4301	8.1403	8.9117	9.7489	10.6571	11.6415	12.7080	13.8625	15.1116	16.4622	17.9216
12	5.9360	6.5801	7.2876	8.0642	8.9161	9.8497	10.8722	11.9912	13.2148	14.5519	16.0120	17.6053	19.3428	21.2362	23.2981
13	6.8858	7.6987	8.5994	9.5964	10.6993	11.9182	13.2641	14.7491	16.3863	18.1899	20.1752	22.3588	24.7588	27.3947	30.2875
14	7.9875	9.0075	10.1472	11.4198	12.8392	14.4210	16.1822	18.1414	20.3191	22.7374	25.4207	28.3957	31.6913	35.3391	39.3738
15	9.2655	10.5387	11.9737	13.5895	15.4070	17.4494	19.7423	22.3140	25.1956	28.4217	32.0301	36.0625	40.5648	45.5875	51.1859
16	10.7480	12.3303	14.1290	16.1715	18.4884	21.1138	24.0856	27.4462	31.2426	35.5271	40.3579	45.7994	51.9230	58.8079	66.5417
17	12.4677	14.4265	16.6722	19.2441	22.1861	25.5477	29.3844	33.7588	38.7408	44.4089	50.8510	58.1652	66.4614	75.8621	86.5042
18	14.4625	16.8790	19.6733	22.9005	26.6233	30.9127	35.8490	41.5233	48.0386	55.5112	64.0722	73.8698	85.0706	97.8622	112.4554
19	16.7765	19.7484	23.2144	27.2516	31.9480	37.4043	43.7358	51.0737	59.5679	69.3889	80.7310	93.8147	108.8904	126.2422	146.1920
20	19.4608	23.1056	27.3930	32.4294	38.3376	45.2593	53.3576	62.8206	73.8641	86.7362	101.7211	119.1446	139.3797	162.8524	190.0496
21	22.5745	27.0336	32.3238	38.5910	46.0051	54.7637	65.0963	77.2694	91.5915	108.4202	128.1685	151.3137	178.4060	210.0796	247.0645
22	26.1864	31.6293	38.1421	45.9233	55.2061	66.2641	79.4175	95.0413	113.5735	135.5253	161.4924	192.1683	228.3596	271.0027	321.1839
23	30.3762	37.0062	45.0076	54.6487	66.2474	80.1795	96.8894	116.9008	140.8312	169.4066	203.4804	244.0538	292.3003	349.5935	417.5391
24	35.2364	43.2973	53.1090	65.0320	79.4968	97.0172	118.2050	143.7880	174.6306	211.7582	256.3853	309.9483	374.1444	450.9756	542.8008
25	40.8742	50.6578	62.6686	77.3881	95.3962	117.3909	144.2101	176.8593	216.5420	264.6978	323.0454	393.6344	478.9049	581.7585	705.6410
26	47.4141	59.2697	73.9490	92.0918	114.4755	142.0429	175.9364	217.5369	268.5121	330.8722	407.0373	499.9157	612.9982	750.4685	917.3333
27	55.0004	69.3455	87.2598	109.5893	137.3706	171.8719	214.6424	267.5704	332.9550	413.5903	512.8670	634.8929	784.6377	968.1044	1192.5333
28	63.8004	81.1342	102.9666	130.4112	164.8447	207.9651	261.8637	329.1115	412.8642	516.9879	646.2124	806.3140	1004.3363	1248.8546	1550.2933
29	74.0085	94.9271	121.5005	155.1893	197.8136	251.6377	319.4737	404.8072	511.9516	646.2349	814.2276	1024.0187	1285.5504	1611.0225	2015.3813
30	85.8499	111.0647	143.3706	184.6753	237.3763	304.4816	389.7579	497.9129	634.8199	807.7936	1025.9267	1300.5038	1645.5046	2078.2190	2619.9956

附表二 复利现值系数表（$P/F,i,n$）

期数	1%	2%	3%	4%	5%	6%	7%	8%	9%	10%	11%	12%	13%	14%	15%
1	0.9901	0.9804	0.9709	0.9615	0.9524	0.9434	0.9346	0.9259	0.9174	0.9091	0.9009	0.8929	0.8850	0.8772	0.8696
2	0.9803	0.9612	0.9426	0.9246	0.9070	0.8900	0.8734	0.8573	0.8417	0.8264	0.8116	0.7972	0.7831	0.7695	0.7561
3	0.9706	0.9423	0.9151	0.8890	0.8638	0.8396	0.8163	0.7938	0.7722	0.7513	0.7312	0.7118	0.6931	0.6750	0.6575
4	0.9610	0.9238	0.8885	0.8548	0.8227	0.7921	0.7629	0.7350	0.7084	0.6830	0.6587	0.6355	0.6133	0.5921	0.5718
5	0.9515	0.9057	0.8626	0.8219	0.7835	0.7473	0.7130	0.6806	0.6499	0.6209	0.5935	0.5674	0.5428	0.5194	0.4972
6	0.9420	0.8880	0.8375	0.7903	0.7462	0.7050	0.6663	0.6302	0.5963	0.5645	0.5346	0.5066	0.4803	0.4556	0.4323
7	0.9327	0.8706	0.8131	0.7599	0.7107	0.6651	0.6227	0.5835	0.5470	0.5132	0.4817	0.4523	0.4251	0.3996	0.3759
8	0.9235	0.8535	0.7894	0.7307	0.6768	0.6274	0.5820	0.5403	0.5019	0.4665	0.4339	0.4039	0.3762	0.3506	0.3269
9	0.9143	0.8368	0.7664	0.7026	0.6446	0.5919	0.5439	0.5002	0.4604	0.4241	0.3909	0.3606	0.3329	0.3075	0.2843
10	0.9053	0.8203	0.7441	0.6756	0.6139	0.5584	0.5083	0.4632	0.4224	0.3855	0.3522	0.3220	0.2946	0.2697	0.2472
11	0.8963	0.8043	0.7224	0.6496	0.5847	0.5268	0.4751	0.4289	0.3875	0.3505	0.3173	0.2875	0.2607	0.2366	0.2149
12	0.8874	0.7885	0.7014	0.6246	0.5568	0.4970	0.4440	0.3971	0.3555	0.3186	0.2858	0.2567	0.2307	0.2076	0.1869
13	0.8787	0.7730	0.6810	0.6006	0.5303	0.4688	0.4150	0.3677	0.3262	0.2897	0.2575	0.2292	0.2042	0.1821	0.1625
14	0.8700	0.7579	0.6611	0.5775	0.5051	0.4423	0.3878	0.3405	0.2992	0.2633	0.2320	0.2046	0.1807	0.1597	0.1413
15	0.8613	0.7430	0.6419	0.5553	0.4810	0.4173	0.3624	0.3152	0.2745	0.2394	0.2090	0.1827	0.1599	0.1401	0.1229
16	0.8528	0.7284	0.6232	0.5339	0.4581	0.3936	0.3387	0.2919	0.2519	0.2176	0.1883	0.1631	0.1415	0.1229	0.1069
17	0.8444	0.7142	0.6050	0.5134	0.4363	0.3714	0.3166	0.2703	0.2311	0.1978	0.1696	0.1456	0.1252	0.1078	0.0929
18	0.8360	0.7002	0.5874	0.4936	0.4155	0.3503	0.2959	0.2502	0.2120	0.1799	0.1528	0.1300	0.1108	0.0946	0.0808
19	0.8277	0.6864	0.5703	0.4746	0.3957	0.3305	0.2765	0.2317	0.1945	0.1635	0.1377	0.1161	0.0981	0.0829	0.0703
20	0.8195	0.6730	0.5537	0.4564	0.3769	0.3118	0.2584	0.2145	0.1784	0.1486	0.1240	0.1037	0.0868	0.0728	0.0611
21	0.8114	0.6598	0.5375	0.4388	0.3589	0.2942	0.2415	0.1987	0.1637	0.1351	0.1117	0.0926	0.0768	0.0638	0.0531
22	0.8034	0.6468	0.5219	0.4220	0.3418	0.2775	0.2257	0.1839	0.1502	0.1228	0.1007	0.0826	0.0680	0.0560	0.0462
23	0.7954	0.6342	0.5067	0.4057	0.3256	0.2618	0.2109	0.1703	0.1378	0.1117	0.0907	0.0738	0.0601	0.0491	0.0402
24	0.7876	0.6217	0.4919	0.3901	0.3101	0.2470	0.1971	0.1577	0.1264	0.1015	0.0817	0.0659	0.0532	0.0431	0.0349
25	0.7798	0.6095	0.4776	0.3751	0.2953	0.2330	0.1842	0.1460	0.1160	0.0923	0.0736	0.0588	0.0471	0.0378	0.0304
26	0.7720	0.5976	0.4637	0.3607	0.2812	0.2198	0.1722	0.1352	0.1064	0.0839	0.0663	0.0525	0.0417	0.0331	0.0264
27	0.7644	0.5859	0.4502	0.3468	0.2678	0.2074	0.1609	0.1252	0.0976	0.0763	0.0597	0.0469	0.0369	0.0291	0.0230
28	0.7568	0.5744	0.4371	0.3335	0.2551	0.1956	0.1504	0.1159	0.0895	0.0693	0.0538	0.0419	0.0326	0.0255	0.0200
29	0.7493	0.5631	0.4243	0.3207	0.2429	0.1846	0.1406	0.1073	0.0822	0.0630	0.0485	0.0374	0.0289	0.0224	0.0174
30	0.7419	0.5521	0.4120	0.3083	0.2314	0.1741	0.1314	0.0994	0.0754	0.0573	0.0437	0.0334	0.0256	0.0196	0.0151

期数	16%	17%	18%	19%	20%	21%	22%	23%	24%	25%	26%	27%	28%	29%	30%
1	0.8621	0.8547	0.8475	0.8403	0.8333	0.8264	0.8197	0.8130	0.8065	0.8000	0.7937	0.7874	0.7813	0.7752	0.7692
2	0.7432	0.7305	0.7182	0.7062	0.6944	0.6830	0.6719	0.6610	0.6504	0.6400	0.6299	0.6200	0.6104	0.6009	0.5917
3	0.6407	0.6244	0.6086	0.5934	0.5787	0.5645	0.5507	0.5374	0.5245	0.5120	0.4999	0.4882	0.4768	0.4658	0.4552
4	0.5523	0.5337	0.5158	0.4987	0.4823	0.4665	0.4514	0.4369	0.4230	0.4096	0.3968	0.3844	0.3725	0.3611	0.3501
5	0.4761	0.4561	0.4371	0.4190	0.4019	0.3855	0.3700	0.3552	0.3411	0.3277	0.3149	0.3027	0.2910	0.2799	0.2693
6	0.4104	0.3898	0.3704	0.3521	0.3349	0.3186	0.3033	0.2888	0.2751	0.2621	0.2499	0.2383	0.2274	0.2170	0.2072
7	0.3538	0.3332	0.3139	0.2959	0.2791	0.2633	0.2486	0.2348	0.2218	0.2097	0.1983	0.1877	0.1776	0.1682	0.1594
8	0.3050	0.2848	0.2660	0.2487	0.2326	0.2176	0.2038	0.1909	0.1789	0.1678	0.1574	0.1478	0.1388	0.1304	0.1226
9	0.2630	0.2434	0.2255	0.2090	0.1938	0.1799	0.1670	0.1552	0.1443	0.1342	0.1249	0.1164	0.1084	0.1011	0.0943
10	0.2267	0.2080	0.1911	0.1756	0.1615	0.1486	0.1369	0.1262	0.1164	0.1074	0.0992	0.0916	0.0847	0.0784	0.0725
11	0.1954	0.1778	0.1619	0.1476	0.1346	0.1228	0.1122	0.1026	0.0938	0.0859	0.0787	0.0721	0.0662	0.0607	0.0558
12	0.1685	0.1520	0.1372	0.1240	0.1122	0.1015	0.0920	0.0834	0.0757	0.0687	0.0625	0.0568	0.0517	0.0471	0.0429
13	0.1452	0.1299	0.1163	0.1042	0.0935	0.0839	0.0754	0.0678	0.0610	0.0550	0.0496	0.0447	0.0404	0.0365	0.0330
14	0.1252	0.1110	0.0985	0.0876	0.0779	0.0693	0.0618	0.0551	0.0492	0.0440	0.0393	0.0352	0.0316	0.0283	0.0254
15	0.1079	0.0949	0.0835	0.0736	0.0649	0.0573	0.0507	0.0448	0.0397	0.0352	0.0312	0.0277	0.0247	0.0219	0.0195
16	0.0930	0.0811	0.0708	0.0618	0.0541	0.0474	0.0415	0.0364	0.0320	0.0281	0.0248	0.0218	0.0193	0.0170	0.0150
17	0.0802	0.0693	0.0600	0.0520	0.0451	0.0391	0.0340	0.0296	0.0258	0.0225	0.0197	0.0172	0.0150	0.0132	0.0116
18	0.0691	0.0592	0.0508	0.0437	0.0376	0.0323	0.0279	0.0241	0.0208	0.0180	0.0156	0.0135	0.0118	0.0102	0.0089
19	0.0596	0.0506	0.0431	0.0367	0.0313	0.0267	0.0229	0.0196	0.0168	0.0144	0.0124	0.0107	0.0092	0.0079	0.0068
20	0.0514	0.0433	0.0365	0.0308	0.0261	0.0221	0.0187	0.0159	0.0135	0.0115	0.0098	0.0084	0.0072	0.0061	0.0053
21	0.0443	0.0370	0.0309	0.0259	0.0217	0.0183	0.0154	0.0129	0.0109	0.0092	0.0078	0.0066	0.0056	0.0048	0.0040
22	0.0382	0.0316	0.0262	0.0218	0.0181	0.0151	0.0126	0.0105	0.0088	0.0074	0.0062	0.0052	0.0044	0.0037	0.0031
23	0.0329	0.0270	0.0222	0.0183	0.0151	0.0125	0.0103	0.0086	0.0071	0.0059	0.0049	0.0041	0.0034	0.0029	0.0024
24	0.0284	0.0231	0.0188	0.0154	0.0126	0.0103	0.0085	0.0070	0.0057	0.0047	0.0039	0.0032	0.0027	0.0022	0.0018
25	0.0245	0.0197	0.0160	0.0129	0.0105	0.0085	0.0069	0.0057	0.0046	0.0038	0.0031	0.0025	0.0021	0.0017	0.0014
26	0.0211	0.0169	0.0135	0.0109	0.0087	0.0070	0.0057	0.0046	0.0037	0.0030	0.0025	0.0020	0.0016	0.0013	0.0011
27	0.0182	0.0144	0.0115	0.0091	0.0073	0.0058	0.0047	0.0037	0.0030	0.0024	0.0019	0.0016	0.0013	0.0010	0.0008
28	0.0157	0.0123	0.0097	0.0077	0.0061	0.0048	0.0038	0.0030	0.0024	0.0019	0.0015	0.0012	0.0010	0.0008	0.0006
29	0.0135	0.0105	0.0082	0.0064	0.0051	0.0040	0.0031	0.0025	0.0020	0.0015	0.0012	0.0010	0.0008	0.0006	0.0005
30	0.0116	0.0090	0.0070	0.0054	0.0042	0.0033	0.0026	0.0020	0.0016	0.0012	0.0010	0.0008	0.0006	0.0005	0.0004

附表三　年金终值系数表($F/A,i,n$)

期数	1%	2%	3%	4%	5%	6%	7%	8%	9%	10%	11%	12%	13%	14%	15%
1	1.0000	1.0000	1.0000	1.0000	1.0000	1.0000	1.0000	1.0000	1.0000	1.0000	1.0000	1.0000	1.0000	1.0000	1.0000
2	2.0100	2.0200	2.0300	2.0400	2.0500	2.0600	2.0700	2.0800	2.0900	2.1000	2.1100	2.1200	2.1300	2.1400	2.1500
3	3.0301	3.0604	3.0909	3.1216	3.1525	3.1836	3.2149	3.2464	3.2781	3.3100	3.3421	3.3744	3.4069	3.4396	3.4725
4	4.0604	4.1216	4.1836	4.2465	4.3101	4.3746	4.4399	4.5061	4.5731	4.6410	4.7097	4.7793	4.8498	4.9211	4.9934
5	5.1010	5.2040	5.3091	5.4163	5.5256	5.6371	5.7507	5.8666	5.9847	6.1051	6.2278	6.3528	6.4803	6.6101	6.7424
6	6.1520	6.3081	6.4684	6.6330	6.8019	6.9753	7.1533	7.3359	7.5233	7.7156	7.9129	8.1152	8.3227	8.5355	8.7537
7	7.2135	7.4343	7.6625	7.8983	8.1420	8.3938	8.6540	8.9228	9.2004	9.4872	9.7833	10.0890	10.4047	10.7305	11.0668
8	8.2857	8.5830	8.8923	9.2142	9.5491	9.8975	10.2598	10.6366	11.0285	11.4359	11.8594	12.2997	12.7573	13.2328	13.7268
9	9.3685	9.7546	10.1591	10.5828	11.0266	11.4913	11.9780	12.4876	13.0210	13.5795	14.1640	14.7757	15.4157	16.0853	16.7858
10	10.4622	10.9497	11.4639	12.0061	12.5779	13.1808	13.8164	14.4866	15.1929	15.9374	16.7220	17.5487	18.4197	19.3373	20.3037
11	11.5668	12.1687	12.8078	13.4864	14.2068	14.9716	15.7836	16.6455	17.5603	18.5312	19.5614	20.6546	21.8143	23.0445	24.3493
12	12.6825	13.4121	14.1920	15.0258	15.9171	16.8699	17.8885	18.9771	20.1407	21.3843	22.7132	24.1331	25.6502	27.2707	29.0017
13	13.8093	14.6803	15.6178	16.6268	17.7130	18.8821	20.1406	21.4953	22.9534	24.5227	26.2116	28.0291	29.9847	32.0887	34.3519
14	14.9474	15.9739	17.0863	18.2919	19.5986	21.0151	22.5505	24.2149	26.0192	27.9750	30.0949	32.3926	34.8827	37.5811	40.5047
15	16.0969	17.2934	18.5989	20.0236	21.5786	23.2760	25.1290	27.1521	29.3609	31.7725	34.4054	37.2797	40.4175	43.8424	47.5804
16	17.2579	18.6393	20.1569	21.8245	23.6575	25.6725	27.8881	30.3243	33.0034	35.9497	39.1899	42.7533	46.6717	50.9804	55.7175
17	18.4304	20.0121	21.7616	23.6975	25.8404	28.2129	30.8402	33.7502	36.9737	40.5447	44.5008	48.8837	53.7391	59.1176	65.0751
18	19.6147	21.4123	23.4144	25.6454	28.1324	30.9057	33.9990	37.4502	41.3013	45.5992	50.3959	55.7497	61.7251	68.3941	75.8364
19	20.8109	22.8406	25.1169	27.6712	30.5390	33.7600	37.3790	41.4463	46.0185	51.1591	56.9395	63.4397	70.7494	78.9692	88.2118
20	22.0190	24.2974	26.8704	29.7781	33.0660	36.7856	40.9955	45.7620	51.1601	57.2750	64.2028	72.0524	80.9468	91.0249	102.4436
21	23.2392	25.7833	28.6765	31.9692	35.7193	39.9927	44.8652	50.4229	56.7645	64.0025	72.2651	81.6987	92.4699	104.7684	118.8101
22	24.4716	27.2990	30.5368	34.2480	38.5052	43.3923	49.0057	55.4568	62.8733	71.4027	81.2143	92.5026	105.4910	120.4360	137.6316
23	25.7163	28.8450	32.4529	36.6179	41.4305	46.9958	53.4361	60.8933	69.5319	79.5430	91.1479	104.6029	120.2048	138.2970	159.2764
24	26.9735	30.4219	34.4265	39.0826	44.5020	50.8156	58.1767	66.7648	76.7898	88.4973	102.1742	118.1552	136.8315	158.6586	184.1678
25	28.2432	32.0303	36.4593	41.6459	47.7271	54.8645	63.2490	73.1059	84.7009	98.3471	114.4133	133.3339	155.6196	181.8708	212.7930
26	29.5256	33.6709	38.5530	44.3117	51.1135	59.1564	68.6765	79.9544	93.3240	109.1818	127.9988	150.3339	176.8501	208.3327	245.7120
27	30.8209	35.3443	40.7096	47.0842	54.6691	63.7058	74.4838	87.3508	102.7231	121.0999	143.0786	169.3740	200.8406	238.4993	283.5688
28	32.1291	37.0512	42.9309	49.9676	58.4026	68.5281	80.6977	95.3388	112.9682	134.2099	159.8173	190.6989	227.9499	272.8892	327.1041
29	33.4504	38.7922	45.2189	52.9663	62.3227	73.6398	87.3465	103.9659	124.1354	148.6309	178.3972	214.5828	258.5834	312.0937	377.1697
30	34.7849	40.5681	47.5754	56.0849	66.4388	79.0582	94.4608	113.2832	136.3075	164.4940	199.0209	241.3327	293.1992	356.7868	434.7451

续表

期数	16%	17%	18%	19%	20%	21%	22%	23%	24%	25%	26%	27%	28%	29%	30%
1	1.0000	1.0000	1.0000	1.0000	1.0000	1.0000	1.0000	1.0000	1.0000	1.0000	1.0000	1.0000	1.0000	1.0000	1.0000
2	2.1600	2.1700	2.1800	2.1900	2.2000	2.2100	2.2200	2.2300	2.2400	2.2500	2.2600	2.2700	2.2800	2.2900	2.3000
3	3.5056	3.5389	3.5724	3.6061	3.6400	3.6741	3.7084	3.7429	3.7776	3.8125	3.8476	3.8829	3.9184	3.9541	3.9900
4	5.0665	5.1405	5.2154	5.2913	5.3680	5.4457	5.5242	5.6038	5.6842	5.7656	5.8480	5.9313	6.0156	6.1008	6.1870
5	6.8771	7.0144	7.1542	7.2966	7.4416	7.5892	7.7396	7.8926	8.0484	8.2070	8.3684	8.5327	8.6999	8.8700	9.0431
6	8.9775	9.2068	9.4420	9.6830	9.9299	10.1830	10.4423	10.7079	10.9801	11.2588	11.5442	11.8366	12.1359	12.4423	12.7560
7	11.4139	11.7720	12.1415	12.5227	12.9159	13.3214	13.7396	14.1708	14.6153	15.0735	15.5458	16.0324	16.5339	17.0506	17.5828
8	14.2401	14.7733	15.3270	15.9020	16.4991	17.1189	17.7623	18.4300	19.1229	19.8419	20.5876	21.3612	22.1634	22.9953	23.8577
9	17.5185	18.2847	19.0859	19.9234	20.7989	21.7139	22.6700	23.6690	24.7125	25.8023	26.9404	28.1287	29.3692	30.6639	32.0150
10	21.3215	22.3931	23.5213	24.7089	25.9587	27.2738	28.6574	30.1128	31.6434	33.2529	34.9449	36.7235	38.5926	40.5564	42.6195
11	25.7329	27.1999	28.7551	30.4035	32.1504	34.0013	35.9620	38.0388	40.2379	42.5661	45.0306	47.6388	50.3985	53.3178	56.4053
12	30.8502	32.8239	34.9311	37.1802	39.5805	42.1416	44.8737	47.7877	50.8950	54.2077	57.7386	61.5013	65.5100	69.7800	74.3270
13	36.7862	39.4040	42.2187	45.2445	48.4966	51.9913	55.7459	59.7788	64.1097	68.7596	73.7506	79.1066	84.8529	91.0161	97.6250
14	43.6720	47.1027	50.8180	54.8409	59.1959	63.9095	69.0100	74.5280	80.4961	86.9495	93.9258	101.4654	109.6117	118.4108	127.9125
15	51.6595	56.1101	60.9653	66.2607	72.0351	78.3305	85.1922	92.6694	100.8151	109.6868	119.3465	129.8611	141.3029	153.7500	167.2863
16	60.9250	66.6488	72.9390	79.8502	87.4421	95.7799	104.9345	114.9834	126.0108	138.1085	151.3766	165.9236	181.8677	199.3374	218.4722
17	71.6730	78.9792	87.0680	96.0218	105.9306	116.8937	129.0201	142.4295	157.2534	173.6357	191.7345	211.7230	233.7907	258.1453	285.0139
18	84.1407	93.4056	103.7403	115.2659	128.1167	142.4413	158.4045	176.1883	195.9942	218.0446	242.5855	269.8882	300.2521	334.0074	371.5180
19	98.6032	110.2846	123.4135	138.1664	154.7400	173.3540	194.2535	217.7116	244.0328	273.5558	306.6577	343.7580	385.3227	431.8696	483.9734
20	115.3797	130.0329	146.6280	165.4180	186.6880	210.7584	237.9893	268.7853	303.6006	342.9447	387.3887	437.5726	494.2131	558.1118	630.1655
21	134.8405	153.1385	174.0210	197.8474	225.0256	256.0176	291.3469	331.6059	377.4648	429.6809	489.1098	556.7173	633.5927	720.9642	820.2151
22	157.4150	180.1721	206.3448	236.4385	271.0307	310.7813	356.4432	408.8753	469.0563	538.1011	617.2783	708.0309	811.9987	931.0438	1067.2796
23	183.6014	211.8013	244.4868	282.3618	326.2369	377.0454	435.8607	503.9166	582.6298	673.6264	778.7707	900.1993	1040.3583	1202.0465	1388.4635
24	213.9776	248.8076	289.4945	337.0105	392.4842	457.2249	532.7501	620.8174	723.4610	843.0329	982.2511	1144.2531	1332.6586	1551.6400	1806.0026
25	249.2140	292.1049	342.6035	402.0425	471.9811	554.2422	650.9551	764.6054	898.0916	1054.7912	1238.6363	1454.2014	1706.8031	2002.6156	2348.8033
26	290.0883	342.7627	405.2721	479.4306	567.3773	671.6330	795.1653	941.4647	1114.6336	1319.4890	1561.6818	1847.8358	2185.7079	2584.3741	3054.4443
27	337.5024	402.0323	479.2211	571.5224	681.8528	813.6759	971.1016	1159.0016	1383.1457	1650.3612	1968.7191	2347.7515	2798.7061	3334.8426	3971.7776
28	392.5028	471.3778	566.4809	681.1116	819.2233	985.5479	1185.7440	1426.5719	1716.1007	2063.9515	2481.5860	2982.6444	3583.3438	4302.9470	5164.3109
29	456.3032	552.5121	669.4475	811.5228	984.0680	1193.5129	1447.6077	1755.6835	2128.9648	2580.9394	3127.7984	3788.9583	4587.6801	5551.8016	6714.6042
30	530.3117	647.4391	790.9480	966.7122	1181.8816	1445.1507	1767.0813	2160.4907	2640.9164	3227.1743	3942.0260	4812.9771	5873.2306	7162.8241	8729.9855

附表四　年金现值系数表($P/A,i,n$)

期数	1%	2%	3%	4%	5%	6%	7%	8%	9%	10%	11%	12%	13%	14%	15%
1	0.9901	0.9804	0.9709	0.9615	0.9524	0.9434	0.9346	0.9259	0.9174	0.9091	0.9009	0.8929	0.8850	0.8772	0.8696
2	1.9704	1.9416	1.9135	1.8861	1.8594	1.8334	1.8080	1.7833	1.7591	1.7355	1.7125	1.6901	1.6681	1.6467	1.6257
3	2.9410	2.8839	2.8286	2.7751	2.7232	2.6730	2.6243	2.5771	2.5313	2.4869	2.4437	2.4018	2.3612	2.3216	2.2832
4	3.9020	3.8077	3.7171	3.6299	3.5460	3.4651	3.3872	3.3121	3.2397	3.1699	3.1024	3.0373	2.9745	2.9137	2.8550
5	4.8534	4.7135	4.5797	4.4518	4.3295	4.2124	4.1002	3.9927	3.8897	3.7908	3.6959	3.6048	3.5172	3.4331	3.3522
6	5.7955	5.6014	5.4172	5.2421	5.0757	4.9173	4.7665	4.6229	4.4859	4.3553	4.2305	4.1114	3.9975	3.8887	3.7845
7	6.7282	6.4720	6.2303	6.0021	5.7864	5.5824	5.3893	5.2064	5.0330	4.8684	4.7122	4.5638	4.4226	4.2883	4.1604
8	7.6517	7.3255	7.0197	6.7327	6.4632	6.2098	5.9713	5.7466	5.5348	5.3349	5.1461	4.9676	4.7988	4.6389	4.4873
9	8.5660	8.1622	7.7861	7.4353	7.1078	6.8017	6.5152	6.2469	5.9952	5.7590	5.5370	5.3282	5.1317	4.9464	4.7716
10	9.4713	8.9826	8.5302	8.1109	7.7217	7.3601	7.0236	6.7101	6.4177	6.1446	5.8892	5.6502	5.4262	5.2161	5.0188
11	10.3676	9.7868	9.2526	8.7605	8.3064	7.8869	7.4987	7.1390	6.8052	6.4951	6.2065	5.9377	5.6869	5.4527	5.2337
12	11.2551	10.5753	9.9540	9.3851	8.8633	8.3838	7.9427	7.5361	7.1607	6.8137	6.4924	6.1944	5.9176	5.6603	5.4206
13	12.1337	11.3484	10.6350	9.9856	9.3936	8.8527	8.3577	7.9038	7.4869	7.1034	6.7499	6.4235	6.1218	5.8424	5.5831
14	13.0037	12.1062	11.2961	10.5631	9.8986	9.2950	8.7455	8.2442	7.7862	7.3667	6.9819	6.6282	6.3025	6.0021	5.7245
15	13.8651	12.8493	11.9379	11.1184	10.3797	9.7122	9.1079	8.5595	8.0607	7.6061	7.1909	6.8109	6.4624	6.1422	5.8474
16	14.7179	13.5777	12.5611	11.6523	10.8378	10.1059	9.4466	8.8514	8.3126	7.8237	7.3792	6.9740	6.6039	6.2651	5.9542
17	15.5623	14.2919	13.1661	12.1657	11.2741	10.4773	9.7632	9.1216	8.5436	8.0216	7.5488	7.1196	6.7291	6.3729	6.0472
18	16.3983	14.9920	13.7535	12.6593	11.6896	10.8276	10.0591	9.3719	8.7556	8.2014	7.7016	7.2497	6.8399	6.4674	6.1280
19	17.2260	15.6785	14.3238	13.1339	12.0853	11.1581	10.3356	9.6036	8.9501	8.3649	7.8393	7.3658	6.9380	6.5504	6.1982
20	18.0456	16.3514	14.8775	13.5903	12.4622	11.4699	10.5940	9.8181	9.1285	8.5136	7.9633	7.4694	7.0248	6.6231	6.2593
21	18.8570	17.0112	15.4150	14.0292	12.8212	11.7641	10.8355	10.0168	9.2922	8.6487	8.0751	7.5620	7.1016	6.6870	6.3125
22	19.6604	17.6580	15.9369	14.4511	13.1630	12.0416	11.0612	10.2007	9.4424	8.7715	8.1757	7.6446	7.1695	6.7429	6.3587
23	20.4558	18.2922	16.4436	14.8568	13.4886	12.3034	11.2722	10.3711	9.5802	8.8832	8.2664	7.7184	7.2297	6.7921	6.3988
24	21.2434	18.9139	16.9355	15.2470	13.7986	12.5504	11.4693	10.5288	9.7066	8.9847	8.3481	7.7843	7.2829	6.8351	6.4338
25	22.0232	19.5235	17.4131	15.6221	14.0939	12.7834	11.6536	10.6748	9.8226	9.0770	8.4217	7.8431	7.3300	6.8729	6.4641
26	22.7952	20.1210	17.8768	15.9828	14.3752	13.0032	11.8258	10.8100	9.9290	9.1609	8.4881	7.8957	7.3717	6.9061	6.4906
27	23.5596	20.7069	18.3270	16.3296	14.6430	13.2105	11.9867	10.9352	10.0266	9.2372	8.5478	7.9426	7.4086	6.9352	6.5135
28	24.3164	21.2813	18.7641	16.6631	14.8981	13.4062	12.1371	11.0511	10.1161	9.3066	8.6016	7.9844	7.4412	6.9607	6.5335
29	25.0658	21.8444	19.1885	16.9837	15.1411	13.5907	12.2777	11.1584	10.1983	9.3696	8.6501	8.0218	7.4701	6.9830	6.5509
30	25.8077	22.3965	19.6004	17.2920	15.3725	13.7648	12.4090	11.2578	10.2737	9.4269	8.6938	8.0552	7.4957	7.0027	6.5660

期数	16%	17%	18%	19%	20%	21%	22%	23%	24%	25%	26%	27%	28%	29%	30%
1	0.8621	0.8547	0.8475	0.8403	0.8333	0.8264	0.8197	0.8130	0.8065	0.8000	0.7937	0.7874	0.7813	0.7752	0.7692
2	1.6052	1.5852	1.5656	1.5465	1.5278	1.5095	1.4915	1.4740	1.4568	1.4400	1.4235	1.4074	1.3916	1.3761	1.3609
3	2.2459	2.2096	2.1743	2.1399	2.1065	2.0739	2.0422	2.0114	1.9813	1.9520	1.9234	1.8956	1.8684	1.8420	1.8161
4	2.7982	2.7432	2.6901	2.6386	2.5887	2.5404	2.4936	2.4483	2.4043	2.3616	2.3202	2.2800	2.2410	2.2031	2.1662
5	3.2743	3.1993	3.1272	3.0576	2.9906	2.9260	2.8636	2.8035	2.7454	2.6893	2.6351	2.5827	2.5320	2.4830	2.4356
6	3.6847	3.5892	3.4976	3.4098	3.3255	3.2446	3.1669	3.0923	3.0205	2.9514	2.8850	2.8210	2.7594	2.7000	2.6427
7	4.0386	3.9224	3.8115	3.7057	3.6046	3.5079	3.4155	3.3270	3.2423	3.1611	3.0833	3.0087	2.9370	2.8682	2.8021
8	4.3436	4.2072	4.0776	3.9544	3.8372	3.7256	3.6193	3.5179	3.4212	3.3289	3.2407	3.1564	3.0758	2.9986	2.9247
9	4.6065	4.4506	4.3030	4.1633	4.0310	3.9054	3.7863	3.6731	3.5655	3.4631	3.3657	3.2728	3.1842	3.0997	3.0190
10	4.8332	4.6586	4.4941	4.3389	4.1925	4.0541	3.9232	3.7993	3.6819	3.5705	3.4648	3.3644	3.2689	3.1781	3.0915
11	5.0286	4.8364	4.6560	4.4865	4.3271	4.1769	4.0354	3.9018	3.7757	3.6564	3.5435	3.4365	3.3351	3.2388	3.1473
12	5.1971	4.9884	4.7932	4.6105	4.4392	4.2784	4.1274	3.9852	3.8514	3.7251	3.6059	3.4933	3.3868	3.2859	3.1903
13	5.3423	5.1183	4.9095	4.7147	4.5327	4.3624	4.2028	4.0530	3.9124	3.7801	3.6555	3.5381	3.4272	3.3224	3.2233
14	5.4675	5.2293	5.0081	4.8023	4.6106	4.4317	4.2646	4.1082	3.9616	3.8241	3.6949	3.5733	3.4587	3.3507	3.2487
15	5.5755	5.3242	5.0916	4.8759	4.6755	4.4890	4.3152	4.1530	4.0013	3.8593	3.7261	3.6010	3.4834	3.3726	3.2682
16	5.6685	5.4053	5.1624	4.9377	4.7296	4.5364	4.3567	4.1894	4.0333	3.8874	3.7509	3.6228	3.5026	3.3896	3.2832
17	5.7487	5.4746	5.2223	4.9897	4.7746	4.5755	4.3908	4.2190	4.0591	3.9099	3.7705	3.6400	3.5177	3.4028	3.2948
18	5.8178	5.5339	5.2732	5.0333	4.8122	4.6079	4.4187	4.2431	4.0799	3.9279	3.7861	3.6536	3.5294	3.4130	3.3037
19	5.8775	5.5845	5.3162	5.0700	4.8435	4.6346	4.4415	4.2627	4.0967	3.9424	3.7985	3.6642	3.5386	3.4210	3.3105
20	5.9288	5.6278	5.3527	5.1009	4.8696	4.6567	4.4603	4.2786	4.1103	3.9539	3.8083	3.6726	3.5458	3.4271	3.3158
21	5.9731	5.6648	5.3837	5.1268	4.8913	4.6750	4.4756	4.2916	4.1212	3.9631	3.8161	3.6792	3.5514	3.4319	3.3198
22	6.0113	5.6964	5.4099	5.1486	4.9094	4.6900	4.4882	4.3021	4.1300	3.9705	3.8223	3.6844	3.5558	3.4356	3.3230
23	6.0442	5.7234	5.4321	5.1668	4.9245	4.7025	4.4985	4.3106	4.1371	3.9764	3.8273	3.6885	3.5592	3.4384	3.3254
24	6.0726	5.7465	5.4509	5.1822	4.9371	4.7128	4.5070	4.3176	4.1428	3.9811	3.8312	3.6918	3.5619	3.4406	3.3272
25	6.0971	5.7662	5.4669	5.1951	4.9476	4.7213	4.5139	4.3232	4.1474	3.9849	3.8342	3.6943	3.5640	3.4423	3.3286
26	6.1182	5.7831	5.4804	5.2060	4.9563	4.7284	4.5196	4.3278	4.1511	3.9879	3.8367	3.6963	3.5656	3.4437	3.3297
27	6.1364	5.7975	5.4919	5.2151	4.9636	4.7342	4.5243	4.3316	4.1542	3.9903	3.8387	3.6979	3.5669	3.4447	3.3305
28	6.1520	5.8099	5.5016	5.2228	4.9697	4.7390	4.5281	4.3346	4.1566	3.9923	3.8402	3.6991	3.5679	3.4455	3.3312
29	6.1656	5.8204	5.5098	5.2292	4.9747	4.7430	4.5312	4.3371	4.1585	3.9938	3.8414	3.7001	3.5687	3.4461	3.3317
30	6.1772	5.8294	5.5168	5.2347	4.9789	4.7463	4.5338	4.3391	4.1601	3.9950	3.8424	3.7009	3.5693	3.4466	3.3321